2020 年
主题出版
重点出版物

捧起希望

解海龙自述

解海龙
王　薇　著

山东画报出版社

黄东亮 摄

序　一

像上人生

当解海龙老师给我传来他的这部自述，并请我为之作序时，惊讶和欣喜之余，我心里也颇有几分忐忑。我虽职务在身，但论资历、论成就，我都不及解老师。承蒙解老师抬爱，却之不恭，我怀着尊重和敬仰在此写下几句话吧。

屈指算来，我和解老师已经相识二十八年，至今仍记得和他第一次见面时的情景。我大学毕业后分配到人民日报社摄影部工作不久，1992 年 4 月的一天，当时还是北京市崇文区[1]文化馆创作员的他带着一大摞照片来到我们编辑部。他行色匆匆，声音有些嘶哑，经文教部王娜梅老师介绍，我才知道他是希望工程的志愿者。一年时间里，他的足迹遍布十二个省级行政区的近三十个革命老区和贫困山村，他拍摄的照片得到团中央、中国青少年发展基金会的认可，王娜梅老师准备在我们报纸的教育版块发一个专版。

那一刻，我彻底被征服了，还有深深的羞赧。很少有人知道，其实几乎

---

[1]　本书以解海龙五十年来的摄影生涯为核心叙事线索，讲述了解海龙从业余摄影爱好者成长为中国著名摄影家的人生历程。文中的故事背景多发生于 20 世纪下半叶，涉及部分现已更名或撤销的组织机构以及旧的行政区划，为保持故事的原汁原味，尽可能还原时代背景的真实性、客观性、准确性，行文均遵照原机构名称和地名，不再统一做补充说明和更正。

在同时，我也由《人民日报》委派，接受中国青少年发展基金会（简称青基会）的委托，拍摄希望工程的系列照片了。虽然我也跑了很多贫困地区，拍了很多贫困儿童，但是在解老师的作品面前，我的那些照片几乎立不住脚。年轻，浮躁，又因为是职务行为，对生活缺乏真正的感悟和体验。而解老师却是将爱心和真情，都倾注到了作品之中。

之后的事情大家都知道，“解海龙希望工程摄影纪实展”为希望工程掀起一场声势浩大的爱心行动，爱心的浪潮波及海内外。正是解老师促使我开始思考，作为一名摄影人，如何才能拿出真正的好作品。这首先要有发自内心的感受，是不是真的产生了想去表达的情感冲动，是不是悟出了一些高于常态的生活理念，是不是对当下社会环境有一种理性的思辨，然后再用独特的艺术语言和呈现方式去表达。

解老师是我们摄影人当之无愧的榜样。三十年来，他始终没有放下希望工程志愿者的角色，并多次为希望工程捐款，他的这份坚守和仁爱有几人能做到？与此同时，在很多重大事件现场，我都看到了他的身影，1998 年 1 月张北地震，5 月阿尔山大火，7 月湖北抗洪救灾，2003 年抗击“非典”，2008 年汶川大地震……除却这些大事件，通过他的镜头，还有为数众多的人得到了帮助。

同在摄影界这些年，我与解老师共事的机会不算少。工作中，我们亦师亦友，他的敬业精神大家有目共睹。他在全国各地的讲座非常多，“亲切，接地气”是大家对他的一致评价，而讲座无一例外地给大家带来感动和震撼。日常中，他幽默风趣，多才多艺，作为中国文艺志愿者协会的一员，他能不经排练就脱口说出多个省（区、市）的绝活。近年来，解老师有心为摄影爱好者搭建优质的学习平台，他言传身教，一群有理想、有追求的摄影人汇聚在他身边。

非常有幸，我能在这本自述未成书之前就读到它。它五十年的跨度，进一步丰富了解老师在我心目中的形象。阅读过程中，我多次会心一笑，多次感动落泪，也多次掩卷沉思。他是一个普通人，他有着和大家同样的喜怒哀乐；他又是一个不凡的人，他目光所及，给多少人带来了温暖和希望。

作为学生和后辈，我想对解老师说，您对工作、对人生的态度，我们学之不尽。

作为朋友和亲人，我想对解老师说，长年累月，您从未停下脚步，请您一定多保重身体。

如果能代表中国摄影家协会说一句话，我想对解老师说："您不仅载入了中国摄影史，更是载入了中国社会发展史。"

李 舸

中国摄影家协会主席、人民日报社总编室部务委员、高级记者

序　二

影像的力量

在 20 世纪的中国历史上，有三幅照片发挥了独特而巨大的社会作用，具有可比性。第一幅是 20 世纪 30 年代埃德加 · 斯诺拍摄的延安时期戴八角帽的毛泽东的照片，第二幅是 20 世纪 60 年代张峻拍摄的雷锋的照片，第三幅就是解海龙拍摄的课桌前大眼睛女孩的照片，这幅照片在 20 世纪 90 年代被用作希望工程的宣传标识后，得到广泛传播。大眼睛女孩苏明娟那清澈而渴盼的眼神，像闪电般击中了成千上万中华儿女乃至海外人士，大家在这目光的注视下，纷纷付诸行动——截至 2019 年底，希望工程已援建希望小学两万零三百五十九所，资助学生逾六百一十七万零两百名，培训农村小学教师十一万四千三百零六名，募集捐款达一百六十一亿元。希望工程已不仅仅是普通的慈善项目，而成为最具凝聚力和影响力的民心工程。

读这本书，让我再次回味“中国希望工程摄影纪实”的意义，回味影像的力量，回味解海龙这个人。

影像的力量来自摄影的目的，这是“为了谁”的大问题，决定着影像价值的最终方向。解海龙的摄影，从来就不是单纯为了表达自己内心的微妙感受，而是作为关心他人的工具。镜头的一端，是他要关注的人，而另一端，是他的心灵。

影像的力量来自摄影叙事的语态，这是比作品影调更加内在的东西，它存在于镜头位置高低和角度倾斜之中。解海龙没有把自己当成俯瞰大地生灵的救世者，而是以一个普通百姓的心态和目光凝视着老百姓的孩子们，有时他自己就回到了孩提的状态，融入孩子群中。这种语态，决定了他的影像没有扭曲，没有鄙薄，却有着强烈的现场感和亲和力。

影像的力量来自影像本身，照相机和胶片对孩子们的瞬间体态、表情进行了颇具质感的呈现。在沉稳、自然的黑白影调下，可触摸的皮肤、衣物、桌凳、墙壁、树木……引起我们内心的丝丝颤动，使我们在无以言表的感受中体验着影像的力量。

解海龙是一团火，从里往外燃烧着，走到哪里，就把善良、希望和激情带到哪里。20 世纪 80 年代以来，中国通过改革开放，走上了民族复兴的伟大道路，诞生过很多可歌可泣的人物和事迹，解海龙与希望工程纪实摄影无疑是其中最打动民众心灵的章节之一。这本书，从解海龙最早走上摄影道路开始，用生动鲜活的细节，复活了那个年代的社会现场，唤醒了五十年的历史记忆，后续跟踪追述了解海龙大半生的摄影生涯和切身经历，其中有很多不可复制的细节，让我们感奋不已。不仅如此，这本书也是中国摄影家的个案呈现，以流畅的语言、直陈的方式，从摄影专业的角度，给予摄影人难得的实践经验、深入而绕不开的本体思考，对于试图用摄影方式探索个人道路的人，具有独特的作用。

李树峰

中国艺术研究院副院长、中国文艺评论家协会副主席

自 序

我的摄影追寻

近几年，身边常有朋友向我提出建议：你是不是该考虑放慢脚步静下心来，将自己多年的经历好好梳理梳理了？在促进中国摄影和基础教育发展这两个方面，你都功不可没，是时候给自己著书立说了。

我由衷地感谢朋友们发自内心的认可和关爱，他们的建议让我意识到给自己来一次全面总结是有必要的。我开始思考一个问题：该以何种方式将自己纳入笔端。

自 1992 年希望工程系列照片发表之后，“他以一己之力极大地推动了希望工程的发展”“解海龙的个人努力，满足和契合了社会传统与现实的公众期待”“他所走过的和拍到的地方都建起了希望小学，他照片中的每一个孩子都回到了学校”……无数赞誉之辞迎面而来。如果要否认心中的自豪也未免有些虚伪了，但是我更清楚，真正促进希望工程发展的，不只是我，更是我经过每一座村庄时，遇见的那一双双渴求的眼睛，那一个个打动我、让我热泪盈眶的人。我只是怀着尊重与感动，以一颗悲悯仁爱之心，将他们忠实地呈现在大众面前；正是他们，唤起了社会各界的爱心，进而推动了希望工程的蓬勃发展。

除去希望工程的标签，“我就是一个摄影爱好者”，这是几年前我接受《大众摄影》杂志采访时讲过的一句话。是的，无论过去、现在，还是将来，我就是一个摄影爱好者。如同20世纪八九十年代的绝大多数摄影发烧友，从热衷于器材，痴迷于技巧，狂热地追求获奖，到逐渐拓宽自己的视野，朝着真正的摄影门槛靠近，我经历了和他们同样的过程。如果说稍有什么特别之处，那我就引用一句对我的官方评价吧：解海龙踏上了时代的节拍，把握了时代的脉搏。

纵有万千语，落笔终是难。难在两点：其一是我始终无法静下来，多年的惯性让我不自觉地行走在公益的路上；其二是我感觉自己的语言表述总比文字描述更有生气。之前有几家出版社表达了想为我出一本书的意愿，也由于各种原因而不尽如人意。机缘巧合，正是这段时间，王薇找到我。她是武汉的一名摄影爱好者，2014年听过我的一场讲座之后，深受感动。随着时间的推移，她萌生了“记录一个全面的解海龙”的想法。她不是为完成某项任务而来，她本人也不是专业作家。按她自己的话说，“对您的敬仰让我就想为您做一件事情”，完全出于一种朴素的愿望。她第一次来北京与我会面时，我看到她两本写得满满的笔记本，她的认真让我当即决定将这件事就交给她来做。我相信，一切都是缘分，一切都是最好的安排。

我衷心地感谢领导、恩师、朋友、亲人，在我半个世纪的摄影生涯中，是你们给我支持、帮助和陪伴。尊敬的许喜占老师、刘加瑞老师，你们带我步入摄影的大门，引导我前进的方向；贺延光、王文澜，你们始终是我学习的榜样；马浩流馆长、《中国青年报》的领导、中国摄影家协会的领导，在工作中你们信任我，放手让我拼闯，鼓励我闯出一片亮丽的天空；朱恩光、张左、彭宏、刘天忠、崔新华、肖彤彤、刘占崑、张兆增……我亲如手足的兄弟们，我们有幸相遇、相知、相伴，这是人生多么宝贵的一笔财富；还有我的家人，对你们的感激就让我藏在心底吧。

我还要感谢这一路走来，途中所遇的那些知名或不知名的人们。你们默默无闻，于无声处给予我巨大的精神力量。

三年时间打磨，希望工程里里外外的我，现在就以这本书的形式呈现给大家。成书过程中，杨浪、杨越峦、晋永权、许华飞等众多热心的朋友对它非常关注，并提出意见和建议，在此一并对你们表示真诚的感谢。

书中有你，有我，有他，有那个年代伴我共同走过的每一个身影。而继续前行的路上，我们仍然在一起。

解海龙

目 录

引　子

茶已微凉。

茶叶静静地沉入杯底，偶尔升腾起不安分的一片在清透碧绿的水中独舞，愈发拨动我不平静的心。

我轻轻打开装着这台海鸥 203 相机的纸盒，默默注视着它。印着革命语录的红色封面早已褪色，黑色皮套也破旧得如老农皴裂的双手，相机的金属轮廓也已失去了原本闪亮的银色光泽——看看这满柜的奖牌、奖杯，有多少是它的功劳啊！

可就在刚才，刘加瑞老师说了什么？不大的屋子十分安静，却似有一道空谷回音在我耳边鸣响……

“你想过没有，你的这些片子为什么老能获奖呢？”刘加瑞老师捧着茶杯，眉头微皱，在我这摆满奖杯、证书的“百宝柜”前来回走动着，若有所思地问。

这是我说服爱人韩志想用大衣柜改成的“百宝柜”，承载着我所有摄影荣誉的、我引以为豪的“百宝柜”。

难掩心中的兴奋和得意，我指给老师：“您看，这个奖杯是拍摄新中国成立三十五周年‘祖国的春天’主题获得的。这不就是要反映祖国的变化吗？那咱们中国自行设计、建造的长城饭店不正好？古典风格的小亭做前景，红砖碧瓦，弯曲回廊，饭店的升降梯里还衬着一个小小的人影，恢宏与渺小对比，今天与昨天对比，我给他起名《古与今》，得了一等奖！您再看这个，”我转向旁边的奖杯，“《爱与乐》，获得首届上海国际摄影艺术展银牌奖。妈妈托举着孩子，旁边的小女孩吹着泡泡随风飞扬，小孩欢快地伸手去抓，画面温暖，

1984 年，北京，以计划生育为题材创作的《爱与乐》获得了首届上海国际摄影艺术展银牌奖

解海龙　摄

影调完美，显得和谐快乐。你可以想象成抚育之乐、母女情……”

“海龙啊！”刘老师坐回沙发，喝一口茶水，微皱的眉头已舒展开来。他拍拍身边的位置示意我坐下，“你柜子里的这些宝贝，都是来自你的‘爱与乐’吗？”

我一愣，脑海里迅速掠过熟记在心的所有影像。欣欣向荣，蒸蒸日上，风花雪月，美好生活，赞美和歌颂，这有什么不对？

“这些片子虽然很美，但你不觉得有点儿浅吗？你的摄影基本功虽然扎实，掌握技巧之后又迎合比赛，这些比赛它要什么你给什么，它要表现繁荣你就拍鲜花，要表现团结你就拍欢乐，要表现发展你就拍高楼，可是，即便要赞扬一件事，也不能这么肤浅地表现！”刘老师坚定热切的目光牢牢地盯紧我，说，“藏则深，露则浅！你要明白，摄影，它更大的作用在于记录，在于传播，它传递一种信息，给人以感染和思考。摄影所考验的，绝不仅仅是将自己手中的相机使得如何娴熟，更在于相机后面深度的思考和敏锐的眼睛。一个人的学识、视野和思想，一定会影响他的认知和选择。送你一句话吧。”他稍稍停顿，加重了语气，对我说：“令人喜不如令人思！”

“仔细回顾一下你这些年的作品，哪些是你对社会的理解和把握？你应该去看看那些经典纪实摄影画册，也许你能从中找到答案！”临走前，他给了我这样的建议。

确切地说，刘老师否定了我。

脑海里有片刻的空白，刘老师的话像划过的一道闪电：令人喜不如令人思？

令人喜不如令人思！

这些年来，摄影路上的艰辛、失落、挫折、快乐、收获，一一涌上心头……

第一部分

学影初摄

1968 年 2 月，解海龙从学校进入海军部队，第一次佩戴领章帽徽

解海龙　供图

1. 失败？我不服

我第一次摸相机，是 1968 年。那一年，十七岁的我光荣参军。

在那个大部分学生都“上山下乡”当知青的年代，我能入伍来到北海舰队成为一名海军士兵，是一件相当幸运的事情。大卡车载着我们飞赴军营，那一刻，我满怀信念要将青春的激情和沸腾的热血，投入到革命的大熔炉中去。

当我想着上舰艇的时候，部队却把我安排在基地检修所修水雷，我实在是心有不甘。有一天，我偶然遇见一个老同学，自从来到这里之后，我们就一直没有再见过面。他看上去显得特别神气，待他走近一看，发现我俩的衣服竟然不一样。

“奇怪，为什么你的衣服是毛料的，而我的是布军装？”我问他。

他头一扬，嘴角挂着自豪：“这你不懂啊？你长得不如我好看呗！”随后转身离去，步伐格外骄傲，望着他的背影，我失落了好久。

我在检修所兢兢业业维修水雷的日子里，某一天，老远看见一位回家探亲的战友回来了，他脖子上挂着一个新奇玩意儿。

我的眼睛一亮，啊！那是一台照相机，一台华山牌 135 型相机！

“给我看看！”我一个箭步扑上去。那个年代，拥有一台就算如此简易的相机也是一件令人相当羡慕的事情，现在它就真真切切地在我手里。它朴素的注塑外壳在我眼里迸发出冷金属质感般的光芒，无比诱人。战友们都围过来，一瞬间我不知道哪来的勇气，竟挥舞着双臂大声喊道：“明天，我来给大伙儿照相吧！”

第一次触摸相机，我就迷上了它。晚上熄了灯，我打着手电在被子里倒腾了一夜，觉得这件宝贝哪儿都新奇，明天给大家照相，我可不能玩砸了。

第二天正值周末。一大早，我托人从二十里外的县城买回两个胶卷，要知道，这可是我半个月的津贴呀。

1969年，北海舰队后勤部，解海龙与战友们合影，前排中为解海龙
解海龙　供图

战友们早已迫不及待了，穿戴好服装，佩戴好枪支，又披上雨衣，个个看上去威风凛凛。刚要出门，大狼狗扯着铁链在后面狂吼，拼命往前挣，对，带上它！

山坡上，悬崖边，峭壁旁，一帮战友们情绪高涨。大家顶肘撞膝，挡抓扼喉，缠腕冲拳，各种格斗姿势都摆上了。我兴奋地忙前忙后，大狼狗也在一旁上蹿下跳，还别说，镜头里有了它看着就是精彩。

忙活了整整一上午，拍完两个胶卷，我又托人把它们送到县城的照相馆去冲洗。得知十天之后才能取，我心里别提有多难熬了。当战友们在梦里期盼着他们那飒爽的雄姿重现时，我已经按捺不住内心的喜悦了。

终于等到取照片的这一天。战友们一大早就伸着脖子等在军营门口了，看到通信员蹬着自行车的身影由小变大，大伙儿快速地拥了上去。

当我们从通信员手中接过纸袋，急切地打开后，大家顿时傻了眼：两条透明的胶片！我一下子蒙了。

大伙儿"哗"地炸开了锅，随后便向我扑来。他们挥舞着拳头，一阵撕扯……

我狼狈不堪，恨不得找个地缝钻进去。晚上，我躲在被子里，左思右想不得其解。耳边总是响着一句话：没有金刚钻，揽什么瓷器活！

这次失败的经历留给我的挫折感，直到我退伍回北京被分配到工厂，才渐渐消散。

1971年，我从北海舰队退伍，被分配到北京市阀门四厂。当领到工作证的时候，我才发现我是工厂的第109号员工。

这个小小的街道工厂和我心目中体现工人阶级风采的工厂相差得实在是太远了。虽然有点失落，但领导的一番话马上又让我振奋起来。"我们把你抢来，是有意重点培养的！虽然咱们厂和那些大厂相比，是寒碜落后一些，可正是因为这个，才需要你这样经过部队磨砺、有着坚定信念的人在厂里起到骨干作用，用你的行动带动、影响身边的人！”

得到如此重视，我的责任感一下子涌了上来。听从领导的安排，我立刻全身心地投入到工作中去，从最基层的工人岗位干起。

我的第一份工作从钳工学起。是因为与生俱来的积极和热情吧，接下来的几年，不管是做钳工、车工，还是在食堂做管理员，我的工作态度和工作能力都得到了大伙儿的肯定和赞赏。领导见我工作很有起色，便又把我安排到工会。这时我的履历表上又增加了几项：解海龙，男，中学毕业后当了兵。退伍后进了工厂，干过车钳铣刨，还有蒸炸煮烙，负责迎来送往，还有带头鼓掌，喜欢吹拉弹唱，还有打球照相，——我老早就盯上了工会的那台相机。

我暗下决心，一定要把摄影这门手艺重新学起，要不然得一辈子背这个黑锅。

那些日子，我经常去书店溜达。有关摄影的小册子，我买了一本又一本，没事儿就抱着琢磨，我在书中也找到了第一次失败的原因。

从书中学到了很多基础知识之后，我也能够大大方方地以工作之名照相了。车间里轰鸣的机器、忙碌的工人、来回巡视的检验员、食堂里的大师傅全让我拍了下来。工会紧密贴近群众，关心基层生活，大伙儿一见我拿着相机走近就笑眯了眼。

照片冲洗出来，我把它们贴在橱窗里。大家穿着工作服，抱着饭盒儿，一边吃着饭一边你一言我一语地谈论着，我从工人师傅的眼中看到他们的欢喜和满足。打那以后我总是端着相机拍先进工作者，拍职工运动会，拍节日联欢会。橱窗里的照片十天半个月换一次，我把最新的群众生活影像展现给大家，然后很自豪地等待着大家的评论，我的工作劲头日益高涨，心里充盈着满满的成就感。下班回家，在我那十四平方米的小屋子里，我经常等爱人、孩子入睡后，便开始忙活起来，冲洗，放大，乐此不疲。

2. 四月，激情迸发的季节

1979 年初，一本《人民的悼念》画册深深震撼了我。

那是怎样的摄人心魂的照片啊！它们将我重新带回 1976 年初周总理去世之后的日子。在暗淡的灯光下，我一遍又一遍地翻看，那熟悉的场景像电影一样一幕幕在眼前闪过：十里长街送总理，天安门城楼下字字血泪的挽联；如山如海的悲愤和怒火，一个工人正在用手指血书“敬爱的周总理，我们将用鲜血和生命捍卫您”……

清明节前，天安门广场聚集了数十万人民群众，他们献花圈、撒传单。下班后，我挤在广场的人群中抄诗词，把那些特别有震撼力的词句抄写在小本子上。“大鹏瞑慧眼，悲歌恸九重。五洲峰峦暗，八亿泪眼红”“慈容依旧人已去，何曾托笔记生平？无须翰林书青史，江山千古仰英名”……

当年的经历清晰如在眼前。这本画册鲜活地重现了彼时的豪情、喧嚣和悲壮，是那个年代最真实的记录。尽管我也曾被激情深深感染，可我所留存的却只有那几首抄录的小诗。如果说原因之一是当年工会里的相机不让拿出工厂使用，那么此刻，当这本画册展现在我面前，当我看着王志平、金伯宏、王立平、罗小韵、王苗、李晓斌、吴鹏、李英杰、吕小中、许涿等这一串名字，看到这一幅幅在喧嚣和悲壮中拍摄的照片时，我不禁问自己，那时候的我有没有意识到，记录这些历史的瞬间才是摄影的真正意义所在？

还没从《人民的悼念》带给我的影响和思考中理清头绪，四月影展又给我带来了另一次冲击。这场名为“自然 · 社会 · 人”的影展，由一个名叫“四月影会”的民间组织举办，而主要成员就是《人民的悼念》中那几个我已经非常熟悉的名字。

4 月的北京乍暖还寒，北风仍然凛冽。当我花三分钱买了展览门票（一分五厘交中山公园，一分五厘留四月影会），怀着崇敬的心情进去时，中山公园那一百多平方米的兰室早已摩肩接踵、人声鼎沸。那幅《笼里笼外》，笼中的猴子似安逸似挑剔的眼睛看着笼外的人们，它要表达什么？那幅垂着饱满稻穗的稻禾，衬着背后一株昂着头的稗草，对比是如此的鲜明；那平静的湖面上停泊着两条静静的小船，片名为《河神的套鞋》；还有画家石鲁的肖像，双颊内陷，两眼如鹰，凌乱的怒发透露出不屈的张扬，肖像旁的配诗：总算活过来了，“黑”的画家，白了一头青丝，掉了一口白牙……

无论是构图、格调、意境，还是丰富而个性化的表达，都冲破了我对摄影的理解。我徘徊在展厅里，心中交织着既畅快淋漓又望尘莫及的复杂情感。我一遍一遍地仔细端详，潜意识中要把这些自然、创新、脱俗、有寓意的画面刻在心里。

热情高涨的人们写满了展厅前的留言册：“抹去心头的阴影，揭开心灵的天窗，向你致敬，生活的拓荒者！希望你忠于自己的生活！”“真正的社会，真正的自然，真正的人！”“很久以来头一次看到这样的影展，艺术的长夜即将破晓，你们打响了第一枪！”

我久久地挪不开脚步，回味影展前言中的一段话：“摄影作为一种艺术，有它本身特有的语言。是时候了，正像应该用经济手段管理经济一样，也应该用艺术语言来研究艺术。摄影艺术的美，存在于自然的韵律之中，存在于社会的真实之中，存在于人的情趣之中，而往往并不一定存在于‘重大题材’或‘长官意识’之中。”

我心绪难平，心中有一个声音在呼喊：我要买一台属于自己的相机！这个念头一下子牢牢地盘踞在我心里，再也无法抹去。看着我满怀心思地回到家，志想好生诧异，兴致勃勃地出门看影展，怎么回来就变了一副模样？

对于我每到晚上就在狭小的屋子里倒腾工厂的照片，志想从没流露过丝毫不满，而是带着儿子尽量留给我足够的空间，我从心底里感谢她给予我的理解和支持。可现在，我怎么向她开口啊！

就在前些日子，恰逢落实工资普调政策，我的月薪从三十九元八角提到四十六元六角，这一下子就能补发十几个月的七八十元。我和志想老早就计划着给这个小家添置几件像样的东西了。有了儿子小飞，也该给孩子买两件新衣服吧？看看我们这简陋的小屋，只有一张床，一张桌子，两把椅子，一口大木箱，是不是需要买个衣柜呢？北京的冬天太冷了，该给志想添一件大衣。志想说："你参加工作这些年，也该有一块手表了……"

"咱们买一台相机吧！"片刻的沉默之后，我终于按捺不住心里的躁动，脱口而出。志想刚刚把孩子哄睡，正在整理堆在床头的衣物。冬天就要过去了，她要把木箱里春夏两季的衣服拿出来，然后将几件厚棉衣换进去。听到我的话，她停下手里的活，惊讶地问："你说什么？"

看见她手中那件粉红色短袖衬衣，我心里涌起一阵愧疚。那是去年 5 月结婚前我给她买的。之所以把婚期定在 5 月，是因为 5 月初夏，只需要给新娘购置相对简单便宜的衣裙。

我一时说不出话来。小飞"咿咿呀呀"地哼了几声，小胳膊伸出被子，志想赶紧给他掖好。我眼前突然一亮，仗着一股莫名的勇气对她说："我是说，我们买个相机吧！你看，小飞这么可爱，正是好玩的时候，如果我们从现在开始给他拍照，一岁、两岁、幼儿园、小学、初中，一直等他长大，咱们给他出一本成长画册，这是一件多么有意义的事情！"我一边观察着她的脸色一边说："等他结婚的那一天，咱把这画册送给他和他的媳妇儿……"

志想盯着我看了好一会儿，没吱声。我心里不禁有些忐忑了。可是，还有比这更具说服力的理由吗？

她看着熟睡的孩子，迟疑地问："你给孩子拍照，那我呢？"

悬着的石头落了地，这事儿成了！我赶紧说："拍！当然给你拍啊！你现在才二十多岁，我一直给你拍，拍到你三十多、四十多、五十多……"

“那，——钱呢？”她问，刚涨的那点儿工资，早就有安排了。

“我有办法！”

没过几天，期待了很久的工资终于补发了。

就这样，1979 年，我拥有了人生第一台相机——海鸥 203！

3. 亦师亦父，亦兄亦友

祖国的春天来了。

在这充满生机和活力的年代，我身边的大批年轻朋友都积极投入到学习中去了。他们上图书馆、读夜校、参加各种技能培训班，大家铆足了劲要把当年的损失补回来，常常是白天上班，晚上一下班就骑着自行车奔向各自的补习班。图书馆门口用书包排着几十米的长队，下了夜课，昏黄的路灯下还聚集着几个为课堂上没有解决的问题争论得面红耳赤的小青年儿……

《人民的悼念》和四月影展留给我的“余震”还在脑海里回荡。不论是“四五”影像的冲击力和纪实性，“自然 · 社会 · 人”所展示的象征意味和个人觉醒，还是那些照片光影的捕捉，影调的把控，构图的精妙等艺术表现形式，都是我力不能及的。所有这些都触动了我心底里最迫切的愿望：我要学好摄影。

在永定门外安乐林公园的一家文化站，我迈出了学习摄影的第一步。许喜占老师，是我尊敬的启蒙老师。关于许老师的传说，早让我们这帮学生佩服得五体投地。他十四岁进入照相馆，从学徒做起，几十年勤学苦练、刻苦钻研，虽然仅比我年长五岁，但已经是高级摄影技师、高级暗室技师，并担任首都照相馆的经理了。

原来在小册子上学到的那点儿皮毛实在是过于浅显，跟着许老师，我们开始学习最基础的理论知识。每周两次课，周一和周四晚上七点到九点是我最期盼的时刻，这两个小时感觉过得飞快，而每周四到下周一的时间又显得格外漫长。就是在这个初级班里，我认识了彭宏、刘天忠、崔新华、肖彤彤、刘占崑。我清楚地记得，这一天是 1981 年 1 月 13 日。

每到上课的时候，我们会带着这几天的实践作品早早地等在教室，迫不及待地向老师请教积攒下来的一堆问题。下课之后意犹未尽，老师骑车回家，我们几个就骑着车跟着："老师，我们送送您吧，正好顺路！"其实哪里顺路啊，他住宣武区广安门外，我们住在崇文门。北京冬天冷得哈一口气就能凝结成冰花，但这丝毫阻挡不住我们学习的热情。空旷萧瑟的马路上只有我们几辆破车吱吱呀呀地响，路灯将我们的影子缩短又拉长。我们一边骑车一边问，老师到家门口了，我们还依依不舍地缠着他，想再多问一些问题。

花三块五毛钱听完初级班的二十四次课，觉得不解渴，于是我又报了中级班。初级班的四十个学员很多人都没再继续学了，而彭宏、刘天忠、崔新华、肖彤彤、刘占崑和我仍坚持上课，我们几个人还成立了"六友摄影小组"。这时候，我已经从北京市阀门四厂调到了北京市半导体器件十厂。

我在摄影班交上这些志同道合的朋友，使我们有了更多切磋交流的机会。这个时候我又犯了难，相机是有了，没有放大机也不行啊！

东单的协和医院旁有一个信托商店，橱窗里面摆着一台放大机，标价七十五元。又上哪儿去筹这笔钱？三番五次的，我下班之后就跑去那儿过眼瘾。第一次让人家拿出来给我看，我就被它勾住了魂儿。想当年在阀门四厂为工人们拍照，我曾自制过一台放大机。先用机器车一个杆儿，然后抛亮，上面放铝饭盒，然后在铝饭盒上打一个窟窿眼儿，用杆儿一穿，弄一个灯泡，再找个镜头，就能放大了。但是现在不能再那样凑合了。看的次数一多，售货员都认识我了，一见我进门，"哟，又来了！"后来我壮着胆儿还想让人家再拿出来给我仔细瞧瞧，人家就懒得搭理了，甩下一句话:

“你没钱吧？那就隔着玻璃看呗！”

那天，不知是第几次去了，贴着橱窗看完之后，我是真着急了。什么时候才能把这个放大机抱回家？我沮丧地往回走，路过同仁医院时看见那儿排着一条长队，跑过去一打听，原来他们在排队献血。

我心里一动，问排在队尾的小伙子：“献血给钱吗？”

小伙子告诉我，献完血医院补助二十二块五，给两个鸡蛋一包糖，回去单位表彰，奖励五十块，还放三天假。

我一听，这个待遇真不赖，一下可以得到七十二块五！我忙问他是哪个单位的。得知他在半导体器件三厂工作，我高兴地和他套近乎：“我是半导体器件十厂的，咱一个系统啊！这么着，我替你献血，假你休，补助的钱给我，怎么样？”他竟然爽快地答应了。

就这样，我替他献了血，自己再添两块五毛钱，凑齐七十五块，赶紧朝信托商店奔去，以最快的速度将放大机带回了家。

到了我家楼下，我挽起袖子正准备卸货，志想回来了。看见我自行车后座上的大盒子，她诧异地问：“这是什么啊？”

“放大机，”我又不自然地补充道，“借的！”

“借谁的？”她不信，“谁借这么贵重的东西给你？”

她盯着盒子，似乎要把它审出个原形。看来是瞒不住了，我只好哄她说是借钱买的。

“你别担心，我们厂子正在搞基建，晚上下班后我可以加班去搬砖。我保证！”

她一把拉过我的胳膊，瞪着眼睛问：“这是什么？”

我一看，原来下午抽血后的棉花球还粘在胳膊上。

我支吾着不知道如何跟她解释，她已经红了眼圈，七分心疼三分抱怨地说：“你干吗跑去‘卖血’啊？你喜欢倒腾这些我没意见，但你不能不跟我商量啊，你说你要买相机我拦过你吗？”

4. 一路上有你

我们这帮业余水平的“六友”，老二彭宏是锅炉厂的电焊工人，老三刘天忠是文化用品商店售货员，老四崔新华是卫生部生物制品研究所的职工，老五肖彤彤是个军人，老六刘占崑是北京市第六建筑工程公司的油漆工。我年龄最大，他们都管我叫大哥。为了摄影，大家都想了各种办法。占崑把家里的电视机卖了，买了一台理光相机。有一天，我们瞧见他的镜头突然变长了，再一看，原来他套了两个遮光罩，这样就显得挺长的，——这老六明明是眼馋人家的长焦镜头啊！

生活的全部乐趣都落在“摄影”两个字上。每月 1 日和 15 日两天，大家带着自己的作品聚到我家，聊聊各自的心得体会。改革的春风吹拂大地，中国港澳台、东南亚，甚至欧美摄影家的作品陆续出现在大家面前。四月影会第三回“自然 · 社会 · 人”的影展在中国美术馆展出，那些生活情趣化和艺术美感的东西更明显地凸显出来。照片冲破了之前的摄影语言的禁锢，各种新鲜元素注入摄影界：一块大板报占据三分之二的画面，板报后面是一对情侣，女人使劲踮起脚尖，那是他们在亲吻；两辆自行车，一辆男式，一辆女式，车头一个向左，一个向右……这些给我们带来不小的启发，越发激起我们的兴致，再去创作时，都使出浑身招数去寻找自己最满意的画面，捕捉最具趣味的瞬间。

我们把在单位拍的照片拿到家里制作。每到“六友”聚会的日子，几个人一下了班就跑到我家，小小的屋子顿时显得更加局促。嘘寒问暖之后开始准备晚饭，分工规则早就设计好了：抓阄！谁买菜、谁择菜、谁切菜、谁炒菜、谁洗碗，既好玩儿又公平。抓阄之后大家各自忙开了，不擅炒菜的崔新华懊恼地嘟囔一句：“瞧我这臭手！”刘占崑是我们当中最小的，也是奇怪，他的运气总是好，抓到纸团打开一看：“哈哈，又是躺着休息！”

1982 年元旦，“六友”兄弟去天安门广场拍升国旗，之后一起外出创作
解海龙　摄

晚餐之后，大家各自把半个月以来的片子摆好，逐一分析点评。在一起的时间总是过得飞快，也正是在这样积极活跃的氛围里，我们得到很大的进步。

那时候生活水平不高，一个月四十来块钱的工资，上有老下有小，还要满足这点挺花钱的爱好。这里抠一毛那里省一块，好不容易攒了点钱，我们一合计，去北京郊外的十渡搞一次采风。

去十渡的首班车是清晨五点，我们得提前集合。我跟大家说，让他们头天晚上都来我这儿，凑合着挤一挤，第二天赶早出发。

一张大床横摆过来，床的一侧接一条木板搁脚。小飞睡在最里面，志想挨着儿子，我挨着志想，兄弟三个紧挨着我，还有两个缩在床边的简易沙发上。我们侧身挤在这个床上兴奋得怎么都睡不着，突然听到一声大叫：“报告大哥，我有事申请！”是占崑。

“什么事？说！”

“我申请挨着解飞睡！”他一副一本正经的样子。

这家伙，常常口无遮拦地开玩笑。“你小子废什么话啊，想挨着大姐就直说！”大伙哄笑一阵。

…… ……

弯弯曲曲的拒马河，罕见的地质奇观，一脸脏泥满山飞跑的孩子……在十渡，一路上的新奇和快乐自不必说。

天擦黑的时候，我们找到一处农家小店。店主是个老太太，看我们一行人进了她家小院，马上迎了出来。

“我们六个人住一宿，就要一个大炕，一个人多少钱？”

“一人一块钱！”老太太爽快地回答。这荒僻的地方，一下来六个人，

1982 年夏，北京市房山县平峪村，“六友”外出创作　解海龙　供图

老太太肯定觉得今天运气不错，麻利地把我们领进屋去。

“我们不要被子，可以便宜一点吗？”又是占崑，他望着老太太嘻嘻地笑着。我们瞪他一眼，山里夜晚的温度很低，怎能不要被子？

老太太大概没料到他会这么问，她瞪了占崑一眼：“不要被子五毛！”一甩手出去了。

等她一出屋子，我们扑过去掐住占崑：“亏你小子想得出来，这一夜叫咱们怎么过啊！”

“要什么被子呀，咱们年轻身体棒，顶得住，玩一会儿牌就天亮了，还能省三块钱呢！”他朝我眨眨眼，“大哥你说是不是？”

听起来好像也不错。空荡荡的屋里，我们翻出扑克玩了起来。开始还玩得挺兴奋，老三刘天忠输得最多，脸上贴满了纸条，没地方贴了，只好全部扯下来再开始新的一轮儿。夜越来越深，寒气越来越重，困意也越来越浓。新华终于撑不住了：“大哥，咱们睡一会儿吧，明天早上还爬山呢！”话音没落，他便歪倒在炕上。

他这一歪不要紧，那几个也抱着胳膊蜷着腿东倒西歪了。其实我们知道被子就堆在旁边，这个老太太的精力出奇得旺盛，三更半夜还时不时出来躲在窗户外瞅瞅，她是在看我们动没动被子吧。我心想，说不动就不动，咱扛得住！

不一会儿，老四竟然睡沉了，打起呼噜来。我从包里翻出一件雨衣给他搭上，然后自己也迷迷糊糊睡着了。

天刚蒙蒙亮，我们赶忙起床，整理好装备出发。

我们找到一个包子铺先吃早餐。买来二十四个包子，每人四个，就着稀饭，一阵风卷残云，身子也暖和了许多。我还没吃完，只见占崑在边上咂

1982年秋，河北省遵化县，“六友”兄弟外出创作时和当地儿童合影
解海龙　摄

巴着嘴。过一会儿，他用商量的口吻跟我说：“大哥，一人再多给买一个包子行不？”

我把碗里最后一口稀饭倒进嘴里，筷子一拍：“干什么来了？我们是享受来了吗？”

几个人趁势起哄了，刚才估计都在想多吃一个包子，鼓动老六出来提要求吧，现在一齐叫起来：“大哥，我们多吃一个包子就算享受了？”

“不行，严格按计划办事！能省一点儿就省一点儿，咱们出来一趟不容易，节约的钱买胶卷！”我没有一点松口的意思。

“大哥，你可真狠啊！”占崑苦着脸，很无奈，“昨天不是省了三块钱吗？”

“那也不行，一码归一码，两回事儿呢！”

虽然这个小小的要求没有得到满足，但是大家心里并没有怨言或者不满。为了摄影挨饿受冻，值！也就是这一次采风，我发现自己潜意识里有种说不清道不明的感觉：我喜欢山里的孩子。看那一群脏兮兮的穿着带补丁的衣服在山野间嬉笑打闹、追逐疯跑的孩子；背着几块花布拼缝起来的小书包无拘无束地蹦跳在崎岖山路上的孩子；趴在地上拿几只蝈蝈斗得面红耳赤的孩子……他们眼中的那份纯真和自然不自觉地吸引着我。

自从1979年下半年《大众摄影》杂志复刊后，我每期都买，三毛五分钱一本，每本杂志都被我翻烂了边儿。国际国内摄影界新动向、最新摄影器材介绍、答读者来信，甚至每期印了多少本、谁获了什么奖我都能背下来。渐渐地，我心里萌生一个想法，学摄影也有一段时间了，片子也拍了不少，为什么我不尝试着发表呢？

我把这两年来满满一抽屉的“成果”全部翻出来，选哪幅作为投稿的敲

1982 年夏，北京市房山县平峪村的“建筑小专家”
解海龙　摄

门砖？以评委的眼光反复自我审视，既要反映社会风貌，又能体现出艺术的形式美，这幅应该还行：夜幕中的图书馆，笼罩在皎洁的月光中，长长的一排自行车摆放得整整齐齐，透过图书馆的玻璃窗望去，里面一片宁静，很多年轻人都在认真地读书、学习。这是改革开放初期，大家奋力学习文化知识的场景，安宁中自有一种蓬勃向上的精神。

作品有了，可是往哪儿投稿呢？我想起一个人，他叫贺延光。我是在“自然 · 社会 · 人”影展上知道这个名字并听说了他的传奇经历，我也知道现在他已经是北京青年报社的摄影记者了，于是冒昧地跑到报社找他。他说话办事干脆利落，戴着一副近视镜，显得很文气。他看了照片觉得挺不错，就把它留下了。

我满怀期待地等了好几天。那天去上班时，我在报摊上一眼瞅见了刊发在《北京青年报》上的照片《夜幕静悄悄》。站在大马路边，我盯着照片看了好久好久，激动万分，从未有过的成就感充盈着我的内心，我也发表作品

1982 年秋，河北省遵化县，“六友”兄弟在创作间隙喝水休息

解海龙 摄

了！这件事得和大家分享，我赶紧掏出一块钱买了三十三份《北京青年报》，到单位见人就发。大伙儿也惊奇了：“哟，这是你拍的？还上报了啊？这儿真写着你的名字呢！你小子行啊！”

我拿到了人生第一笔稿费：五元钱。真该好好感谢贺延光，他帮助我在摄影的道路上前进了一步。第一次发表作品带给我无限的激情和动力，从此我有了明确的目标。我要积极创作，发表大量作品，我要凭自己的实力加入北京摄影家协会，加入中国摄影家协会。我给自己定下计划，第一年每月在媒体上发表一幅照片，一年发表十二幅；第二年再提高标准，争取一个月两幅。我家的门背后贴满了从报纸上搜集而来的北京及全国各地的摄影比赛信息，我用红笔、黑笔画满了记号，几月几号截稿、有什么奖励，每天出门前瞅上一眼，才安心地上班去。

第一年的计划竟然超额完成，我发表了十八幅作品。第二年计划每月两幅，到了年终时，一共发表了三十多幅。一种得到认可的强烈的自豪感包围着我，一股挡不住的高涨的激情推动着我前行。如果哪个月到了月末还没有完成计划，我心里就着了急，别的什么事都不想干了，无论如何也要完成指标。一次，有个比赛眼看着没两天就要截稿了，情急之下我下班路上顺便买回来一兜儿核桃，晚上把它们一个个用清油刷得锃亮，再拿小台灯一照，拍了一幅有质感的静物。就是这么着我也得拍！

这两年也是我们“六友”发表作品的高峰期，大家潜意识里都较着劲儿，争着在每月两次的聚会中拿出好作品来一起赏析、分享，交流经验，探讨不足。如果碰巧聚会的日子撞上周末，那正好多了一次集体外出拍片的机会。但是有一回外出创作，老四崔新华缺席了。

其实前段时间我已有所觉察，他似乎状态不太好，提不起劲头，聚会时拿不出照片，将近两个月没发表作品了。

第二天，我打电话到他单位："新华，昨天怎么不见你来啊？昨天 15 号，是咱们见面的日子呀！"

"我……我忘了！昨天……同学约我去钓鱼了！"虽然看不到他的表情，但我能听出他声音里的紧张和不自然。

"钓鱼？好家伙，你自己说你该不该罚？咱们两三年以来的惯例，这个你也能忘记？"

"大哥，是这样的，我……"

"不管你哪样，咱们回头再说！"

不让他解释，挂掉电话，我得想个办法"敲打敲打"他。两天后的一个傍晚，原本不是聚会的日子，我约了占崑他们几个一路溜达到新华家的胡同口，拿着相机有说有笑地进去了。

快到他家了，我看见他的同学正蹲在门口看人家下棋，这同学也看到了我们，朝院子里大声喊道："新华，你那帮照相的兄弟来了！"不一会儿，新华从院子里钻出来，看见我们，脸上的表情是既高兴又难为情："大哥，怎么不提前招呼一声就来了？上家里坐坐吧！"

我们几个相视暗笑，早想好了怎么治他："您别客气，我们不坐了，我们得拍照去！您忙您的吧！"说着，我们朝他挥挥手，像要保持距离似的，从他身旁绕过去。

他急了，一把拉住我："大哥，你们这是什么意思啊？"脸涨得红一阵白一阵，腔调都变了。

"什么意思啊？没什么意思！不带你玩了！"——我们就是存心要给他压力，激将他。

等到下一次聚会的时候，他带着自己的片子满面春风地来了。后来他说，那段时间他似乎找不到拍照的感觉，看不到上升的空间，好像徘徊在一个封闭的圈里，不知不觉就有些懈怠了。而正是我们对他的刺激惊醒了他，促使他及时调整好状态，重新步入正轨，这之后他进步飞快。

我们就这样一路相伴前行，始终保持着对摄影的热情和不懈的追求，给予彼此温暖、激励和帮助。后来，肖彤彤复员去了广东，张兆增加入，成为我们“六友”的新成员。春节时我们收到彤彤寄来的礼物，是一幅他自己的画作：《岁寒六友》。画面里，一棵刚劲笔直的松树傲立雪中，五只神态各异的小鸟在树上嬉闹，树下还有一只小鸟抬着头羡慕地望着他们，好像在说：“兄弟们，我追不上你们了！”这之后的好多年，我们依然是好朋友。

5. 失落的“记者梦”

如果说当年在阀门厂时为工友们拍照、上橱窗而得到的赞赏和肯定是我摄影的动力，那么从 1981 年发表第一幅作品开始，我看到了自己的价值，并在“获奖”这条道上收获满满。除了发表作品，收获一张证书、一个奖杯，我最期盼的是能参加一次展览。就像四月影会那样，将自己的作品放大、装裱，挂在墙上，前来参观的人川流不息，那将是一件多么振奋人心的事情。

在北京晚报社举办的“谁的心灵美”影展中，我的作品入选了。虽然展览只是在紫竹院公园的一个小亭子里，和四月影会的中国美术馆展厅相比，简直是天壤之别，但这也足以让我兴奋得彻夜难眠。我参展的照片拍摄的是一个躺在平板车上看书的青年人。在我家附近那条胡同里，有一帮没有正式工作的社会小青年，他们平时靠蹬板车挣生活费，没活儿的时候就在胡同里疯玩儿。有一天我经过那儿，正巧居委会主任给他们抱来一摞书，“你们消停点儿，年轻人也该看看书，多学习学习！”他们一人分了几本，几个小伙儿拿着书躺到自己的车上去了，最前面的这个年轻人看的是《半月谈》。关心国际国内时事，多好！我“咔”的一声拍了下来，起名《光阴》。

展览那天一大早，我带着全家人一起去了。“你们就在我的照片前转悠，都别走开！现在人不多，得给我造个势！”毕竟是第一次参展，我心里还是非常紧张的。虽然这是个学习交流的好机会，但我顾不上观摩其他参展作品，来看展览的人渐渐多了，我假装观众，站在我的照片旁边，装作漫不经心的样子，实际上是支棱着耳朵偷听大家的评价和意见。听到肯定和赞赏的，我特别高兴；听到不一样的见解，我赶紧掏出随身带着的小本子认真记下来。

一晃几年过去了，大大小小的获奖证书堆积得越来越多，几十个金光闪闪的奖杯摆在家里最显眼的玻璃柜里。频繁地参加比赛、影展，我在圈子里渐渐也混得脸儿熟，结识了一些和我一样热衷于打奖的摄影爱好者。有一天上午，我参加一个摄影比赛的颁奖仪式。获奖者一上台，就是我们这几个熟面孔。那天的颁奖嘉宾是德高望重的吕厚民先生，他亲切地和我们一一握手表示祝贺。等到下午去参加另一场比赛的颁奖，一上台，大家相视一笑，还是我们几个。巧的是，又是吕厚民老师给我们颁奖。老先生两眼瞪得溜圆：“怎么又是你啊？”

沉浸在这些荣誉中的同时，我心里总是冒出一个想法：怎样才能当上记者？

北京市半导体器件十厂保卫科长的一句话时常刺激着我。

保卫科的工作相对轻松，没事的时候我就看看书，琢磨如何去拍下个月的摄影比赛的照片。可在领导眼里，我对摄影的执着超过了对工作的热情，科长不乐意了。有一次他对我说：“你天天看这些破书，一会儿舞台，一会儿人像，一会儿又风光的，这跟我们有什么关系啊？你得端正工作态度！”

我心里犯嘀咕了，这话没道理，现场勘查、取证不都需要摄影吗？怎么就和工作没有关系呢？那几个人上班时间躲起来打扑克你怎么不说？无论如何，我也算在学习啊！科长见我一脸不服，便交给我一个任务，说厂里夜校教室的灯管丢了两支，让我去破这个案，限时三天。

不到两天，我便成功地完成了任务。其实在这件事情中，摄影专长倒没发挥什么作用，但我戴着白手套，拿着相机虚张声势的样子，唬住了那几个经常坐在教室外面等着派车任务的司机。心理战术起了作用，从他们的神色中我大概判断出拿灯管的就是他们其中之一。第二天，丢失的灯管就物归原位了。

满以为科长会表扬我，改变对我学摄影的看法。谁知他斜视我一眼，似笑非笑地说："咱们这儿没有闲工夫让你学这个。你要有能耐，怎么不当记者去？"

分明就是讥讽和嘲笑的意思！科长这句话像刺儿一样扎在我心里。我深吸一口气，心想：早晚有一天我要用事实证明给你看，我能当上记者！

现在，何不带着我的获奖作品自己闯一闯呢？

对，我自己去找！精心挑选了一些作品，拿着简历，带上一摞获奖证书，我一家一家地毛遂自荐。《人民日报》、《中国日报》、《经济日报》、《人民日报》（海外版），我满怀信心地走进去，却屡屡被拒之门外。也不是我的作品人家看不上，卡住我的是"集体所有制"的身份，而报社、杂志社都是干部编制的全民所有制单位。终于有一天，在《大众电影》的办公室里，那位和气的大姐翻看了我的作品，非常满意。她问我："你拍摄技术全面，非常好！你会洗照片吗？"

我一听，全身来了劲，有机会了！我连忙点头："会，这是基本功，我学得可扎实了！您手中的这些照片都是我自己洗的！"

"那行，你的简历和这套照片我先留下，过两天你再来一趟吧！"

从杂志社出来，我兴奋不已，感觉雾蒙蒙的天空都变得明亮起来。简历和照片都留下了，还让我过两天再来一趟，这不差不多成了吗？我一高兴，奢侈地拎了一只烧鸡回去。志想看着傻乐的我，感到莫名其妙。"告诉你，"

我故意卖一下关子，“等不了几天，我就要当记者了！”

两天之后，我一路轻快地踏进《大众电影》的办公室，接待我的还是那位大姐。没等我和她打招呼，她开口第一句就问：“原来你的单位是集体所有制啊！”

“是的！”我心里一沉，“那天我一来就跟您说过，我是北京市半导体器件十厂保卫科的干事。”

“哦，我还以为……我把你当成全民所有制编制了。实在抱歉，这事儿不成啊！”

从期望的最高点一下跌落谷底，失望、沮丧、懊恼，混杂着一种透心儿凉的感觉。一番毫无作用的怨愤之后，我更加坚定了自己的目标：我要好好学摄影。如果我能拿出足够优秀而让人无法拒绝的成绩来，谁还会在意我是一个集体所有制小工厂的工人？

6.“广角”，为我开启了另一扇窗

“跳槽不遂”的挫败感还没有完全散尽，这天我们“六友”约着去看望许喜占老师。虽然在夜校跟许老师学习的时间不算长，但在我们的心目中，他的至尊地位无人可及。从最基础的理论知识起步，到中级班实践中的各种疑难问题，许老师无不详尽地教授我们，这些知识让我们在日后的摄影生涯中受益不尽。“毕业”之后，我们仍然时常去“骚扰”老师。我第一次发表作品了，你参加全国影赛得奖了，他在创作过程遇到麻烦了，无论喜与忧，我们都愿意与许老师分享。毫不例外，我把这次遭遇的事情也一五一十地告诉了许老师。

在他的无数学生中，大概我们这个六人小团体，是他相当偏爱、欣赏、记挂的吧，我们早已亦师亦友了。“暂时无法得到的，你不必过于纠结。你们可以去加入广角影会啊，在那个组织里，你们或许会有不一样的收获。”许老师建议我们。

几年来，我们一直将精力集中于创作、比赛、得奖上，虽然早知道有个“北京广角摄影学会”，但从未想到要加入它。那天下午，在许老师的单位，我们听他讲了好多广角影会和刘加瑞老师的故事。

北京广角摄影学会（简称广角影会）是 1980 年 1 月 10 日由崇文区文化馆创办的，刘加瑞是广角影会的创始人之一。刘老师原来是空军部队的一名地勤人员，后来由于身体原因，四十多岁时转业回到地方，分配到崇文区文化馆从事摄影辅导工作。当年《人民的悼念》和四月影会的第一回影展令他十分震撼，影像的力量促使他萌生了创办一个摄影组织的想法。当时能有条件拿相机的人实在太少了，影会最初成立时的成员中有干部子弟、知识分子、普通工人。刘老师将睿智而深邃的目光投向大众，他热情地吸纳了更多爱好摄影的普通年轻人到广角影会来。在四月影会的第三回影展之后，影像所表现的锋芒和冲击力消退了许多，渐渐地，风花雪月、小资情调以及一些形式感的东西成为引领摄影界的主流。此时，这位曾经的军人提出“广角”的理念：用广泛的角度，歌颂人民和祖国；用广泛的角度，反映现实的生活。他希望带领大家拿起相机，走到老百姓中去，走到真实的生活中去，用自己的镜头记录今天，告诉未来。

刘老师怀着执着的信念，以一颗火热的心，尽自己所能地给年轻人帮助和支持。怀着崇敬与仰慕的心情，1983 年我们六人在许喜占老师的推荐下加入了广角影会。

润物细无声，春去秋来，在刘老师的默默影响和扶携下，当影会成员们

1980 年 1 月 10 日，北京广角摄影学会成立，刘加瑞、卢林等人为创始人

解海龙　供图

逐渐取得自己引以为豪的成绩后，一个深藏在心底的梦想渐渐变得清晰而强烈，他们想同当年的四月影会一样，在中国美术馆举办一次属于广角影会、属于自己的展览。可是当刘老师满怀希望地带着这群年轻人的殷切期盼找到中国美术馆时，却被婉言拒绝了。

“刘老师，中国美术馆是国家级展馆，可广角影会只是一个区级民间组织，按级别来说，这是远远够不上的！可以办展览的地方很多，就在你们文化馆内部举办，不是也很好吗？”

刘老师如炬的目光落在对方身上，他的话语铿锵有力、掷地有声：“自影会成立以来，我亲眼看到这群年轻人凭着一股热情和执着潜心学习摄影。买不起相机，他们就拿别人的照片一遍遍研究，一遍遍模拟，想象着如果他们身临其境会怎么拍摄； 后来终于有相机了，不管风里雨里，只要有时间有机会，省几餐早饭，省几趟车钱，都要想方设法买一个胶卷。虽然他们大多只是业余爱好者，可就算工作再忙，也从没放松过学习，他们常常到深夜还在读我写给他们的信。就是这帮年轻人，他们感动了我，我才为他们说话来了。今天，我也来感动感动你们吧！”说完，他撩起上衣，围绕着心脏的一个大大的 U 型伤疤赫然展露出来，“这是我先天性心脏病留下的手术疤痕，二尖瓣狭窄，瓣膜关闭不全，平时上两层楼都心慌气喘。但是今天，我为了他们，就拉下这张脸来恳请你们，希望你们能够满足他们的心愿！”

中国美术馆的工作人员被震住了，同时也被深深地感动了。他们赶紧扶刘老师坐下，一番温言暖语，表达他们的歉意和敬佩。不久，北京广角摄影学会终于破格在这座国家级艺术殿堂举办了影展。

在广角影会，我们感受到另外一种特别的学习热潮和凝聚力。在刘老师

的精心组织和安排下，广角影会的活动开展得有声有色。而当我带着各种获奖证书加入影会并得到刘老师的关注时，再一次找到了当年在阀门厂工会工作时的热情。

观看各种影展，是影会组织大家学习的方式之一。每次观展后，总结是必不可少的。全国影展结束后，我们给各地获奖者写信祝贺，邀请他们跟广角会员分享创作经历，还给他们颁发“广角特邀奖”。我们结交了全国各地摄影界的朋友，广角的名气在全国也越来越大。它的包容性和活跃度，吸引了众多外地摄影爱好者，他们纷纷写信要求加入广角影会。我们只得很抱歉地告诉他们，广角影会不是全国性组织，如果他们愿意，可以在各地成立自己的广角影会。突如一阵旋风，天津、武汉、青岛、上海、沈阳、哈尔滨……全国一下子出现了好些个广角影会。在年末联欢会上，我给朋友们出了一个有奖问答：你们知道现在全国一共有多少个广角影会？大家踊跃抢答，七个？八个？九个？都不对！我公布答案了：“请大家注意，我的问题是‘全国’一共有多少个。台湾是我们祖国的一部分，台北也成立了广角影会，所以，答案是十个！”那一刻，会场的气氛被推上高潮。

广角影会的交流活动每月一次，每个月最后一个周三晚上七点，大家抱着自己近期创作的作品早早地来到影会。因为心中的那份迫切，竟然出现好几次会员算错日期，提前一周到来的事情。有一段时间传染病蔓延，聚会有很大风险，但是大家还是来了。影会原本不到一百个会员，签到的时候，竟然有一百七八十人，好多北京远郊的摄影爱好者也慕名而来。两个平板三轮车组成的展台上摆满了照片，同时每个人领三颗围棋子用以投票，大家都是作者，大家也都是评委。从加入影会起，我就担任了影会的组织和主持工作。白天我是半导体器件十厂保卫科的干事，下班之后，我将满腔热情投入到文

1983 年冬，北京广角摄影学会第三届摄影展在北海公园里的普安殿展出，图为部分会员合影［左图］
解海龙　供图

1984 年夏，北京广角摄影学会第四届摄影展在中国美术馆展出，图为部分会员合影［右图］
解海龙　供图

1986 年 10 月 26 日，北京广角摄影学会第五届摄影展在中国美术馆展出，刘加瑞被誉为广角影会的奠基人

解海龙　供图

化馆的活动中去，每次的活动都让我充满激情。活动程序通常是第一轮大家投票，第二轮专家组投票，评析作品，作者讲述拍摄故事。有时刘老师还请来摄影界的大师为我们授课，洪克老师、朱羽君老师、韩子善老师等都曾来给我们讲过课。刘老师常说，为了这帮学员，他舍得他那张面子。这些大师们也给他面子，人家一分钱不要，都乐意来给大伙儿讲课。他们对后辈的提携和对艺术的无私奉献，怎能不让我们心怀敬慕与感激？！

第一轮投票过后，一票不得的作品就撤下了，这些作者就得好好反思，为什么自己的作品没有一个人喜欢？有得票的照片留下来，最后请专家组老师评定。等到专家组老师评讲时，大家抱着笔记本认真地听。没有座位的人都挤在后排，踮着脚，伸长脖子，有的还站到桌子上，生怕听漏一个字。轮到获奖者上台讲述他的创作过程时，从一开始紧张得冒汗，到后来慢慢地越讲越好。就这样，无论是语言表达能力还是对照片的赏析评价，大家都有了很大的进步。

我们给获奖者设置的奖品是大家最喜欢的胶卷，一等奖五个胶卷，二等奖三个，三等奖一个。这奖品在大家眼里的意义非同一般，他们把它当宝贝一样，好些人把胶卷放过期了都没舍得用。那年 6 月，我参加一个摄影比赛获得一千五百元奖金，朋友们都来祝贺。看着他们的羡慕之情，我想，何不给大家也来一个大奖，更进一步激发大家的创作热情呢？于是，我给大家建议："我们下个月来一次命题拍摄，大家围绕题目创作。马上是七月雨季了，我们这次就拍'雨中情'。大家捕捉一些雨中人与人之间的温情，比如七八岁的小女孩，拎着一双大雨鞋，腋窝里还夹着一把雨伞，在汽车站等妈妈下班；再比如，大风大雨里，小伙子迎风费力地蹬着三轮车，妈妈坐在车后，使劲地向前倾斜着身子给儿子撑着伞，自己半边身子都淋得透湿……我们通过命题来考察大家的观察力、对瞬间情景的感受能力和抓拍能力。这次一等奖的奖品由我给大家提供—— 一辆高档自行车！希望能够看到大家的优秀作品！”

当一辆价值四百八十元的名牌自行车出现在活动室的时候，大家兴奋得摩拳擦掌。对于大部分月工资不足四十元的人来说，这是一件实实在在的奢侈品，好多人甚至只有结婚的时候才能拥有一辆自行车！大家恨不得老天立刻泼下一场大雨，好让他们马上去捕捉“雨中情”。当一等奖获得者欢天喜地地推走这辆自行车的时候，大家除了衷心祝贺，更多的是学习和思考，并暗暗给自己鼓劲，争取下一次让自己的作品能够得到认可。这之后，我们陆续得到了《经济日报》《中国青年报》和佳能公司的大力支持。

广角影会的亲和力和号召力吸引着一大批人围绕着它。每次活动结束之后，大家都不想回家，总有十几个人聚在一起，来几瓶啤酒，兴致勃勃地继续聊大家共同的话题。我们讨论以后的活动如何开展，有什么新颖的组织方式，每个人都争相提出自己的想法和建议。在这些活动中，我能看出每个人擅长和偏爱的领域。后来大家按自己喜欢的题材组队，我们“六友”最喜欢去的是大山。在这样一种良性状态下，大家的创作热情日益高涨。每月的交流活动中，听老师点评照片、听大师精彩的讲座、谈各自的心得体会，大家进步很大。只要有影赛，大家不是各自投稿参赛，而是把稿件都交给我，厚厚一大摞，由我统一投稿。有一次全国影赛，入选的一百二十幅作品中，竟有我们广角影会三十三幅。那种荣誉感，至今难以忘怀。

如果说以前广角影会吸引大家是因为它的感召力，那么现在更是加上一份实力。许多原本已是北京摄影家协会会员的人，像中学生又回头来读小学一样，加入我们这个区级影会。当年摄影界流行这样一句话：任何一个影展，如果没有广角影会参加，这个影展就不正常。这大概足以说明广角影会的整体水平和广泛的影响力吧。

7. 机会总是留给有准备的人

因为广角影会是由刘加瑞等人在崇文区文化馆创办的，我作为后来加入的一员，经常组织大家在文化馆里开展活动，久而久之，我逐渐成为文化馆的“临时帮工”，而且我在文化馆也成了一个小有名气的人。一说起解海龙，“他不是刘加瑞的得意弟子吗？他组织了好些个颇有影响力的影展呢；他的片子也拍得挺棒啊，得过好几次国家级摄影比赛一等奖呢……”听到这些赞誉，我心里美滋滋的，欣慰和喜悦不言而喻。但是，那些对我表示了肯定却又以一种可惜的目光将我拒之门外的报社始终如一团团黑云盘旋在我心头。我热爱自己的本职工作，可我更热爱我为之钟情的摄影，什么时候我才能成为一名真正的摄影工作者？

1984 年国庆节是新中国成立三十五周年的日子，届时将有一场盛大的国庆阅兵式和百姓联欢庆祝活动。国庆节前几天，文化馆馆长找到我。

“陈区长来电话了，让我们文化馆推荐一个人，专门负责咱们崇文区在天安门广场的文艺会演拍摄工作，这些照片是要作为资料长期保存的。考虑到你的摄影技术和组织能力都相当优秀，虽然你不是文化馆正式员工，我还是想把这个任务交给你，你愿意不愿意？”

这还用说！“没问题，馆长，我保证完成任务！”我毫不犹豫地答应下来。心里涌起一股冲动，就在这一刻，我把自己当成了一名记者！之前我虽然多次获奖，不过都是瞅着哪儿有比赛哪儿有影展，我就拿着作品去参加，全是自己找活儿的游击战。现在，有这样一项正式任务，而且是意义重大的任务，承蒙馆长瞧得上推荐我去，我打心底里向他说一声：“谢谢！”这是个证明自己实力的好机会，我一定要全力完成任务。

拍摄结束后，我一刻不停地把照片洗出来。当我把这组照片送到区长办公室时，他惊讶了！我知道，他首先是惊讶于我在完成拍摄的第二天就把照片送到了他的面前。是的，我并不是文化馆的员工，但是领导信任我，第一次就交给我这样意义重大的任务，我怎能懈怠？

一沓照片整齐地摆放在他面前，他一幅一幅地拿起来，慢慢地翻阅。我清楚地看见了他眼角眉梢漾起的笑意。虽然我对自己的水平相当自信，不过还是直到看见区长表示满意的这一刻，我才踏踏实实地放了心。

陈区长将照片拢到一起，冲我笑着点点头："这次任务你完成得非常好！你在哪儿工作啊？"

"我在半导体器件十厂，保卫科！"

"哦！"陈区长沉吟一声，"你怎么没想调到崇文区文化馆来？文化馆正缺人呀！"

这一问，正好问到我的难处。"区长，我热爱摄影，做梦都想从事这方面的专业工作。可我只是一个工人，集体所有制单位，不是干部，不好调啊！"

"是这样啊！"他蹙着眉头若有所思，把手中的照片翻来覆去倒腾了好几遍，"这样吧，我给你写个条！"说着，拿笔在他面前的笔记本上写起来，不一会儿，他撕下一页纸递给我：

"解海龙，退伍军人，现为北京市半导体器件十厂工人。他热爱摄影，业务熟练，工作态度积极，我推荐他到崇文区文化馆工作。"

我简直不敢相信自己的眼睛，办公室里突然安静得让我能听到自己的心跳声。幸福来得太突然了！区长压根儿就不认识我呀，我只不过拍了这组照片，及时完成了任务而已，他就……

"你先去劳动局，劳动局会把你的档案调出来。然后你再到人事局，他们知道怎么给你办！"

全身的血液一下子沸腾起来，我语无伦次地问："这，这，这能管用吗？"

区长笑着从桌后欠起身子，眼睛直视着我："怎么，你不相信我？"

不知道谢了区长多少遍，我紧紧地攥着纸条飞奔出他的办公室。忘了区长交代的先去劳动局，我径直向文化局跑去。广角影会的很多活动都有文化局的帮助和支持，我在那儿也算得上如鱼得水吧，我得向他们报告这个好消息！

还没跨进大门，我兴奋的大嗓门就把他们都招了过来：“区长给我写条子了！我要调来文化馆工作了！以后我就正式成为你们中的一员了！”在他们惊奇的目光中，我不无得意地将来龙去脉一一道来，还特意把手中的纸条抖得“哗哗”直响。几位大姐瞧我高兴的样子，也乐了：“太棒了！海龙，其实是你自己抓住了这个机会，领导就认为你是个能办事的人！找区长帮忙的人多了去了呢！”

因为我原本是集体所有制的身份，虽然是在文化馆工作，但是仍然入不了文化馆的干部编制，只能暂时挂靠在文化局下属的一个集体所有制单位。但不管怎么说自己已经是文化馆的人了，所以我也没把这个事儿放在心上。

成为文化馆的一员后，我真切地感受到肩上的责任，感受到大家的期待。虽然和之前我在文化馆“帮忙” 时的工作类似，但与现在这种主人翁的感觉怎能同日而语？接下来，我们在中国美术馆办展览，摄影部和广角影会在全国各种摄影比赛中屡获大奖。人手不够的时候，我将“六友”兄弟们都叫来帮忙，布展、联络、组织各种交流活动……后来，崇文区文化馆被文化部评为先进单位，我也被授予“最佳组织工作奖”。按往年的常规做法，文化部每年会拨给各地文化馆一两万元经费，而这一年，他们调整政策，重点扶持几个优秀的文化馆，拨给我们一大笔专项资金，有意将我们树为全国的榜样。当看到大家的劳动成果为文化馆带来这样丰厚的收获时，所有的辛苦和挫折都化为一股甘甜的清泉，流淌在每个人心间。

我们要建新馆了！得到文化部这笔资金，大家都欢呼雀跃了。我们早就琢磨着该把这座建于 20 世纪 50 年代的旧楼翻新一下了。旧楼光线阴暗、长年潮湿，墙角的青苔不知不觉已爬到半个椅子那么高；顶层因漏雨而形成的水渍将墙壁染黄，就像小孩子尿炕后留下的痕迹；我们影会每月开展活动的那个教室，也只有一张简陋的主席桌，大家一摞片子抱出来，就在那两辆旧三轮车上铺开，凳子不够坐，好些人都站在后面听课……

就在这个时候，文化馆接到有关指示，现在国家给我们这些“以公代干”的人最后一次转正机会，只要通过考试，就能正式转为干部编制。乍一听这个消息，我心里着实激动了一把。转干，不是我一直梦寐以求的吗？我也不正是因为没有干部编制而屡次被各报社拒之门外吗？可我又寻思着，我刚调来不久，我不能让人家说我在上班时间温习功课，做自己的事情。再说，我已经和同事们努力为文化馆赢得了全国先进单位的称号，就算不转干，我在这儿有这份工作也知足了。可是，如果我考试过关，有了干部编制，说不准以后有机会去新闻媒体单位，圆我的记者梦呢？那些天，几个矛盾的念头起起落落，扰得我心神不宁。

我真诚地感谢在我人生道路的关键点上给我帮助、给我指引的人们。就在我犹豫不决、徘徊不前的时候，文化局人事部的冯大姐跟我说：“海龙，这个机会太难得了，就这最后一次转干机会，你咬牙也得过这关！如果你不考，那你以后永远就是集体所有制身份了，转不了干部编制了。你自己好好掂量吧！”

下定决心，我开始紧张而艰难的学习。说紧张，是因为时间紧迫；说艰难，是因为我只有初中二年级的文化水平，要在短短几个月里复习掌握语文、数学、政治几门应考功课，说不吃力是假的。可我明白这次考试的重要性，再怎么难也得扛过去。从窗口望出去，文化馆的新楼地基已经掘下第一铲土，处处充溢着一股奔腾欲出的气息，我也应该以一个崭新的面貌来迎接今后的工作和生活。

我白天上班，工作一刻也不懈怠，下了班并不急着回家，常常夹着书本走到正在施工的新馆工地上。当我看到夕阳下工人师傅们仍然热火朝天地忙碌着，听到耳边轰鸣着机器的声响时，心中涌起一股振奋和激昂。那个夏天的多少个夜晚，我就在新馆工地旁找一处有光亮又能避着人的地方，默默地记啊背啊，眼睛酸涩了，就从书本里抬起头来，瞭望一下与街灯连成一片的暗蓝而幽深的天空，直到夜深才带着满身疲惫回家。

最后这次转干考试，我们文化局一共七人参加，只有我一个人顺利通过，如愿以偿地成为文化馆的正式员工。

当内心的激动慢慢退去，一天的工作结束之后，我坐在办公室里，眼前常常掠过一幕幕难忘的场景，有欢欣有难过，有激情有迷惘。还有我生命中的每一个人，是你们给我鼓舞给我帮助，给我理解给我警示。曾经现实给我关上了成为记者的大门，现在却为我打开了另一扇窗。我感谢生活，感谢你们，也感谢我自己！

8. 当好运来敲门

我们的人生充满了各种偶然、不确定、纠结和选择。如果不是当年在北海舰队时第一次拿相机为战友们拍照惨遭失败，从此在心里埋下“以后一定要学好照相一洗羞耻”的种子；如果不是看到《人民的悼念》和四月影展并深受震撼而凑钱买了人生第一台相机；如果不是在改革开放的春风里我们上夜校摄影班组成“六友”而从此有了一生的挚友；如果不是许喜占老师推荐我们加入广角影会而让我有幸得到刘加瑞老师的帮助和赏识；如果不是我以高质量高效率完成区长交给文化馆的任务而幸运地调入文化馆；如果不是在我犹豫不决要不要参加最后一次转干考试时，关心我爱护我的朋友促使我做出一次清醒的选择……如果不是这些，我不知道现在的我会是什么境况。也许人生原本就不是自发的自我发展吧，而是一长串的机缘、事件和决定，这些机缘、事件和决定在它们实现的当时，其实是取决于我们的意志的。

文化馆的工作如火如荼地开展，不久我就担任文化馆宣传部主任了。在

“六友”中，我是第一个走上了与摄影相关的专职岗位，弟兄们除了由衷的祝福之外，我知道他们心中更有深深的羡慕和渴求。作为大哥，现在又有了相对便利的条件，只要有活动的机会，我都会把大伙儿聚在一起。

那天早上我刚进办公室，正整理着桌上的一叠资料，房门“哐”的一下被推开了，是占崑。

“你怎么来了？”我惊奇地问，现在正是上班时间，我们今天也没约什么活动。

他皱着眉头没吱声。以前成天一副乐天派的样子，今天他这是怎么了？

“大哥，我今天也不知道怎么回事儿，就是觉得闷，一点活儿都不想干！我跟头儿请了假歇一天，这不就找你来了？别嫌我碍事啊！”还真没见过他这样呢，上周末我们一起去白洋淀，他不是还跑前跑后乐呵呵地忙得带劲吗？

“说说，什么事不爽快了？”给他沏一杯茶，我挨着他坐下来。

“也没什么事儿，”他展开两只胳膊，长长地伸了一个懒腰，拿起茶杯捧在手里来来回回地搓动着。“大哥，我们在一起搞摄影也有五六年了，当年跟许老师学习的那会儿，那股热乎劲儿哟！真得谢谢老天，让我们几个志同道合的兄弟走到了一起。你‘卖血’买放大机；你带我们去十渡、去遵化，火车上没座位，晚上打地铺；为了省钱买一个胶卷，四个馒头就管一天，包子都不敢多吃一个。大哥，你都记得吗？”

没想到他突然说起这些往事。那些苦中作乐的日子，那些隐隐淡去的记忆一下子清晰地映现在眼前，我的眼眶一热。他盯着手里的茶杯继续说：“大哥，这些年在一起，我们都进步了很多，奖也得了不少。在摄影这条道上，我作为一名业余爱好者也还算行吧。可最近，一旦当我放下相机，拿起油漆

1986 年秋，北京广角摄影学会摄影展在北京市劳动人民文化宫展出

解海龙　摄

刷的时候，就突然有种很泄气的感觉，看着自己这双手，我不由得怀疑起自己了……”他抬起头，欲言又止。这一刻，我明白了他心底的苦恼，因为我看见了他眼中交织着矛盾。

噢，我亲爱的兄弟，我们一路执着地朝着自己热爱的方向奔跑，我们一路互相鼓励，互相扶携，我们竭力追求精神世界至上的愉悦，可是，我们又有那么多的无奈和无助！

清脆的电话铃声打破这片刻的沉默，是贺延光。

“海龙，有事儿找你！”他一句多余的话都没有，开门见山。“《中国青年报》摄影部筹划着搞一个全国摄影比赛，眼下缺人手。我知道咱们广角人才多，能不能临时借调一个？看看你那儿谁合适，推荐推荐吧！”此时的贺延光已经从《北京青年报》调到《中国青年报》担任摄影部主任了。

“没问题，人马上来！”我心里一亮，立刻有了人选——他不正在我旁边吗？

和贺延光渐渐熟悉起来，是在我加入广角影会之后。他也是广角影会成员，我们“六友”这个摄影小集体引起了他的注意。有一天，他竟然主动来我家，和我们天南海北地聊天，聊得非常投机，最后我们还煮了一大锅面条吃得兴高采烈，大家都很兴奋。那也是第一次这么有影响的人来我这十四平方米的斗室做客。

挂了电话，我问占崑：“你听见了吧？《中国青年报》借人，你去不去？”

他一下从椅子上跳起来，两眼放光：“去啊！去，大哥，我去！”刚才还愁绪满怀的他一下子回到我们熟悉的那个占崑。

后来，据占崑说，当他拿着《中国青年报》的借调函去领导那儿请示时，着实让他们北京六建兴奋了一把。一个不起眼的建筑工人能够得到《中国青年报》这个“中”字头报纸的借用，是何等荣耀的事情！领导喜不自禁，立刻批准了。

再后来，因为占崑在借用期间工作得力，得到报社领导和同事的一致好评。工作结束之后，《中国青年报》一纸调令将占崑调到了报社摄影部。

多少年后，每当占崑说到这一段，我们都无限感慨。机会对于不能利用它的人又有什么用？正如风只对于能利用它的人才是动力。

——谁说不是呢！

9. 文化馆来了两员大将

自从得到文化部的表彰和资助以后，崇文区文化馆的声望更高了。现在，我们更是带动起一波文化活动的热潮，全国各地文化馆和我们的文化交流活动精彩纷呈，诸如优秀书画展、舞蹈艺术节、全国摄影联展、诗词朗诵大赛……

颇有意思的是，占崑因为一个偶然的机会调入《中国青年报》，拨动了崔新华的某根心弦。

有一天晚上在我们家小聚之后，待那几个都走了，新华拉住我说：“大哥，咱们文化馆不是还要招人吗？我也想动一动了，只是……”他欲言又止，“大哥，你看呢？”路灯下，枝枝杈杈的斑驳树影在他的脸上跳动。新华想来文化馆？这真是我没想到的事情。但见他眉头紧蹙，似乎经过一番深思熟虑，只是言语中仍见一丝犹豫。

新华是个聪明的好兄弟，和占崑一样，一旦认真起来，那劲头令人刮目相看。加入广角影会之后，我俩都是活跃分子，积极为大家服务。他文字功夫了得，为影展写前言之类的工作常常交给他，影友们拿照片来参展，他会热心地帮人家给照片起一个响亮又贴切的名字。我没想到，他，这个整天穿着白大褂，安安稳稳在卫生部生物制品研究所工作的人，也想进入文化馆？听听他刚才说的什么？他说的是“咱们”文化馆啊！我不由得一阵感动。

我当然明白他的犹豫。一位部级单位的职员，没有外在的工作压力，只因为心中那份念想，抛给自己一个相对困难的选择。这突如其来的一问，我一时也不知该如何回答。

我应该欣然同意他的想法吗？他在卫生部下属研究所的工作相当出色，更重要的是他的单位级别。我是他信任的大哥，他想让我为他鼓一把劲，让他义无反顾地做出决定。

“新华，我真没想到你会动这个念头。如果咱俩以后能在一起工作，肯定是非常畅快舒心的。只是这件事情，我不能帮你做决定，我甚至不应该有我的态度。当然，无论你在哪里，从事哪种工作，我都希望你是快乐充实的。你愿意选择什么，甘愿放弃什么，坚持追求什么，还是遵从你的内心吧！”一说完这段话，我就感觉到自己的言不由衷，他一定听出来了。我心里其实多么期盼他来，可我又把这个问题扔了回去。新华，你一定失望了！我心里何尝不矛盾呀！

本来他提出想调来文化馆，就是我意料之外的事情，所以第二天，当他在电话中有些抱歉甚至愧疚地告诉我，他权衡再三还是决定不来了的时候，自然也就在意料之中了。

可是几天之后的又一个电话，再次让我出乎意料了。

一个极其熟悉的女声传过来：“大哥，是我！”

脑子里迅速搜索一遍，我想起来了，是新华的爱人。

“大哥，我也没什么别的事，就是想告诉您，新华跟我商量了，他还是想上您那儿去。他有点不好意思，让我问问您，能不能把这个指标给他留着呀？”

一种无法形容的感觉涌上心头，无论如何，那一刻我为他的决定而激动了。也许他那天征询我的意见时，只要我稍微明确地表明我的想法，他就会做出选择；如果他当时做出了选择，以后会不会因为有欠考虑而后悔？我无从知晓。但是我相信，经过反复思量的决定是更加理性的，而这其中，肯定也包含了他妻子对他的爱，对他的理解和支持。

就这样，经过一番激烈的心理斗争，崔新华调进了文化馆。

冬去春来，当凛冽的寒风带着最后一丝尽显疲态的威力跌跌撞撞地逃走，当冰封了一季的龙潭湖面上又开始闪现一片片粼粼波光，文化馆新大楼在我们的期盼中一天一天高大起来。大家始终以饱满的热情投入到工作当中，频繁的活动让我们宣传部感到有些顾不上来，要是能再多几位干将就好了！

1986年春节刚过，在一次主题为"北京庙会"的影展上，一幅构图简洁、影调独特的照片吸引了我。画面呈现的黑白灰各阶影调的层次感和对比度极具个人风格，与我们的常规表达迥然不同。这幅照片会是拍摄者亲自制作的吗？我快速地在影展名录中找到了他的名字：张左。

当他穿着一身灰扑扑的建筑公司的工作服出现在我面前时，我愣是没能把这个内向的小伙子和那幅风格鲜明的照片对应起来。他不是一个擅长表现自己的人，也不想在公众场合表现活跃而引人注目。他告诉我其实他早在两年前就已经参加过好几次广角影会的活动，而我对他没有一点儿印象。

最初的陌生感渐渐消散，小伙子也不太拘谨了，慢慢打开了话匣子。他高中毕业后去北京郊区插队，两年后返城，成为崇文区房管局工程队的一名泥瓦匠。他工作认真，勤恳好学，还是在二级工的时候就有能力负责砌墙角这样五级工难度的活儿。他所在的队里有位小伙子上过业余摄影班，常常聊起摄影，时间一长，他听入了迷，一咬牙拿出积攒了一年的工资，买来一台柯尼卡135照相机，没有老师，全靠自学和摸索。那时候没有条件用彩色胶卷，都是黑白的，拿出去冲洗也贵，于是自己开始冲洗胶卷、印放照片，从拍摄到最后洗出成品都是自己干。迷上暗房也是因为当时条件的限制，白天上班，只有周末休息才能拍照片，下班一回家就钻进简易的暗房里，拿自己的几卷胶片来回研究，配药剂、冲洗、印小样，暗房的基本技术，就这样练出来了。

有一次大暴雨之后，队里安排他给一家居民修房顶，正巧听见他们在聊摄影，工作完后他在那儿磨蹭了老半天，最后跟着他们一起走进了广角影会的课堂。

我心头一热，想到此刻病休在家的刘加瑞老师。敬爱的刘老师，如果不是您以广阔的胸怀向我们这些执着于学习摄影的年轻人敞开大门，用一颗炽热的心为我们提供细致的指导和无私的帮助，我们这些默默无闻又孜孜以求的学生们，也许还在茫然的路途中徘徊。

“你还有什么好作品能给我看看吗？”

张左从一个硬夹里摸出几幅照片递给我。再次看到在他手里呈现出的黑白世界，我不得不更加佩服他。

“虽然我是从拿着相机开始学习摄影的，其实我生性胆小，总担心人家抢我的相机，不让我拍，后来我感觉我在暗房里能找到更大的乐趣。这里安静、安全，没有人打扰，看着自己的照片慢慢显现在眼前，那种满足感，真的……不管是砌墙还是洗照片，在我眼里都是精致的手艺活。但是暗房又不仅仅是手艺，如何把控一幅照片的影调，还在于自己的理解和感悟。也许暗房才是我工作之外的另一个完美世界吧！”

和他的对话到最后几乎变成了他的喃喃自语，他的脸上不知不觉地浮现出一丝隐隐的笑意。他似乎完全沉浸在他所描述的那个完美世界里，直到我递给他一杯水，才把他从游离状态中拉回来。

“你的名字挺有意思，谁给你取的啊？”我换了个话题。一看到他这个名字的时候，我就觉得与众不同。

“我不是 1957 年出生的吗，那年正反右呢！父母为了表明决心，就给我起了‘左’这么个名字！”他笑了笑。

这一解释，让我觉得更有意思了。我们那一代人啊！是不是在我们身上，不经意间就能寻着时代的烙印？我脑子里闪过“贺延光”，暗自乐了。他名字里的意思大概是“延续革命的光辉”吧，或者干脆就是“延安的光辉”？

如果张左能到文化馆来，那不是一件好事儿吗？他勤奋踏实，好学肯干，又有一手好技术，我们文化馆正需要人，而他来了，不也正好给他提供了一个发挥自己才能的空间？

我满怀兴奋地跟他说了这个想法。我明确地告诉他，如果他来，文化馆摄影部的暗房工作就交给他负责。

他的眼中闪过一道亮光，随即又疑虑了："那我是不是得辞掉房管局的工作呢？"

因为他不是干部，而最后一次转干考试已经结束，所以文化馆无法给他编制。对于一个有着事业编制、八年工龄的人来说，这确实不是一个轻松的选择。谁愿意轻易放弃一个宝贵的事业编制呢？况且，我能想象到他那八年是如何走过来的。起早贪黑，满身尘土，才有这来之不易的八年工龄啊！

他沉默地离开了文化馆。看着他的背影，我清楚地感受到他的矛盾、挣扎和失落，而我自己的心情也相当复杂。我不知道应不应该说服他，我也不知道如果我说服了他，会不会让人感觉我只是为了文化馆的工作却置别人的切身利益于不顾。可是他谈起摄影、谈起暗房时那痴迷而向往的神情，却印在我心里，久久挥之不去。

经过两天的考虑，我想明白了，就像当时我犹豫是否参加转干考试时，那位大姐帮我指出正确的方向一样，我觉得我也应该帮助张左做出一个重要的决定。崔新华下得了决心放弃部级单位的工作来到他内心更向往的岗位，我有理由相信，张左一定也能在这里走出一条更宽广的道路。没错，他是一个老实本分循规蹈矩的建筑工人，但他也是一个有技术、有思想、对摄影无比热爱的人。如果他在挚爱的工作领域中能够做出更大的成绩，为什么要固守眼前的一点安稳而放弃无限可能的将来？

下了班，我来到张左家里。当他父母将他从暗房里叫出来的时候，他一看是我，愣住了。

显然，张左那天从文化馆回去之后，跟他父母聊过这件事，他们对我一点儿都不陌生。他父亲笑着说："这小子啊，原本就不善于和人打交道！

这不，迷上摄影之后，更是常常把自己关在这间小黑屋里了！”

张左湿着两只手站在我对面，不好意思地笑着。我想，他有些明白我今天为什么来找他吧。

我不多废话，直截了当地问：“张左，你是个手艺人，干什么活都精益求精，但是，如果砌一辈子墙，你甘心吗？”

大概没想到我会这样问他，他惊异地望着我。我知道，这一问肯定狠狠地撞击了他已经有些动摇的心。

“既然你如此喜爱摄影，又有不错的水平，你问一问自己，你难道不是更愿意一辈子去干自己喜欢的事情吗？我理解，要任何一个工人放弃你现在已有的这些都不容易。可是，如果有一片更广阔的天空，你为什么不去试试呢？”我激动起来，“如果你愿意，我们真诚地请你来文化馆，虽然暂时不是正式的。”我望着他的父亲，诚挚地说：“伯父，我向您保证，以后张左和我们在一起，就算只有一个馒头，我们也会掰开了一块儿吃！我们是同甘共苦的兄弟！”

张左的喉头急促地上下滚动着，却始终没有说话。老人家的眼睛湿润了，他抓住我的手，一字一顿地说：“解老师，我谢谢你！有你这样的领导，你这样的大哥，我放心！我支持张左辞职，让他跟着你们干！”

摆脱了缠在心里的纠结，1986年6月，张左一身轻松地进入崇文区文化馆。

此后，我、新华、张左组成文化馆宣传部的“铁三角”。张左除了坚守他心爱的黑白暗房之外，每次展览前，一些细致活儿也交给心细的他。我们开玩笑地说新华搞生物制品研究简直是埋没了人才，他天生是从事设计和文字工作的料。筹划有创意的展览，布置有格调的展厅，撰写有深度的评论文章，这些工作让他尽显才华。看着文化馆的工作搞得有声有色，大家心里的欣慰和欢喜自不必说了。

10. 一语惊醒“得奖专业户”

这是一段畅快淋漓的日子，文化馆的工作让我收获了前所未有的舒心和成就感。

在大家眼里，我天生就是一个搞组织工作的人，自从新华和张左加入之后，开展起活动来我觉得轻松了许多。我带着广角影会的学员外出创作，组织参赛，积极投稿，频繁得奖，从最初自己的作品见报兴奋得买报纸见人就发，第一次获得奖牌后小心翼翼地将奖牌压在枕头下几天睡不着觉，到现在获奖对我来说已经成为一种常态。我感谢生活给我的磨炼和机遇，也为自己付出的汗水和艰辛而骄傲。1984 年国庆节，除了调入文化馆，我还一举捧得三个全国性摄影比赛的奖杯，在摄影界出了一把不小的风头，而各种省市级的比赛获奖证书早就摆满了我家那个由衣柜改成的玻璃橱窗“百宝柜”。每当我一个人静静地欣赏自己的成果，回望几年以来的“打奖”路，不知不觉就会涌起强烈的自豪感和恍惚的飘然。

1986 年，终于，我也加入了中国摄影家协会。初夏每一个略带清冷的早晨，我都特意将中国摄影家协会会员证放在白色透明的的确良上衣口袋里，工工整整地装好才去上班，看到大家羡慕的目光，我是那么享受。在我心里，相比奖杯而言，这个蓝色的羊皮小本本代表了更高的荣誉。

得到中国摄影界权威机构认可的同时，我心中还藏着一个困惑：为什么在刘加瑞老师眼里，我更适合做组织宣传工作，而并不是一个优秀的摄影人？当初抱着自己的一大摞获奖作品申请加入广角影会，刘老师看过我的作品，和我天南海北聊过之后，他拍着我的肩膀说：“来吧，做我的助手！”是不是那时候，他看中我，很大程度上是因为我在无形中显现出的号召力以及饱满的热情和激昂的状态？看着广角影会热火朝天的景象，他不止一次地朝我投来赞许的目光；在学习摄影的道路上，他也对我关怀备至。他在给我的信上写道："用你敏锐的头脑和善于发现的眼睛，利用摄影的功能、摄影的技术，如实记录，反映自然，反映真情实感。"可好几次我兴致勃勃地拿着奖牌向他报喜，他却沉吟着摇头说："如果长期这样，你还是要考虑你适合不适合摄影创作。"

我为什么不适合摄影创作？连获三个大奖之后，我还一次次被邀请给摄影爱好者们讲课，分享获奖秘诀。我跟大伙儿说，获奖其实很简单，首先就是内容要积极向上，主题要突出，技术要到位，做好影调处理与色彩对比，构图力求创新，形式感要强。他们的啧啧赞叹，一次一次增强了我的自信，也满足了我小小的虚荣心。

我正式调进文化馆之后，刘老师因为身体原因已经不常来办公室了，他将手中大部分工作转交给了我。他对我说的那句话就像一道抹不去的影子缠在心里。可是我现在拿到了中国摄影家协会会员证啊！虽然我踌躇满志，但我仍想知道刘老师为何给我那样的评价。一个阳光明媚的下午，我将刘老师请到家里。

…… ……

"令人喜不如令人思！！！"

我独自在"百宝柜"前坐了很久，往事一一从眼前掠过。细细回想，加入广角影会的第一天，刘老师就郑重地向我们提出，摄影的本质意义在于"记录今天，告诉未来"。我们之所以叫"广角影会"，就是要用有温度的目光面对普通老百姓，用有深度的思想和广泛的角度来表现生活。

几天之后，我找来刘老师推荐的几本画册，怀着好奇之心翻开。扑面而来的第一幅照片就给我异常惊讶的感觉。而随着更多画面映入眼帘，认真地读过画册之后，我心里继而升起浓浓的苦涩和沉重。

这是刘易斯 · 海因。纺织厂的童工，罐头厂的童工，纺纱厂的童工，矿井下的童工，那个浑身油渍的小女孩满脸疲惫、垂着手默默地站着，我仿佛听到她身边冰冷硕大的织机发出刺耳的轰鸣声；罐头厂的卸货区，三个小男孩的手里紧紧抠着四只罐头瓶，眼光中透射出一种对自己境况的无奈；漆黑的矿井下，拥挤着几十个目光呆滞的孩子，那低矮破旧的矿坑随时都有可能坍塌……“对于海因来说，‘正直’并不仅意味着摄影方法的纯洁，它还表明对于亲眼所见的事实担负的责任。”这句沉甸甸的评语是对海因强烈的社会责任感的肯定。我从中了解到，正是这些展现童工们生存状况的作品，最终促使美国国会废除童工制度，颁布了一系列保护儿童的法律法规，推动了美国儿童保护法的实施。

这是尤金·史密斯。他用照片向人们展现了战争的残酷无情。升腾的烟雾，被炸毁的建筑物的剪影在坦克喷射的火光下突显的残像；头戴钢盔的士兵的身影衬着摇曳的火焰，战斗间隙拿着水壶正在喝水的士兵那专注而饥渴的神情；打扫战场时，手抱一个意外发现的婴儿的一位战士那不知所措的样子……他说：“我每次按下快门，都是对人类罪行的诅咒和责难。我希望我的照片，不是对新闻事件的报道，而是对战争的控诉——对战争野蛮、堕落、残忍地伤害人们的精神和肉体的控诉；我希望我的照片能够成为动人而有力的催化剂，一个思考的催化剂——使这样的罪恶和残暴的愚蠢行径不再发生。”

这是多萝西娅·兰格。她在为农业安全局工作的时候，对加利福尼亚州、新墨西哥州和亚利桑那州进行了广泛考察，拍下众多极具影响力的照片。画册封面是《移民母亲》，一位饥饿而绝望的母亲，满面愁容，望着前方，眼里充满迷茫；《寄宿于路边难民营中的旱灾难民》，一家三口无助地蜷缩在破烂的帐篷之下，男人趴在一块木板上，搭在木板上的一只手伤痕累累，另一只手深深地插进头发里，那是一种无以言状的无奈，妈妈的双手无力地搂着孩子，眼睛里是焦虑，是惊恐……兰格指出，人要理解他人，同情他人，更多的不是靠分析，而是靠感觉和接触。那组图片在报纸上刊登之后，引起了整个国家的关注和同情，美国联邦政府从中了解到移民工人的生活惨状之后，迅速为他们提供了九吨多的食物。

我合上画册，心里波澜起伏。闭上双眼，那一幅幅无声的画面幻化成有声的场景，或激烈或沉静。画面中的那些人，从我对面一个一个向我走来，他们走到我跟前，默默地注视我片刻后，又一个一个离去……

我猛然发现，从尝到获奖的滋味那天起，不知不觉中，我就走上了一条为获奖而拍摄的狭路并且乐此不疲。我渴望被肯定，需要荣誉，需要掌声，当我沉浸于一片赞美声中时，《人民的悼念》和四月影展最初带来的震撼随之慢慢消散。

我清楚地记得初学摄影时，我们“六友”第一次去大山里的情形。山中美景自不必说，在那里，我遇见一群山里的孩子，他们与大自然那种天然的融合、无拘无束而又淳朴的笑脸，他们看着我们这群陌生人时惊奇而亲近的目光，不知不觉地吸引了我，他们争先恐后地钻进我的镜头。后来，我选了一幅参加比赛，画面中，两个裤腿上打着补丁的小男孩趴在地上斗蛐蛐儿，争得面红耳赤，周围一群小女孩乐得看热闹，其中一个小女孩兴奋得跳得老高，两条小辫子飞到半空。可这幅我感觉极富生活情趣的照片并没有进入评委们的视线。

我也拍摄过一些市井生活照片。下班之后，人们骑着自行车干劲十足地奔向夜校；菜市场里，妇女指着秤星和菜农理论，那略带怀疑的眼神，好像在说他的秤分量不足；北海公园里穿着喇叭裤，戴着蛤蟆镜，提着录音机跳摇摆舞的小青年……而这些照片，无论去投稿还是参赛，都石沉大海。

为了得奖，为了获得认可，我“英明”地适时改变了方向。刘老师的话让我开始真实地面对自己，是的，狭隘、迎合！世间万象，在我的镜头之下一片祥和，不是喜与乐，就是爱与乐……如今看来，这所谓的认可其实是多么浅薄。

人一旦处于这种被肯定与被否定交织的矛盾之中，内心就会有一种不知所措的焦灼。默默地站在这满柜的奖品面前，我万分感慨，这是我从一个普通的工人开始，在摄影路上一步步拼来的收获。对于摄影曾经有过的朦朦胧胧的觉醒被现实的诱惑冲淡之后，我就一直追逐在得奖的路上并且沉迷其中。

在刘老师眼里，这些我引以为荣的东西不过是一片浮云。刘老师所期盼的，绝非这些风花雪月、浮光掠影，而是有责任感、有使命感，忠实记录生活的摄影人，我们的镜头，要更多地对准质朴的群众和平凡的生活。

怀着极其复杂的心情，我拿出那个并不起眼但摆在醒目位置的小奖杯。这是在看过亚当斯的影展之后，我激动得一气跑到山里，模仿大师手法拍摄了一幅“气势恢宏”的照片而获得的奖杯。那还是在半导体器件十厂时，安塞尔·亚当斯的影展首次在北京举办。保卫科长早就看不惯我成天捧着一本摄影的小书，所以无论我如何软磨硬泡，就是不答应我请假去看展览。最后我急了，气冲冲地朝科长嚷：“就算你明天开除我，今天我也要去！”等我不顾一切地冲到中国美术馆的时候，影展已临近结束。情急之下，我绕过保安的视线，从出口处溜了进去。

亚当斯的摄影作品具有奇特的光影、强烈的戏剧张力、丰富的层次感觉、大胆的黑白对比。那幅著名的《月升》，悠然升起的明月，山顶上飘浮着厚厚的云雾，山脚下静谧的村庄，涌动的云层上半隐半现地投射出一道闪亮的白光，映照在教堂墓园的十字架上，自然与神秘浑然一体。

在我很得意能够通过“自学”而领悟亚当斯的拍摄技巧，模仿大师的手法得奖后不久，看到一篇关于亚当斯的报道，才明白原来我对他的作品的解读是多么肤浅。这位钟爱自然的摄影师，他不仅仅用作品呈现自然的不容侵犯，也公开批评当时美国政府对生态的不合理开发。他的照片为保存美国荒野做出了巨大贡献，并影响了美国的环保政策。他当年放弃钢琴演奏而选择摄影的时候，他妈妈劝阻他“不要放弃钢琴，照相机无法表达人类的灵魂”，而他的回答是：照相机或许不可以，但是摄影家可以。

我分明记得当时看到这句话时，心里激荡起的层层涟漪。是什么，让这些涟漪在心湖里慢慢消散？

手中的奖杯已经被我握得温热。放下它，我把奖杯一件一件从“百宝柜”里拿出来，一件一件轻抚，一件一件回味。它们给我带来了荣誉，可也是它

1984年，中华人民共和国成立35周年庆典，崇文区文化宫宣传队在天安门广场表演杂技

解海龙 摄

们羁绊了我前行的脚步。读过这些画册，我心中越来越明朗。一个真正的摄影师，他一定有着崇高的情怀，他一定是与时代同呼吸，与人民共命运的。我既为有负于刘老师对我寄予的厚望而汗颜，也为自己的平庸和肤浅而惭愧。虽然我们处于不同于那些大师们的年代，但是我们同样需要以冷静而有温度的目光，不失偏颇地记录真实的生活。

我心里掠过一道亮光，一种从束缚中挣脱的喜悦骤然而至。拿一叠报纸铺在地上，我把大大小小的奖证、奖杯一股脑儿包起来塞进纸箱，半分钟的犹豫之后，将它们推到床底。

我否定了我自己。

第二部分

人生转型

11. 学习与反思

外在的累赘突然被放下，心里无比轻松的同时，我又有了几分束手束脚不知从何开始的局促感。不久之后，在中国美术馆举办的“十年一瞬间”影展，进一步帮我理清了头绪，理顺了思路。

“十年一瞬间”正是当年四月影展的延续。忘不了 1979 年在中山公园的兰室看“自然 · 社会 · 人”时带给我的触动。1981 年，四月影会解散以后，当年还是一个小工人的我，没有更多的机会了解他们，向他们靠近。后来我进入文化馆，才知道有一位名叫王文澜的《中国日报》摄影记者，他将四月影会重聚在一起，成立了“现代摄影沙龙”，“十年一瞬间”是“现代摄影沙龙”的第二次影展。

能够与心中的英雄们重逢，是一件多么令人兴奋的事情，而能够亲自参与其中，更是何等荣幸。“十年一瞬间”的征稿启事上写道：“‘现代摄影沙龙’这样的影展应该具有历史性、社会性和真理性，需要别开生面，独树一帜，需要突破性的作品。”投稿之前，我翻看自己过往的作品，当一片甜美祥和展现在眼前的同时，几幅饶有趣味的照片稍稍给了我一点安慰，我的目光定格在这一幅照片上面：

这是 1985 年我在陕西农村采风时拍摄的照片。县城的文艺工作者们到村里慰问演出，兴高采烈的村民们将戏台围得水泄不通。演出休息期间，我看见表演《铡美案》的一个演员，身着包公戏服还没来得及换装，于是走到他跟前和他聊开了。正聊着，一位农民朝我们走过来，头上系着白羊肚毛巾，穿着大棉袄，抽着大烟袋，非常地道的农民形象。我笑着跟“包公”说：“你就是一个政权的象征，你是包公，他是你的民，你们聊聊吧？”老农过来了，他俩熟人般聊开了。当“包公”问老汉“你们家有没有彩电”的时候，老汉哈哈大笑，说：“没有彩电，刚过上温饱的生活。”我早已做好准备，老农的哈哈一笑和“包公”的颔首微笑，就有了这幅《与民同乐》。

我想在这幅照片里表达改革开放之后中国农村的变化。

虽然也是“乐”，但是这幅照片所体现的“乐”是不同于我之前获奖之类的“乐”，不同于那些甜美柔和的“乐”。我认为这是一种符合“现代摄影沙龙”所要求的“具有历史性、社会性和真理性”的“乐”。

自己的作品能与摄影家们的作品一起挂在中国美术馆的展览大厅，别提我的那份激动了。李晓斌的作品中老者茫然的眼神，胸前三个硕大的像章格外醒目；贺延光的《小平您好》，激昂的人海里，这条简陋的横幅喊出了大家的心声；王文澜的《新门脸》，一间名为“蒙娜丽莎”的美发屋吸引着路人好奇的眼光，这是改革开放后的新鲜事；鲍昆的《世界杯》，闪闪的金杯后面，是女排姑娘们喜悦、幸福的笑脸……画面或凌厉或温和，或平静或激昂，无一例外地体现出他们对生活特有的观察方式，对芸芸众生的深切关照，大场景里有大情怀，小场景里也有大世界。这些，不正是刘加瑞老师所说的“广泛的角度”吗？

刘占崑已经是《中国青年报》的记者了，他的一幅《大学生宿舍》被摄影部主任贺延光选中，一同出现在影展上。要说之前我有机会接触到的摄影界大人物，大概只有贺延光了。当年我仰慕他的正直和胆识，曾经还邀请他加入我们“六友”，现在想起来多少有点难为情。

在灯火辉煌、人头攒动的展厅里，贺延光介绍我们认识了王文澜。

在我心里，王文澜是一个传说中的人物。说“传说”，是因为我对他没有更多的了解，我们在工作中也没有交集。我只知道贺延光所在的《中国青年报》和王文澜所在的《中国日报》被树为新闻摄影界的两面旗帜，许多有深度、有影响力的新闻图片都出自他们报社。我也曾梦想加入记者的行列，不过未能如愿。尽管我在文化馆的工作有声有色，可是今天，当我隐约领略到新闻摄影的魅力之后，突然感觉自己的梦想和现实之间的距离是如此遥远。

第一次和王文澜面对面，还是有些许拘谨。出乎我的意料，他竟然知道

明鏡高懸

1985 年正月，陕西省户县，城里的业余演出队下乡慰问演出，广大农民对现行的农村政策十分满意 [左页图]

解海龙　摄

“解海龙”这个名字。

“你就是解海龙啊？早就知道你了！这幅《与民同乐》很能反映时代特色，是好作品！”他性情沉静，语速不急不缓，声调不高不低，眼镜后面一双不大的眼睛睿智而深沉，“你们广角挺不错，很多年轻人在摄影这条路上得到你们的指引和帮助呢！”

心中阵阵暗喜，一向口齿伶俐从不怯场的我居然说不出一句得体的话，只是反复地说：“谢谢老师指点，我们要多向老师学习！”

和王文澜交谈是一件令我既兴奋又紧张的事情。他谈古典音乐，谈西方绘画，而这些知识对于我来说是那么陌生。他说，摄影师除了摄影的能力，还应该具备其他方面的能力，这些能力反过来会丰富自己内心的层次，最终外化在自己的镜头之下。他讲到刘香成的大型画册对他的触动。他说：“画册看似平淡，却传达了摄影的深层社会意义和历史记录功能，对他影响很大，促使他将镜头更多地转向对社会生活的表达。”熟悉的场景，身边的人物，他记录这些世俗生活，就如“十年一瞬间”展览上这幅朴实鲜活的《新门脸》。

看过他的《北京永定门》《埋压 13 天的卢桂兰被救》等众多照片之后，我被深深地吸引并折服。他的照片同刘加瑞老师提倡的用广泛的角度，反映现实的生活契合得如此完美。其实，无论是尤金 · 史密斯关注的重大事件，还是“现代摄影沙龙”捕捉的平凡生活，他们深情的目光始终注视着同一个目标——人！

我心里涌动的激流穿过崎岖的山石，顺着它奔腾而去的方向，透过层层雾霭，仿佛是一片清亮的晴空。

1985 年，陕西省西安市火车站站前广场。题为《冷暖一线牵》，解海龙早期转型作品之一

解海龙　摄

12. 意识，在有意无意之间

“十年一瞬间”影展让我兴奋了好长时间，我听见心中有一个响亮的声音在呼喊：跳出束缚自己思维的小圈子，着眼广阔大地上的芸芸众生。

就在这段我深度反思的日子里，文化馆十层新楼落成了。每当我们迎着晨光走进这幢处处显露出无限生机的大楼时，心中是满满的激情。以前一个办公室常常挤着好几个部门同事的境况一去不复返了，我们有了各自固定的办公室，文艺部、美术摄影部、录音录像厅、展览厅、活动室、会议室、舞蹈室……

不久，文化馆摄影部组织外出采风活动。我暗暗思量着，这次是我努力尝试一把的时候了。

而且这次我得邀上徐勇。他是广角影会一名有思想的成员，更重要的是，他的文化涵养让我佩服。

不知道他怎么看待我，反正我认定了他是我学习的榜样。我们曾经一起出去拍摄过好几次照片，其中有两次印象非常深刻。

一次是在白洋淀。清澈的水面上划出一艘小木船，一个小男孩背着书包坐在船尾，另一个稍大的孩子娴熟地摇着船橹。白洋淀的景色一路拍来，现在突然出现这样一幅饶有趣味的画面，我和徐勇不约而同地举起相机。我们拿这幅照片同时参加比赛，他的那幅被选上了。我内心真是不服气，要知道我们拍摄的几乎是同样的画面。可当我看到他照片的标题时，不得不心悦诚服，他的题目是《摇船弄破水底天》，再看看我的吧：《我送弟弟去上学》。

另一次是春节时我们去河北省蔚县拍摄农村过大年、闹社火的热闹民俗。中共十一届三中全会之后，新政策给农村带来了翻天覆地的变化，过年了，整个村子一片欢腾。红通通的灯笼，热闹的戏台，震耳的爆竹声，老百姓们喜笑颜开。那次我俩也是同时投稿，他的又被选中了，而我的再次落选。怀

1982 年，河北省安新县端村。解海龙在摄影生涯早期拍摄的作品《我送弟弟去上学》

解海龙　摄

着矛盾而又不甘的心情看他的作品，《巾帼艳艳醉乡村》！我顿时明白了为什么。这一次，我的题目是《北方农民过大年》。

徐勇上过大学，是个文化人，又有上海人天生的睿智和精明，对于我表现出的钦佩之情，他不过轻轻一笑。他说：“光照片拍得好还不行，还得会起名，有意境，正所谓着一妙题，境界全出。”徐勇脑子里的画面全都有诗意。为此我想了好久，感触很深，文化程度不高，总落在人家后边可不行，我得多学学文化。我的摄影基本功不差，跟许喜占老师学的一手技艺在长期拍片过程中练得有模有样，但我弱在文化了。于是我也买来唐诗宋词，没事儿常翻着看看，希望能在里面找到灵感。

突然发现有好长一段时间徐勇没在我们影会出现了，近期的一些比赛也不见他的踪影。好不容易约他出来采风，他仍是那副云淡风轻的样子。来不及关心他最近忙什么，我赶紧地告诉他前些日子我和王文澜等人在一起的收获。我相信，凭他的悟性，一定能更透彻地理解“我们为什么摄影”。

听我竹筒倒豆子似的一番唠嗑，他脸上泛起不易觉察的笑。是对我所说的这些表示赞同吗？他并没有表现出如我这般的激动，但从他若有所思的神情和他眼睛里一闪而过的亮光，我看出了他的认可。心里一阵高兴，我就知道他懂！我甚至觉得在认识王文澜之前，他就是我的朋友中最有文化的一个。而文化是相通的，他和王文澜在对摄影的认识上一定也有相通之处。

…… ……

采风地是河南省武陟县，黄河北岸的一个小县城。一路颠簸中，我们同行四人天南地北地侃大山，徐勇不时给我们讲一段有关武陟的历史渊源，名人趣事。和他在一起的愉快和充实不言而喻，欣赏他的同时，我心底的紧迫感也阵阵逼近。他文化底蕴深厚，又有开阔的摄影思路，我似乎看见自己在摄影这条路上与他越来越远的距离。

虽然还是农村，虽然还是同样的劳作场景，但借着出发前明确的思路，我发现以往不会被我注意、不会纳入我镜头的画面所包含的生活场景是如此意味深长。“于细微之处见真实”，回味自己捕捉到的一些不同于往日着眼点的场景，我心里升腾起一股自信。这让我为之着迷、为之焦虑、为之心神不安的摄影啊！

不过，在每次采风回来例行的评片会上，当我看到自己的照片通过幻灯片打在幕布上的时候，还是觉得心里没底。没有阳光普照下随风起伏的滚滚麦浪，没有晨光中乡村里延绵青山的朦胧剪影，大家会怎么看？

照片一一闪过：跟着父母在田间拾麦穗疯玩的孩子，紧拽妈妈的衣角不肯回家；犁累了地的老牛趴在田里，主人摸着它的头，眼中尽是怜惜；陈年失修的旧瓦房前，一位眼珠浑黄倚门而立的老奶奶，眼巴巴地望着村口，盼着去城里打工的独生儿子回家；淘气的小男孩把邻居家的鸡赶得满院子乱跑，主人拄着半截棍子，气哼哼地叉着腰虎着脸；满屋喜庆的堂屋一角，坐着一位仙风道骨的白发老头，一位年轻后生神色紧张地半蹲在他面前，任老人捏着他的手指头，他在等老人掐指一算，算他会不会有一桩好姻缘……

放映过程中不似往常那样时不时冒出一声“这个轮廓光太美了”“好！这个长镜头运用得真到位”“嘿，那缕霞光都被你捕捉到了”如此这般的赞叹。幻灯片放映停了下来，一时没人说话，他们看着我的眼神里有询问，也有疑惑，好像在问同一个问题：这些照片看上去怪怪的，怎么和你以往的风格很不一样呢？

过了好一会儿，开始有了三三两两的议论声。

“海龙，这老太太的脸太悲凄了吧？还有那个破房子，画面不好看啊！”

“这个老头是在给人摸手相吗？封建迷信啊！你拍这个……”

“我倒觉得画面看上去挺生动，只是好像太随意了一些，你看看这幅构图！”

“这幅该用大广角啊，把远处那一整片田地全拢进来就美了！”

我一句不漏地听着，在武陟走过的每一个村子，每一幕场景，重新在我脑海里一一掠过。等议论声渐渐平息，我给他们讲述了此次行程中那些吸引我、打动我的画面，画面背后也许藏着一个并不那么简单的故事。我清楚地感觉到大家的神情从新奇慢慢变为惊异。

一片静寂中，马馆长从最后一排座位上站起来，缓步走到前面。他的目光环视一圈，最后落到我身上，笑着向我点点头，然后抬起双手鼓掌：“好！海龙，这组片子不错！你们看看，照片里呈现出多么自然的生活状态啊！有环境，有故事，有细节，有感情，这才是真实的人民生活！”

他的眼中是鼓励和赞许，他的声音洪亮雄厚：“我们文艺工作者不要净弄些无病呻吟、虚无缥缈、不着边际的东西。我们就应该扎根到人民当中去，在那里才能充分体会老百姓现实生活中的喜怒哀乐。不管是矛盾也好，冲突也好，欢乐也好，疾苦也好，这些都是值得记录的，用这种深入其中的方式来表达就对了！”

马馆长！

一席话似一锤重音敲在我心上，我骤然升腾起一种被理解的感动。

我们文化馆新大楼落成的时候，调来了这位新馆长——马浩流。马馆长高高的个子，腰板挺直，声如洪钟，走起路来健步如飞，颇具军人气质。当

1988 年，宁夏回族自治区沙坡头的黄河边。题为《大河人》，解海龙早期转型作品之二

解海龙　摄

我第一眼见到他时，就被他那不怒自威的神色震了一下。

在新馆长上任的第一次座谈会中，他那一句铿锵有力的话，令我们全馆员工热血沸腾，责无旁贷的使命感油然而生。他说："今天，我们文化馆有了这座钢筋水泥建起来的新大楼。这座大楼里的干部们，你们就是楼体的钢筋！如果没有了钢筋，或者钢筋质量不好，楼体就会倒塌。我相信，在座各位都是这座大楼的脊梁！"

马馆长上任后制定的第一条上班时间制度就让我们心服口服。有一位职工家住得很远、早上要赶着送孩子上幼儿园，而幼儿园和单位又不在同一个方向，八点钟上班对于他来说，的确有点困难。在了解情况后，马馆长召开全馆人员大会，经过全体讨论，最后张榜通过，允许这位同事晚到半小时。

"该照顾的已经照顾了，制度本身已有灵活性，今后就必须严格执行，不能再讲灵活！"这一举措是前所未有的，这条既人性化又有原则性的制度，加深了我们对馆长的敬佩和尊重。

几个月的相处，我们已经亲密得如同兄弟，他的平和更甚于他的威严。他是一位有胆识的领导，常常对我们说："你们要放开胆子，大胆尝试！要多思考、多深入、多创作！如果每天一张报纸一杯茶，那你们还干什么事儿呀？不要怕犯错，有什么做错的，我给你们兜着！吃一堑长一智，就是要在实践中总结经验，不断提高，我们文化馆才会越办越好！"

…… ……

马馆长随即转向大家："在我们文化馆，经常提到'创作'这两个字。其实所有的'创作'都是源于生活！无论是作家、演员，还是其他的文艺工作者，我们'创作'的土壤就是普通老百姓。所以，今天我看到海龙的这些照片，很高兴！虽然我不懂摄影，但是我懂得，这都是来自于民间的真情！"

是的，真实的面貌和朴素的感情！刘加瑞老师何尝不是这样教我们的呢？盛夏、寒冬的多少个深夜，他给学员们写过许许多多谈心、指导的信件，他不止一次地跟我们提到利用摄影的功能，摄影的技术，如实记录，反映自然，反映真情实感。细想想，我放弃了一些本不应该放弃的东西，如今，我又把它们找了回来！

13. 画面定格，转型初现

一天的工作结束后，同事们都回家了，我常常会在办公室里多待一会儿。只有这个时候，白天繁忙而喧杂的大楼随着日暮慢慢沉寂，我才能静下心来，稍稍梳理一下自己兴奋之后依然有些纷乱的头绪。

虽然下决心不再为获奖而摄影，可在我内心深处，个人的价值体现仍然是不容忽视的。作为一名摄影人，除了拿出有影响力的作品来证明自己的存在，我好像还没找到别的方式。我循着一道亮光跳出束缚自己已久的圈子，找到了方向，可为什么有时又感觉方向并不那么明晰？我怀揣着一股子冲劲，摩拳擦掌地跑去农村拍了几幅自己理解的“深入生活”的照片，得到馆长赞许，我下一次的目标在哪里？如果只有在每次短暂几天的“创作”活动中才能出作品，是不是意味着自己仍然被动地困在某个圈子里？而且，最重要的是，在刘加瑞老师和我交谈给我指点之后，看过那些有影响力的国外摄影大师的作品，再到“十年一瞬间”，我心中不由自主地涌起一种比存在感更为厚重的感觉：责任感。我，该怎么做？

心里有一种朦胧又急切的躁动。我一点儿也不愿意隐藏这个听起来似乎有点自不量力的想法：我要找一个好题材，拍一系列有现实意义、有社会影响力的照片。

武陟采风的照片摊了一桌，被我翻来覆去看过很多遍，自我欣赏的同时又寻思着，这些年来，除了为参加各种比赛和投稿而拍摄的那些照片，也有过一些我们“六友”去山里，去农村创作时的作品。在十渡、在白洋淀、在遵化，虽然它们多数都被压在箱底，但我忘不了每次一到乡间，就情不自禁地神采飞扬，心也能舒展开来，镜头也变得随意而灵动。选择农村题材会不会是一个合适的方向？虽然，现在新农村发生了翻天覆地的变化，但还是有很多生活艰难的独居老人，武陟那个倚门远望的老太太，她悲切的眼神还闪现在我面前，也许我也可以拍一组像多萝西娅·兰格那样的照片？又或者，我可以走访全国各地的农村，拿出一组反映不同地域不同民族风情的农村写实。

碰巧，没过几天，有了一次去广西壮族自治区融水苗族自治县拍摄少数民族节日、民俗的机会。这太合我的心意了！在我不成形的构想中，不正有农村、民俗这些元素吗？

这个少数民族聚居地自有一股神秘的吸引力，芦笙踩堂、竹竿舞、踩脚舞、抢婚、对歌、拉鼓……一路上，我都在想象该把这些元素以何种方式纳入镜头，当然，不会再用以前那种平白空洞、甜美矫揉的表现形式。既然否定了过去，那我就以武陟作为自己摄影风格的分界线吧，从它开始，是全新的起点。

南国风光果然别具风情，我们迎着朝阳走进了广西融水。远处几座高山投下墨绿的巨影，更显大地的宽广、辽阔；近处一座座小山，从山顶到山脚，梯田依山赋形，一层层、一片片，远远望去，千层万叠；一道阳光轻抹在苗寨木屋上，几缕炊烟袅袅升起，宁静的山野一派安详。看惯了北方的粗犷，眼前这片灵秀还是让我情不自禁地拿起相机。

两天的车程再加上几个小时的步行，着实有点辛劳。晚上回到乡镇小旅馆，可能是一天的兴奋还未消散吧，我怎么也睡不着。斜靠在床头，我看到电视里正在播报当地新闻：“……目前，我们融水县的基础教育状况非常落后，令人担忧。据统计，自去年我国颁布实行《中华人民共和国义务教育法》以来，融水县十五乡五镇的小学生人数占学龄儿童比例仍然很低。由于地方政府财力薄弱，财政能投入的教育事业经费严重不足，特别是在一些偏远乡村，教师力量极度薄弱，教育设施极度缺乏。这必须引起我们各级相关部门的重视……”

心里像是被什么敲击了一下，我骤然想起下午在梯田下，在木屋边，远远地看着我们拍照的孩子。他们大约都只有八九岁，似乎刻意和陌生人保持着距离，即便在自家门口，他们也显得那么拘谨。第一次来感受南方农村气息的我，当时压根儿没想到，他们为什么白天都在家里而没去上学。

就在这一瞬间，我冒出一个念头，明天我不拍民俗了。我要去看看，刚才新闻里所说的“基础教育状况非常落后”，究竟是怎样一种状况。

这一夜，我睡得极不安稳，隐约感觉自己触摸到了什么，却又说不清道不明。

晨曦薄雾中，我独自一人走在通往村里的小路上。我向一位当地人打听附近哪里有学校，他的回答让我倒吸一口凉气！安太乡十三个村子只有屈指可数的几所小学，离这儿最近的一所也在八十里开外。

既然有了这个念头，多远我也要去。不记得倒了几趟车，只感觉铁皮小三轮颠簸了一路把我送到安太乡寨怀村小学的时候，下车好久我的双腿还在不受控制地颤抖。

这是一所什么样的学校啊，一片碎石子铺在地上，几根粗壮的木头交叉放置就是学校大门，四五间陈旧的木屋就是教室。一阵读书声隐约传来，我轻手轻脚地朝教室走去。

门虚掩着，从门缝里望进去，我一下子就被眼前的场景惊到了！只见一位老师背对着我，拿着书本带领孩子们朗读课文，而她的背上，竟然背着一个看上去不满半岁的小娃娃！

我见过背着孩子上集市的妈妈，见过背着孩子在田间劳作的妈妈，可是，我从来没有见过背着孩子教书的妈妈！

老师并没有察觉到我的到来，她那略带南方口音的普通话和孩子们稚嫩的童声汇成一道清新的音乐：春风吹，春风吹，吹绿了柳树，吹红了桃花；

1987年4月，广西壮族自治区融水县安太乡寨怀村小学，戴红英老师背着不满五个月的小女儿上课

解海龙　摄

吹来了燕子，吹醒了青蛙……我听入了神。我的眼睛紧紧地盯着老师的背影，孩子们摇晃着小脑袋陶醉在课文中那美丽的画面里。

读书声停了下来。我回过神，赶紧端起相机，换上16mm广角镜头，慢慢用膝盖把教室门缝顶开得大一点儿，悄悄把镜头对准老师和她背上的孩子。小娃娃似乎感应到了什么，朝我扭过头来，是我手上的相机让她感到好奇吗？快门“咔嚓”一响，孩子们的眼睛“唰”的一下全都转了过来。

老师发现了我，她肯定也听到了相机的快门声。她沉着脸走过来：“你在干什么？请你出去！”

我赶紧赔着笑脸，朝她弯腰表示歉意：“老师，请你不要误会！我只是想拍几幅照片！”

“请你不要打扰我们上课！”不等我说完，她迅速地打断我，顺手关上了门。

我在原地站了好一会儿。不行，我要等她下课，我想多了解一些她的情况。

下了课，她背着孩子匆匆走出教室，看见我还在，她愣了。我正要向她解释，她低叹一声，以一种请求的口气说："你刚才拍的照片不要传出去，行吗？带孩子上课是违反纪律的，可是我也没有办法啊！"她抬起那双略显疲惫的眼睛，我能感觉到她的紧张。

她大概是把我当成来检查工作的了？我连忙打消她的顾虑："你别担心，我没有别的意思，只是想把这个情景记录下来，让大家知道你是在多么艰辛的条件下工作的！"

她低头不语，朝教室旁边一间低矮的屋子走去。我跟着她一起进了小屋。

眼前的情景再次令我诧异！

屋子角落里，一个大约两三岁的小女孩乖乖地坐在床头，我清楚地看见孩子腰间拴着一根绳子。

看到我疑惑又惊讶的目光，她笑了笑，是那种无奈而辛酸的笑。

"这是我的大闺女。"她快步走上前，急忙给孩子解开绳子，被放松的孩子一下子扑到妈妈怀里。老师又赶紧把背带解开，将背上的孩子放在床上，长长地舒了一口气。

"她怎么被拴在床头啊？"我不明白。

"没有办法啊，这么大的孩子不懂事。把她独自放在家里，她到处乱跑，前些日子，眼角上不知道在哪里磕青了一大块。"她把大女儿抱过来，果然，孩子眼角还隐隐约约看得见一点瘀青。"我带着小的上课，已经违反纪律了，不能再把大的也带着啊，影响工作怎么办……"老师喃喃轻语，目光变得迷茫。

"家里没有别人帮忙照顾孩子吗？"

"都顾不上，"她垂下眼皮，两只手无意识地在孩子衣服上摩挲着，"老人不在身边，我爱人也是老师，在乡里教初中，离得远，一个星期才能回来一次。这俩孩子离不开我呀！"

我似被钉在原地，内心翻腾起一阵阵波浪。眼前这位老师不过三十岁吧，她神色黯淡，脸上仿佛蒙上了一层灰，干裂的嘴唇边挤出一个淡淡的微笑，比起城里的同龄女性，她显得那么憔悴和沧桑。我不能想象她是如何一边带着两个孩子，一边手忙脚乱地烧火做饭，又是如何在微暗的灯光下一边备课，一边哄孩子睡觉。一个柔弱的女子，她该有多么坚强的毅力才能独自挑起学校和家庭这两副重担啊！

“老师，能告诉我你的名字吗？”我心里充满敬意。

她眼里闪过一丝惊讶：“啊，不用了，这样不好！”我猜得到她心里的疑虑，不等我继续解释，她礼貌地说：“过会儿我还有课，现在得给这小家伙喂奶了，请你……”

她关上门，却关不住我对这件事情寻究到底的决心。她反复说“这是违反纪律的事情”，但在我看来，她是一位不计较个人得失、坚毅无私的好老师。她不愿意说出自己的名字，我得想办法知道，我还想再多了解一些她的情况。以尊重的目光再看一眼那扇紧闭的木门，我一路颠簸地找到安太乡团委。

感谢团委的何书记，也许是被我的真诚打动，他并没有对我进行过多的盘查。在这个简陋的团委办公室里，我向何书记零星地打听到那位老师的一些情况。

她叫戴红英，今年二十九岁。她十八九岁就开始在寨怀村小学教书，从一个青春无忧的少女到现在两个孩子的母亲，她在这个岗位上已经工作了近十年。这十年间她从不缺勤，从没有因为私事而耽误给学生上课。她教过的孩子，大部分都以优异的成绩考上了乡里的初中。小女儿出生后，戴老师连产假都没休完，就背着娃娃进了课堂，她担心一休产假，孩子们就要辍学了。这娃娃好像特别懂事，妈妈上课的时候，她从来不哭不闹，安安静静地伏在妈妈背上。

“上个月我们团委下去检查工作，刚好碰见她下课，急急忙忙回宿舍给孩子换尿布。尿布一打开，里面全是湿的，因为长时间包裹，孩子的小屁股浸得通红。我们都很心疼！”何书记说起这件事，两道眉毛不由得皱起，“我们想过把她调到乡里去，让她和爱人互相有个照应，可是她没有答应，她放不下这里的孩子。她一走，谁来教呢？这个偏远闭塞的地方，实在是太缺老师了！”何书记叹息道。在他眼里，我看到了和戴红英老师同样的无奈。

我心里百感交集。在这片古老而贫瘠的土地上，在这个远离繁华都市的小乡村，在这所不为人知的学校里，有这样一位默默无闻地为孩子们无私奉献的老师。她如此年轻，却已风霜满面；她步履蹒跚，却一往无前。她甘愿以自己的苦涩和艰辛，给孩子们带来知识和希望。

一个强烈的愿望萌发出来，我要让更多的人知道戴红英老师的故事。

回北京的路上，我的心里久久不能平静。如果不是我亲眼所见，我很难相信这是真实的存在。在拍下那个镜头时，我心里除了感动和震惊，还有沉重和思考。对于我来说，这一次是一种意识的觉醒。

我把冲洗好的照片拿给马馆长看，向他简要讲述了戴红英的故事。他紧抿着嘴唇，凝视这幅照片，眼光异常严肃，微微颤动的浓眉流露出内心的波动。

半晌，他坐回椅子上，两个手指头重重地敲着桌子：“这幅照片有深度！海龙，你的视角非常独特，照片既反映了老师的艰辛和奉献精神，又反映了边远地区不容忽视的落后的教育现状。这种现状应该引起大家的重视，得到改善！”他投给我以赞赏的目光，满怀激昂地说：“海龙，这幅照片一定要拿去发表，它有社会现实意义。我来给你写照片说明文字！”

这幅名为《艰辛的哺育》的照片同时发表在《中国教育报》和《中国妇女报》上，马馆长的照片说明文字写得激荡人心：她背负的不仅仅是一个孩童，而是一个民族崭新的希望。

出乎我的意料，《人民日报》（海外版）、香港《文汇报》、台湾的《中国时报周刊》等先后转载了这幅照片。

“妈妈可敬，孩子可爱，但我们希望这种情形早日结束。”

“妈妈为了国家的未来，为了学生的前途，不顾自己的劳累和孩儿的寂寞，认真地备课、讲课。那孩儿本该在幼儿园和小朋友一起玩耍，或在爷爷奶奶面前撒娇，可是，没有这个条件，只好被妈妈背在背上。她似乎理解妈妈的心意，不哭不闹，怕影响哥哥、姐姐们学习。”

“可敬可爱的老师们任劳任怨，为山区的孩子付出了最大的心血。再过十年二十年，这些孩子长大以后都成为建设山区的栋梁，老师心里该多高兴啊。”

这幅不为获奖而拍摄的照片，却获得了广泛关注，它给我带来的兴奋和满足与以往不可同日而语。之前心中飘忽着的那股莫名的躁动，现在踏踏实实地着了陆。我明白，是这种关注让我找到了感觉，是这种对我的影像所反映出的客观存在的社会现象而引发的关注，而不是往常我所看重的对我个人的关注。

带上报纸，我怀着难以抑制的激动心情去找刘加瑞老师。那天，刘老师在我家点醒了我，他促使我下定决心和过去的自己告别，进一步引导我理解了摄影的本质意义。如果不是他，今天我给他带来的，还会是这幅感动了我自己、感动了大家的照片吗？

有一个多月没见到刘老师了，这段时间他一直病休在家。上次来看望他，我跟他聊到武陟采风的事情，我告诉他我看到的画面，然后我又是如何将那些画面纳入镜头的。虽然那天忘了把照片带来，但我知道刘老师从我的讲述中洞察了我的状态，也想象得出我拍摄的画面，他那苍白的脸上浮现出欣慰和满意的笑容。

“海龙，来，快坐！”刘老师热情地拉我进屋。他的气色看上去比上次好了很多，声音听起来也精神了不少。

我连问候的话都没顾得上说一句，就把报纸递上去：“刘老师，您看！”报纸翻到刊登我那幅照片的版面。

刘老师接过报纸，细眯着眼笑了。他指一指茶几：“喏，你瞧！”

茶几上有一叠报纸，一份《中国教育报》放在最上面，摊开的版面上正是我那幅《艰辛的哺育》。

我心头一热。他微笑地看着我，慈爱的目光里是满满的肯定和赏识。谢谢您，我敬爱的老师！我知道您一直都在默默地关注我，在我心底，得到您的认可，对于我来说是多么重要。

“海龙，我没有看错你，我知道你能行！”刘老师仰靠在沙发背上，眼睛微闭，似乎陷入一段回忆，“当你带着你的获奖作品和朋友们一起来到广角影会时，我就看出你是一个值得培养的年轻人。你天性热情真诚，做事情的那股认真劲儿打动了我。这几年，在广角影会和文化馆，你工作上的成绩大家都看在眼里呢，我也感到特别欣慰！”

他将目光转回我身上，他的声音沉缓而有力：“不过更让我欣慰的是，你有否定自己的勇气，虚心学习的精神。你有灵气，有悟性，也有一颗悲天悯人的心。当你能以炽热的情感和敏锐的心来面对镜头下的一切时，你的作品一定具有了生命力！”

“刘老师，谢谢您！”除了这句简单的话，我再也找不到一个完整的句子来表达此时的心情。

“我们看看你这幅照片，”他展开报纸，“你瞧，就是这么朴实的画面，却给人联想，引人思考。这是什么状况？为什么会出现这种状况？它之所以能被这么多不同的新闻媒体关注，是因为你提出了一个严肃的问题，反映了一个严峻的社会现实。这不仅是妈妈背着孩子的艰辛，更是中国教育的艰辛！”

这是老师给予我的至高评价，在我的记忆里，这是第一次。揣着一肚子话来找老师，此时心里充满了振奋和感动，还有对老师深深的敬佩和信赖。

14. 终有一天我会对得起“记者”二字

如果说武陟的那组照片还带有一点刻意的色彩，那么《艰辛的哺育》则是当时的场景展现在我眼前时，自然萌发出的拍摄意识，是心里的感动和震惊促使我按下快门。我终于打破了长久以来给自己设定的模式。就像刘老师所说，相对于过去的甜俗，这是一个关键性的突破，是我转型的起点。

心底呈现一片亮丽。我真真切切地感受到有内涵、有温度才是一幅好照片的灵魂。《艰辛的哺育》让我看到在我们身边，其实有这么多普通人，他们始终自觉地用温情的目光和柔善的心关注社会。现在回想起来，我曾经的那些风花雪月、浮光掠影的获奖照片，除了给人带来过短暂的视觉美感，又留下了什么呢？

对于新闻媒介来说，大千世界包罗万象，也许我的这幅照片带来的影响不久就会消退在信息的海洋中，但是于我而言，它的意义太重要了。当马馆长在大会上对我极力赞扬，表示“解海龙为我们文化馆再添荣誉”时，谁知道我心里交织着的酸涩、喜悦和自豪。我感觉自己的心像鼓满风帆的航船，它充满了信心和勇气，它将一往无前地走下去。

我收集了所有刊登这幅照片的报纸。想当年我还是半导体器件十厂的工人，找到好几家新闻机构毛遂自荐的时候，除了因为是集体所有制身份而被拒绝以外，现在我意识到，还有一个重要的原因应该是我的那些获奖作品，其实并不适合新闻单位。而今，我的作品被好些有分量的媒体采用，藏在我心里深处那个由来已久的念头又不安分地冒了出来——我什么时候才能成为一名记者？

有一次去看展览的情景至今记忆犹新。那是一个各报社圈子内的摄影联展，因为我没有记者证，被展馆的看门大爷拦住了。我向大爷出示我的工作证：崇文区文化馆宣传部主任，广角影会副会长兼秘书长。可看门大爷非常

1989 年，山西省临县蔡家洼村的孩子。题为《憨憨》，解海龙早期转型作品之三
解海龙　摄

认真，不是记者不让进，任凭我好说歹说，他始终一副恪守职责的样子。我的犟劲儿上来了，扭头回到文化馆，拿起一张厚纸板裁成记者证大小，用端正的美术体工工整整地写上“采访证”三个字，贴上照片，加盖广角影会的印章，第二天一早又理直气壮地跑去。大爷拿着我的“采访证”看了半天，我听见他嘴里嘟囔了一句：“这人大概是一个记者吧？”虽然有一丝疑问，到底还是让我进去了。展览是看了，可我心里的遗憾和失落怎么也抹不去。

马浩流，这位有见识、有魄力的馆长，对我表现出极大的赞赏和信任。他用他那颇具智慧的领导才能，在竭力为我们创造一个宽松自由的工作环境的同时，更激发了我们每个人的工作热情。第二季度工作总结大会结束之后，他把我单独叫到他的办公室。

“兄弟，我看好你！”他硕大的手掌落到我肩上，“海龙，我看出来了，你是一个既富有同情心又有社会责任感的人，你身上有一股冲劲，有做新闻的潜质，我支持你！”

听到馆长这句赞赏，本来怀着一颗蠢蠢欲动记者心的我倒觉得受之有愧了。我忙说：“谢谢您的赏识！我也是刚开始摸索着。您放心，我会努力的，不负您的期望！”

他点点头说：“我们文化馆不仅仅要丰富人民群众的文化生活，推进全民艺术的普及，我们也有责任用文艺的力量推动社会发展，也应该努力在文化战线上为社会进步贡献力量。文化馆的工作你干得不错，以后咱们工作面适当放宽，找到你自己的兴趣点，你可以将更多精力投向你关注的地方！”

“馆长，您这是为我开绿灯啊？”我心里一乐，当然明白他说的“放宽”是什么意思，“那我以后自己领导自己，开辟一条又红又专的道路？”我跟他耍嘴皮子。

“你别贫嘴！”他做出一副严肃的样子，又忍不住笑了，“给你机会，是要你为咱们文化馆做出成绩来的！”

“明白，领导！”一种受嘱托的庄重感油然而生。

我想到另外一个问题："就我们这文化馆的身份，在好多地方、好多活动中都吃不开，人家不认呢！"我绘声绘色地跟他讲了自制"采访证"的事件。

"这是个问题！"他自言自语，不一会儿他抬起头来，自信中带着一丝狡黠，"不过这也不算多大的问题，报社和我们是同一条文化战线上的队友嘛！海龙，尽我们的能力，发挥我们的智慧！你放心，我做你们的坚强后盾，咱们齐心协力好好干！"

1987 年 8 月 23 日，第二届全国残疾人运动会在河北唐山举行。这是十年前那场巨大的灾难之后，在这片重建的土地上第一次举行大型活动。擦干过去的血泪，凭着坚强的意志，在全国人民的帮助下，这座从废墟中站起来、获得新生的城市将给我们带来怎样的感动呢？揣着制作精良的第二代"采访证"，我几分激动几分忐忑地奔赴现场。

我早早地等在采访通道入口，这里已经聚集了好多来自全国各地的记者。不久，通道打开了，两个身穿制服的工作人员一左一右地站在门口，手里拎着一串号牌，然后开始一个一个叫名字。

我傻了眼，完了，这次单凭记者证都不行，还要有主办方的采访证。我那自制的"采访证"铁定是混不进去的。

挤得再靠前也没用，我挪脚往后退。从观众入口处进去吗？可那样根本就无法靠近赛场！我又着急又无奈。

"《中国日报》！《中国日报》！"

"《中国日报》的来了没有？"就在工作人员喊第三遍的时候，我不知哪来的勇气，一边往前挤，一边大声回答："来了，来了！"

工作人员问道："你叫什么？"

我迟疑了一下低声地回答："王文澜！"

谁知工作人员还没说话，后边就挤过来一个人，兴奋地拉住我："您就是王文澜老师啊，跟您合个影行吗？"

我赶紧从工作人员手中拿过采访证，慌忙往外挤。这时又听到有人说：

“王文澜不是个大高个儿吗……”

我把采访证挂在脖子上，抹去满头汗水，匆匆跑进会场，紧张的心稍稍放松下来。对不起，王文澜！今天我一个小小的无名之卒冒充了大名鼎鼎的你，请相信我，终有一天，我会用自己的努力证明，我对得起心目中崇高的“记者”二字！

这是我第一次以“记者”身份参加官方的现场拍摄活动，心里既兴奋又紧张。为自己的小机智得意了一下，再给自己鼓一把劲，我赶紧跑到运动场边的记者席，迅速观察场地。马上就要进行运动员入场式了，我得占据一个最佳位置。

看台上座无虚席，鼓舞人心的锣鼓声响彻每一个角落。来了，来了！随着激昂的《运动员进行曲》，一列列方队从正对着主席台的入口进来了。

全场观众都从座位上站起来，大家热切的目光一致转到那个方向，运动场内响起如潮的掌声。最前面的是唐山代表队，十年前的灾难给他们留下了心灵的创伤和身体的残缺，但是现在，走在我们面前的是怎样一支斗志昂扬的队伍啊！他们一张张充满阳光和自信的笑脸上展现出来的是“非同寻常”的精神——一种人类更强者的精神！

观众和运动员的欢呼声、相机快门此起彼伏的“咔嚓”声混成一片，专业记者们的长枪短炮在我眼前晃来晃去，让我感到一片繁乱。我握紧相机，紧紧地盯着每一支从我面前走过的队伍，屏住呼吸等待捕捉触动人心的画面。八年前迷上摄影的时候，我省吃俭用买来人生第一台相机，后来用“卖血”的钱买放大机。在那段艰苦的日子里，能从牙缝里挤出一点点钱来买几个胶卷是一件多么不易而又快乐的事情。从那时起直到现在，每次拍摄我都不会随意按动快门。虽然马馆长大手一挥，慷慨地派给我这个任务，可我心里清楚，文化馆到底不同于新闻单位，我不能像他们那样，让我的相机任性地“咔嚓咔嚓”响个不停。

几个方队依次过去了，现在走过来的是四川代表队。

是因为四川人天性里的豪放吧，一出场，他们“噢，噢”的欢呼声就显示出与众不同的气势。他们的服装格外醒目，鲜红的短袖运动衣，湛蓝的运动裤，尤其是手中挥动的黄色帽子，非常耀眼。队伍慢慢走近了，突然，其中一个身影吸引了我的目光，他明显比其他队友们矮了半截。我一个箭步冲进去，定睛一看，顿时呆住了！

这是一位自膝盖以下大部截肢并失去半截左臂的年轻运动员，令我震惊的是，他的双膝处各绑着一只塑料鞋，他以膝为脚，迈着稳健有力的步伐，随着队伍抖擞前行。他和着节奏舞动着手中的黄帽子，脸上洋溢着一种朝气蓬勃的神采，和队友们一起向看台上的观众欢呼。他那意气风发的样子，好像在对我说：请不要向我们投以怜悯的目光。我们，和你们一样！

他并没有注意到我追随的目光。我赶紧端起相机，双膝跪在跑道旁边的草坪上，迅速按下快门。

接下来的各项比赛中不乏众多精彩而振奋人心的场面，可我的眼前总也抹不去他的身影。他那自信乐观的精神状态清晰地印在我的脑海里，只是我在赛场上再也没能看到他。

…… ……

我久久地凝视着残运会里这幅我最期待的照片。画面上，他虽然比队友们矮了许多，气势上却一点也不输他人。他坚毅的嘴角微微上扬，流露出笑对人生的骄傲。我不知道他遭遇了什么，但曾经坍塌的生活给他带来身体和精神上的痛苦，必定经过无数悲伤、绝望和折磨，他才有如今的涅槃重生。

看他带笑的脸，微昂的头，摆动的残臂，洒脱中透出的自豪，我的脑海里闪过一个名字：《雄壮的入场式》。

没等运动会结束，我便急不可待地回到北京，把这幅照片分别寄到了《中国体育报》《中国日报》《中国青年报》和《健康报》。没想到第二天，全都刊发了。

一个月后，我将这幅照片投寄给《人民摄影》。当该报于 10 月 1 日以

1987 年 8 月，中华人民共和国第二届残疾人运动会在河北省唐山市举办。解海龙第一次以“记者”身份拍摄的照片，题为《雄壮的入场式》

解海龙 摄

半个版面的篇幅刊发后，我捧着报纸的手激动得有些颤抖了。这不是我第一次发表作品，就在三个月前，《艰辛的哺育》还引起了广泛的关注呢，但这是我第一次作为“记者”发自现场的图片报道，虽然它刊登得并不算及时。

这幅不为获奖而拍摄的作品意外地为我赢得了荣誉。在《人民摄影》举办的“海鸥杯全国摄影比赛”中，《雄壮的入场式》获得金奖，奖品是一台海鸥 DF 单反相机。

崭新的相机躺在桌子上，闪烁着诱人的光彩，可我总是隐隐感觉有一丝挥之不去的遗憾和懊恼。他是谁？他为什么会这样？他的背后肯定有故事！为什么拍下他之后，我没有对他多了解一些，就像当时拍摄了戴红英老师那样呢？因为这幅照片收获的奖品和荣誉，我多么希望能与他分享啊，可是我现在找不到他。后来虽然在赛场上再没见到过他，但当时我完全可以去四川代表队找他啊……

这种感觉慢慢冲淡了最初的喜悦，假如这次我是一名货真价实的记者，那么此次任务，我认为自己完成得并不合格。

15. 两幅照片牵起二十年前的同学情

就在我为自己的疏忽沮丧和自责的时候，办公室的门“吱呀”一声被轻轻地推开，探进来一个脑袋，随后，来人在门板上重重地叩了两下。

“请问你找谁？”我从桌后抬起头。门口站着一个和我年龄相仿的瘦高个男人，一双锐利的眼睛上上下下地打量着我。

“解海龙？真是你啊？”他一个箭步冲到我的面前，激动得抓起我的手。

我蒙了，他握住我的手胡乱摇晃：“我是孙永诚（化名）啊！你现在出了名，不记得我了？”

孙永诚？我也兴奋了！

“嘿，怎么是你啊？”我赶紧从桌后绕出来，差点儿一个趔趄扑到他身上。我朝他肩头捶了一下，两人不约而同地开怀大笑。

我俩是初中同学，自 1968 年分别后，如今一晃二十年没见了。

“那时候你去了哪里呀？你现在怎么样啊？你是怎么找到我这儿来的呀？”按捺不住心里的激动，来不及请他坐下，我拉着他问了一连串问题。

他还在从头到脚地打量我，一双眼睛在我身上好奇地溜来溜去，嘴里不停地发出“啧啧”声。我被他看得不自在了：“哎，你老看我干吗！”

他一脸坏笑：“行啊，老同学！二十多年了，你个子没见长，本领倒长了不少呢，成了文化人！”

我擂他一拳，笑骂他一声，拉他坐下来。

“你看！”他打开一只黄色公文皮包，这样子很有点大老板的派头。他抽出两张报纸：“前些日子，我无意中看到这个《艰辛的哺育》，署名是解海龙？心想这个人是我那个同学吗？这两天，又看到这幅《雄壮的入场式》，又是解海龙！我就坐不住了！”

两幅照片让分别了二十年的朋友重逢，我不由得感慨丛生。二十年的时光，我们这群莽莽撞撞的愣头儿青不知不觉已人到中年，我们读过两年初中之后，十六七岁就离开校园奔赴祖国的四面八方。同学情谊，在我们心里倍显珍贵。

“可不就是我嘛！”我急忙接住他的话，把他看个仔细：头上一顶黑色礼帽让他显得特别有绅士风度，一套灰色西服却皱巴巴的，脚蹬一双圆口老北京布鞋，瞧这身搭配！我忍不住笑了，“你看上去挺不错啊，瞧你这精气神，快给我说说！”

原来，那年我参军之后不久，他们响应号召，其中一拨人去了陕北农村插队。

“其实插队的日子并不像一些书籍、电视里描述得那么悲惨，我们自己动手，丰衣足食，和普通社员一样挣工分、分红、分口粮，跟着农民们学翻土平地、浇水、播种。我的房前地里不光种土豆、黄瓜，还种了鱼腥草和野菊花！”说着，他把手伸到我面前，左右转转，笑着说，“看不出来吧，我还是做农活的好把式呢！”

他还讲了许多农村的事情，对于没有插队经历的我来说，这些都显得那么新奇。我睁大双眼看着他，脑海里迅速地模拟出他讲述的一幅幅情景。

“后来可就苦了！我们被安排去挖过煤、修过公路……这些不说也罢！”他转换话题，问我：“你呢？说说你吧，你是怎么从海军部队到文化馆来了？运气不错啊！”

“好运气不多，还不是一路跌打碰撞来的！”我也给他讲了从北海舰队退伍后，我是如何先后被分配到北京市阀门四厂和北京市半导体器件十厂的，又是如何因为爱上摄影加入广角影会，再碰到一个机会，从工厂调进文化馆……一一道来。

他激动地在我腿上猛拍一把：“你得帮我！”

“我能帮你什么？”我被他那使劲一拍吓了一跳。

“你看！”他忙从口袋里掏出一个精致的小金属盒，轻轻一按，小盒子弹开了，他从里面抽出一张名片递给我。

名片上的头衔是“北京永诚广告装饰公司总经理”，再看看他那个黄色公文皮包，这家伙真发达了！

“刚才还讲挖煤修公路受苦呢，快说，你省略了一段什么关键的情节？”我抖着这张名片，追问他，“你都总经理了，你还想让我怎么帮你啊？”

他笑了，是那种历经千辛万苦之后发自心底的灿烂的笑。他摆出一副“且听我娓娓道来”的样子，给我讲述中间那段经历。

从农村返城后，他一直没找到合适的工作。到了八十年代初，一度停刊的《团结报》复刊了。他敏锐地发现，复刊后的《团结报》思想活跃，独具特色，一些新开辟的栏目特别受读者欢迎。嗅觉灵敏的他抓住机会，干上了在火车上卖报纸的行当。他每天批发成百上千份《团结报》，花两块钱，买一张从北京到天津的火车票，一天跑几个来回。就这样跑了一段时间，他辛辛苦苦挣到了人生中的第一笔一万元。

“一万元啊！”我惊呼一声，他挣到这一万元的时候，我还在为买几个胶卷而左划算右纠结呢。

“挣到这笔钱之后，我就想，我应该拿这钱干点别的什么事儿了。随着改革开放进程的不断深化，八十年代中期，第一波下海经商的热潮涌起之时，一个偶然的机会，我接触到装修行业。于是，我开始学装修，专做那种古香古色的古式装修。你知道‘万全堂’吗？那家有名的药铺，就是我们设计的。一晃这几年，也算挣到一些钱。”

好家伙！我不得不佩服他。眼光敏锐，思维活跃，善于发现商机，敢冒险敢折腾。在他身上，成功的一半分明是胆识啊！

“咱俩路不相同，八竿子打不着，你让我帮你什么？”

他神秘地一笑，凑近我说：“我比你有钱，可是你比我有名！你一定是中国摄影家协会的会员吧？”

“当然！”这是毫无疑问的。

“我也想学摄影，加入中国摄影家协会。你能不能教我？去哪儿就带上我。听说你们广角影会挺厉害的！”想不到这个生意人也知道我们广角影会。

“可是你学摄影干什么？你还嫌你的生意不够忙呀？”我玩笑地问。

他正色看着我：“装修和摄影一样，都是一门美学。我想，如果我学好了摄影，肯定会对设计、装修工作有潜移默化的影响和帮助。另外，”他拿过我捏在手里的名片，“如果这里加上一行字‘中国摄影家协会会员’，是不是更有分量？那样我们公司的业务会更多！”

我真得对他刮目相看了，他显然是有备而来的，我一下子不知道该如何回应他。

“你教我摄影，怎么样？”他紧跟着问。

“这倒是没有太大的问题！”我理了理有些纷乱的脑子，“但是，”我琢磨着，“出门拍摄有好些花费，你这个大老板无所谓，我可得想想怎么跟家里申请这笔额外开支呀！”

“嗨，这算什么问题！路费、餐费、住宿费，我全包！”他双手一拍，回答得干脆，“就这么说定了！”

孙永诚是一个天资聪颖的人，从来没有摸过相机的他，第一次拿起相机，那个架势像模像样，没几天就熟练掌握了各项基本操作。我跟他开玩笑说，你这双手了不得，会干农活，会整装修，现在还会按快门了，哪天去造原子弹也说不准呢。他耸耸肩，对我的话不置可否。我又意识到这样说是不准确的，他真正厉害的其实是他的脑子。

要加入中国摄影家协会，必须有作品参加相当规格的影展并获奖，或者发表在指定刊物上。他看过好些之前我发表在《大众摄影》杂志上的作品，心里羡慕得很。试拍了几次花花草草之后，我寻思着给这位刚入门的朋友热热身吧，让他先感受一下发表作品的快乐。对于我来说，这不是难事，投稿的套路我太熟悉了。

长城、天安门、故宫这些带有宏大历史叙事性的地方是很容易出作品的，只要有出色的表现形式，再加上一点思想内涵，就很对报纸、期刊的路子。去故宫的时候，我如数家珍地跟他说起我那套获奖“秘籍”，我真不知道是应该得意还是惭愧？

十月的故宫别有一番韵味，我们顾不上欣赏，径直穿过午门，在内金水河上的汉白玉拱桥旁支好三脚架。“注意观察，”我说，“前面的午门和后面的太和门都可以作为背景，用稍稍仰拍的角度，照片里要包含人的元素，光是风景不行，那显得呆滞！”我一边叮嘱他一边环顾四周，寻找有可能闯入镜头的趣味瞬间，他像个毕恭毕敬的学生围着我转。

“有了！”我急忙招呼他，“看那两个外国小孩儿，马上就到桥边了。你准备好，我去把他俩逗笑，你注意抢拍，抓住动感！”他答应一声，赶紧闪到三脚架后面。

一个七八岁的小男孩和他十岁左右的小姐姐，金发碧眼，脸上挂着可爱的笑。“Hello！”我向他们摆摆手，操着听起来有几分滑稽的英语，用一种十分卡通的声音和他们打招呼。

两个孩子一愣，显然没弄明白是怎么回事。他们对视一眼，也朝我摆手：“Hello！”

“Welcome!”我挤出这个刚从脑海里搜刮出来的单词，伸手做了一个夸张的邀请动作，逗趣地扮了一个米奇那种嘴角一直扯到耳根的标志性笑脸。

他俩“哈哈”大笑，我连忙闪到一边，只听见快门“咔嚓咔嚓”几声连响。

他们蹦蹦跳跳地过桥去了，孙永诚赶紧跑过来，兴奋地朝我喊：“我拍到了！他们笑得开心的一瞬间，我都拍到了！”

“行！”我用力拍一下他，“不错啊，有悟性！要的就是那个镜头！”想了一下，问他，“如果你给照片起个名字，你会怎么取？”我故意卖一下关子，“我已经想好了！”

“什么名字？”他迫不及待地问，眼里满是佩服。

“《啊，中国！》，你看怎么样？”

照片洗出来了。碧蓝的天空，朱红的宫墙，明黄的琉璃瓦，威严的太和门，洁白的汉白玉桥栏前面那两个笑得前俯后仰的外国小孩，在微仰的镜头下显得活泼生动。整个画面笼罩着秋天的明朗和欢愉，纯正的红、黄、蓝色调，在阳光的照耀下呈现着诱人的迷幻。孙永诚满怀期待地问：“这个可以拿出去发表吗？”

“当然！这就是为发表而拍的嘛！你看这画面多有气势，还有思想性，这是外国人对中国的喜爱和赞美！”我胸有成竹，“我们投给《中国日报》！英文的，它每天都要刊登一幅反映中外关系之类的照片。这幅太符合主题了！”

我帮他忙乎着，心里不期然响起另一个声音：我是不是还没能完全摆脱这种“获奖”的拍摄方式？

不！我马上否定了这个想法，我只是在帮他实现目标，而这一过程仍然是不可跨越的。他不过是想用“中国摄影家协会会员”这个名头装饰一下他的身份，所以，我当然还是会自信地朝着自己的方向努力。

《啊，中国！》如愿在《中国日报》上发表。和所有第一次看到自己的作品变成印刷体的摄影爱好者一样，孙永诚的兴奋和欣喜持续了好长一段时间，劲头也更足了。只要安排好了公司的事务，他瞅着空就上我这儿来，就算不出去拍片，我俩也能唠叨一下午。

现在他表现出对摄影的兴趣似乎超越了最初单纯的“入会”目的，他让我给他讲我学摄影一路走来的故事。从第一次拍照片惨遭失败到“卖血”买放大机，从第一次作品登报到收获“得奖专业户”的美称，从刘加瑞老师的谆谆教导到现在摄影风格有意识的转变，这些小故事他竟听得入了神。他一边翻看我这些年的作品，一边频频点头，似在自言自语：“你也不容易，这比我当年成天跑火车难多了！”

1986 年，陕西省周至县，村民们陆续进城打工，把孩子都托付给了年迈的父母。解海龙早期转型作品之四［右页图］

解海龙　摄

相册在他手里翻来覆去了好多遍，最后他的目光停留在武陟那组照片上，他喜欢这个吗？

他似乎有点犹豫，但是犹豫中又有几分肯定。他将那二十多幅照片在桌子上铺陈开来，眼里是一种经过深思熟虑之后的慎重："海龙，你还别说，我觉得这些比《啊，中国！》有意思多了！"他指着其中的一幅说："如果你没有讲到刘加瑞老师，没有讲到你是如何拍摄戴红英老师，可能我也不会有这种感觉。现在越看越觉得这才是生活的味道，原始又生动。虽然故宫这幅看上去很棒，可我心里清楚，那其实不是自然地呈现，是由我们摆布而来的呀！"

真是难以置信！我瞪大眼睛盯着他，他让我惊讶，又令我佩服。我激动地一巴掌拍在他腿上："还真不能把你简单地看成一个财大气粗的生意人呀！你不光脑子灵活会挣钱，困扰了我这么久的问题，到你这儿怎么就不是问题了呢？你行，真行！"

"下次有去农村创作的机会，叫上我一起吧！"他认真地说。

"嗨，这算什么问题！"这是那天说到我们外出拍照片，他主动承担一切费用的话，现在我豪爽地一字不差地还给了他。

16. 令人震撼的"艰巨历程"

1988 年，龙年。春节过后不久，贺延光到文化馆找我来了。

"记得胡武功吗？"他不客气地自个儿坐下，点燃一支烟，劈头就问。

胡武功？听他说起过。胡武功为朋友拍摄的照片写评论，而因此和《中国青年报》的编辑展开激烈的笔战，那些照片拍摄的是为修铁路而牺牲的工人、准备上前线的战士。

“是那个前两年为一幅照片，在你们报纸上论战了差不多半年的胡武功？”

“就是他！”他点头，眼里满是赞赏。他出神地望着袅袅升起的烟雾，脸上不禁浮起一丝笑容。

“那幅照片里，表现了部队即将开往前线，一位解放军和未婚妻真挚而伤感的离别之情，这才是生动真实的画面！可编辑认为照片元素残缺不全，不予采用。为什么残缺不全就不是好照片呢？那里面流露出来的是真切的生活气息！反正当年中国新闻摄影年度评奖时，我和王文澜是力挺他的这幅作品！”说起这些往事，他豪放地一笑，随即郑重地说：“从那时起，我们提出，作为一名新闻界摄影人，我们的镜头应该对准事件中的人，即人本、人情、人性！”

“他们那个陕北群体，近两年还真折腾了不少事儿。他们甚至把过去的摄影归纳了一个概念，叫作‘直接图解的观念模式’。1975 年，我在劳动的时候，有一天，领导通知大家有人来采访，大伙儿可兴奋了。记者要求我们几百人在地里挑着担子送肥，要走出‘之’字形的路，据说是画面好看，我们也很高兴，至少我是很高兴的，不怕一遍一遍演，这是配合报纸宣传，天经地义的事儿。我刚做记者的时候，采访前常常在办公室里先画个草图。我把那种采访方式总结了八个字：领会精神，组织画面。现在想想是不是很可笑？”他蹙着眉头，表情严肃。

重重地吸一口烟，他接着说：“胡武功他们策划了一个影展叫‘艰巨历程’。搞这个影展，一方面展现共和国的历史，另外也展现中国人精神面貌的嬗变。最重要的，它是一次反瞻新闻摄影人自身历程的自觉努力，检阅中国摄影人几十年来的摄影实践！过几天就要在中国美术馆开展了，一定要去看看！”他又似在自言自语，“他们真是一群追求真实、敢于冲破思想禁忌、填补历史空白的斗士！”

他讲得慷慨激昂，我听得热血澎湃。贺延光和王文澜被认为是中国新闻

1988 年，北京市怀柔县，贺延光评价不高的作品，《老汉的心思》

解海龙　摄

摄影的旗帜性人物，这两个近在咫尺的标杆，一直是我学习的榜样。作为一名摄影记者，贺延光始终恪守职业良知，冲锋陷阵，战斗在新闻采访的第一线。“当记者，你要做假那就是危害四方！”他常常以冷峻而犀利的视角展现出人们极易忽略的真实瞬间。《小平您好》……在贺延光的作品里，无论是反映重大社会事件，还是百姓生活中的平凡事，始终体现着新闻记者的职业敏感。

说到贺延光对真实的执着，有件事情我一辈子都不会忘记。

在广角影会每月一次的交流活动上，我拿出一幅作品：《老汉的心思》。首轮投票，这幅照片就好评如潮，我心里自然是美滋滋的。轮到我分享创作过程了，我颇为得意地给大家讲述：“这是我去北京郊区怀柔县创作时拍摄的。那天，我远远地看见一位农民老大爷骑着毛驴走过来，正好有一辆拉货跑运输的新汽车停在路边。我灵光一现，立刻跑过去，把老大爷叫到汽车旁边，让他伸着脑袋往驾驶室里面瞧。虽然他不明白怎么回事，还是照我说的做了。于是，就有了这幅照片。我想表达的是，改革开放让中国农村发生了翻天覆地的变化，骑了一辈子毛驴的老汉也想致富，想拥有

1988年，广角影会的月赛，贺延光在评述入围的作品
解海龙 摄

这样一辆汽车。广角镜头拍摄，微仰角度，视觉效果很不错。你们看，毛驴的脸拉得老长，非常不高兴的样子，它好像在对老汉说，难道你见异思迁，不要我了？”

在大家的交口称赞中，贺延光说话了：“看到这幅照片得票这么多，我想说几句，供大家参考。这几句话，解海龙也许不爱听，可是我得说！”

热闹的会场一下子安静下来，大家一声不响地等着听他继续讲。

“从形式感上来看，这幅照片固然挺好，但如果从真实性上来看呢？我认为这不是老汉的心思，纯粹是作者的心思！这种主观意识会把人们引到邪路上去，所以这幅照片，我觉得是非常不好的。我们的照片是留给后人看的，我们永远要记住，用照片说话，真实性一定要放在第一位，不能太主观，尤其不能编造一些不合时宜的东西误导人家，给后人留下不真实的影像……”

当他说到“纯粹是作者的心思”时，全场哄堂大笑，本来洋洋得意的我一下子臊得无地自容。虽然他让我难为情了，但我必须承认，他的意见直指要害，一针见血，而这正是他的性情所在。也正是广角影会这样良好的学习氛围，让大家一点一点得以进步。

“好好学习，好好干活，我们都要更加努力！”他摁灭了手中的烟头，“刘老师对咱们可是寄予了殷切的期望啊，你还得好好组织影会的工作，争取多为影会获得荣誉呢！”

什么是荣誉？荣誉于我，已不再是热热闹闹地参赛，兴致勃勃地得奖了。《艰辛的哺育》和《雄壮的入场式》比我“百宝柜”里那些金光闪闪的奖杯，分量要厚重许多。贺延光，这个冲锋陷阵在新闻战线的勇士，我当然明白他说的荣誉——那就是用严肃的态度、公正的视角记录有意义的瞬间。

…… ……

中国美术馆展馆大厅里，“尊重历史，发扬民主，鼓励创新，张扬个性”十六个鲜红的大字彰显“艰巨历程”的影展理念。一尊秦川牛立在幕布中央，脊背前倾，四蹄撑地，低头负重前行，它那奋力向前的姿势，是突破，是进取。这十六个字里凝聚着沉甸甸的历史责任感，一下子占据了我的心。那头雄壮的秦川牛，我似乎听见它粗重的喘息声，那是它一路走来所遇的艰辛险阻。那也将是我要走的路吗？我心里涌出一股莫名的兴奋。

展厅里人声鼎沸。这些参展的照片，关注的重心全部是人，一个个活生生的人，真实历史氛围中的人！

在“艰巨历程”第一个“十年系列”获奖作品《起步——1949 至 1958》中，时盘棋拍摄的 1949 年至 1958 年的那些照片，带着我回望了一段相对陌生的年代。重庆解放、土地改革、抗美援朝的志愿军归来等，从这些历史的切片中，我看到从苦海中脱离出来的新中国。人们充满着民族自信心和主人翁的责任感，在属于自己的土地上辛勤劳动和建设，而当迸发出勃勃生机的祖国又在一段时间内进入困难时期时，服从时代特色的摄影必然让后期的照片带有不一样的色彩。所有这些，似乎让人触摸到了那个时代人们的足音和心迹。

影展上还首次公开披露假照片，直面虚伪与荒诞，这就是胡武功所说的“反瞻新闻摄影人自身历程的自觉努力”。

每从一幅照片前移开，我的脚步都是那么艰难。历史就在那里，因照片而不言自明。这种虚与实的杂糅所表现出来的严肃与荒诞，狠狠地撞击着我的心。

在战地记者柳军的组照前，我清楚地听见了自己内心呼喊的一个声音：人！几乎所有的事件，最重要的因素都应该是人！看看他的照片吧，不见浓烈的战火硝烟，却是触及灵魂的人之温情，每一幅画面背后都有一个感人的故事。军人，他们是战争中永恒的主体！一幅照片中，一位战士在猫耳洞里，利用射入猫耳洞的阳光，在军用罐头盒商标纸背面给妈妈写信，让多少人感动得湿润了双眼！

1986 年，陕西省周至县，红色平绒布做成的电视机罩摆满了街巷，照片获乐凯摄影艺术大奖赛金牌奖。题为《红海洋》，解海龙早期转型作品之五 [右页图]

解海龙 摄

影展之后的很多天，那些画面一直在我脑海中盘旋。曾经无法问世的影像重新诠释了历史，这个无论是在纵向时间的大历史跨度上还是在阐释历史背景下中国人命运的深度上都超越了往常的影展，给我带来的是又一场对人文意识的理解。而这一次的理解，相比起两年前的“十年一瞬间”，更为深刻、更为清晰。

当我为自己不是一名记者而失落的时候，我似乎又有了新的认识，记者只是一个外在的名头，更重要的还在于摄影人自己的眼睛和头脑。对于一名优秀的新闻摄影记者来说，以强烈的人道关怀立场和浓厚的历史意识贴近生活，记录当下，是他应该具备的基本态度和情怀。不期然想起贺延光的一句话：摄影记者不能让历史留下空白。

17. 这个街坊不一般

“艰巨历程”影展再一次坚定了我前行的方向，那就是以平民视角关注普通人的生活。我心中的点点火花渐渐燃烧成一团熊熊火焰。是的，虽然我暂时不能像贺延光、王文澜那样，奔赴在新闻采访第一线，但我有强烈的愿望，也有一颗火热的心。那片生我养我的土地，那些亲切淳朴的人们，那份朴实无华的情感，它们常常出现在我梦中，我听见它们温柔的召唤，它们都应该以最平凡、最真实的面貌永存于我的镜头之下。

在广角影会的一次例行座谈活动中，我与大家分享了这段时间以来自己的亲身经历和心得体会。现在，摄影界一个悄然出现的变化正在印证着刘老师的理念，那就是越来越多的摄影者将关注的目光投射于身边的普通人。

人与人的相遇、相识总是那么偶然而富有戏剧性。忙碌了一天，我拖着疲惫的身体向家中走去。

“你好！”突然有人向我打招呼，他迎面走上前来，问，“你是不是住在东利市营啊？”

我好奇地盯着他：“是啊，您哪位？”

“我说怎么看着眼熟，咱俩街坊啊！”他爽朗一笑，“我也住东利市营，11 号，我叫朱恩光。”

他瞅了好几眼我脖子上的相机，问：“你是搞摄影的吧？”

“嗯！我是文化馆的。你也搞摄影？知道广角吗？”

“广角影会谁不知道啊？”他两眼放光，“我特别喜欢摄影，我也发表过好多作品！”

果然被我猜中了。刚刚消退的好奇心又被激了起来，我问他：“你都拍些什么呢？”

他神秘地一笑：“就要到我家了，要不进来坐坐？”他向我发出邀请。

他家住的是典型的四合院，两间平房，塞满了杂物。他顺手给我倒了一杯水，又给自己点燃了一支烟。

他从床头掏出几本杂志，送到我面前：“你看，这几本杂志的封面照片都是我拍的！”言语中透着几分自豪。

我拿过来一看，含苞待放的蜡梅，娇艳欲滴的玫瑰，傲霜怒放的秋菊，恣意盛开的紫罗兰……他把花朵拍得很有神韵。我连忙恭维道：“都是你拍的？不错呀！”

“你看怎么样？”他急切地问，满脸期待，“我能加入广角影会吗？”

我问他：“你学摄影多久了？”

这一问，打开了他的话匣子，他兴致勃勃地和我聊开了。

我们是同龄人。1968 年我参军去北海舰队的时候，他去了内蒙古自治区插队。比我幸运的是，他 1975 年上了大学，三年之后毕业分配到一所师范学校担任数学老师。一年前，他因为一个偶然的机会接触到摄影，从此就迷上了。说到这儿，他停顿了一下：“前不久我辞职了！”

“啊？”我非常惊讶，当老师不是挺好的吗？

他脸上流露出一丝无奈，似乎在回味这个令自己都觉得不可思议的选择。他的回答让我更惊讶了：“我想全心全意搞摄影！”

他坐直了身子，接着说：“真的！我这个人就是这样，只要做一件事，我就要做到最好，我很有自信！而且，我不会给自己留退路。”

这比当初崔新华放弃卫生部生物制品研究所的工作，选择调到文化馆来更令我心生钦佩。面对他的勇气和执着，我突然觉得曾自以为苦的经历算不了什么。相比于他的义无反顾，在摄影这条道上，其实我走得相当顺利了。

“你对自己可真够狠啊，不留退路才有出路，是吧？”我由衷地表示钦佩，“我服你！可是你只拍花卉吗？”

“我最喜欢的就是自然风光。这不刚开始学吗，才辞职了，也还没有太多的机会……”正说着，门轻轻地推开了，一个十岁左右的小女孩走进来，她那双圆溜溜的大眼睛好奇地看着我。“叫叔叔好！”朱恩光给我介绍，“这是我女儿！”

“哦，那你先忙！”我起身告辞，又想起了什么，临出门前补上一句，“什么时候你有空可以去文化馆找我！”

没过两天，一个炎热的下午，朱恩光真的到文化馆来了。

我们正在布置展厅。大伙儿忙着搭展板、挂横幅、摆照片，这是我们筹划的一次庆祝新中国成立四十周年的预备展。自从看过“艰巨历程”影展后，我就一直琢磨着在我们广角影会也举办一次“以人为本”的影展。马馆长对我的想法大力支持，“对，我们就是要开阔眼界，拓宽思路，不要局限于现有的模式和成绩！我期盼着和大伙一起，把咱文化馆发展成全国文化战线的领头兵！”他的脸永远红光满面，充满激情。

大家有序地忙碌着，不知何时，展厅里多了一个人，原来是朱恩光来了。

我赶紧放下手里的活儿，一边和他打招呼一边喊道：“大家快来呀，卖西瓜的送货上门了！”

“可不是嘛！”他把两个大西瓜往展厅的地上一搁，说了一句玩笑话，“我是给大伙儿送清凉来了！”

“来来来，大家歇会儿！认识一下咱们的新朋友，朱恩光！”

我给大家介绍这位爱好摄影的数学老师，准确地说，是为了心中的执念而选择舍弃本职工作的摄影爱好者。“那天听他一说他对摄影的这股执着劲儿，让我大为震惊！朱恩光，这里都是广角影会的朋友。咱们认识一下，这位是崔新华，这位是张左，这位是……”

因为有着共同的爱好，男人之间的世界很容易就这样打开了。虽然他喜爱的花卉并不是我们广角影会关注的方向，但也不失为一种美好的享受；虽然前天只看到他的几幅作品，但我隐约觉得那些花儿又不仅仅只是花，还包含着一种情感与意境，那是对生活热烈的追求，是藏在心底的忧郁，是喷薄欲出的激情，还是低吟浅唱的闲逸。

不一会儿，大伙儿和朱恩光已像熟识的老友一般，你一言我一语地聊开了。他看着我们布展的照片，感觉很新奇。我们给他讲刘加瑞老师的理念，给他解释“广角”的含义；他给大家讲他在内蒙古八年插队的经历。正是那段在纯自然环境之中的生活，让他深深体会到大自然的美，他就想把那种摄人心魄的美通过镜头永久留存。

朱恩光帮我们布展，一直忙到天黑。可巧，我们正要迈出文化馆大门，孙永诚一头撞了进来。这家伙一个多星期不见人影，大概是接了一笔大单子，刚忙活完吧。

“海龙，我就猜到你还没下班，”他抖一抖手中的小纸袋，一副踌躇满志的样子，“来看看我拍的照片！”

自己出去拍照片了？我可真是没想到。他看见我旁边的朱恩光，也不等我介绍，就伸出手去：“你好，我叫孙永诚，跟着海龙学摄影。你是？”

朱恩光马上握住孙永诚的手，笑容满面地说：“我叫朱恩光，和海龙是

1991 年 4 月，湖北省罗田县，解海龙与朱恩光结伴行走在大别山深处

解海龙　供图

街坊。要不，现在都上我家去吧？我家有好茶伺候！”他热情地发出邀约。

我左瞅瞅孙永诚，右瞧瞧朱恩光，非常惊异这两人初次见面竟如此亲近。虽然他俩口口声声喊“海龙、海龙”的，可我怎么觉得自己站在中间就像个多余的人？他俩的手握了老半天，好像才突然想起了旁边的我，三人一齐开怀大笑。

孙永诚显然也因朱恩光辞去公职全身心搞摄影的做法而陡生敬意。他一边点头一边说：“老兄，你可比我的境界高得多！不瞒你说，当初我找海龙，就是想弄一张中国摄影家协会的会员证呢，惭愧！”

晚饭的时候，朱恩光为我们煮了一大锅面条。

虽然这天也不过是我和朱恩光的第二次见面，但整个下午，他在文化馆和我们一起聊天、布展，他那股热情和率真让我们很自然地融合在一起。

热腾腾的茶上来了，顿时一股清香弥散开来。

“生活上我就这点嗜好，多年来一直爱喝茶。”他端起手中的青瓷茶杯，眼里一片温润。我举起小茶杯，说：“来，以茶代酒，敬朱兄一杯！”

“我从来不喝酒，喝酒误事！”他正色说道。

白天的暑热渐渐消退，在这片茶香中，一种别样的舒适在空气中流动，三个同龄人聊起天来特别投机。“你们知道吗，我特别感激我的父母给我起了这么一个好名字。他们是基督徒，在他们的世界里，‘感恩’是基本的信念，而我受惠于光，这都是命运的安排……”他的眼中闪现出一缕虔诚的光。

不记得又继续聊了些什么，茶喝完好几壶，直到夜深，我们才和他告辞。但是我隐隐感觉到，在我今后的生活中，这将是一个不可或缺的人。

18. 难忘五人行

北京的冬天总是来得气势汹汹，会议室厚厚的门窗也挡不住呼啸的北风。年终工作总结会的气势也如这北风一样强劲。会议结束后，马馆长前脚跨进他的办公室，我后脚跟了进去。

“海龙兄弟，我得着重表扬你，你的领导、组织工作做得相当不错！今年全国摄影大赛，咱们广角影会夺金揽银，被文化部评为先进摄影团体，这个荣誉非同一般！”他声如洪钟，刚才在会上的激昂还没有消退，说到“非同一般”四个字时，他的大拳头重重地在桌子上捶了四响。

“那是不是该颁我一个‘优秀组织工作者’奖啊？”我接过话茬，开玩笑地问。在这位能和我们称兄道弟的领导面前，尊重和随意一点儿都不冲突。

“肯定的！”他很爽快地答道，用明察秋毫的眼光扫我一眼，“说吧，有什么事找我？”

馆长就是厉害，知道我有事找他。

“领导，我想趁年前的空当外出采风！”我赶紧提出要求。

他没答话，点点头示意我继续说下去。

“两年前戴红英老师的那幅照片，对我自己是一次真正的触动。那时我就朦朦胧胧地萌生了一个想法，如果能拍一百位山里老师的故事，‘大山的脊梁’应该是个不错的选题。后来一段时间忙于摄影部的工作，这件事儿就此搁了下来，虽然和孙永诚一起去过几次山里，但并没有沉下心做这件事。馆长，现在咱们年度工作完美收官，这个请求你不能不答应吧？”

他微笑着闭目颔首听我说完，大手一挥，干脆利落的两个字:“批准！”

朱恩光老早就盼着和我一起出去拍片了，一听说这个安排，他竟兴奋得迈开了平稳轻快的舞步。他翩跹回旋，舞姿优雅从容，飘逸流畅中尽显轩昂气势，硬是把我看傻了眼。“哈哈，没跟你说过吧，以前我最喜欢国际标准舞了，我还出过国，到德国参加过比赛呢！”他反身收回脚步，意犹未尽地甩了一下头。

“你太厉害了！”我佩服得五体投地，“你这么好的身条儿，难怪！”看他那两条笔直挺拔的长腿，我止不住羡慕，同时又有一种说不出的奇妙感觉。数学老师——摄影——青瓷杯——国标舞，这几个不搭界的词凑在一起，就是我面前的朱恩光？

许久没见徐勇了。自从上次他告诉我，他辞职下海创办了一家广告公司之后，我们差不多一年没见了。这是个文化底子深厚、精明睿智的人，我们认识之初常常一起外出拍片，可这两年很少见到他的人影。他肯定一声不响地积攒了足够的资源和人脉，要不怎能整出一个广告公司？我们一天到晚忙得脚不沾地，好像也没忙出什么名堂。对，邀上他！一个电话拨过去，他爽快地答应道：“我也该出来换换脑子了！”我想，一定是当老板太费神了。

不用说，孙永诚肯定要去。他拍着胸脯向我保证：“你把出行路线告诉我，别的杂事都不用你们操心了！还有什么能比跟老师们学上几招更开心的呢？”我给他讲过徐勇的《摇船弄破水底天》，他对徐勇早已慕名在先，这次能够同行，他自然高兴。“我有一辆 130 轻型货车，咱们自己开车出去，想开到哪儿去都方便！车里可以坐五个人，你看看，还叫上谁一起？”他热心地问我。

那就叫上张瑞生吧，他是我加入广角影会时认识的好哥们儿。这个身高一米八五的大个子，拍片子特别细腻，尤其讲究黑白影调处理，对光影的研究简直达到了炉火纯青的地步，最擅长拍摄古村落之类的题材。

离元旦还有一周的时间，孙永诚开着他那辆 130，拉上满满一桶汽油，我们一行五人，按照事先拟定的河北—山西—内蒙古一线，踏上了各有所盼的征途。

万万没想到的是，我没心没肺招拢来的几个人，经过初次见面的客套寒暄之后，各自的脾性就显山露水了。

孙永诚对徐勇有一种先入为主的好感。在他看来，虽然自己也算个老板，可是同为商人的徐勇，他所具备的文人气质却让自己望尘莫及，因此有意无意间都表现出对徐勇的敬意，两人在生意经上也很有些共同语言。而徐勇与生俱来的优越感，似乎不怎么对朱恩光的性子，这位清高的数学老师不知不觉间流露出一种不屑的神色，甚至对于和徐勇套近乎的孙永诚，他也连带着一同表示了轻视。孙永诚是何等机智的人，他自然感觉到朱恩光不同往日的眼光，不过只是轻轻一笑，若无其事地继续开车。

摄影人在一起聊的中心话题当然是摄影。不知道是该说我宽容度较高还是该说徐勇的立场足够鲜明，虽然我和朱恩光的摄影方向不同，但我们自认识以来一直相安无事。可是在车上的狭小空间里，当大家聊到各自的拍摄计划时，口舌之战一触即发。张瑞生是我和徐勇的老朋友了，他个头大，坐在副驾的位置，寡言少语，懒得参与讨论，只是心不在焉地侧着脸看着窗外并不美丽的风景。徐勇显然瞧不上朱恩光的那些花儿，一句漫不经心的“甜俗”贬低了朱恩光，惹得朱恩光两眼冒火。不可避免地，火花四射的争论由此开始，两人针锋相对，互不买账。我坐在他俩中间不停地打圆场，一边展开一番“求同存异、不厚此薄彼”的劝解，一边又是嘀咕又是感叹。是不是本来就不应该贸然把两个这么有性格又互相不甚了解的人拉到一起来？孙永诚一副事不关己的样子，悠闲地哼着小曲儿，把小货车当成了赛车，很聪明地冷不丁制造一个颠簸震一下大家，或者来一个猛刹车，慌得大家急忙抓紧自己身边的那个人，及时缓和缓和剑拔弩张的气氛。

一开始就充满着如此浓烈的火药味，这可是我始料不及的。得设法让气氛融洽起来，暂且把摄影放到一边去吧！我以一句“想当年”开了头。对于我们这几个生于五十年代、经历各异的人来说，这是一个能引起共鸣的话题。

这一招果然奏效，短兵相接的两个人渐渐安静下来，似乎忘了刚才在摄影观念上的分歧。

孙永诚最先开始了“想当年”。他讲起当年插队前，特意买来一只漂亮的人造革箱子，带几身整洁的衣服，偷偷拿了他爸的一顶皮帽子，还想尽办法弄到一双白色回力鞋。

“浩浩荡荡的几十辆卡车，扬起几里滚滚黄尘。一到那里，满眼都是光秃秃的山梁、山峁和冒着黑烟的窑洞，我当时就明白了那些东西都只能压在箱底了。插队种田挣工分倒没有多苦，苦的是后来公社安排我们十几个知识青年去帮助村民打井采煤！打一眼井，井口上装一个大辘轳，几个人摇着辘轳把挖煤的人往下吊，这些人嘴上叼一盏小油灯，攀在绳索上摸索着下到三四丈深的煤井里。巷道低矮又狭窄，人在里头爬，然后再把装好煤的筐子拿绳子拖在身后往外拉，勒得肩膀上留下了一道深深的血印子，膝盖都磨烂了。挖出的煤拖到井口再吊上来，几班人轮番摇辘轳，大家‘嘿哟嘿哟’地拼命喊号子。”说到这里，大约是为了配合一下当年的场景吧，他突然重重地“嘿哟”一声，“煤吊上来之后，挖煤人才跟着上来，全身都冷冰冰、湿漉漉的，和煤一样黑！”

从初中告别，到二十年后我们第一次见面，他给我讲他的经历，略过了这一段。现在他语气平静，我却感到莫名的胆战心惊。“你们不知道吧，村里的煤窑有一条不成文的规矩，哪个人下了煤窑，他就算欠了你再多的钱粮，你都不能催要了，人家那是奔着命去的啊……”我看不见他的脸，但他那不自觉坐直了的身子，让我感受到他心中的微澜。

一阵感慨唏嘘，过往的日子如此艰辛又难以忘怀。车内一阵短暂的沉默，前面出现一个陡坡，孙永诚加大油门，卡车呜呜地吼着往上爬。

“我插队去了内蒙古自治区。”车子费力地爬上陡坡之后，朱恩光开始了他的“想当年”。

“‘敕勒川，阴山下，天似穹庐，笼盖四野。天苍苍，野茫茫，风吹草低见牛羊。’小时候读到这首描写北方草原壮丽、富饶的古老民歌时，我就想，将来一定要去这个地方！可是当我终于有机会实现自己的人生理想，跟一大拨同学挤着大卡车，兴奋地看着美丽的草原离我们眼前越来越近，又在我们身后越走越远，最后把我们带进一片荒漠的时候，这巨大的反差着实让人情绪低落了好长一段时间。在那里，分配给我的第一份工作是放羊。每天一大早，我揣上干粮，将羊群赶到十里地外的山坡上，一待就是一天，更让人受不了的是放羊时的寂寞，一望无际的大草原上，除了羊，整天一个人影都看不到，一天也说不上几句话，长年累月，逼得人发疯。有一天，我终于忍不住扯开嗓子对着天空狂吼起来。那一吼，真是‘地动山摇’，吼出了埋藏在心底的压抑！”

一番“想当年”拉近了彼此的距离，车里的气氛融洽了许多。可是，刚刚避开精神领域的分歧，物质生活的矛盾又来了！

不知道徐勇和朱恩光怎么就这么不对眼，从一开始两人就杠上了。也许是朱恩光觉得徐勇有些故作清高，徐勇又觉得朱恩光有些自命不凡吧。天色已暗，车行驶在荒郊野外，朱恩光嚷嚷着只要看见前边有面馆就停车，徐勇却慢条斯理地表示不用慌忙，等到了下一个乡镇，找一家清静幽雅的饭馆好好喝一顿。

“下一个镇子？还喝酒？”朱恩光急了，“赶紧填饱肚子好赶路啊！”他不满地说：“喝酒误事！”

“这我就该说你不懂得享受生活了！”徐勇意味深长地朝朱恩光一笑，“咱们喝酒讲的是品位，是情怀，而不是酗酒！”

朱恩光扭过头去，从鼻孔里发出两声“哼哼”以示不敢苟同。他摸出一支烟，点燃后，猛地吸了两口，一缕烟雾顿时在封闭的驾驶室里弥漫开来。

张瑞生“咳嗽”了两声，摇下车窗，一股寒风破窗而入，大家禁不住全身打了一个哆嗦。徐勇本来就对刚才朱恩光表现出的一丝不屑有些不快，这冷风一吹，更激起了他的恼怒。他不客气地指着朱恩光：“这是车里，能不能讲点公德啊？”

一场战火眼看就要爆发。

我这个“调解专家”磨破了嘴皮子，好不辛苦。一路上磕磕碰碰，晚上终于在涞源县城的一家小旅馆安顿下来，颠簸了一整天，大家倒头就睡。希望明天一觉醒来，大家能心平气和地开始各自的工作吧！我默默地祈祷一番，在他们此起彼伏的鼾声中沉沉睡去。

19. 心意已定，任尔东西南北风

山村很安静，经过春耕秋收的忙碌，这是农民们唯一的清闲时光。凛冽的北风嘶吼着，寒气逼人，铅灰色的云块在天空中奔涌翻滚，酝酿着一场大雪。我们约好傍晚碰面的时间，然后各自散去。“你跟着徐勇吧！”我对孙永诚说，我知道他想和徐勇贴近。

他们渐渐走远了。张瑞生和朱恩光两人走在一起，他俩也许会是一对好搭档？

脚下的土地被冻得干裂了，从车里带出来的温暖立刻跌至零摄氏度以下。我哈一口热气搓搓脸，朝村里走去。

漫山遍野都是裸露的黄土，朔风在没有遮拦的村庄横冲直撞。光秃秃的树枝在风里战栗着，七零八落的旧土墙泥土斑驳，歪歪斜斜地站在两条坑洼的坡路旁。低矮的土塄上杂乱地堆放着砍倒的玉米秆，几把生锈的镰刀、短镢横七竖八地躺在地上。我走过收割得精光的田埂，沿着坡路往北，远远地，看见几个孩子走过来。他们是要去上学，还是放学了呢？我加快脚步迎面向他们走去。

“你们好！”我向他们打招呼。这五六个孩子，大的十来岁，小的七八岁，他们互相看了几眼，然后一齐望向我，好像在问："你是谁啊？你有什么事？"

"你们怎么在这里玩耍，没去上学啊？"我问。

一个高个子男孩咧嘴笑了。他拍拍背后那捆和他差不多高的枯柴说："俺爸说，等俺拾够了过冬的柴，就有钱让俺去上学了。俺该上五年级了！"

原来他是上过学的。"怎么又中断了呢？"

"俺弟弟也得上学，刚上一年级。俺家里穷，只有几亩玉米地，俺不能让爸妈为难。"他像个男子汉一样挺了挺胸。

他说得轻松坦然，言语中有一种与他年龄不相称的成熟和豁达。他指着身旁那个稍小的男孩告诉我："他爸不在世了，妈妈一个人干活，身体不好经常生病。我就叫他跟我一起拾柴，明年他也可以去上学了！"

背竹篓的女孩一直低着头没吭声，不停地搓着手指头，鞋子在布满黄土和碎石子的地上蹭来蹭去，被风吹得通红的小脸绷得紧紧的。她的嘴角扯动了两下，好像想说些什么，却没有说出来。

这本该是一群无忧无虑地坐在教室里读书的孩子啊！我的心不由得一沉。

"能带我去你们学校看看吗？"我问那个男孩儿，感觉他有一种自然的乐观和领导气质。

"跟我走吧！"他把捆柴的绳子紧了紧，"每天拾完柴，只要有空，我都会去那里转转，不能进教室去，趴在窗口听一听也不错！"

坡地的碎石路实在不怎么好走，一不留神脚下一滑，就滑出两步远。一下坡，一座比路边的农家显得宽大的房子就在眼前。只见屋檐四周纷杂地垂下一绺一绺参差不齐的干草，几扇断了窗棂的黑沉沉的窗户，像几双睁着的眼睛，空洞又无神。如果没有几根粗大的圆木撑着横梁，恐怕就是一个荒废的杂物场。而这就是他们的教室！

几个身影从屋里跑出来，走在最前面的男孩告诉我："下课了！"屋前的空地一下子热闹起来，三五成群的孩子嬉闹开了，他们朝手心哈一口热气，

不能

使劲跺跺脚，开始各自的游戏。一时间，伴随着空中翻飞的五六个毽子，传来了女孩的笑声。有的围绕着破屋子滚铁环，那是我童年时曾经玩过的游戏，三十年过去了，农村孩子们还是那么喜欢。什么玩具都没有的孩子，就站在原地使劲地上蹦下跳，以驱赶身上的寒气。

孩子们什么时候进了教室我都不知道，两个打柴的男孩什么时候离开，我也没有察觉。耳边的寒风越吹越响，我打了一个寒战，下意识地抱紧胳膊。看一看天边，几只寒鸦扑棱着翅膀飞过，沉沉的乌云越积越厚，眼看一场铺天盖地的大雪就要来了。

我忘了拍摄，拎着相机往回走。雪，开始飘起来了。渐渐地，雪花越下越大，越落越急，我把相机塞进棉衣里，缩着脖子顶着寒风，并不急着赶路，潜意识中还想寻找一些什么。我爬上一段斜坡，一座农宅院墙上的几个大字赫然展现在眼前。

那是一条用白石灰粉刷的大标语：再穷不能穷教育，再苦不能苦孩子。

雪花纷飞，胡乱地撞在我的脸上，撞在眼前的墙壁上，也沉沉地撞在我的心上。我再也挪不开脚步。

再穷不能穷教育，再苦不能苦孩子！这句铿锵有力的口号在现实面前显得如此黯然！又一个背着柴、头发蓬乱得像个草窝的男孩从这条标语前走过。因为缺了扣子，他的棉袄敞开着，他木然的神情好像整个世界都与他无关。我的心抽紧了，他们面临的是怎样的学习条件和生活状况啊！他们本该和同龄孩子一样享受上学的权利，而现实是他们必须承受过重的负担来换取那一点点可怜的读书机会。身体上的苦累也许算不上什么，可是精神上的渴求却是那么难熬。我一屁股坐在标语对面，盯着这排字出了神。

河北衡水的景县，我的老家，三十多年前我在那里上小学的情形浮现在眼前。

我五岁那年，背上用碎布头拼成的小书包，来到村里一间低矮的土坯房子里，用木板一搭就是桌子凳子，这就是我们的教室。几个四五岁的孩子坐

1989 年冬，河北省涞源县的一所小学，孩子们的课间活动 [左页上图]
解海龙　摄

1989 年冬，河北省涞源县一个村庄墙壁上粉刷的标语：再穷不能穷教育，再苦不能苦孩子 [左页下图]
解海龙　摄

在第一排，跟着老师念黑板上的ㄅ、ㄆ、ㄇ、ㄈ、ㄉ、ㄊ、ㄋ、ㄌ。后面几排大孩子，有的趴在桌子上，握着铅笔头一笔一画地写字，有的口里颠三倒四地念着“上下左右，大小多少”，有的把算盘珠子拨得“噼里啪啦”响。老师教完了第一排的孩子，又走到第二排、第三排……后来才知道，这叫“复式班”，一个老师教五个年级。

下课了，孩子们一窝蜂地涌出教室，院子里顿时热闹起来，大男孩背着我们这帮小孩子，开始骑马打仗，撞拐……如今那些关于上学的最初记忆仍然历历在目。

七岁时回到北京之后，我们兄妹三人，还有奶奶，一家六口人挤在不足十五平方米的小屋里，每月靠父母两人不足百元的工资生活，日子过得捉襟见肘。每月一发工资，母亲总是首先给我们兄妹几个留足学费。“生活可以紧一点，但是一定得让孩子读书！”这是母亲从没改变过的想法。她以她的柔弱之躯和男人们一起在建筑工地上辛勤劳作，每一分钱都浸透了她的心血和汗水。

我清楚地记得，有一次我拿着母亲给我包好的两块五毛钱学费，兴冲冲地往学校跑，因为老师说谁第一个交钱就表扬谁，我要得到表扬！跑到半路，刚好碰到一辆大卡车卸下一大堆沙子，我奔上沙堆和小伙伴们玩得忘了时间。等到了学校想起交学费的时候，却怎么都找不到钱了。下午放学，我磨磨蹭蹭地不敢回去。母亲一听说我丢了钱，气得把我轰出门去找。可哪里还找得着？我垂头丧气地回到家，怯怯地不敢吱声。母亲拿一张搓衣板，罚我跪在院子里。夜里十点多了，邻居们都来求情，可母亲就是不让我起来。直到深夜十二点，院子里的灯一盏一盏都熄灭了，我又困又饿，膝盖也酸痛无比，但一动也不敢动。不知道什么时候，母亲才来到我身边：“你记住了吗？这是教训！”她又痛又恨地盯着我说：“记住了就大声告诉大家，让全院子人都听见！”我扯着嗓子拼命喊：“我记住了，我再也不丢钱了！”邻居家的灯又亮了，隔壁大婶跑出来，一把将我拽起：“海龙妈，孩子都跪了一晚上了，原谅他吧，他已经记住了！”回到房里，我好像忘了饥饿，一头扑倒在床上就睡着了。后来母亲跟我说：“你是一会儿就睡着了，我可一宿没睡啊！我摸着你的小胳膊小腿，看着被硌出一条条那么深的印子，我心疼地哭了！可是我不能心软，我不能给你笑脸。生活艰难，但你们一定要读书。我得让你记住，这钱，咱丢不起！”

…… ……

不知道在雪地里坐了多久，只觉得从嘴里、鼻孔里喷出来的团团热气凝成了霜花儿，落在眼睫毛上的雪花融化成一颗颗细小的水珠模糊了我的视线。儿时的往事在脑海里闪现，在那么困难的时候，不管怎么节衣缩食，母亲想方设法都要让我们这几个孩子上学。这么多年过去了，当我们欣喜于“农村发生了翻天覆地的变化”时，却不会想到，就在离北京并不远的涞源县，它们和城市的反差竟然如此之大。

西边的山峦覆上一层厚厚的白色，给灰暗的天空增添了几分明亮。我站起来，拍拍麻木的双腿，再一次回头凝望墙上那行用石灰水刷出的大字，心里很不是滋味。一直以来就爱往农村跑，也曾见过那些抱着弟弟妹妹，牵着羊扛着柴火，徘徊在教室外面的孩子，那些趴在教室的窗口，羡慕地朝里面张望的孩子。而彼时我关注的目光却轻易地从他们身上跳过，更多地投向那一类轻松欢乐的画面。如果不是两年前戴红英老师背着孩子上课的场景给我带来心灵的震撼，让我从此开始有意识地关注农村教育状况，也许就不会有此刻面对这条标语时我内心深处的颤动了。

远处一个小小的身影朝我走来，寒风中顶着大雪的步履显得格外艰难。他八九岁的样子，脸颊和鼻子冻得通红。我见他手里提着一盏黑乎乎的煤油灯，拿着半个玉米饼子，便问道：“天快黑了，又这么冷，你去哪里呀？”

他把拎在手里的煤油灯在我眼前晃了晃，用清亮的声音说：“俺去上学！老师给俺补课！”

风雪交加，目送他的身影消失在暮色中，我的心再也无法平静。那个不甚明晰却蛰伏已久的念头在这一瞬间突然变得成熟。它在我胸中不安分地跳动着，颤抖着，为那无法预知，却即将来临的一切兴奋不已。骤然发现已经过了我们约定的集合时间，我迈开大步朝村口走去。

赶回县里已经快八点了，我们找到一家准备打烊的小餐馆，让老板娘煮了一锅面条，匆匆吃完后离开饭馆。

“来来来，咱们喝酒驱寒！”回到小旅馆，我把一瓶二锅头和花生米往两张床中间的桌子上一放。这一次，朱恩光倒是没有提出异议，不过他两手一摊：“你们喝，我不冷！”

徐勇和孙永诚坐在桌子的一边，朱恩光和张瑞生坐在另一边，我拖一个板凳，坐在桌子一端，斟满四只小酒杯，我一口干掉以示歉意。随后我一股脑儿将下午的所见所闻说给他们听。

“农村里的老师和孩子太苦太难了！”故事讲完，我一声感慨，“我没有时间再跟那孩子返回夜校课堂，但是可以想象那是什么样的情景。”

徐勇看着我的目光耐人寻味，他似乎在问：你想做些什么？

朱恩光点燃一支烟，薄薄的烟雾下，他眉头一皱，神情严肃。张瑞生准确地道出了徐勇眼中的询问：“海龙，你到底想干什么？”

孙永诚附和着点点头：“是啊，海龙，你有什么计划？”

“我想拍一组专题！”我言简意赅但字字坚定。我热切地望向他们，真诚地说：“我也想听听大家的意见！”

“你的专题中心内容是什么？你想表现什么？”徐勇用炯炯有神的目光紧盯着我。

“再穷不能穷教育，再苦不能苦孩子！可是今天，我亲眼所见真让人心痛！我们在北京见过这样的情形吗？到了六七岁去上学，是天经地义的事情。随便到一个学校看看，哪个孩子不是漂亮的书包、整洁的衣服？而这里，且不谈学校的条件多么糟糕，能去上学对于很多孩子来说就是一件非常奢侈的事情了！”我激动地给自己斟了一杯酒，一仰头倒进嘴里：“我就想拍农村这些条件艰苦的学校，这些因生活所迫而上不了学的孩子，那些不计个人得失、辛勤耕耘在贫瘠山村里的老师们！”

张瑞生沉吟着说道：“这个题材有点灰啊，不是你以前的风格吧。你拍这些土老破旧、老少边穷，全是上不了学的孩子，容易产生一些误解，会不会让人感觉这是给政府添麻烦？”

“我不是那个意思！”我的脑子很清醒，“这是客观存在的事实。我怎么也忘不了前两年在广西融水的小旅馆里，从电视上听到的九年义务教育的新闻。现在九年义务教育推行快四年了，看看眼前，我不敢想象在全国那些穷乡僻壤、信息闭塞的小山村里，还有多少学龄儿童流落在校园之外？”

“这个主题确实有些灰暗，人家会不会说你对社会不满？”朱恩光摁灭手里的烟头，发表他的看法。

“人家说！哪来那么多人家说？”我冲动地把酒杯往桌上一蹾，“这不都是些废话吗？现实摆在面前，这边明明是孩子们穷得要命没学上，那边是我想替人家说句话，还得顾及谁的面子？还得琢磨谁高兴不高兴？等你都高兴了，这帮孩子都成了文盲。要是讲面子，这帮孩子将来上不了学，到外面去偷、去抢！到时候岂不是更麻烦。”我也不知道在和谁斗气，情绪激动地一番狂轰滥炸。

“看把你急得！”徐勇看了我一眼，他举起小酒杯，朝我做一个“干杯”的动作，自顾自地一饮而尽。

“那我该怎么做？”我心急火燎地问。我拍摄是为了真实地记录，客观地反映，绝没有任何不纯正的动机。如果有一丝可能，我希望我的照片将来能够给孩子们带来一些帮助，帮助他们重返学校，享受最基本的受教育的权利。孙永诚一直没有说话，他认真地听大家讨论。此时，他和我一样，一双眼睛迫切地注视着徐勇。

“你首先要理出一条思路，你准备怎么拍？总不能一味的又苦又穷吧？光拍一家子五口人只盖一床被子？两个孩子共穿一条裤子？就像反映战争的残酷不一定要拍出血淋淋的场面一样，贫穷也不一定以悲凄来表现。还有，做这件事之后，你得面对各种想象得到和想象不到的状况，要有思想准备。这样，无论别人持什么观点，你才能够从容面对。”徐勇把酒杯斟满，抿了一口，“不过，这个事情可不是那么容易把握的。你慎重地考虑考虑，——我看还是别惹事儿了吧！”

…… ……

熄了灯，我翻来覆去睡不着。谢谢你，徐勇！你这番理性的分析，有建议有警示，考虑的如此周全，我从心底里感谢你。虽然在这件事情上大家持保留态度，但我知道，这首先出于他们对我的爱护之情。旅馆门口的街灯忽明忽暗，一束光线正好从窗口漏进来照在我的床上，我翻身爬起来，拿出笔记本，就着昏暗的光，认真地写下：

咬定青山不放松，立根原在破岩中。

千磨万击还坚劲，任尔东西南北风。

此时，这首我钟爱的古诗，如黑暗中的一道闪电照亮我的内心，给了我无限的力量，我一定要做成这件事。在诗的末尾，我又加上一行字：昨天我喜欢艺术摄影表现，今天我更爱新闻纪实再现。

20. 汪强十年说凤阳

因为怀揣心事，这次采风的后半程我有点魂不守舍。我反复琢磨如何以最适当的形式开始拍摄这项专题。七八天后，我们风尘仆仆地回到北京。20世纪 80 年代即将带着对过往十年的深情回望依依惜别，在对未来的热切展望中，我们迈进了 90 年代。

元旦刚过，一个三十出头的年轻人找到文化馆，敲开我办公室的门。

“解老师您好！我经常在报纸上和各种展览上看到您的作品，非常敬佩您！我这次来没别的意思，我连续拍了十年的农村影像，想请您给我指点指点！”没有一句弯弯拐拐，他在门口站得笔直，直截了当地一口气说明了来意。

“快别这么说！”我忙将他请进屋里，招呼他坐下，给他沏上一杯热茶。我仔细地打量他，这个小伙子一眼看上去敦厚踏实，皮肤黝黑，衣着朴素，头发稍显蓬乱，浑身上下透着一股天然的乡土气息，这股气息对于我来说是如此亲切、如此熟悉。他那双显得破旧的运动鞋上沾满尘土，鞋帮已经开裂，大概跟随主人走过了万水千山吧。一只鼓鼓囊囊的土黄色人造革手提包被他紧紧地抱在胸前。

“你不介绍一下自己吗？”我饶有兴趣地看着他。

“哦，我都忘了！”他不好意思地说。他渴极了，拿起杯子“咕噜咕噜”一气喝掉一大半，然后娓娓道来。

他叫汪强，三十一岁，是安徽滁州日报社的记者。早在 1976 年，他就以摄影报道员身份，随滁县地区文工团的艺术家到凤阳县寻访民间花鼓女，收集、挖掘、拍摄凤阳花鼓民间艺术。他多次从小岗村的田野上走过，目睹了 1978 年大旱庄稼颗粒无收的景象。1979 年夏秋之际，他又来到小岗村，指导乡间电影放映队的宣传工作。

“可是这一次，我看到的景象和一年前大不相同。以前凤阳花鼓唱道：‘说凤阳，道凤阳，凤阳是个好地方，自从来了朱元璋，十年倒有九年荒。’这一年，家家户户正在忙着收粮呢！好奇心驱使我走近当地农民。在丰收的田野上，他们满面春风，喜上眉梢，看到我这个外来者，一开始还是有所戒备的。和他们进行友善的接触和交流之后，我得知小岗生产队偷偷地把土地包干到户，丰产丰收却引起了争议。

“真诚的沟通，建立起了彼此的信任。小岗村的严俊昌把那段鲜为人知的经过一五一十地告诉了我。前一年他们如何开‘黑’会，十八位农民如何以‘托孤’的方式，冒着极大的风险立下生死状，在土地承包责任书上按下红手印；如何首创包干到户的责任制形式，现在又如何被人认为这是‘复辟资本主义’、是‘开倒车’而承受着巨大的压力；消息传到安徽省委第一书记那里，又是如何得到支持和鼓励……严俊昌还跟我说，他们在大包干协议书上，明确写下：收完粮食后，首先交给国家，保证国家的，留足集体的，剩下都是自己的。如果队干部因为分田到户而蹲班房，他家的农活由全队社员包下来，还要把小孩养到十八岁。那真有一番破釜沉舟的悲壮啊！直觉告诉我，这场农村改革的意义非常重大，是一件值得记录的事情。

“1980 年，我被调到滁州的报社任摄影记者，这样就有了更多拍摄的机会。从 1979 年拍摄‘大包干’的第一幅照片开始一直到 1989 年，这十年间一共去了多少次凤阳，我都记不清了，反正上至县委书记、县长，下到队长、村民，我结识了数不清的朋友，跟踪拍摄了大包干发源地——小岗生产队的大量照片。”

他拍拍那只人造革包，说：“都在这里！”

十年！花十年时间，用镜头记录一场翻天覆地的农村改革，这需要何等智慧的眼光和执着的坚守啊！我对这个年轻人刮目相看了，赶紧说：“谈不上指点，快把你的照片拿出来！”

提包拉开了，一大堆照片一下子铺满了办公桌。粗粗一看，这都是些什么样的照片啊，有两千来幅，大小不一，参差不齐，纸质灰暗，由于塞在包里的时间太长，好多都被挤得窝窝皱皱的，有些还卷起了毛边。随意拿起一幅，好像曝光都不太准确，画面还有点虚，如果从技术角度来讲，这算不上优秀作品。

“请您给我指点指点吧！”汪强再次提出他的请求。

“还是你先给我讲讲这些照片里的故事吧！”我一转念，随即抛开刚才的看法。这些照片背后的故事比影像的技巧重要得多。

“好！”他答应得爽快，似乎对每幅照片都烂熟于心。他把桌上的照片稍稍整理一下，然后挑出一些，逐幅给我讲解：

“这是当年‘大包干’的三位带头人：队长严俊昌、副队长严宏昌、会计严立学。”他指着一幅三位农民站在地头的合影告诉我，“搞包产到户‘小岗黑会’，就是他们组织召开的，会上所按下的十八颗红手印，也是他们带头按的。这幅照片，就叫‘大包干从他们手中诞生’。”

“这是 1981 年春节，凤阳农村全面推行大包干生产责任制之后的第一个‘肥年’。大年三十，我跟着县委第一书记在村里跑了整整一天。这幅‘举杯庆丰收’，记录了丰收的农民杀猪宰羊过新年的欢喜。那天凌晨四点，我冒着风雪徒步二十多里路来到小岗村，挨家挨户给村民拜年。您瞧，‘光棍汉当新郎’！”他笑着指给我看，一个憨厚的汉子手脚拘束地坐在床沿上，胳膊生硬地搂着他的新媳妇儿，笑容里盛满了幸福。

“到了 1984 年，皖东地区连续几年粮食大丰收，出现‘卖粮难’。粮站没钱收购，就向农民打白条。这个情况我也拍了一些照片，并且发到全国各大报刊。可想而知，好长一段时间，我成了不受欢迎的人！”他自嘲一声，又颇为自豪。

汪强如数家珍般地给我讲述凤阳十年，第一年“调整承包地”“家养千斤猪”，两年后“粮食丰收喜盈门”，三年后“卖粮难”，四年后“告别旧房子”，五年后“农民意见大，白纸条子多”，六年后“兴学重教”，八年后“跑江湖”……

“凤阳全县当时四十四个乡（镇），三百五十七个村，我基本上都跑过了，村里三岁的娃娃都能叫出我的名字呢！”详细地给我讲完这段故事，他如释重负地吁了一口气，满眼期待地望着我。

给他指点？我能给他指点什么呢？这一刻，我心里是实实在在的震惊和激动。我又拿起照片，按他刚才的思路重新浏览一遍。故事的开始、转折、发展，呈现在我眼前的，分明就是一段鲜活而珍贵的历史。

“我们为你办一场影展吧！”我脱口而出，立刻决定了这件事。

“真的？”他眼前一亮，不敢相信自己的耳朵。

“是的，免费给你办！”我把这堆照片拢在一起，点点头，“我们一起挑选参展作品，你把它们精放成二十四（英）寸的，我们给你布置展馆，你抓紧时间！”

这件事得到马馆长的大力支持。请柬寄了出去，展馆布置完毕，文化馆的能人们竟然请到了艺术大师刘海粟为影展题写展名：汪强十年说凤阳。经过一个星期紧锣密鼓的筹备工作，1990 年 1 月 10 日，“汪强十年说凤阳”摄影展在崇文区文化馆新楼揭幕。

…… ……

影展带来的巨大反响是我们没有预想到的，各级领导对影展给予了高度评价，北京四十多家新闻媒体同时予以报道，中央电视台《新闻联播》也对此进行了深入报道。一时间，“汪强十年说凤阳”变成了“京城处处说汪强”。

想想，平时我们要在《人民日报》上发表一幅照片何其艰难，而现在，《人民日报》却整版刊登了“汪强十年说凤阳”。

虽然他那些照片给人的第一感觉是画面黯淡，谈不上美观，不符合传统评判标准，甚至也有好些土老破旧，但我能捕捉到它们的意义，只是如今的轰动效应，实实在在地引发了我的深思。

我一遍一遍地反复品味这几版报纸。是的，小岗村“分田到户，自负盈亏”的家庭联产承包责任制拉开了中国农村改革的大幕，这些朴实的画面记录了凤阳的点滴变化，是反映中国农村改革历史进程的一个缩影。它们为这个既普通又典型的村庄留下了一部影像史记，永恒留存。

摄影到底是什么？刘加瑞老师的谆谆教导再一次回响在耳边：摄影的真谛就是记录。它讲述的是我们国家历史进程的脚步，是珍贵的史料，是记录今天，告诉未来。

21. 摄影家过年之所见

连续多日的奔波忙碌结束之后已近年关，终于可以歇一口气，整理一下纷乱的思绪了。这天，我独自在办公室里待了整个下午，十多天以来经历的事情占满心头。漫天飞雪中提着煤油灯的孩子，背着柴火顶风而行的身影，舍不得从低矮的教室窗口移开的目光……这些影子重重叠叠地交织在我的脑海里。而今，“汪强十年说凤阳”又给我带来深深的触动。外面下雪了，大片的雪花从空中下落，一种紧迫感迎面袭来。我还在等什么呢？翻开笔记本，那天深夜我在涞源县小旅馆里抄下的《竹石》展现在眼前，我要把我已经形成的思路落实于行动上！随手抓起一支笔，我飞快地接着写道：掘一口深井，不见水不罢休！

像听到集合号令的士兵，刚刚松懈的心立刻收拢起来并回归备战状态，我要做好各方面的准备工作。首先搜集资料，了解中国教育现状的相关数据；拍这个专题肯定耗时不短，需要得到文化馆的批准；事先必须设计好路线，中国的贫困山区分布广泛，数量不少；这个专题得有一个名称吧，我已经想好了，“中国农村基础教育现状考察纪实录”。

快下班的时候，电话铃声响起来：“解老师，是我，刘广辉！一会儿下班后我去文化馆找您，有空吗？等等我！”

刘广辉！我好长一段时间没见到他了：“来吧，我等你！”

结识刘广辉，是在 1986 年 4 月 5 日的“十年一瞬间”影展上。广角影会在他心目中很了不起，当他得知我是广角影会的副会长解海龙时，当即拜我为师。这个装甲兵技术研究所的军人，身板挺直，一身豪气。他老早就想学摄影了，却苦于一直没有找到合适的老师。他兢兢业业当了四年兵，但因为没有一门扎实的真本事，提不了干，不久之后就将退伍。可是他不想回河南老家，如果能学到一技之长，也许可以继续留在部队。

他很诚恳，很迫切，也很爽直。那次影展之后，他常来广角影会一起学习。他勤奋刻苦，也得了几个像样的奖，就拿那幅《来自后台的歌声》来说，他在摄影天赋上算得上天资聪颖。1987 年，我们新馆刚落成的时候，有一天，解放军老干部合唱团来馆演出，礼堂里掌声如潮。刘广辉形影不离地跟着我，我跟他说，要学会用自己的眼光去寻找、去发现。我给他布置任务，到台后仔细观察，别漏掉好镜头。不一会儿，他兴奋地跑来告诉我，他拍到好片了。在战争年代的延安演出《兄妹开荒》的七十二岁老艺术家李波，这次因腿有伤病不能登台，于是就在幕后与舞台上的演员们同声高唱，刘广辉拍下了那个镜头。《来自后台的歌声》很快发表在《大众摄影》杂志上，他也因此有了一点名声。

裹挟着一股寒潮，他兴冲冲地闯进来。不等我招呼，他眉飞色舞地向我报告一条好消息：他的愿望得以实现，他现在已经是装甲兵技术研究所的摄影干事，可以长期留在部队了。

“解老师，我得好好感谢您，是您带我走进了摄影的大门！”他使劲地搓着两只大手，不知道如何表达内心的感激，刚才那股寒流早已消融在他身上散发出来的热情之中。他接着说：“得过几次奖之后，我就想，我身在装甲部队，就应该用镜头来反映我们自己的工作和生活。于是我向连队申请，冬天去漠河，夏天去青藏高原，虽然条件相当恶劣，但拍回一系列我军装甲部队各种试验和演习的照片，并获得嘉奖！”

“几日不见，当真令人刮目相看了呀！”我既为他能留在部队而高兴，又为他对摄影的领悟而欣喜。

他接着说：“解老师，我们部队一个山西战友，说他们老家那里的过年习俗很有特色，建议我这个摄影干事去拍些照片。我想邀您一起去，行吗？”

“可以，没问题！”我顿时精神一振，立刻答应了。刚才还想着我的“中国农村基础教育现状考察纪实录”呢，这不正好出去走走看看！

对于我这个不在家过年的决定，志想虽然心有微怨，但她终究给予了理解。我对这个家心怀愧疚，儿子十二岁了，即将升入初中，无论在生活上还是在学习上，一直都是志想无微不至地照顾孩子。他学习成绩中不溜，不过倒好像对摄影有一种天生的兴趣，大概与他从小和“六友”们一起玩闹，一起倒腾相机有关吧，只要有机会，我也带他拍上几幅照片。小学四年级那年，他参加校园摄影比赛，获得了一等奖。那天他抱着奖杯回来，我们爷俩高兴得在床上上蹿下跳，志想白我一眼：“你是不是还想给咱家培养一个‘获奖专业户’啊？”话音刚落，又绷不住和我们乐成一团。

和刘广辉在他战友老家的几天，时间过得飞快。听他们操着极具韵律感的山西方言说中带唱：“廿三，打发爷爷上了天；廿四，割下对子写下字；廿五，揩抹打扫磨豆腐；廿六，馏下灌肠蒸下糕；廿七，老子剃头娘洗足；廿八，枣儿馍馍蒸下两笸箩；廿九，提上壶壶打下酒；年终下，扁食供献准备下。”煞是有趣。我好奇地问“扁食”是什么，大人、孩子全都仰头大笑，歌谣中的“扁食”，原来就是饺子！

“年终下”，也就是除夕，是异常忙碌的一天。主人清晨一起来就打扫院落，张贴对联、窗花、天地爷、灶神爷、门神，在各个门上和神位两旁插上柏枝。午饭之后，男主人忙着垒旺火，今年得比去年的高！他干得起劲，这样才能一年光景胜过一年！女主人剁馅切菜准备包饺子。等到傍晚时分，恭恭敬敬地摆上香炉，供上牌位，供奉祖宗的物品一应俱全，迎接祖宗回家一同过年。除夕的晚饭吃油糕，配上土豆块、炸地瓜干、白菜、粉条、猪肉、豆腐混在一块炖煮的大盆菜，吃得热气腾腾，我直呼“过瘾”。一席“年年高”吃完后，我们和主人家围坐在一起，一边包饺子一边守岁，亮堂堂的屋里，每一个角落都洋溢着温馨和睦。

最激动人心的时刻就要到了，我们等待着子夜的钟声响起，各家的“旺火”即将点燃。

午夜十二点，鞭炮齐鸣，旺火“呼”的一声点燃了。顿时，火苗从无数小孔中喷出，照亮了院子里的一方夜空。大人和孩子们围着火塔兴高采烈地蹦跳、嬉闹，火光中映现出一张张欣喜的笑脸。欢快的笑声传出院子，别人家院子里的喜庆和欢悦也随风潇潇洒洒飘进来。

直到凌晨两点多，兴奋的人们才依依不舍地告别旧年，带着甜蜜和憧憬进入新年的第一个梦乡。

这一周，我和刘广辉拍了不少照片，详细完整地记录了当地农村的春节民俗。此时，躺在热烘烘的炕上，我俩却睡意全无。前几天我们特意抽空去了一趟岢岚县，可是那里并不见过年的气氛，冷清得令人绝望。眼前的热闹散尽，我们不约而同地想到那个贫瘠的山村。

如果不是亲眼所见，我实在想象不出，如今竟然还有这般景象。

窑洞前的空地上支一口黑铁锅，三口大缸一字排开。窑洞主人背上竹筐，带着木铲，把山沟沟里的积雪铲到筐里背回家来。干草枯柴烧起来了，风箱拉得呼呼作响，一堆一堆的雪倒进锅里融化成水。拿一把铁笊篱，主人把残枝败叶撇出去，然后倒进第一个大缸里，撒上明矾，沉淀之后的水舀进第二口缸，再撒一次明矾，经过两次沉淀的水就可以饮用了，它们被小心翼翼地储存在第三口缸里，每一瓢水都是那么金贵。

那是在村主任家里。真不敢相信他能穷成那样！两孔破旧的土窑里面除了两个卷着旧铺盖的冷炕，几乎一无所有。地上铺满常年积下的灰尘，墙壁被烟熏成了黑色，说话声音稍大都会震得墙灰直落。一个大男人带两个儿子，一个十二三岁，一个八九岁，百无聊赖地坐在炕沿边上。“地里长不出粮食，日子没法过！”两个孩子都闲在家里，“肚子都填不饱，哪有上学的心思？”因为家里太穷，村主任主动提出离婚，让他的女人嫁给山坡下放羊的单身汉。“你去跟他过吧，没别的要求，只要你把俩儿子惦记着，时不时给他俩弄点吃的！”村主任说起这些，平静而坦然，我心里却掀起层层涟漪。这一片广阔而贫瘠的山梁，你是那么坚实，又是那么闭塞，你从古老的历史中走来，生活在你怀抱中的子民们该如何日夜面对这无边的苍凉？

山坡下的放羊汉家里，女主人就是村主任曾经的妻子。在无法驱除的赤贫面前，似乎这样的选择也可以理解。当家的男人替村民们放羊，每放一只羊一年收两块钱，全村各户共两百只羊，能收上四百块，他们是这个村里相对宽裕的家庭。女主人给我们蒸了一锅南瓜，煮了一盆粥。当我们问起她那两个儿子时，她的眼神黯淡了。晚上她男人回来后，热情地招待我们喝酒，让我们留宿。浓烈的土白酒冲进喉咙，心里一阵火辣辣的疼。男人往炕上一坐，吹熄了油灯："你们甭介意，这儿缺油，咱们说话就不点灯了！"

这是一个连狗都饿得没有力气叫唤的山村。好几次，我们从村民的窑洞前经过，他们家的狗趴在地上，听到有人来，动也不动，全无看家护院的威风。人都吃不饱，哪里还有粮食喂狗？再说，院子里又有什么值钱的东西需要看护呢？一个孩子不小心弄洒了半碗稀粥，趴在旁边的狗立刻冲上前，三下两下就把那块地舔得干干净净。一想到村主任家那两个瘦得麻秆儿一般的男孩就让我揪心，他们的父亲，表面上的那份平静之下，谁知其内心有过如何痛苦的挣扎。他们的妈妈，当她遮遮掩掩地为两个儿子送去一碗土豆两块馍的时候，谁知道她心里的酸涩？

无限感慨和唏嘘，那一道道沟、梁、峁、壑，被浓得化不开的阴霾笼罩，像一个个挥不去的巨影盘踞在我们心头。微暗的房间里还隐约飘浮着从窗户缝渗进来的爆竹燃尽的烟火味，我们又回忆起四年前在"十年一瞬间"影展上的邂逅。他给我讲他拍摄装甲部队试验演习的经历，我说起前些日子我们去涞源县时，"再穷不能穷教育，再苦不能苦孩子"给我的触动。就在两天前我们去过的岢岚县，那个穷山村的孩子，不是也有好多因为贫穷、饥饿而失学吗？山区穷，除了自然条件，山里人没有文化，没有知识也是一个重要的原因。如果任由这一代孩子继续耽误下去……

我俩一直聊到天明。迎着新年的第一缕阳光，我们踏上开往大同的火车。

整节车厢里空荡荡的，整列火车上都没有几个人。今天是大年初一，按习俗，人们已经在除夕夜之前从全国各地赶回家与亲人团聚了。我和刘广辉相视一笑，敢情这是我俩的专列啊！车厢里冷冷清清的，只有"哐啷哐啷"

1990年2月，大年初一，解海龙在外出采风回来的火车上

刘广辉　摄

单调的声音，刘广辉一边在车厢里来回小跑地驱寒，一边“一二一，一二一”地喊着口令。一夜未眠，阵阵困意袭来，我抱紧双臂倒在座椅上，没几分钟就睡着了。不知道过了多久，我迷糊着双眼醒来。刘广辉告诉我，他拍了一幅我蜷缩着睡在长椅上的照片，背景是空无一人的车厢。

“嗯，这幅照片有点儿意思！”我脑海里呈现出他描述的画面。16mm的超广角镜头，变形厉害，形式感强，尤其是这个时间点，大年初一。我由衷地称赞：“这个片子不错！它的名字我想好了，就叫《摄影家过年》！”

22. 冥冥中最好的安排

“哟，您可回来了！”我一推开家门，志想好像知道我这个时候要回来似的，正坐在桌旁心不在焉地边织毛衣边等着我。她戏谑地称一声“您”，走上前来接过我沉甸甸的摄影包。儿子听到声响，从屋里钻出来，高兴得直拍手：“爸爸回来了！”

在外十多日的辛劳和疲惫一扫而光，虽然农家春节别具风格，带给我许多惊喜和欢乐，但怎么抵得上眼前三口之家的浓浓温情。我往沙发上一倒，一身轻松。志想一把将我拉起，扒掉我的脏外衣，又忙着给我打来水，“别人家过年热热闹闹，我们家过年冷冷清清！”志想嗔怪地瞧我一眼，拧好毛巾递给我，“说说吧，人家那里是怎么个热闹的？让咱娘儿俩也见识见识！”

“爸爸快说，把你见到的新鲜事儿讲给我们听！”儿子也跟着凑热闹。

磨豆腐、炸油糕、蒸枣馍、供神位，这些都是孩子没见过的，我绘声绘色地给他一一道来，当然，重头戏是垒旺火。“你想象一下，好多煤炭堆成小塔一样，比人还高出好多呢，炉膛的豆秸、干柴一点燃，‘呼’的一下，火苗从成百上千的小洞洞里蹿出来，可壮观了！”儿子眼里装满了新奇，“傻小子，想象出来了吗？”我拍拍他的脑袋，“爸爸这儿有照片，过两天洗出来给你看！”

在我和儿子讲故事的时候，志想已经煮好了热腾腾的饺子。“来吧，咱们过一个迟到的团圆年！”

我心里暖烘烘的，老婆孩子热炕头，屋子虽小，却满满都是爱。

“爸爸，这个新年送我什么礼物呀？”儿子夹起一个饺子，笑嘻嘻地送到我碗里来。没等我接话，他又说：“爸爸，给我买一个书包吧！我们班的卢楠，他那个变形金刚的书包可神气了，我也想要一个！”

“好！”我埋头扒拉着饺子，突然想起什么，问他，“小飞，还有最后一个学期你就小学毕业了吧？”

“嗯，我马上就是一名初中生了！”小子一脸自豪，得意地扬起下巴。

“你看，只有几个月就上初中了，咱们初中再换新书包，怎么样？”我征询地问他。

他的脸一下子由晴转阴：“不就是一个书包吗？我这个都用了快三年了！你看，这么旧！”他一撇嘴，把书包甩给我，赌气地转过身。

“小飞，刚才的故事咱们还没讲完呢！”我拉着他的手，“来，听爸爸给你继续说！”

涞源农村拾柴换钱企盼上学的孩子；因为贫寒又要照看弟弟而失学的孩子；村主任家饿得吃不上饭上不了学的孩子……一路走来，这些让我心酸的孩子，他们清澈的目光深深地烙在我的心头，有躲闪、有期待、有落寞、有无助。不需要我刻意渲染，我相信，小飞会从这几个故事中有所感悟。

“你讲的都是真的？”他难以置信地问。在他的世界里，这一切都太遥远，都是无法想象的存在。

“是的！”我严肃地点点头，“命运是不公平的。你和你的小伙伴们出生在首都北京，从小衣食无忧。可是，你们以为理所当然的东西，对于那些生来就面朝黄土背朝天的孩子来说是多么奢侈！他们身上的旧棉袄都露出了棉花，四面透风的破屋是他们的教室，白天干农活，晚上提着煤油灯去补习，过年的时候也就是一碗不见油星的小米饭！”

他默默地咬着嘴唇，脸上露出大人般的沉思，两条书包背带在他手里扭来扭去。他突然抬起头：“爸，我不换书包了！如果你再去他们那里，就把我想要的书包送给他们吧！”

我心里涌起一股暖流，由衷地感到欣慰。原本是想告诉他要珍惜现有的一切，他却捧出了一颗柔善炽热的童心。

志想收拾好碗筷，也挤到沙发上来。上次从涞源回来，我就把我的计划告诉了她。她赞成徐勇的观点，她也和他们一样，对这件事有隐约的担心，但她又支持我，对我充满信任，她说：“我相信你会找到一个合适的表现方式。”刚才和儿子讨论“书包问题”的时候，她一直微笑地听着，不插一句话，现在，问题解决了，看样子她也相当满意。“这事儿得好好打算，你跟马馆长说说呀！”她像军师一样给我出谋划策。

“对！年后上班我就找老马说去！”

找马馆长之前，我在图书馆泡了整整两天，将收集到的数据和资料进行总结，我发现，从八十年代开始，流失生源的现象便逐渐成为一大社会问题。

失学的首要原因是贫穷。截至 1989 年，全国年均收入二百元以下的绝对贫困人数尚有四千万，因贫穷失学的学生占到了失学儿童总数的大部分，而且形势非常严峻。绝大多数失学、辍学的青少年生活在温饱难继的贫困家庭，痼疾难除的绝对贫困使这些家庭在孩子教育的问题上力不从心。在我国的贫困地区，落后的生产方式总是以大量廉价劳动力的投入为代价，贫困地区的孩子去上学，无疑等同于从家中抽走了一个劳动力。生活是贫困地区的第一需要，教育不得不降到相对次要的位置上。在温饱都很困难的情况下，读书遭到排挤。

经济落后和沉重的人口包袱，使我国教育的发展步履维艰。我国用于基础教育的经费，一般只能保证教师的工资，一些农村小学甚至不够教师发十个月的工资。用于教学活动的公用经费，中学生每人每年平均五元多，小学生仅一元多。全国的情况尚且如此，贫困地区的初等教育条件之差更令人难以想象。中国实行义务教育，但小学生每年平均还要交纳六十多元的书杂费，这对于贫困地区人均收入仅二百余元的家庭来说，的确难以负担。

落后的经济条件阻碍了教育的进步，而文化的滞后又羁绊着经济的发展，形成了贫困代际传递的恶性循环。

我迅速写完申请报告。前半部分的所见所闻写得慷慨激昂，最后是诚恳的请求："我不能眼见这些孩子在校园外面徘徊。馆长，我申请一年时间，跑遍有代表性的国家级贫困县、老区山区，拿出一组如实反映孩子渴望读书、如实反映老师辛勤耕耘、如实反映教育现状的照片来，办个展览。希望得到文化馆的支持！"

马馆长再一次表现出他的远见卓识。在他办公室里，我不安地等待他看完报告。当他的眼光扫过报告的最后一行字时，几乎是不假思索地，他激动地站起来："好，我批准！"然后抽出钢笔在我的报告下面写道：海龙的设想很好，于国于民大有裨益，照片不但要让城里人看，也要让全世界人民看。孩子是国家的未来，民族的希望，我支持这项行动!

"但是，关于经费是不是咱们多渠道考虑一下！"他目不转睛地看着我，补上一句，“咱两条腿走路吧！”

能给我时间，这已经是对我极大的支持了，我怎能还有更多要求？

“海龙，这是一件利国利民的好事情，不过，也很有可能碰到一些困难。拍这些照片，你想达到什么目的？你想让别人怎样理解你的照片？”馆长当然也考虑到这个问题，他探究的眼光落在我身上。

经过这段时间的行走、观看、拍摄、思考，我已经心里有数。“馆长，我想好了，首先我就是如实记录这个客观存在的事实，我只需要踏踏实实拍摄就行了，用镜头记录下来，将来用不用得上并没关系。如果用不了，等到再过十年二十年，中国肯定发展了，可是九十年代的中国农村基础教育是什么样的？回过头来看我拍摄的照片，这些照片就是一种佐证，一份史料！”我们的目光碰撞在一起，我捕捉到他的肯定和赞许。我接着说：“您看，四五十年代的片子，旧中国的片子现在拿出来都是见证。当下与过去对比，不是有很强的说服力吗？”

他点头笑道：“好，有境界！你这是摆脱了对名利的追逐！”

“馆长，您有所不知啊！”我半开玩笑半是严肃，“我这是克服小功利，追逐大名利！以前的小功利是为了得奖出名，但是，如果这些照片能够帮到哪怕一个孩子，那何尝不是我的大名利？”说到这里，我心里不禁升起几分怅惘。从八十年代初到现在，我们祖国发生了翻天覆地的变化，但教育事业的发展还不尽如人意，文盲人数众多将会对社会造成多大的压力？火车在开，火车头再有劲儿，可不能让后面的车厢跟不上啊……

马年（1990）伊始，一切都显得生机勃勃。文化馆原本就名声在外，在承办“汪强十年说凤阳”之后，现在风头更盛了。于是，各种展览接踵而至，接洽、商谈、设计、布展、巡场……可把我这个宣传部主任忙坏了。

“崔新华、张左，咱们也算得上是文化馆的中流砥柱了，咱们这个‘铁三角’，一定要火力全开，来不得半点偷工减料，力争把每一次活动都做到完美无憾！”这是我对我的好搭档们始终强调的原则。不知是马馆长既放心又满意我们这群人超乎寻常的工作热情，还是我身边好友涉足商海让我灵光乍现，有一天我们不约而同地想到“承包”二字。马馆长征询我的意见，我跟弟兄们一商量，“大哥，这个主意好！”如此一来，大家劲头更足了。

一份简洁明了的内部承包合同就此诞生。按规定，80% 的所得归文化馆，剩余 20% 算作我们宣传部的承包收入，年终结算。下班后，我一路哼着小曲儿回家。人逢喜事精神爽，说得真不错！

“什么开心事儿把你乐成这样？”志想一边让我帮着端菜盛饭一边问。

“今天和文化馆签了承包合同，就凭这发展势头和我们的一股干劲，我看呀，拍摄专题的经费可解决一部分了！”我喜滋滋地告诉她。

“你的脑子够用吗？还生起‘承包’的念头！”志想回了我一句。

“你可别小瞧我！能者多劳，多劳多得，天经地义！”我绝对自信。

儿子捧着语文课本边读边从屋里出来。“爸爸，这两段是要背诵的，我背给你听！”翻开的课文是《手术台就是阵地》，插图正是吴印咸老师那幅著名的照片：《战地医生白求恩》。

吴印咸老师！对呀，我还应该去拜访一下这位德高望重的老前辈，听听他的建议。

我初学摄影之时，吴印咸老师编写的那些专业小册子，《如何拍夜景》《如何拍儿童》《如何拍舞台》《如何拍风光》，都是我随身携带的宝贝，我还常常因为工作时间捧着这些小书而遭到领导的批评。通过后来的学习，我慢慢了解到，与世纪同龄的吴印咸老师，年轻的时候就深怀对旧中国现实的不满和对下层人民的深切同情，将镜头对准劳苦大众的悲惨生活。作为中国革命史上诸多重大事件的参与者和记录者，他拿着手中的摄影机和照相机，始终站在时代和历史的潮流前沿，忠实地记录了中国民主革命、社会主义建设、改革开放的发展进程。吴印咸这个名字，与国家视角的概念紧密相连。

我也曾有幸跟着王文澜和贺延光见过吴老师，他老人家对后辈的无私帮助和深切关爱让我们感动。有一则关于吴老师的故事，令我等小辈敬佩得五体投地：当年他在延安时，那里没有电，由于需要放大照片，他想到利用阳光来放大。大家听了都很诧异，相纸是怕见光的，怎么能用阳光“放大”呢？吴老师告诉大家，他在战士们放哨的岗楼上面做一个天窗，把皮纸放在上面，里面负责放大制作的人，靠外面报天气的人来获得信息进行操作，太阳光强就少曝点儿光，阴天了或有云彩就多曝点儿光，听起来是不是匪夷所思？而在他八十六岁高龄的时候，为了拍一幅全景照片，竟然爬到了公交车的车顶上！

吴老对我的计划给予了肯定。最后，这位充满正气又正统的老人切切叮嘱：“海龙，摄影讲究的是客观记录，不能片面！所以，在你这个专题里，不要专门挑落后的一面。好的方面也要适当地加以体现！”吴老这句话里分明深藏着对我的爱护和提醒，从他家出来，我心里装满深深的感激。

文化馆的工作安排得很满，我一时无法抽身走远。那我就先跑几所附近的学校吧，赶紧先拍完“好的一面”。

陕北一行结束后，孙永诚就没了踪影，朱恩光也带着孩子回山东老家了。很长一段时间不见，这天他俩一前一后来到我的办公室。

“海龙，上次你说的那件事，我觉得很有意义。你准备什么时候开始？我愿意跟你一起出去拍摄！”开门见山，孙永诚直截了当地丢出这句话，让我和朱恩光大吃一惊。那晚在小旅馆里，他可是没说一句有参考价值的话呀。

他一本正经地盯着我，接着说：“我回去琢磨了好些天，越想越觉得这个题材好，的确是一件值得做的事情。国家的繁荣昌盛与国民素质息息相关，基础教育的重要性不容忽视，我们应该呼吁广大民众重视农村教育，关注贫困落后地区的失学孩子！”

实在是令我感到意外！虽然那晚他一言未发，但现在，他对这件事的认识是如此清晰，如此肯定。

“那敢情好！等过几天馆里稍稍清闲了，我准备先去几所学校！”和他三言两语说了吴印咸老师的建议，他兴奋得两眼放光："行，听你的安排，我随时准备和你一起出发！"末了又补充一句，"还是老规矩啊，跟老师你出去拍摄，所有费用算我的！"那语气，爽快而豪放。

"当老板就是财大气粗！"朱恩光感叹道，"我这穷教师可不敢想啊！"随之他坦然一笑："不过没有关系，你们拍你们的专题，我好好研究我的风光，一年之后，咱们各交各的答卷！"

还有什么比朋友之间的理解和支持更令人惬意？下班之后，我们又跑到朱恩光家里。这天，他煮的面条好像特别好吃，沏的茶水特别香醇。不记得三人海阔天空地胡侃了多久，只知道回家的时候，胡同里静悄悄的，初春的夜风轻轻吹过，树枝掀起一阵"哗哗"微响，一轮明月挂在半空，而那晚的月亮，也好像特别圆。

孙永诚当真做好了准备，他把公司的事务全部委托给他的副总，抽时间和我跑了北京、上海、浙江的一些示范小学。回来之后，拿着这些照片，我总觉得心里不是滋味。美丽的校园，整齐的教室，可爱的笑脸，这和电视新闻里常出现的画面没有什么区别。好学校太多，自有各路新闻媒体积极报道，锦上添花的事情轮不上我去做。是的，我首先还是应该把目光转向大山里的孩子、农村里的孩子，记录他们的现状，呼吁关注他们。吴印咸老师的话又一次在耳边响起，我心里暖烘烘的，吴老，谢谢您，我不会忘记您的嘱咐！

不再犹豫，我把这些照片塞进抽屉里。

23. 痛失恩师

和孙永诚一起到他当年插队的陕北农村转了一圈之后，我挑选了一些新拍的照片去刘加瑞老师家。好几个月没看望刘老师了，我有一连串的好消息要和他分享。上次跟他聊过我想拍摄有关农村基础教育题材的打算，他是赞同并支持的。现在，马馆长批准了，我们又制订了承包计划，资金问题也能解决一部分，而今又意外地得到孙永诚的资金支持……对了，我要跟他好好说说孙永诚，我竟然收了这么一个天赋异禀的徒弟，他一定会为我高兴，也会对我的徒弟投以赞赏的目光吧。

迎春花黄嫩嫩地开着，毛白杨冒出翠绿的嫩芽，多么清新而温暖的早晨！我心头掠过一阵和煦的暖风，不知不觉加快了脚步。

得知我带来的几个好消息，刘老师高兴地不住点头。他一边慢慢地翻看照片，一边听我声情并茂地讲孙永诚的故事。经过一个寒冬，他看上去精神不太好，虽然两颊泛红，但我知道那是心脏病的表现，连他的笑容都显得有些苍白、吃力。他靠在沙发上，皱着眉头，双目微闭，好像在想什么问题。思忖片刻之后，他告诉我："海龙，我考虑了很久，和家里人商量好了，过段时间，我准备再做一次心脏手术！"

"啊？"我一惊，脑子里一时没反应过来，"再做手术？"

他睁开眼睛，一扫刚才的倦怠，炯炯的目光又如往常了。他朝我点点头，又轻轻叹一口气："这个冬天我感觉非常糟糕，一感冒心脏就受不住，上二层楼都喘。我这样下去哪行呢？"

"刘老师，您安心养病，别着急，别操心太多，工作上有我们呢！"我急忙抓住他的双手，他的手掌很大，但也很凉。"您的身体现在很弱，做手术……"我突然涌起一股莫名的焦躁和恐惧。

刘老师缓缓地摇摇头，他抽出一只手来，在我的手背上拍了两下，语气中是我熟悉的那股坚定。"我想好了，我才五十多岁，我还想工作，必须做手术，我一定要最后一搏！手术成功了，我还想跟你们一起再干上几年，如果没能从手术台上下来，"他的大手掌重重盖在我的手上，眼里是一片诚挚的信任和坦然，"反正我看着你们都成长了，都接上了班，我心里也踏实了，还有什么遗憾呢？"

我的眼眶一下子热了，喉咙像被什么东西堵住，一个字都说不出来。我想起他身上那个 U 型大伤疤，那次在中国美术馆，他就是指着这个大伤疤，凭着对年轻人的满腔关爱，为我们争取到了展览机会。此刻，我们握在一起的双手，默默地传递着彼此的温度，我们听得见彼此的心跳和呼吸，他那颗被病痛折磨的心脏，分明跳动得那么有力、那么有激情。屋子里流动着一种说不出的气息，是惊慌？是感动？是无畏？还是希望？

刘老师看着我泛起泪光的双眼，不禁笑了，那种饱含欣慰和爱怜的笑，令我更加难过。一个经历过一次心脏大手术的人，再来一场大手术，这需要多么坚强的意志！“我还想工作……我还想跟你们一起再干上几年……”这句话像巨浪一样汹涌在我耳边，一层一层地撞击着我的心，我快要抑制不住内心的狂流了。

手术那天，广角影会的一些会员早早地来到刘老师病床前。他的脸色似乎比前段时间好一些，看我们紧张得舌头都打不过弯来，他先笑了，他的笑容让我们感觉不到这是一个即将进行大手术的人。他的眼光从我们身上一一掠过，最后落在我这里：“大家放心吧，没事的！我就想着能和大伙儿多待几年。你们看我现在，心里有盼头，精气神都好了不少！没事的！”他再一次扫视大家：“我一个老共产党员，对生死早就看得明白了。没事的，大伙儿好好等着我……”本该是我们来给老师宽心，现在反倒要老师来安慰我们。这一刻，我们更深切地感受到刘老师强大的精神力量。

窗外阳光灿烂，可是这阳光丝毫照不进我们心里。这是一种紧张的、令人窒息的、渴求生命的等候！时钟“滴答滴答”地响着，我们一颗颗焦灼的心狂跳不已。医生护士进进出出，急促的脚步声扰得我们愈发惊慌。心已经提到了嗓子眼，死死地盯着手术室的红色指示灯。我们默默地祈祷，手术快点结束吧，顺利地结束吧！刘老师，您的学生们都在这里热切地等着您，等您身体恢复了，您一定要来我们办公室坐坐！哦，不，您要重新加入我们的队伍呢！我们和青岛的新一轮互展已经筹备好了，大家盼望着在开幕式上看到您的身影……

红灯悄然熄灭，我们再也控制不住心里的急迫，蜂拥而上。

…… ……

如雷轰顶，我们永远见不到刘老师了，永远见不到了。1990年6月22日，刘老师永远留在了手术台上。

有一种悲痛猝不及防，还有一种悲痛冥冥中隐约可见，却没有办法阻止。而此刻，这两种相互交织的悲痛像恶魔一样缠绕着我们，令人狂躁，令人绝望。

我把手指头塞进嘴里，用牙齿拼命地咬着，脑海里一片空白。耳边是乱糟糟的轰鸣声，眼前那些匆忙而过的白色、绿色的身影越来越大，越来越模糊。我终于没能忍住眼泪。我已经看不清楚和我在一起的弟兄们，只感到心如刀割的痛！刘老师，就在几个小时前，您还笑着宽慰我们，让我们安心等您从手术室出来，我们已经安排好了，等您手术之后，十多个人日夜轮流照顾您！

有那么一刻，时间仿佛凝固了，直到听见一位医生叫“解海龙！解海龙”，连续叫了好几声，我才从悲痛和恍惚中惊醒过来。

“他病号服口袋里有一封信，你是解海龙？”医生把信交给我，轻轻地拍拍我的肩，用那双温和的眼睛给我一个安慰。

我的手情不自禁地颤抖着，信封上，他遒劲有力的字迹是那么熟悉：解海龙并全部广角影会的会员们。抽出信纸，折起来的纸张印痕不深，大约写完没多久，隐隐约约的，我还能感觉到刘老师的温度。

我们围成一圈。强迫自己平定一下情绪，我展开刘老师的信，含着泪水轻声地念出来：

解海龙并全部广角影会的会员们：

广角摄影学会自1980年1月10日成立，我和大家共同学习、工作、生活了整整十年。卢林、辛晔、牟忠诚、马挺、陈怀伟、李永南、杜光、李跃华，你们都是创始人；郑国庆、郑方南、马跃、曹志刚、曹新育、闻丹青、冯和平、陈小力、贺延光、王毅、陈练一、徐勇、郑建武、解海龙、彭宏、崔新华、刘占崑、张居生、张兆增、周世杰、李云鸿、张左，你们又给影会增添了新的血液。你们都是影会的骨干。

这些年来，能和大家在一起，我本人非常高兴。我从你们年轻人身上学到很多宝贵的东西，你们爱国家、爱党、爱社会，你们那种激情，鼓舞着我。虽然我这些年病得厉害，但是我又年轻了几年，我又干了一些事儿。海龙来了以后，把更多的朋友聚到了一起，很有凝聚力，这一点我十分欣慰。我觉得大家一起拿着相机记录社会、记录时代、反映人民的生活，这个方向是对的，所以我们一定要团结奋进，要坚持出作品，出人才，走正路。

我希望能有再多一些和大家一起工作的机会，所以我决定做这次手术。如果手术成功了，就和你们共同奋斗几年，如果不成功，我也不后悔，请大家不要伤心……

无声的泪水又一次顺着我的脸肆意地往下流，渐渐变成不能自已的啜泣。从见到刘老师第一面起的一幕幕，在我眼前一遍遍浮现又隐去。他对我的谆谆教导言犹在耳，他被推进手术室时留给我们的最后一个笑脸依然清晰可见，那一双在我迷惑、惊惶的时候，轻轻地拍打着我，给我传递过无限力量的大手啊，却再也无法触及。我敬爱的如兄如父的刘老师！

我颓丧地跌坐下来，一股凉意袭上心头。我双手蒙面伏在膝上，泪水浸湿了刘老师的信。

24.《胡同壹佰零壹像》，不同凡响

连绵的雨天，罕见的连阴雨。

办公桌的墙上，新挂了一块横匾，深褐色的木框折射出幽幽而有质感的光泽。我久久地盯着横匾上的九个大字：出作品，出人才，走正路。这是刘老师坚定的信念和对我们殷切的嘱托。我的眼睛酸涩、胀痛，字迹渐渐模糊，可是我的视线无法从它上面移开。几天来心急火燎的忙乱和锥心刺骨的哀伤，让此刻安静下来的我如同虚脱一般。一切都凝固了，连同回忆和期望。

门“吱呀”一声被推开，灯亮了，将我从一片混沌中唤醒。原来暮色已浓，我独坐了整整一个下午。

我揉一揉眼睛，看清来人是徐勇。他朝我点点头，一声不响地坐下来。他明白我和刘老师的感情，虽然这一刻我们谁也没有说话，但彼此间的理解和默契都在心底。

半晌，他从包里掏出一本画册递过来：“海龙，给你看看！”

黑白灰的封面，一缕微光，半截矮墙，一面石鼓，一辆沧桑破旧的黄包车嵌在右下角，两大五小七个黑字：《胡同壹佰零壹像》。我一脸疑惑：“画册？你的？”

“对呀！折腾了一年，好不容易才出版了！”他眼中闪过一丝尘埃落定的轻快，“还是浙江摄影出版社有眼光！”他又补上了一句。

那次在涞源，他曾轻描淡写地说过，“没什么事呗，拎着相机到处逛游，拍了几幅胡同的照片！”他居然逛出了一本画册！

王府仓胡同屋檐下的鸟笼，草厂胡同院子的角落，盛芳胡同的门楼一角，小金丝胡同的门墩与石阶，纱络胡同的蜂窝煤……没有浓重的反差和色彩，没有超广、鱼眼甚至长焦、大炮镜头，画面只是无人的胡同，无人的生活场景，平实而清淡，萧瑟之意挥之不去。我急急忙忙从前往后翻看一遍，又从

后面翻回来，心里泛起一串串疑问，他怎么想到去拍这个题材？为什么用这种平淡无奇的表现形式？而这，也可以出画册？

“你怎么会想到拍这个？”我问他。

“这你就不懂了吧！”自然而然地，他的优越感又流露出来，“其实这个题材，我已经酝酿很久了！”他将其中的来龙去脉一一道来。

1964 年，他随父母从上海迁来北京的时候，最先住在东四头条的社科院宿舍里。宿舍所在的院落原是旧王府，在那里，胡同给他打下最初的印记。1986 年，他在广告公司任摄影师，一个偶然的机会，他协助一个美国的摄制组拍摄一部有关中国艺术大师旧居的专题片，当深入到徐悲鸿、齐白石等人在胡同里的旧居时，他第一次用心打量起眼前的胡同：灰墙、古树、老街坊、门楼、门墩、四合院……这些都让他怦然心动。

“就是那一次，从寻像器里观察到的齐白石、徐悲鸿先生的故居环境与我十一岁时居住过的东四头条四合院有了对应，使我产生对胡同感性和理性的双重想象，于是我决定用照片将这些胡同予以呈现。我翻阅过很多资料，自元明清以来，北京的胡同已经有七百多年历史了，北京的故宫、颐和园是文化遗产，胡同也具有同样的文化遗产价值。每一条胡同都是北京历史、文化、自然、民俗以及生活的见证，是浸透了老北京文化精髓的活化石。至今，它还占据着北京市中心的黄金地段。北京一千多万人口，有一半住在或住过这些胡同。‘有名胡同三百六，无名胡同似牛毛’，几千条胡同串联起来，比万里长城还长！

“可随着城市的发展，我有一种预感，胡同将不可避免地面临改造、拆除，将逐渐走向衰败，退出人们的生存空间和生活视野。我一次次地穿行在那一条条狭窄的巷道中，四合院门前成对的石鼓，门楣上两两相对的木雕，它们哪一样不蕴藏着独特的人文历史价值？胡同不应该是城市改造的‘破烂’，而是活着的文物、活着的历史啊！它是北京的人文血脉，包含着祖宗的基因遗传，无论你有意无意，无论你有什么借口，如果你肆意毁弃或者拆掉胡同，那就是对祖宗及未来子孙的犯罪！

“所以，经过大量的案头工作，我花费整整一年时间，将镜头深入到一条条胡同里。我把自己的行为称作‘抢救性记录’！我要让胡同浓厚的历史文化底蕴为世人所公认。”

对于他这种表现手法，我确实不太明白，但是，一旦他道明这本画册的意义，我立刻为他的眼光和思想而叹服。早在 1986 年他就开始着手准备这个专题了，我那时候在做什么？我好像刚从刘加瑞老师的教诲中醒悟，试图摆脱“得奖专业户”的羁绊。对，就是那年，我邀他一同去了武陟，我还纳闷，好长一段时间都不见他来广角影会参加活动了。原来，他早就潜下心去做自己的事情。这个徐勇，太沉得住气了！

理所当然，徐勇把这本画册留给了我。

“汪强十年说凤阳”和这本《胡同壹佰零壹像》交替着在我脑海里翻腾。徐勇这个出奇制胜的题材，让我更加佩服他的文化功底。这个头脑敏锐、心思缜密、眼光独特的人！

不过，我立刻表现出自信，我的“中国农村基础教育现状考察纪实录”已经在路上了。

不久之后，《胡同壹佰零壹像》再次令我震惊。它在北京国际图书博览会上成为轰动之作，原本几十元的售价，后来有人出价几百元也买不到了。

更令我没想到的是，没过几天，一个找徐勇的电话打到我们文化馆来。是美国驻华大使馆的文化参赞，他要和徐勇商谈美国总统布什收藏其作品的事情。

那天我们的兴奋和激动就别提了。在文化馆见面的时候，文化参赞选定六幅照片，让我们定价。徐勇不方便为自己的作品叫价，我只好硬着头皮上阵。我们在报刊上发稿，一般情况一幅照片五十元稿费，而为美国总统制作照片，我们肯定用最好的相纸，一流的技术。我一边琢磨一边观察文化参赞的神色，心里划算了半天，最后一咬牙说出“二百元一幅”这个数字。文化参赞爽快地答应了，徐勇不动声色地点头表示满意。

一周后，徐勇带来两套照片。“两套，由他选！这事儿可不能马虎，看他们喜欢哪种风格吧！”一套是 2 号相纸，层次丰富，另一套是 3 号相纸，反差鲜明，用的都是收藏级无酸相纸。我真佩服他，考虑得如此周全。

文化参赞选了 2 号相纸那一套，非常满意。他掏出钱的时候，我们浑身一个激灵——一千二百美元！

而一开始，我们脑子里想的就是人民币，压根儿就没想到美元。

“一千二百美元，相当于一万二千元人民币！我近十年来所有奖金加起来都没有这么多！”我真心为我的朋友高兴。我跟他半开玩笑地说：“你准备怎样感谢我？”

他一愣，随即满脸堆笑：“这样吧，以后我请你吃饭！”

就请吃饭呀？还是以后？这个徐勇，太不够意思了！

“以后你还想不想再让我帮你卖照片？”我脑子里闪过一个念头，今天这个事情，我琢磨着，将来应该有这样一个行当，就是有人在旁边给你敲边鼓！拍照片、洗照片、放照片、做照片是一个人，卖照片的又是另外一个人，给你估定市场价钱！对，一定会催生出这么一个行业。“你说，以后你还需要不需要我帮你卖照片？”我得意地看着他。

“我知道，这次完全是你的功劳，理应给你报酬。可现在我真的很需要这笔钱！”他把我的话理解成要挟，急忙再做一次解释。

我不置可否地朝他摆摆手：“那你总得感谢感谢我呀！”

他拿起 3 号相纸做的那套照片：“海龙，干脆我把这套送给你，不是很有意义吗？每幅我都签了名，布什有一套，你也有一套！”

“你真够大方的！”我撇嘴说道，“我要这个干吗呀，我又不是不会拍！你在哪些地方拍的我都知道！甭拿这个糊弄我！”我不领他的顺水人情。

听我这么一说，他立马一本正经了：“这你可就不懂了，你拍的和我拍的怎么会一样呢？我拍的照片底下写着‘徐勇’二字，人家认我！一提起胡同，那就是徐勇的胡同！齐白石画虾，你也学着画虾去？这根本就不是一码事儿！”

什么话从他嘴里说出来都不无道理，仔细一想，好像也确实如此。从图书博览会上的供不应求，到美国白宫总统办公室，《胡同壹佰零壹像》已经凸现出明显的社会效益和市场价值，“胡同”已经打上“徐勇”的烙印，拥有这样一套特殊的限量版照片，以后肯定价值不菲。

转念之间，我欣然接受了这份谢礼。

这后来，每当我外出讲课的时候提起徐勇的胡同，大家都赞叹不已。

25. 不如意之二三事

1990 年 9 月 22 日，第十一届亚洲运动会（简称亚运会）在北京隆重开幕。占崑老早就跟我许诺，他想办法给我弄一张记者证。要知道，这可是中国第一次举办综合性国际体育大赛啊！唐山残运会时，我冒充王文澜的事情被他们当作茶余饭后的玩笑说了好久。当然，这善意的玩笑背后是宽容和理解。

没料到这次资格审查非同一般的严格，“冒牌记者证”泡了汤。“没事，”我一边安慰心怀歉意的占崑，一边掏出一块过塑的厚纸牌，“你瞧，还有这个宝贝，我可是自有准备呢！”他疑惑地接过去，定睛一看：“嗨，大哥，你以为还可以像上次一样蒙混进去啊！”

他说的是四年前那次报社圈内的摄影联展，我拿自制的“采访证”糊弄看门老头混进去看展览的事情。我当然知道这次混不进去了，我的好兄弟，我不愿意让你感到愧疚啊！

进不了场馆，那我就在场外捕捉最有意义的瞬间。可是，当我挤在激动

1990 年，第十一届亚洲运动会在北京举办，距开幕还有一百天时，市民们在大街小巷义务宣传这次盛会

解海龙　摄

的人群中，突然提不起兴致了，甚至有些泄气。我又不是记者，没有任何采访任务，进不了任何一个场馆，我来这里凑什么热闹？还有更重要的事情等着我去做呢！

我的“中国农村基础教育现状考察纪实录”。

心里一阵激奋，但随即一股淡淡的失落涌上心头。上个月，孙永诚和我去过一次陕北之后，我俩的合作就结束了。

也许是徐勇的《胡同壹佰零壹像》给了他启示，也许是他天生具备商人的敏锐，那天在火车上，他试探着问我：“海龙，你有没有想过我们也出一本书啊？”

“出书？”我完全没有想到，“咱们出什么书？”

“我们不正在拍‘中国农村基础教育现状考察纪实录’吗？”他说，“就出这个书！”

“画册？”我眼睛一亮，“咱们也像徐勇那样，出一本画册？”

“对！”因为喝了酒，他的脸上泛着红光，“咱们不是已经去过好几个地方了吗，回头计划计划，加快脚步。老规矩，吃喝住行各项费用都算我的，怎么样？”

“好啊！”我的劲头一下子提了上来。有他这个脑子灵活又愿意出钱的人一起做事，我太乐意了。

“所有的出书费用也算我的。画册上所有照片写你的名字，但是版权是我的，你看行不？”他紧盯着我，问得谨慎。

我不是太明白，问他：“写我的名字，版权是你的？版权做什么用啊？写我的名字，不就表明照片是我拍的吗？”

“是这样，现在做这件事，由我投入全部资金，等以后出了书，版权归我，这本书创造的收益就是我的。”他也不含糊，“简单地说吧，就是我投入，我挣钱！”

“这事儿好说！”我一挥手，“挣钱我不考虑，反正你出钱拍片子，你出钱就行！我只要看到‘解海龙摄影’这几个字就成！”我激动地拿起小酒瓶朝他一举，“呼——”两个酒瓶碰到一起，两人的愿望协调一致。

一晚上，我的心情特别愉快，就连平时令人厌烦的铁轨“哐啷”声都显得那么悦耳。

没料到，当我兴致勃勃地向马馆长汇报这件事情的时候，他直接从椅子上弹起来。

“不行！”二字脱口而出，他斩钉截铁地否定了。

我非常意外，没想到他反对的态度是如此坚决。

“为什么不行？”我十分不解。

“解海龙，你是真不明白啊？”他的一双大手掌把桌子拍得“嘭嘭”响，往常亲切的“海龙兄弟”也变成了“解海龙”，因为激动，他脸上的肌肉一颤一颤的。“版权是什么？版权是作者对他的作品享有的法定权利！谁是作者啊？是你！版权哪能给他呀？”说罢，他气咻咻地一屁股坐下去，眉头紧锁，用一副“见过傻的，没见过你这么傻的”眼色乜斜着我。

“馆长，我真没想那么多，什么权利不权利的。作品是我的，这是谁也改变不了的事实啊！”我试图说服他，却感觉在他的气势面前，我的语言显得软弱无力。

“那也不行！我就问你，这个专题是不是你的思路？是不是你的想法？你是不是咱文化馆的人？”一连三个“是不是”咄咄逼人，我赶紧点头，连着回答三个：“是。”

“就是嘛，如果出书，版权肯定是你的！这不仅仅是个‘利’的问题，更重要的是‘名’，是咱们文化馆的荣誉！”马馆长舒一口气，“那个生意人啊，脑子就是灵活，不过也忒精明了一点儿！”

如此一来，孙永诚就退出了我们的拍摄计划。

我心里无不遗憾。三年多时间，他已经是中国摄影家协会的会员了，我们在一起不乏种种逗趣与快乐，比起朱恩光和徐勇，他更易于相处，或许是同学的缘故，我们之间有更多的话题。客观而冷静地想一想，站在马馆长的立场上，他作为一馆之长，这样考虑也是出于对我、对文化馆的保护，这是他义不容辞的责任。

“海龙，以后有啥需要帮忙的，甭客气，只管说！虽然这事不成了，咱们还是好朋友！”孙永诚不再继续参与是我意料之中的事情，但他如此豪爽也是我没有想到的。我以为他至少会有两三句埋怨或者嘲讽，说实在话，我俩一起去过好些地方，他花了不少钱。

一声感叹。我们因为同一个追求聚在一起，又因为各自不同的目标分道扬镳，但是我们都给予了对方理解和包容，这些超越利益之外的东西，弥足珍贵。

没有孙永诚同行，囊中羞涩的我瞅准了一切公事外出的机会。入冬的时候，我和沈阳市群众艺术馆摄影部主任赵天璐、新民县文化馆创作员李楠一同去了一趟银川。当他俩跑去拍摄慕名已久的贺兰山岩画时，我一头扎进了小山村，寻找山里的孩子和学校，而这一次，我遭遇到前所未有的事情。在冷清萧瑟的村子里，我好不容易找到一个石堆围起来的小屋，里面隐隐传出读书声，貌似一间教室。正待我走近，门口一位满脸沟壑的老大爷把我拦住了。他警惕地看着我手里的相机，手一挡，死活不让我进去，跟他说尽好话，他就一副犟牛的样子，昂头叉腰往门口一横。

“大爷，我是来拍摄山里孩子的，我要拍摄‘中国农村基础教育现状考察纪实录’！”我急了，一把掏出工作证。老人似乎有点耳背，我凑在他耳边一字一顿地喊。

“哼！”他从鼻子里哼出一声，“管你做啥来的，这儿就不是你来的地方！”他瞪我一眼，就不再搭理我。

面对这个顽固又不愿意多听我说一句话的老人，我无计可施，只能等孩子们下课。空荡荡的垭口，西北风毫无遮拦地刮在脸上，生疼生疼的。半个多小时过去了，大爷压根儿不正眼瞧我。可想而知，我是怀着怎样沮丧的心情失望而归。

晚上回到小旅馆，赵天璐和李楠兴致勃勃地给我讲他俩的见闻，可我一点儿都提不起劲来，脑子里总在想白天的事情，怎么就不由分说地被人拒绝了呢？老人看我的眼神是警惕的，甚至还有一点敌视的意思。我三言两语地跟他俩说了这件事，赵天璐和我开玩笑说；“我猜人家怕你是哪来的探子吧，你拍人家孩子干吗？指不定就是人贩子！”

哈哈一笑，熄灯睡觉。他们收获颇丰，心满意足，一会儿就睡着了。我失眠了，瞪着眼一直挨到天亮，又马不停蹄地赶上开往靖边县的长途车。

“掏完苦菜上树梢，遍地不见绿苗苗。百草吃尽吃树杆，捣碎树杆磨面面。”这是《王贵与李香香》中描写的“三边”（抗战时期陕北的安边、定边及靖边三县的合称）地区的状况。这个当年陕甘宁边区的属地，如今还是多年前的模样。“一年一场风，从春刮到冬，从春种到夏，到秋一场空。”定边县流传的这首歌谣，正是老百姓对穷日子的一声叹息。车窗外是一片片光秃秃的荒山沙地，没有活力，没有色彩。车摇摇晃晃地前行，在这片静寂和荒凉中，大家都昏昏欲睡了。我百无聊赖地叹一口气，一阵倦意袭来，不一会儿，就在颠簸中渐渐睡着了。

突然一个急刹车，我猛地向前趴过去，下意识地搂紧摄影包。我睁开眼睛一看，只见几个十六七岁的男孩跳上车来，原本打盹的人们都惊醒了，车厢里一阵小小的骚动。

那几个吊儿郎当的男孩，明显是流落社会的小混混，衣冠不整，竭力装出一副浑然自如的模样。领头的孩子看上去年龄最大，他叼着一支烟，又从口袋里摸出一支抛给司机。司机一声不吭地接过来夹在耳朵上，头也不回地踩一脚油门准备继续开车。

“各位叔叔大爷，大娘大婶，你们一路辛苦了，我来给大家变个小魔术解解乏！”其中一个孩子开口说话了。他从裤兜里抽出一块手绢，在手里左折两下右折两下，又拿起手绢上上下下地胡乱抖动起来。这本应该是坐在教室里读书的孩子啊，可是他们竟然沦落到在车上玩杂耍！在这贫困之地，不知道又有多少孩子失学。我心头一颤，不禁叹息一声。

“一、二、三！变！”大家迷惑地看着他，这时，一把尖刀从他手里“嗖”地冒出来，“啊！”前排几个人吓得叫出声来。

“叔叔婶婶，我们这个穷地方，日子实在难过，大家行行好吧，帮帮我们，谢谢了！”话说得还算客气，可是他示威似的把刀子一扬，一缕寒光划过，让人打了个冷战。

车里一片死寂，善良胆小的乘客谁也不敢吱声，纷纷摸出一两块钱来打发他走开。刚才的怜悯变成一股莫名的怒火直蹿心头，可那一刻我似乎又没有站出来的勇气。眼看他俩就要过来了，我紧紧抱住摄影包，想起那张自制的采访证就在兜里。等那孩子走到我跟前的时候，我掏出采访证。

“大叔，帮帮我们吧！”他亮出刀子在我的摄影包上划拉了两下，“嘿，这包不错啊！”伸手就准备拎起来。

包里装着我最宝贵的摄影器材和胶卷。“别动！”我一把护住背包，腾地一下站起来，朝他大吼一声。

他一下子被震住了。

“我是记者！”我盯着他的脸，把采访证一亮，严厉地说。

“采，采……这是什么？”那小子颠来倒去看了半天，念不清那三个字。

“采访证！”我重重地回答。他又瞪着眼看了一下，茫然地摇头：“这是啥意思？”

“你们头儿知道，问他去！”我指着坐在发动机盖上的大孩子。他装腔作势地摆出一副老练的样子吐出个烟圈，斜着眼看着我们。

“大哥，”这小子举着采访证朝他晃了晃，大声嚷嚷，“这人拿个采访证，什么意思啊？！”

那孩子把烟头一丢，站起来，声色俱厉地喝道：“笨蛋，采访都不懂？

就是记者！”他眉头一皱，眼底又多了一层怯意，手一挥，招呼他的几个弟兄：“记者优惠！走，咱们下车！”

几个人慌慌忙忙溜下车去，呼啦一下全跑了。这戏剧性的一幕是我没有想到的，也让一车人紧绷的神经松弛下来。

汽车继续吭哧吭哧地颠簸，惊吓过后的人们又东倒西歪地回到梦中，我睡意全无，久久不能平静。这些失学的孩子，没有书读，干着又偷又抢的事情，怎能不叫人心酸、难过？一批批孩子成为文盲，文盲导致法盲，今后他们都有可能是社会的麻烦。

从车窗挤进来的冷风吹得我一个寒战，哆嗦得直咬牙。这时我的脑子异常清醒，我一定得抓紧时间完成我的拍摄计划。

马年将尽。这一年，我和几帮朋友北上内蒙古，南下深圳，西到宁夏，东至上海，路走得不少，照片却拍得不多，尤其是孙永诚退出之后。年终承包奖金马上就该兑现了吧？一想到这个，我心里又有了几分安慰。

可是，当马馆长为难地告诉我奖金不能发放的时候，我惊愕得张大了嘴，接着就是无法控制的愤怒，差点儿就在他办公室里掀桌子摔板凳了。

“有关规定下来了，”他竖起一根手指头朝上方戳一戳，“所有文化部门的公共活动都不允许私自承包给个人经营。海龙啊，哎，你说这个事儿……”马馆长面露难色。

“老马！”我急忙打断他，“咱们签合同的时候可没说不允许啊！我们兄弟一帮人白天晚上加班加点，为了多挪出一天，多挣一天的钱，每次一个展览结束就连夜撤展，一天都不耽误！按您的指导思想，我们拼命地干，多创收，让国家少投入，以文养文。好不容易挣点钱，我都答应大伙儿了，挣了钱先不干别的，咱们每人做一身工作服，有点体面呀！”虽然知道这几乎是不可改变的事实，可我还想据理力争。越说越激动，我一拳头捶在他的办公桌上，震得一杯茶水洒了一桌。

“知道，我都知道！你们的辛苦我都看在眼里！”他拍着我的肩膀，虽然是一种安抚的口吻，但我听起来横竖不是滋味。“海龙，既然上头说了，咱们也不能越界啊！退一步讲，你作为一名共产党员，以集体利益为出发点，也体现出……”

心里拔凉拔凉的。原以为馆长会帮我说话，哪料到是这样！

正在我又急又气的时候，有人敲门进来告诉马馆长，前几天我们文化局联系了一场跟山东的书法交流展，对方来看场地了。

“走，你跟我一起去接待一下！”马馆长起身把我往外拉。

见面几句寒暄，马馆长带着对方一行人走进我们的展厅。他一边为他们介绍，一边将所有的照明开关打开，展厅里顿时灯火辉煌。看得出客人们对展厅很满意，我憋着一肚子气，此时突然像找了个出口似的爆发了。我蛮横地冲过去，“啪啪啪”几声，一下子把灯全部关掉。

客人们都愣了，不明白这是怎么回事。马馆长恼怒地向我高声喝道：“解海龙，你要干什么？”

“干什么？”我梗着脖子冲他嚷嚷，“我们没钱，省电！”

说完，我无视目瞪口呆的客人，“哐”的一声摔门就走。班也不上了，窝着一肚子火回到家，倒在沙发里生闷气。正当的劳动所得，怎么说没就没了呢？踌躇满志地跟弟兄们许下诺言，我现在拿什么面对他们？再说一句心里话，如果不是眼下这个专题，我也不会太介意。可是，孙永诚退出了，我对这笔奖金怀着好大的指望呀！

“稀奇了，你今天怎么下班这么早？”不知道过了多久，志想带着儿子回来了。一见我黑着脸窝在沙发上，她快步走过来，惊讶地问：“你怎么了？”

迎着她关切的目光，我将满腹委屈和愤慨一股脑儿倒了出来。末了，我恨恨地说：“这个老马，节骨眼上也不想办法替咱们说说话！他又不是不知道我正需要钱！”

“嗨，我以为什么事儿呢！”志想豁然一笑，麻利地撸起袖子准备做饭了。“我问你，如果从一开始孙永诚就没有加入进来，如果你和文化馆压根儿就没有这份承包协议，难道你就不准备拍这个专题了吗？”

没想到她会这么一问，我抬起眼来吃惊地看着她，一时不知道如何回答。不等我说话，她把我从沙发上撵起来，假装埋怨地说：“早回家了也不先帮我把菜择好！快来，还不赶紧给我帮忙！”

一顿简单的晚餐吃得身体暖洋洋的。志想在小小的屋里来来回回地忙碌着，浅浅的歉意和深深的感动一齐涌上心头。

26. 东边不亮西边亮

这天，朱恩光到办公室来找我。该忙的都忙完了，就等着放假过年，我俩一壶热茶聊了一下午。

自打第一次来过文化馆之后，从此他就热心地帮上了忙。只要我们缺人手，招呼一声，他二话不说就来了，这两年我们都没把他当外人。我还寻思着奖金发下来了，他这个编外人士也该有一份呢。现在可好，煮熟的鸭子也能飞走。

真是愧对我的弟兄、我的朋友。听完我义愤填膺的埋怨，他先是为我抱不平，随后又笑了：“还是我弟妹胸襟宽阔。女人啊，能有这个境界，不简单！”

突然话锋一转，他认真地说：“以后你出去，我跟你一起，你看成吗？”

他跟我一起？没等我答话，他两手一摆，急忙补上一句：“你放心，我什么都不要！”

我一下子明白了。孙永诚退出的事情我跟他讲过，他说的“我什么都不要”意思是“我不会像他那样找你要版权”。

我好奇地问：“你是什么时候生出这个念头的？”

“其实孙永诚说跟你一起出去的时候，我就想去。可人家一开口就是‘费用全算我的’，那我跟着算什么呀？”他的两道浓眉纠结在一起，一口喝掉半杯茶水，“现在财老板不干了，我非常愿意跟你一起出去。你看成吗？”

我乐了：“咱俩可都是穷鬼呢！你自己盘算盘算，这一路的吃喝住行，还有胶卷，都得自费。”

“没问题！”他回答得干脆，原本快拧成一团的眉毛也温顺地舒展开来。

说来也巧，我、孙永诚、朱恩光三人，总是无意之中就碰到一起，快下班的时候，孙永诚也来了。

“海龙！”还没见人，就听到他的嗓子喊开了，“哟，恩光也在呢！”一跨进门，他看见我俩，立刻喜笑颜开。自从上次和他喝酒道别，一晃几个月了，今日一见，一如昨日般亲密。

“海龙，我得奖了！”他喜滋滋地说，“两千元奖金！”他伸出两根手指头在我眼前晃了晃，然后从口袋里摸出一个信封，“啪”地往我胸前一拍，“给，这一半是拿来谢你的！”

这个总是给我带来意外的人！

“行啊，你可真沉得住气！”我上上下下打量着他，瞧他那张眉飞色舞的脸，不声不响地就拿了奖。

“这是我跟你学摄影以来获得的头一个奖！两千元不算什么，我随便哪笔生意都比这多。但它意义非同一般，我必须得谢你！”他一扭头，招呼朱恩光：“别走啊，等会咱哥仨吃顿大餐，我请！”

这哥们儿，够意思！我把那个信封朝他身上拍回去：“永诚，你这样做就不合适了，你的心意我领了。我有个建议，不如你给你爱人买一件礼物吧！”

他没料到我会这么说，问：“怎么不合适了？给她买什么礼物？”

“你好好想想！”我笑着说，“我问你，你跟我学摄影，常常说跑就跑了，一摊子生意丢给你老婆，她支持不支持你？”

“当然支持啊！我拿到中国摄影家协会的会员证，她比我还高兴呢，逢人就得意地讲我们家永诚呀，现在可大不一样了，我拦都拦不住！”他夸张地做出一个无可奈何的表情。我看得出来，他心里欢喜得很。

“对嘛，你怎么不该好好感谢感谢你家的这位贤内助？”我自然而然地想到志想，一阵浓浓的暖意在我心底慢慢漾开，“以前，只要我上你们家去，我就感觉欠了她的，我带着你学摄影，一招呼，走了！每次出门，吃住都是你管，差旅费全由你包，我心里惭愧得很！这次获奖了，堂堂正正地拿这钱给她买个礼物，不比用来感谢我有意义得多？”

说完，我把信封又往他手里塞了塞。

这顿晚餐是我们在马年的最后一聚。朱恩光以茶代酒，保持他一贯的冷静，我和孙永诚喝得酒酣耳热畅快淋漓，丝毫没有因为半途而废的合作而心生芥蒂，而今天他真诚地与我分享他的奖金，也令我格外感动。一个是陪伴我走过一程的朋友，一个是即将与我同行的伙伴，我真心感谢你们! 昂头喝掉最后一杯, 不知不觉中, 我的眼里蒙上一层薄薄的雾气。

年前年后的十多天，我整天与朱恩光泡在一起。在他那间小屋里，我俩对着地图圈圈点点。朱恩光的想法很单纯，他就想和我一块儿外出。“你拍你的农村教育，我拍我的山水风光，就当我给你做个伴儿吧，安全！”他说得简单直白，眼里写满希冀。

“你得帮我一件事儿！”我想到另外一个问题。

“你说！”他一拍胸脯，“只要你信得过我，包在我身上！”

“咱们每到一个地方，每拍一组照片，你帮着我做文字整理，我把全部心思放在拍摄上边！”我一本正经地跟他讲，“关键是，我感觉你的文字功底比我强多了！”

后面这句信任和赞赏的话，让他高兴得笑眯了眼。只等春节后广角影会的第一次活动结束，我们就准备出发。

第三部分

希望工程

27. 一生中最重要的偶遇

1991 年 3 月的北京春寒料峭，城市的一切都被风沙裹挟在迷雾里，空气中飘散着浓浓的尘土味。今天是 3 月 5 日，学雷锋纪念日，也是我们出作品的日子，准备拍摄助人为乐、社会新风尚的题材。这天，和往常一样，我们广角影会的几个朋友相约来到王府井大街。

我拎着相机转了一大圈，有些心不在焉。一队系着红领巾的孩子们手拿抹布趴在栏杆上卖力地擦着，时不时抬起袖子揉一揉被沙子吹迷的眼；旁边的一长排板凳，几位解放军战士正在给路人免费理发；人行道边上的自行车停放处，用绳子拉了一圈围栏，那是社区服务队在为大家免费修理自行车……我漫无目的地走到新华书店门口。

大概是人们都投入到活动中去了，书店显得十分冷清。我瞅见书店门口旁边摆了两张长桌子，桌后坐着三四个人，一面中国共产主义青年团团旗在他们头顶随风招展，时不时遮挡住他们身后的一面大黑板。黑板上有两行字：朋友，让我们每人每天少抽一支烟，少喝一杯酒，节约一元钱，帮我一少年。落款写着“中国青少年发展基金会”。

这是做什么的？正纳闷着，桌后一个年轻人将一张小纸条递到我手中。我低头一看：节约一元钱，帮我一少年。

旁边又走过几个行人，同样的小纸条也塞到他们手里，他们几乎没有停留就匆忙而去。

但是这行字一下子牵动了我的某根神经。我指着黑板上的“中国青少年发展基金会”，问桌后的一位女士：“请问，这是什么活动啊？是哪里组织的？”

可能是这里一直冷冷清清无人关注的原因吧，她热情地给我介绍：“中国青少年发展基金会是 1989 年 3 月由团中央发起成立的全国性公募基金会。

团中央和青基会在 1989 年 10 月发起一项称作‘希望工程’的公益活动，以救助贫困地区失学少年儿童为目的。一年多来，这个活动在社会上并没有引起太大的反响，所以我们想在这个日子，走上街头做宣传，希望得到大家的关注。”她的言语中有掩不住的失落。

“你们谁具体负责这事儿？在哪里办公？我去找他！”我顿时激动了，急不可待地问道。这不正是我所关注的、正在做的事情吗？

她惊讶地抬头看着几近失态的我，愣了一愣。“快点告诉我呀！”我顾不上礼貌了，急切地催促她。

她回过神来，飞快地说：“我们的负责人叫徐永光，在团中央办公室，你从这儿往南一公里，正义路南口那栋灰色大楼的十层……”她向右边一指，不等她说完，我拔腿就跑，只听见她在身后冲着我喊：“哎哎，这位先生……”

正义路南口！我朝她指的方向一路飞奔，只觉得一颗心快要蹦了出来，耳边只有呼呼的风声，两边的路人“唰唰”地落在我身后，我感觉到他们诧异的目光。

灰色大楼就在眼前，我一头冲进去。只见电梯口站着一排等电梯的人，电梯刚刚上行至二楼，我心里嘀咕一声，转身朝楼梯跑去。不知道是哪来的一股劲头，我的腿像装上了一台小马达，一步两级台阶，一口气跑到十层。

“哐啷”一声，我直接推开办公室的门。好几双眼睛一齐落到我的身上，他们看到气喘吁吁、满头大汗的我，不明白发生了什么事情。

“我找徐永光！”我喘着粗气，胸口一起一伏。

一个二十来岁的年轻小伙子走过来，很客气地冲我一笑：“您找徐秘书长有事吗？”

“我在新华书店遇见你们中国青少年发展基金会的同事，他们让我上这儿来找徐永光！”我说得有点语无伦次。一听说新华书店和中国青少年发展基金会，他明白了，连忙让我进来，招呼我坐下。

“请问您是？”他询问道，这栋楼里大概从来没有出现过像我这样大大咧咧的冒失鬼。

“我申请做希望工程的志愿者！”一路跑来的时候，我脑子里飞快地思索着，我该怎样向他们介绍自己，学雷锋的志愿者们让我灵感突至。

“哦？”他明显来了兴趣，“您想以什么方式做志愿者呢？”

激动的心情渐渐平复，简单地自我介绍之后，我向他大致说明了我正在进行的“中国农村基础教育现状考察纪实录”以及我的下一步计划。我诚恳地说：“我希望得到你们的支持，以摄影的形式，做希望工程的志愿者，为希望工程的开展出一分力！”

“您等等！”他两眼放光，快步走出办公室。几分钟之后，两位男士跟着他一起进来了。

“这是我们的郗杰英副秘书长和李宁副秘书长！”他给我介绍，“忘了自我介绍，我是青基会宣传部干事，我叫张晓钦！”

一看这阵势，我知道引起他们的重视了，心里一阵暗喜。

想必张晓钦已经向他们简要汇报了我的情况，我再一次表达自己的诚意：“作为一名摄影工作者，两年前我已经开始关注农村教育问题，并持续拍摄了一些反映农村教育状况的照片，只是很可惜，没能及时和你们联系。现在，我希望得到你们的支持，准许我以青基会的名义为希望工程拍摄一组照片，为这项活动出一分力！”讲到这里，我调整了一下思绪，接着说：“请领导相信，我有信心做好这件事。我从事摄影十余年，大大小小的奖项得了不止三百个，基本功扎实，而且，我们文化馆已经批准我用一年时间拍摄这个专题，只要你们同意，马上就可以开始工作。还有，”我稍稍缓一口气，心底升起一股温情，“我也是山里长大的孩子，我自小对农村有感情，他们的苦与乐，我懂！”

两位领导认真听我说完这番话，若有所思地看着我。这时，郗杰英副秘书长问：“你能为希望工程做这件事，非常好！能告诉我你有什么要求吗？”

要求？我还没来得及想呢！他们这一问，我脑子里飞速一转，马上想到：

“有，我有两个要求！”

“什么？”他俩异口同声地问。

“我需要一封团中央的介绍信和一张地图！”我回答得响亮利落，

他们对望一眼，似乎有些意外，然后一起站起身：“跟我们来吧！”

跟着他们来到另外一间接待室，两位副秘书长让我稍等片刻便离开了。房间很大，墙上一个醒目的图案吸引了我的目光，心形的海浪托起一轮喷薄而出的太阳，四个鲜红的大字“希望工程”分外夺目。这时门开了，一位身材敦实、容光焕发的中年男士走进来，他冲我点头一笑：“你好，我是青基会秘书长徐永光！”然后热情地向我伸出双手。

我赶紧上前，和他的手紧紧地握在一起。他宽大的手掌温暖有力，“秘书长你好！我叫解海龙！”我急忙地介绍了自己。

“刚才他们都告诉我了，很高兴青基会能有一位像你这样的志愿者，我们太需要这么一组照片了！”他边说边招呼我入座，他身上的亲和力给人一种如沐春风的感觉。“你看是不是很巧？咱俩还都是秘书长呢！”他开玩笑地说。听他这么一说，我倒有点不好意思了。刚才向张晓钦做自我介绍的时候，为了让自己的身份听起来有些分量，我特意加上“北京广角摄影学会秘书长”这个头衔。

“说说吧，你怎么只提到需要团中央的介绍信和一张地图呢？”他的好奇中有一份不解。

我将上次在银川的山沟里被拦在学校外的事情讲给徐秘书长听了。“我需要介绍信，是证明自己的身份，我可不是专门去搜集落后的东西。以团中央、中国青少年发展基金会的名义证明身份，消除人家的疑虑，不然还以为我是盲流呢！至于地图，”我想了想说，“这地图上，最好注明最亟待我去的地方！”

徐永光赞许地点头微笑。等我说完，他收敛了脸上的笑容，正色问我：“你怎么只字不提钱？”对他们而言，这大概是最关键的问题？

钱？我怎么可能没想到钱！在想到介绍信和地图的同时，我当然也想到了钱。可是，我能跟他们提钱吗？

“徐秘书长，对贫困地区的孩子来说 ，希望工程这个公益活动是一个多大的福音啊，能参与这件事情是我的荣幸。何况中国青少年发展基金会本来就是一个非营利性社会团体，是一个慈善机构，如果我跟你们要钱——”说到这里，我突然感觉不妥，赶紧改口：“我怎么会找你们要钱呢？”硬生生地将“如果我跟你们要钱,那不就是要饭的碰到了叫花子”这句话咽了回去。

徐永光大手一拍，激动地站起来，“不要钱的才是真的！”他一字一顿地说。他拍拍我的肩膀，转身大步向门外走去，边走边喊：“张晓钦，你来一下！”

“我们得签个协议书！”他给我解释，“这可不是一件小事情，咱们得认真对待！”

张晓钦进来了，看到我和徐永光这么快就达成意向，惊讶得眼珠子瞪得溜圆。我们三人一起商议，兴奋和激动充盈了我的心。只要给我“团中央”的身份，他们提出的任何一条事项，对于我来说都不是问题。

协议很快拟好了，我匆匆浏览一遍，大致四个方面：由我自己提供照相器材，所拍照片交由青基会独家无偿使用；适当的时候给我出一本大型画册；以团中央的名义，给我办一场个人展览；人身安全自己负责。

“太谢谢了！”我兴奋得没再看第二眼，就在“乙方”空栏处签上了“解海龙”三个字。能够出大型画册，还有机会办个人展览，这是对我多大的鼓励和肯定啊。

“哎，真是没想到！”徐永光一声感慨，“之前来过好几拨人，新闻界、文化界的都有，他们提出以拍摄电视剧的形式帮助青基会宣传和推广希望工程，一开口就要多少万！”他笑着摇摇头，“我们本来就是一个公益机构，一些人把赚钱的心思都打到我们头上来了。”

我明白了为什么刚才徐永光对我闭口不提钱流露出那种赞赏和信任的

神情。

“徐秘书长，你给我介绍一下青基会和希望工程吧？”想到自己即将以希望工程志愿者的身份去工作，我不能对相关事宜一无所知啊。

“来，请坐，我们慢慢聊！”徐永光亲切地说。

早在 1986 年担任团中央组织部部长的时候，徐永光曾到广西壮族自治区柳州地区进行了为期两个月的考察，那次考察的所见所闻深深地刺痛了他的心。“我们来到金秀瑶族自治县共和村，一天中午，村主任发给每人两根小树枝，没有碗，考察团的人只能围蹲在三块石头架起的铁锅旁用树枝当筷子捞面条吃。村里唯一的一所小学，教室年久失修，有一半房子都坍塌了。那时候是秋末冬初，孩子们衣衫单薄，教室的门窗漏风，他们就钻进草堆里听课。学校一共只有两件教具：一架转不动的地球仪和一个珠子掉了一大半的算盘。这个村子有两千多人口，新中国成立以后从来没有出现过一个初中生。学校二百五十名学生，全科及格率是零。小学生只能勉强读到五年级，村里 90% 的孩子处于失学状态。眼见大瑶山深处那些失学孩子的无助困境，农村基础教育极端落后的状况，让我下定决心，一定要想办法让所有儿童享有平等的受教育的权利，给无数渴望读书却又无力上学的孩子点燃求知的希望！”

“我辞掉团中央组织部部长职务，于 1989 年初，和几个志同道合的朋友创立了中国青少年发展基金会。基金会该朝哪个方向发展呢？我们做过很多设想。当年 10 月 30 日，团中央和青基会正式发起实施了‘希望工程’这个以救助贫困地区失学儿童为主旨的公益项目，我们一定要把中国农村的教育搞上去！”

我的心为之一震：贫困、儿童、教育——希望工程将这三个关注点聚焦到一起，我的专题与之契合得如此紧密！

“说来你想象不到，是河北省涞源县桃木疙瘩村一个叫张胜利的孩子，他的一封信，促成了青基会正在调研的这个希望工程项目！”说到这里，他的眉眼之间浮现出一缕微笑。涞源县？不正是我与徐勇等一行五人去过的地方吗？

“1989 年秋，张胜利写给涞源县政协副主席车志忠的一封求助信辗转送到我们手里。他在信里写道：‘车伯伯您好，您家打的粮食够吃吗？我们很想上学，想念出书来像您一样，做个为国家争光的人。’他们一个班里十一个孩子都剃了光头，只为卖了头发换学费。而他为了不辍学，卖了头发又把全村人剪掉的指甲收集起来卖钱，可即便如此，也远远不够他的书杂费。看到这种情况，你能无动于衷吗？”他目光灼灼地望着我，“我们当即决定救助第一批失学少年，张胜利就是希望工程的第一个受助人！”

“再穷不能穷教育，再苦不能苦孩子”，刷在墙上的那条标语深深地印在我心底，我也向他详述了当时的见闻。“秘书长，我就是在那时候，心里坚定了这个念头！”这一刻，我感觉到自己又一次热血沸腾了。

“希望工程实施之后，可能是因为我们的宣传工作力度不够吧，也可能是工作方法有问题，在社会上并没有引起太大的反响。”他皱了皱眉头，不经意中流露出一丝失落，“按照青基会成立之初制定的最低资助标准，每个失学儿童每学期二十元助学金，即便在全国只资助五万名孩子，每年也需要募集二百万元。最初，青基会的工作人员只得按《邮政编码大全》上的地址抄写信封，向全国二十八个省、区、市的工矿企业发出十三万封募捐信。大约在发出去二十万封募捐信后，青基会一共才收到约二十万元捐款。虽然困难重重，但我们一直在努力！”

王府井新华书店门口，分发到行人手中窄窄的小纸条，我眼前又出现几个小时前见到的一幕，不禁和徐永光一样表情凝重了。

他还告诉我，1990 年 5 月 19 日，中国第一所希望小学在安徽省金寨县南溪镇落成，徐向前元帅亲笔题写了校名：金寨县希望小学。

话音一转，徐永光问我：“你着手的专题叫什么名字？”

我说：“叫‘中国农村基础教育现状考察纪实录’。”

“‘中国农村基础教育现状考察纪实录’，”他喃喃自语，在房间里来回踱着步，思考片刻，说：“咱们把这个名字改成‘中国希望工程摄影纪实’吧，你认为呢？”

“可以！”我毫不犹豫地回答。这个名称简单明了，标识清晰，徐永光的建议非常合适。

“你拍片都用什么胶卷啊？”他关切地问。我告诉他，我们常用保定胶片厂生产的乐凯胶卷。

“乐凯胶卷多少钱一个？拍出来的照片可以保存多少年？”他问得很详细。

“三块多钱一卷，保存十年没问题！”我信心十足，又补充一句，“这是最好的国产胶卷！”

“不行，才十年哪成？”他连连摇头，又问，“还有更好的胶卷吗？”

“有，”我犹豫了一下，“有一种进口胶卷，柯达牌，要贵很多。”

“多少钱一个？好在哪里？能保存多少年？”他一口气提出三个问题。

“比乐凯贵好多倍呢，三十八元钱一个，层次丰富，乳基膜均匀，拍出好照片没问题！”可以保存多少年？这个我心里没底，但我不能说“不知道”啊，毋庸置疑的是，肯定比乐凯的保存时间长久得多。“可以保存一百年！”我脱口而出，一说完心里不禁“咯噔”一声，摄影术诞生才一百五十多年啊。

“好！你等等！”话音一落，他“腾”地站起来，一阵风似的出去了。让我等什么？没过几分钟，他又一阵风似的进来了，手中扬着一张纸条。

“我在中青旅（中国青年旅行社）那边给你打了一张支票！”他将纸条递给我，眼里是无尽的轻松和喜悦。我赶紧接过来一看，五千元！顿时惊呆了。

“中青旅是团中央创立的企业，”他给我解释说，“我向他们写了借条，借款五千元。这是作为你拍摄这个专题买胶卷的费用。买一百个胶卷，剩下一千多块钱用来买相纸、药水、冲洗！”

我差点没控制住心中的惊喜，说了无数个“谢谢”，这太出乎我的意料

1991 年 4 月，安徽省金寨县，1990 年 5 月中国第一所希望小学在革命老区金寨县南溪镇落成。图为希望小学的孩子们

解海龙　摄

了。我想，应该是我的一颗诚心感动了他们吧，就像“节约一元钱，帮我一少年”那几个字感动我一样。一时间，百般滋味涌上心头。

带着青基会工作人员的殷切嘱托和期盼，我小心翼翼地收好盖着红章的团中央介绍信和这张沉甸甸的支票，飞一般地跑出团中央办公大楼，朝文化馆奔去。

“老马！”一脚跨进文化馆，我一边扯着嗓子大声叫唤一边飞快地往楼上冲，直接撞开馆长办公室房门。“老马，来钱了！”我喘着粗气摸出支票，得意地在他面前抖得哗啦响。

他正埋头写东西，一听“来钱了”三个字，“啪”地把笔一扔，从桌后探出身子，一对眼珠子快要从老花镜后面蹦出来：“什么钱？拿我看看！”他的声调高了一度，一只大手伸到我跟前。

“我得到资助了！”我喜滋滋地告诉他，“一大早，我在王府井遇见了青基会……”我有声有色地给他讲了今天这件事的来龙去脉，然后把支票往他眼前一展：“你瞧！”

他急忙接过支票，定睛一看：“啊，五千元！”他难以置信地叫出声来：“这可办大事儿了！好啊，好啊！”他欢喜得合不拢嘴，把耷拉在额头上的几根头发胡乱一扒，抓起电话拨到财务室：“刘会计，你快过来！”

“你小子真有本事啊！”放下电话，他从桌后走出来，嘴里“咝咝”地吸着气，绕着我转了好几圈，一双精明的眼睛仿佛要在我身上探出个究竟：“是该说你有心呢，还是该说你有福？想不到啊，你竟然得到了团中央的资助！”

我既有心，又有福！我在心里回答了马馆长的问题。如果我看到小黑板上的那行字却无动于衷，我也就不会主动上前询问情况；如果我没有将青基会的希望工程与自己的“中国农村基础教育现状考察纪实录”联系起来，我就不会主动请缨去做希望工程的志愿者；如果不是我的真诚和决心打动青基会的领导们，他们也不会放心我将“团中央”作为自己的精神后盾，并给予我经济上的支持。

“赶紧入账！”马馆长把支票往小跑进来的刘会计手里一塞，“单独给海龙立一本账，专款专用！每一笔开支你给认真记好了！”刘会计连忙接过来，才瞟了一眼，就“哟”了一声：“海龙，你这是要办什么大事儿呀？”

我冲他神秘地一笑：“摄影部嘛，当然是拍照的事！我现在就支取一百个胶卷的费用，马上去买！”

揣着钱兴冲冲地跑到文化馆对面的文化用品商店，进门时，我下意识地放慢了脚步。我得先问问跟徐永光随口说的“一百年”靠谱不靠谱，不然我心里不踏实。

“您好，这个柯达胶卷多少钱一个？”我明知故问，人家明码实价地标着呢。

“三十八！”小伙子一看我，“你不是对面文化馆的吗？”

“是的是的，常来呢！”有一种装糊涂而被人看透的感觉，我不好意思地笑笑：“我就想问，这个底片能保存多久？”

也许从来没有谁问过这个问题，他迟疑了一下，随即回答我：“几十年肯定是没有问题的！我跟你说，这个胶卷特别棒！”

我心里有底了。“是这样，我加入希望工程了，做志愿者——希望工程你知道吗？”我问他。

“什么？”他一脸的问号，“希望工程是干吗的？”

我简明扼要地向他介绍了一下情况：“你可不知道山里的孩子有多苦。现在我以团中央和青基会的名义，为希望工程拍摄一组反映农村基础教育现状的照片。我要买一百个胶卷，领导希望底片保存的时间能尽量长一些！”

听我讲了希望工程第一个受助人张胜利卖头发卖指甲换书杂费的故事，他的眼神变得凝重起来。现在听说我要买一百个胶卷，他激动地两手一拍：“你等等！”说着转身推开柜台后面的一扇门钻了进去。

他肯定是去库房取货了。我的眼光掠过形形色色的胶卷，心底由衷地感激。虽然我已经决定就算千难万难也要完成自己的专题，但是青基会的支持，无疑给了我更强大的信心和力量。

没几分钟，小伙子出来了。“我刚给总经理打了电话，”他急切地告诉我，“我跟他讲了你们文化馆要协助希望工程拍照片的事儿。老总当即决定，这是件利国利民的事情，我们也应该出一分力，给你一点儿支持。这一百个胶卷，我们给你个进价，三十二元一个！”他的眼睛在眉毛下面炯炯发光。

这一下子又省了六百元！今天是什么日子啊？我处处有“贵人相助”！青基会的专项资金已经给我带来太大的惊喜和满足，现在这家文化用品商店又因为希望工程而给予我支持和优惠。我又是鞠躬又是作揖，口中不停地道谢。我知道自己的样子看上去一定非常滑稽，可即便那样，也不足以表达我真诚的谢意。希望工程——“中国希望工程摄影纪实”，我心里混杂着兴奋、感动和激昂，我更清醒地意识到自己肩负的重任。

晚上回到家，天已全黑，志想赶紧给我热热饭菜。这时候，我感到一阵疲倦袭来，全身骨骼都轻飘飘的，我一摊烂泥般倒在沙发上，一动也不想动了。

“今天学雷锋学累了吧？”志想笑着打趣我。

四仰八叉地躺了好一会儿，我又伸了一个大大的懒腰，紧绷的神经这才渐渐放松。从一大早到现在，一连串的事情忙得我脚不沾地，志想这一问，我倒是想了起来。

“雷锋没学成，不过我今天倒是当了一回运动健将呢！”我跟她开玩笑，“告诉你啊，我从王府井一口气跑到正义路南口的团中央大楼，没歇一下，又一口气从一楼蹿到十楼！你佩服不佩服？”

她惊得瞪大了双眼：“什么事儿呀？你为什么要跑那么远那么急？你跑到团中央干吗去啊？你上十楼怎么不乘电梯呢？——你没事吧？”她一股脑儿问出一大串问题，神色紧张地在我脸上瞅来瞅去：“你今天看上去特别疲倦，你没事吧？”她又追问了一句，关切而担心。

“能有什么事儿呀！”我拍拍沙发让她坐下，天大的好消息还没跟她说呢。我凑近她，郑重其事地说：“告诉你吧，今天，我这个单干户找到组织了！”

我神采飞扬地给她从头到尾详细讲述了一遍。“现在，我的个人行为得到了青基会的支持，这是多么幸运的事情！我相信，‘中国希望工程摄影纪实’一定也会得到全社会的认可！”

1991 年 4 月，安徽省六安市霍邱县，上学路上的孩子们［右页图］
解海龙　摄

就在我们目光交汇的那一刻，志想眼中骤然浮起一片盈盈的光。半晌，她轻声说道：“海龙，你搞摄影这些年来，奖没少得，钱没少花，但自从你决定拍摄这个专题开始，我就知道不比往常了。物力、财力、各方面的压力、预料不到的困难……你以为你的奖金没有兑现我心里不难受吗？可我必须支持你呀，我明白这件事在你心里头的分量！”她抬起手背，抹一下眼角，郑重地说：“别辜负了大家的期望，你好好地去工作！家里的事儿有我呢，你就放心吧！”

整晚辗转难眠，静寂的夜里只听见时钟“滴答滴答”地响。我想着几位兄弟，自从进入《中国青年报》，占崑如鱼得水，他找到了最适合自己的位置；彭宏和张兆增，两人合伙办了一家简陋的影楼，他们四处找活，拍室内人像，也拍挂历，说不上过得开心不开心，但我知道，他们都想着挣钱后再买好的相机，继续各自的摄影路；我即将出行，崔新华就要承担更多的工作和责任。我还想着 1987 年的春天，我拍摄了第一幅关注农村教育的照片，兜兜转转这几年，直到涞源一行，我才真正确定目标。朋友的鼓励和担忧，领导的支持和赞赏，家人的理解和包容……点点滴滴在我脑海中一幕一幕地重现。刘加瑞、许喜占、贺延光、王文澜、徐勇……他们的身影一个一个在我眼前闪过。真的是十年一瞬间啊，我心里感慨万分，想翻身坐起来，却倒头睡着了。

第二天一下班，我直奔朱恩光家里。

他正埋头吃面条，一见我进来，赶紧搁下碗：“你来得巧啊，我给你煮一碗面！”

“你别忙！”我拦住他，“呼啦”一下，拎起提袋倒了个底朝天，“你瞧瞧，怎么样？”

一大堆胶卷堆在桌子上，他惊讶得说不出话来。他猛地一把抓起好几个，

仔细看了看“柯达”包装盒，结结巴巴地说：“你，你，你，——这，这，你哪里弄来这么多胶卷啊？”

我活灵活现地给他复述了昨天的事情，虽然这是第四次讲述了，可我仍然说的激情四射。

“太好了，太好了！”他伸出两条长胳膊把一桌子胶卷拢在胸前，“太棒了，海龙！我一定和你一起踏踏实实做好这件事！”

根据青基会提供的考察资料，我和朱恩光重新设计出行线路。一张地图被我们勾勾圈圈标满了印记，太行山、大别山、沂蒙山……我们兴致高昂地着手准备工作，同时，内心又有一种说不出的滋味。这些大山里的国家级贫困县，多是革命老区，革命先烈们为了新中国的胜利浴血奋战立下赫赫功绩，几十年过去了，如今他们的后代却徘徊在失学的边缘。

“金寨，我们先去金寨！”我合上地图，脑子里全是有关金寨“三个十万”的壮烈故事。革命战争年代，金寨的十万英雄儿女参军参战，血洒疆场。新中国成立初期，为响应国家一定要把淮河修好的伟大号召，金寨境内修建梅山、响洪甸两大水库，淹没十万亩良田，十万老区人民告别世代生存的家园移居深山。坚贞忠诚、牺牲奉献、永跟党走，这是何等伟大的大别山精神！我又展开地图，在“金寨”旁边庄重地画上一颗红红的五角星。

28. 金寨，我们来了

安徽省的六安、金寨，湖北省的罗田、红安，河南省的新县、商城，这是我们拟定的第一条线路。

1991 年 4 月 4 日，我永生难忘的日子，我和朱恩光踏上开往合肥的绿皮火车。

开车前几分钟，我俩正整理着行李架上的东西，听见有人在窗玻璃上“嘭嘭”地敲了几下。我低头一看，只见一个人影飞快地跑到车厢门口，一个箭步跨上来，“哎呀，你真在这儿呢！”穿过窄窄的走道，他气喘吁吁地挤过来。

“老黄！”我一把抓住他的胳膊，顿时感觉一股热腾腾的气息扑面而来，“你怎么来了？”

“刚才我上你们家找你，你媳妇说你上大山里拍片去了，拍山里的孩子，这一趟估计得好长时间。瞅着火车还没到点，我赶紧追来了，一个车厢一个车厢挨着找，还真把你找着了！”他前额的头发都给汗水濡湿了。他撩起衣角，往脸上胡乱抹一把，问：“你这事儿大伙怎么都不知道啊？”

我心怀几分不安，使劲地搓着手：“这件事现在还没成呢，我不愿意让人家知道，先闷头干吧！”

他把一个纸袋塞在我手里：“这是一包上好的茶叶。出门在外可不比家里，路上一定注意安全，照顾好自己，多喝水，祝你们一路顺风，拍出好片！”

火车就要开了，紧紧地捏着这包茶叶，望着面前这张热情洋溢的笑脸，我的眼眶热了。黄闽雄，这个曾经的北空部队干部，我们广角影会亲密的兄弟，你的关怀和期待，我永远记在心里！

…… ……

第一站是六安。我们决定先去团县委。

合肥到六安的长途汽车可让我长了见识。且不必说车有多慢，单是弯弯曲曲高低不平的土路就颠得人东倒西歪、晕头转向。冷不防一个急刹车，邻座大娘搂在怀里的一只小山羊居然蹿了出来，一对犄角顶在我面前，离我不到一尺远，吓出我一身冷汗。等我俩站在团县委门口的时候，已近中午下班时间了，看到彼此灰头土脸的样子，我俩相视一笑。

因为金寨县幸运地拥有第一所希望小学，连团县委的门卫老汉都对青基会相当熟悉。一听说我们是团中央的人，不等我掏介绍信，马上将我们带进团县委书记办公室。

1991 年 4 月，安徽省六安县的望江小学，学生拿着自家凳子来上课，没拿凳子的只能站着听课

解海龙　摄

团县委书记是一位中年女士，对于我们这两个不速之客，她先是惊奇，待我们说明来意，旋即表现出极大的热情。“我叫沈素丽，”她自我介绍，然后从抽屉里摸出一幅照片递给我，“解记者，你看，这就是希望工程在金寨县南溪镇援建的全国第一所希望小学！”一声“记者”令我好不自在，顿时面红心跳。这是第一次有人这样称呼我，我哪是什么记者啊！

照片中，一轮骄阳把青山翠岭涂抹得生机盎然，一群衣衫朴素的孩子，表情庄严，簇拥在“希望小学”的校牌和国旗下，胸前的红领巾迎风飘扬。沈书记的目光好像穿越相纸回到当时：“仅仅三个月的时间啊，三个月！勘察、选址、各项筹备工作紧锣密鼓地进行。1990 年 5 月 19 日，这第一所希望小学在南溪镇落成了。我们革命老区的男女老少，都永远不会忘记这一天！”她的声音轻柔而沉稳，饱含感激之情。

我问：“除了这所希望小学，你能给我们介绍一下这里的整个教育状况吗？”

她长叹一声，脸上浮起一层阴云：“问题太多了！经费短缺，落实不到位，是农村教育面临的最大困难。加上农民收入低、孩子多，每学期支付二十多元的书杂费对于许多家庭来说都是一件相当不容易的事情。”

二十多元钱对于城里的孩子来说算什么？可能还不够吃两餐肯德基，买不到一个漂亮的文具盒，玩不了游乐场的几个游戏，却熄灭了好多农村孩子渴求读书的梦想。

婉言谢绝了沈书记为我们接风的邀请，我们和她握手告别。她自责又愧疚地说：“真的非常感谢团中央对我们老区的关怀。”

“咱们今天先在城里看看吧！”和朱恩光一商量，我俩决定在六安停留一天。打听到附近一所小学，我们沿着堤坡大步走去。

4 月的南方，空气中杂糅着一股湿漉漉的水汽，拖拉机、小三轮扬起的尘土和这水汽混合在一起，让人总感觉脸上蒙了一层黏糊糊的东西，抹一把却什么也没有。这所小学，我们足足走了一个小时才找到。

当我一眼看到那个斜挂着“望江小学”的木牌时，顿时有一种重回二三十年前的感觉，不由得心里一紧，骤然想起童年时景县老家河岸边的教室。学校大门洞开着，四五间房子连成一排，房屋底层用石头砌了将近一米高，上面是土墙，石头已经有点发黑，斑驳的土墙上刻画着岁月的印痕。我蹑手蹑脚地走近最前面的那间教室。

门虚掩着，我悄悄地从门缝往里看去，竟是一个由几排细窄长凳拼成书桌的课堂！

长凳看上去年代久远，褪色的木头散发出陈腐的气息，凳脚左右高低不一，凳面也坑洼不平。没有过道，四五排凳子一直抵到教室后面的墙壁，每一排七八个孩子挤在一起。教室里很安静，一群小脑袋正埋头在自己跟前一尺见方的“桌”子上认真地写字，时而抬头看看前方的黑板。离我最近的那个小女孩，她没有板凳，一直站着。她看黑板的时候直起身子，写字的时候又微微弓下腰，一低头，两鬓细碎的头发落下来遮住了眼睛，她用手一拂，赶紧在本子上接着写字，好像生怕那一个小小的动作耽误了时间。

县城的学校尚且如此，再往山里深处走去，不知道该是怎样的情形？想起沈书记满怀愧疚的神情，我心里很不是滋味。在我对准那个小女孩按下快门的一刹那，她正好抬起头来，“咔嚓”一声，她的目光转向我，我看到一双惊奇中藏着一丝怯意的眼睛——我拍摄了以“中国希望工程摄影纪实”命名的第一幅照片。

29. 发现“大眼睛”

怀着无比崇敬的心情参观了庄严肃穆的金寨烈士纪念馆，与团县委的张黎明书记会过面之后，按照他的建议，我们前往桃岭乡。

清晨的雾气还没有完全消散，空气中含着潮湿的土腥味。太阳刚从山坳里爬出来一丁点儿，橙黄的阳光只能照到柳树最高的枝梢，四周的群山覆盖着厚重而葱茏的绿色，整个村庄笼罩在一片宁静和安详之中。我和朱恩光一前一后脚步轻快地走在乡间小路上，时间够早，应该赶得上孩子们上学。等我觉察到身后的脚步声越来越小的时候，回头一看，发现他落在后面老远了，正端着相机直对远处层层雾霭中的山峦，忙着寻找角度呢。

瞧他那么高的兴致，好风光是拍得完的吗？可我不能等啊，“我先走，完了你赶紧来！”

转过一个几近九十度的拐弯处，远远地，我看见几个小身影一字排开，迎着晨曦的薄雾走过来了。是去上学的孩子！我退到拐角后面，看他们甩着胳膊迈着轻盈的脚步走过，我悄悄地跟上他们。

一行大大小小五个孩子，走得很快，几个男孩时而跨一个大步，小书包腾起又落下。他们一路小声说笑着，稚嫩的童音飘到我耳畔。虽然听不太懂也不甚清晰，但隐约感觉到其间的轻快。

跟了大约二十多分钟还没看到学校，我正疑惑着，又一个拐弯，沿着山脚，一片河汊在眼前铺陈开来。水面很静，最高的那个男孩伸手一拉，从濡湿的草丛隐蔽处拖出一条小木船。

“嘿，小朋友，等等我！”我从后面蹿上前来，笑眯眯地冲他们打招呼。

两个手脚麻利的孩子已经熟练地爬到了船尾。突然冒出一个陌生人，几束惊慌的目光齐刷刷地落在我身上，眼里满是紧张和防备。

“叔叔，你怎么老跟着我们呀？”牵船的大男孩看上去成熟一些，他先开口问话了。我还以为他们没有觉察呢，原来他早知道了。

“你们是去上学吗？我想去看看你们学校，能让我上船吗？”我问。

他回头望望他的小伙伴，用眼神征询他们的意见，没等他答话，我一只脚已经跨了上去。

因为陡增了几分重量，小船急急地摇晃了几下，一个穿小红袄的女孩子

“呀”了一声，慌忙抓紧船舷。大男孩跟着上来了，一撑桨，又是一阵摇晃，我一个趔趄，“呀！”这次轮到我叫出声来。

局促不安的气氛一下子被打破，我狼狈的表情逗得几个孩子偷偷笑了。

小船摇动了，细密的波纹一圈一圈漾开，平静的水面像一张放大的老式唱片，在若隐若现的朝阳下闪闪发光。一桨划下去，微微颤动的唱片纹线断开，又像碎了一池的金子。

“叔叔，你的衣服怎么那么多兜啊？”挨我边上的小男孩大着胆子指着我的口袋，好奇地问。

“这是摄影背心！”我告诉他，“你看！”我从左边口袋摸出一个胶卷盒，两手故作神秘地在半空中翻绕几下，变魔术似的快速从右边掏出一只镜头盖。

“哇！”他一声惊呼，伸出小手想摸一摸这些新奇玩意儿。我把胶卷盒放在他手心，坐他旁边的孩子立刻凑了上去。

“你们学校在哪里呀？每天上学都要坐船去吗？”

刚才的防备渐渐消退，孩子们变得活跃起来，你一言我一语地说开了，仍是我听不太懂的口音，不过我大概还是明白了。他们家在张湾村，划桨的

1991 年 4 月，安徽省金寨县桃岭乡，第一次在山路上遇到了苏明娟（右二）等上学的孩子

解海龙　摄

那个男孩最大，读五年级，最小的女孩上一年级。他们每天要去六里开外的学校上学，往返两个来回。

“六里路，两个来回？”我粗略一盘算，读完六年小学，那得走两万多公里路吧？几个孩子仰头眨巴着眼看我，好像很奇怪我为什么这般大惊小怪。

斜坐在我对面那个穿红袄的女孩最小，她一直静悄悄的，垂着眼睛没说一句话。船已经很平稳了，她的一只手还抓在船舷上，另一只手将红布小书包紧紧搂在怀里。感觉到我的目光在她身上徘徊，她愈发显得拘谨，偷偷瞅了我一眼，又赶紧低下头去，羞涩地沉默着。

我凑近她，微笑地问：“告诉叔叔你叫什么名字？”

她怯怯地看一看我，小嘴抿成一条线，还是没有说话。

“告诉叔叔好不好？”我鼓励地望着她。

“苏明娟！”她轻轻地嚅动了一下嘴唇，终于吐出三个字，口音浓重。

“叫什么呀？”我没听清楚，又问，“你会不会写字？”我抖一抖手腕，做出一个写字的手势。

她乖巧地点点头，眼睛也抬了起来，刹那间，她的小脸上多了一道明亮的神采。她从书包里摸出一支笔，我连忙摊开手掌伸到她面前。

稍稍犹豫了一下，她在我手心里一笔一画写起来。笔尖重重划过，一阵痒痒直捣心窝，我条件反射似的一缩手，她的笔一抖，忍不住“咯咯”笑出了声。

“哦，原来你叫苏明娟呀！”几个字写得歪歪斜斜，我一乐，模仿她的腔调念出这个名字，逗得一船孩子哈哈大笑。笑声随着水波在河面上荡漾，船儿也凑兴地轻晃起来。

马上就要靠岸了，坐在船头的几个孩子先跳上去，大男孩很体贴地伸手拉了一把这个小妹妹。

没走几分钟，男孩指着土坡上一座寺庙模样的房子告诉我，那就是他们学校了。正好一阵铃声传过来，几个孩子撒腿朝那边跑去。

从遇见他们，跟着他们走过一条碎石满布的小路，过河、爬坡，到现在差不多四十分钟。望着这几个争先恐后挤进校门的小身影，一阵怜惜像漫过堤岸的河水涌上我的心头。

1991 年 4 月，安徽省金寨县桃岭乡三合中心学校，苏明娟（“大眼睛”，8 岁）每天往返二十四里山路刻苦求学［右页图］
解海龙　摄

待我走近一看，发现这小学当真是由旧寺庙改建的。不宽的门脸，教室倒是有好几间，老屋被风雨腐蚀了昨日的色彩，斑驳的墙上只留下一缕恍如隔世的旧时光。一阵微风吹过，几扇老掉牙的木门同时吱呀吱呀地响起来，被风儿悄悄推开一条窄缝，又轻轻地合上。

我贴着墙根放轻脚步，走过一间一间教室。院子里很安静，偶尔听见教室里传来读书声。我的视线在孩子们中间穿梭跳跃，一两个没有老师的教室里，孩子们规规矩矩地端坐桌前，认真自觉地看书。眼前这间教室，一位五六十岁的老师拿了一本书，背着双手走来走去，不时把书本拿过来瞅一眼，大约在给学生报听写吧。从头到尾走了一遍，我又折回来，在一扇敞开的教室门口，一团褪色的红跃入眼帘，这不是小木船上那个怯生生的小姑娘？

正巧她一抬头，这一瞬间，我的心立刻被她那双明亮清澈的眼睛吸引了。

她并没有看见我，而是手里握着笔，专注地盯着前方的黑板，生怕漏掉老师写下的每一个字。她的眼睛特别大，阳光透过窗棂，在她的双瞳中折射出点点亮斑，盛满了孩童的天真、对知识的渴求和对成长的向往，可分明又有一丝说不出的忧愁。一种复杂的情感如一道电流穿过我全身，这就是我要寻找的那种感觉！

老师眼角的余光扫向我。我冲老师点点头，猫着腰钻进教室。老师疑惑地看我一眼，没有多说一句话，继续在黑板上写着，孩子们似乎并没有受到干扰，仍然跟着老师写写画画。

我端起相机屈身在讲台一侧，迅速地换上 80mm—200mm 的变焦镜头。她坐在第二排，正低头在本子上写着什么。我的镜头从前排两个孩子中间的空隙中穿过，牢牢对准她。

当她再次抬起头凝视前方时，我果断地摁下快门，顺势调整机身又拍下

一幅竖片。她那双水灵的眼睛望着黑板没有移动，当我再摁一次快门想多拍一幅时，却发现摁不动了，原来刚才是最后一张底片。

我无论如何也没有想到，一年之后，这幅定格在最后一张底片上的充满渴望的“大眼睛”，会成为希望工程的宣传标识，成为一个时代的符号。它唤起了无数人的良知，引起全国人民及海外华人华侨的强烈反响，而照片中这个小姑娘的人生轨迹也因此而改变。

回到招待所，我铺开笔记本，草草记下：1991 年 4 月 10 日，金寨县桃岭乡三合中心学校，孩子们每天往返二十四里路上学。那个小女孩的名字是什么？我摇摇头嘲笑自己的记性，摊开手掌，发现掌心的字迹不知是被河水还是汗水浸湿了，已经辨认不出来。紧掐太阳穴苦想了半天，凭着模糊的记忆，我写下“苏玉仙”三个字。

30. 可爱的“小光头”

从金寨县城到南溪镇，连绵着无尽的青山。山势渐缓处，重峦叠嶂的山坳里，零零星星出现几间茅草屋和瓦房，再往前几里路，隐约是一个小村落了。

一条小河从村口弯弯曲曲地探向村里，河滩边一堆堆的乱石窝，那些或尖或圆大小不一的石头冷不防地把脚板硌得生疼。前面不远的小石堆旁边，弯腰坐着一个人，手里拿一把短把儿的铁锤正在叮叮当当地敲打着，丝毫没有察觉到我们朝她走近。直到我们半蹲在她身旁，她才艰难地抬起头来。

那是一张怎样沟壑交错的脸啊，好像她活过的每一天都在那张脸上划下了一道皱纹，一条条青筋从手背上薄纸般的皮肤下凸起，一双深陷的眼睛黯淡浑黄。她佝偻着身子，拄着铁锤想伸直腰，却一时撑不起来。

我赶紧将她扶住。她身后放着一只背篓，地上一个足球大的石块，脚边散落着一堆碎石。我看看她手中的铁锤，疑惑地问："老人家，您要把这大石块敲碎吗？"

"是哟！"她咧嘴笑了，露出干瘪的牙床，"碎石子好拿去卖钱！"

"卖钱？"我有点不明白，"碎石子可以卖钱？"

"卖了钱给我孙娃子交学费啊！修路的人来村里收碎石子，一吨给六七块钱。"老人眯着眼瞅我，"你从哪里来啊？来探哪家亲戚的？"

碎石子换学费，一吨才几块钱！我心头一颤。

没有回答她的问题，也没有征得她的同意，我一边示意朱恩光帮她把那堆碎石子装进背篓，一边扶她起来："老奶奶，天色不早了，我们送您回去吧！"

老人家谢了又谢，一路上和她碎碎叨叨地聊天。她告诉我家里只有她和孙子两口人，两间低矮的旧瓦屋，一间大的破了顶，祖孙俩就挤在另一间小屋里。从外面亮堂处进来，定了定神才勉强看清屋里的家当，两张窄小的木床几乎占据了整个房间。没有凳子，一个比床高不了多少的破桌子抵在床尾，这应该是孩子的写字桌。墙角一只黑乎乎的灶台，上面坐着一口同样黑乎乎的锅。老人家要拾柴给我们烧水喝，我赶紧拦住了她。

"就您和孙子两人啊？"虽然老奶奶告诉过我，我还是禁不住想多问问，"您家其他的人呢？"

坐在床沿上，老人家无力地捶着腿，眼底是一片哀愁之后的凄凉。她告诉我，她老伴当红军时牺牲了，她一个人苦巴巴地将儿子拉扯大，儿子四十几岁才找了一房媳妇。前两年儿子不幸因病去世，媳妇也远走他乡没了音信，只留下一个小孙娃陪着她。

"我孙娃儿争气得很，会读书，上二年级了，回回都是头一名！"说到这里，老人家自豪地伸出大拇指，枯枝般的手指却怎么也伸不直。

"您有固定的收入供您两人生活和孩子上学吗？"

"村里每月给我补助，是国家发的补贴，够我和娃儿两人生活了！我现在还能种几分地，敲几块石子，不能再给国家添麻烦啊！"她叹一口气，"我就是心疼这娃儿！我这把老骨头，谁知道还能陪他几天！”

说话间，孩子放学回来了。也许家里从没来过客人，他看见我时，羞涩中带着一丝惊慌。他讷讷地叫了一声“叔叔”，转头跑出去抱来一把柴火，塞进灶膛准备生火。我揭开锅盖一看，半锅黑乎乎的粥，上面结了一层硬壳，应该是中午吃剩下的吧。

我的胸口像被什么堵塞着，一直没有举起相机。当我走出小屋的时候，夕阳的余晖洒在树上，被树叶筛得斑斑驳驳，似一张饱经沧桑的脸，崎岖不平的石子路，就像此刻我的心情。这片青翠的山乡遮掩不住落后和贫穷，淳朴的老区人民不仅没有怨言，而且心怀感激地面对一切，接受一切。他们曾经的英勇奋战和无私奉献换来了我们今天的和平安宁，当我们因为小小的一己之利没有得到满足而愤愤不平的时候，想一想他们，难道我们不应该感到羞愧？

第二天上午，我找到南溪镇查畈村小学。

同样是敞开的校门，正值课间，教室门前一块半个篮球场大的空地上，几十个孩子三个一群、五个一伙地玩得正欢。男孩子们聚成一堆一堆地玩着扇纸片，不时发出欢快的叫好声。他们的小脑袋一个挨一个抵成小圈儿，撅着的屁股上缀着一层层补丁，补丁上沾满黄色的泥土。我挤过去，一看我端着相机，几个小男孩好奇地钻过来，骤然从大镜头中瞅见自己变得夸张的脸，慌忙地吐吐舌头，又缩回了脑袋。

上课铃声响了，孩子们跑回教室。从桃岭乡一路过来，金寨县山村学校的老师们对拿相机的“记者”似乎都抱有亲切的接纳感，我走到一间教室门口，冲老师微笑地点点头，轻手轻脚地闪到讲台一角。

课间玩乐的兴奋还没有退去，教室里又突然多了我这个陌生人，底下一片细碎的“嗡嗡”声。老师“嘭嘭”敲了几下讲桌，孩子们的眼睛立刻转向老师，眼角时不时地偷偷扫一眼蹲在角落里的我。虽然是上午，室外阳光不错，但教室那几个没有玻璃的窗子用几块小木板钉上了，所以屋里光线并不

1991 年 4 月，安徽省金寨县南溪镇查畈村小学，我国每年有 100 万名像张天义（“小光头”，7 岁）一样聪明可爱的孩子因贫困而失学，“我想上学”是他们共同的愿望

解海龙　摄

好。调整好相机，我的眼光从孩子们脸上一一掠过。

老师开始上课了，孩子们渐渐进入学习状态。他们那么认真，那么专注，跟随老师的节奏，他们的眼睛一会儿望向黑板，一会儿移到课本上。昏暗的教室里突然亮了一下，我定睛一看，原来是第三排的一个小脑袋一仰一俯之间，从那扇没有钉住的窗户溜进来一缕光沿着他的小光头划出一条光线，待他再一抬头，一张小脸直扑眼前。

这个剃着光头的小男孩，大大的脑袋，圆圆的脑门，微微凹下的小翘鼻子，他仰起小脸看黑板的时候，那双黑亮的眼睛里跳跃着一种难以描绘的落寞和忧愁。这个惹人疼爱和怜悯的眼神一下子揪紧了我的心。是什么让这个七八岁的孩子满腹心思？又是什么让他的眼中同时交织着希望和失望？他出神地望着老师，似乎有一丝游离，我托稳相机，对准他黑幽幽、湿漉漉的双瞳，摁下了快门。

快门的“咔嚓”声惊扰了刚刚安静下来的孩子，几双眼睛又转到我这边来。我连忙向老师送去一个歉意的眼神，猫着腰退出教室。

在孩子们课间玩耍的空场上，回望这个显得萧瑟的校园，我伫立良久。脚下的泥土地凹凸不平，几间年代久远的矮房子屋顶上缺砖少瓦，墙壁上印着粉浆补过的痕迹，却让累累裂缝更显清晰。钉上木板代替玻璃的窗子给孩子们挡住了风寒，也挡住了阳光，却挡不住孩子们那渴求知识、向往未来的目光。这片革命的热土，曾经以满腔热情和赤诚无私的心，为革命事业贡献了无数英雄儿女。而今，却还有那么多他们的后代，连一间亮堂的教室都无法拥有……

回到招待所之后，我才想起上午匆忙离开教室，连“小光头”的名字都忘了打听。

从六安到金寨，我们绕着几个山村跑了一个多星期。最初几天里，我和朱恩光两人还步调一致，形影不离。后来好几回，当我拉着他急匆匆地赶往事先打听好的学校时，沿途只要见到青山绿水，他就要磨蹭老半天，而偏偏这山里又处处是风景。有一次，我心急火燎地等他拍摄完毕，再赶到学校时已经空无一人，我气得直跺脚，他满脸歉意地给我赔不是，可下一次遇见好景致，他又迈不动脚步了。

这天下午，又因为等他，不仅耽搁了我拍摄学校的孩子，晚上赶回县城也来不及了，只好在村里一户独居老人家里借宿。“你真该朝风光大师的方向发展啊！”忽明忽暗的油灯下，我忍不住挤对他。他一点儿也不生气，反倒兴奋地跟我说：“昨天我听人讲‘天堂寨’，好像离这儿不远吧？上有天堂下有苏杭，那个天堂是指这里吗？要不我们顺道去看看？”

多停留一天，两人的食宿费就多好几块钱。我瞪他一眼：“我们没这么多空闲！”

“来都来了，不去看看太可惜了！人家说大别山的精华都凝聚在这里

1991 年 4 月，解海龙与朱恩光在安徽省与湖北省的交界处合影

解海龙　供图

呢！”他满脸向往，“当年举世闻名的刘邓大军千里挺进大别山，拉开战略进攻的序幕，天堂寨也是重要的活动区域啊！”他聪明地补上一句。

这句话并不足以说服我，但我又不忍心打消他的一腔热情。改变原先的计划，我们决定从天堂寨徒步穿越大别山，进入湖北境内。

山的天堂，水的天堂，树的天堂，当然也是鲜花野草的天堂。这个跌落凡尘的天堂令朱恩光千般惊喜万般痴迷，我却只巴望着能在天黑之前走出深山。眼看已过正午，当几个林场工人听说我们要翻山越岭去湖北时，吃了一惊，“走，我带你们抄近道！”一位护林工放下劳动工具，“从这儿到湖北罗田境内还有二十多公里路，赶紧吧！”

这位林场工人护送我们走过很长一段崎岖的山路才止住脚步，过了好久，他那松塔般健壮的身影还挺立在薄暮中目送我们。我们扭头回望，他再一次和我们挥手告别：“注意安全，一路顺风！”粗犷豪放的嗓音响彻林间，朴实的温暖灌满我们的心田。

走上相对平缓的坡路，我们稍稍歇了一口气。虽然朱恩光对我这样紧赶慢赶抗议了好几次，不过当他饱了眼福而且拍摄完整整一个胶卷后，也就心满意足了。

这时，后面树丛中一阵杂乱的轻响，一个小男孩不知从什么地方钻出来。他一手倒拎一把油布伞，另一只手提着一只竹篮，在这人迹稀少的山野，我们都吓了对方一跳。

“小朋友，你怎么来这里呢？”我问他。从他的衣着，我判断他是当地人。他看上去只有十一二岁，却透露着小大人般的稳重。

那张脏兮兮的脸上扑闪着一双漂亮的大眼睛，他顺着木牌的方向伸手一指：“我家在九资河。”

我喜出望外：“我们正要去九资河，我们和你一起走，好吗？”

男孩点点头，也不多说话，抬腿就走。他在熟悉的小路上健步如飞，不时回头看看我们，歉意地一笑，站在原地等一等，待我们跟了上来，又大步往前奔。后面一半的路程比前一段走得更快，而此时我们的腿脚竟然变得不知疲累。

他一直把我们带到九资河镇的团委办公地。待我和团委的工作人员一阵握手寒暄之后，想起还没跟孩子说一个“谢”字呢，四处一看，早就不见了孩子的踪影。我返身冲出办公室，孩子已经走得老远，我一边叫唤他，一边气喘吁吁地追上去。

他惊异地看着我，不明白我追过来还有什么事情。

“谢谢你，一路把我们送到！”我抚摸着他的头，由衷地感谢他，我发现他又朝着我们来时的方向走去。

“你现在去哪里啊，你家不是在这镇子上吗？”我问他。

“刚才给你们带路，赶得太急了，对不起！”他答非所问，然后把手中的竹篮往上一提，咧嘴笑了，眼里尽是欢喜，“我姐姐嫁到金寨，刚生了娃娃，我刚给姐姐送完鸡蛋回来！刚才已经路过我家了，就在前面四五里路！”他抬手向我挥了挥，“叔叔再见！”

小身影一溜烟跑远了，我怔怔地站了好一会儿。原来我们遇见他的时候，他正从金寨回来，而为了送我们来九资河，他多走了近十里路。

“你们去胜利镇看看吧！”和九资河镇的团委工作人员挥手告别时，他这样建议。

“胜利镇就在九资河边上，曾是我们鄂豫皖革命根据地之一，也是罗田地区革命策源地。罗田的第一个党支部、第一个团支部，第一支农民自卫军，都诞生在这里。”说到这里，他的语气变得激动、自豪。“可是，”他随即一声叹息，“这山沟沟里的生活条件不好，加上交通不便利，长期以来山里极缺老师。孩子一拨一拨长大了，我们着急啊！也想过办法，找当地的山民临时顶替，可他们自己的文化程度都远远不够，亏欠了这些孩子们啊！”他眼里闪过一丝怜惜和心痛，“好在这几年，陆陆续续调来一些城里的青年支教老师，可把村里的大人和孩子高兴坏了！你们去胜利镇看看吧！”

沿着九资河往西，很快就临近胜利镇落梅河乡了。一听这名字，我眼前立刻浮现出一条蜿蜒柔美的小河，可是一段崎岖得让人找不着方向的山路，又让我将这美好的想象抛到脑后。连续翻越几座大山，车停了下来，脚下的车道分叉成一条条弯弯曲曲的土路通向前方，三三两两的石头屋、土坯房子出现在两山相夹的河谷间。

想必这里就是落梅河乡了。苍翠的群山重重叠叠，在缥缈的云烟中忽远忽近，若即若离，像几笔淡墨抹在蓝色的天边。阳光下的小河像一条银链闪烁着粼粼波光，吟唱着凄婉的歌谣一路流淌，和远方的山峦峡谷汇合在一起。这个贫瘠而美丽的山村，你吸引了我的目光，又将如何触动我的心?

在这里，我遇见了朱冬明老师。

31. 他走在一群充满敬意的孩子中间

我不敢相信，眼前这间摇摇欲坠的土坯房子就是“落梅河乡野菊坳小学”；更不敢相信，这个蹲在地上将一把破蒲扇摇得噗噗响、被呼呼冒起的柴烟熏得直呛的一脸漆黑的年轻人就是这所学校的校长兼老师。

他一定没有想到会有两个挎着相机的人跑到这山旮旯里来。当他明白我们的来意之后，马上热情地将我们让进大土房子旁边的一间小土屋。

“请坐，请坐！”他拍拍床沿，有些难为情地说，“山里只有这条件，实在对不住！”又提起桌子上一只缺了口的瓦罐倒水，却倒不出一滴水来，“炉子已经生好了，我去烧水！”他抱歉地笑笑，转身出去了。

这里应该是他的宿舍，土墙的墙皮脱落了，房基上印着返潮后留下的一片白渍。墙角布满蛛网，阳光透过窗子射进来，细密的灰尘就在光柱中四下飞舞，堆得半人高的柴火占据了小屋四分之一的空间。屋里除了一张吱呀作响的木头床，一把断了靠背的椅子，一张四脚短了一脚垫着瓦片的书桌，再也没有其他像样的家具。微风吹来，桌子上的书“哗哗”翻了几页，那是一本语文教学大纲，上面星星点点做满了标记。搁在旁边的一支红笔没有拧上笔帽，也许十分钟之前，他还在备课吧。

屋外的小火灶烧得噼噼啪啪响，我正要跨门出去，和迎面进来的他撞了个满怀。“您大老远来，我也没什么好招待的，将就着一起吃个饭吧？”他局促地搓着两手，真诚中略带一丝赧然。

两块木板往石墩上一架就是饭桌，一瓦盆水煮土豆和一锅苞谷饭，还有一碟炒得黑乎乎的野菜。虽然我心里早有准备，但看到这些，还是吃惊不小。

“怎么没见到学生呢？”我一边问一边端起土钵碗。为了疏解他的不安，我抓起又短又细的筷子赶紧扒拉了两口。

他说：“今天休息，孩子们回家了。孩子们住得远，离学校十多里地，平时就凑合着睡在教室里。今天周末，他们才回去的！”

我回头看看那间破落的土坯房，墙体裂开了缝隙，屋顶上片瓦遮身，烂了一半的门板松松垮垮地挂在门框上，在春天的阳光里显出几分令人绝望的颓唐。这就是孩子们上课、歇息的地方？

“我来到这座山里，已经是第九个年头了！”他轻轻地叹一口气，放下碗筷，望着迷蒙的山影出了神，“是孩子们渴望的眼神把我留了下来啊！”

山风徐徐，竹影疏疏，午后的阳光执拗地照射着屋前的小路，小路一边通往山下，一边通往更高处，这是一条苦难深重又充满希望的道路。整个下午，我们和这座老屋、这条小路一起听完了他的故事。

他叫朱冬明，今年二十九岁，1982年师范学校毕业之后，来到山里支教，如今是第九年了。

“我永远忘不了刚到村里的那一刻。那天下着大雨，喷着黑烟的拖拉机把我拉到村口，一抬眼，雨中站了黑压压的一片人，山民们带着孩子都来了！村主任甩掉雨伞跑到我跟前，激动得好长时间说不出一句话。山里缺少老师，缺得太久了！当年我这个毛头小伙子，在他们眼里就是最尊贵的人。

“我成了学校里唯一的老师。我怎么也没有想到教学条件如此艰苦。那间破屋就是教室，几条木板往土墙上的墙洞里一搭，另一头搁在石头上就是课桌，奇形怪状的石墩、木墩当作板凳。没有教科书，没有黑板，没有讲台，没有粉笔，甚至连灯都没有，光线昏暗的时候，点一盏小油灯勉强照亮小半个教室。很多八九岁的孩子，连自己的名字都不会写。来到这里的第一天，我就下决心一定争取让村里尽可能多的孩子走进课堂。

“山里生活的艰苦程度确实是我不曾预想到的。柴火得自己上山去砍，用水得到河里去挑，地里只长土豆和野菜，吃穿用度，都得自己下山去买。几年前，这儿根本就谈不上有路，荆棘密布，乱石堆积，背着百十斤的背篓，出去一次，一个来回就是几十里山路，来到这里以后，我再也没有穿过一双皮鞋。”

他望着这条小路，脸上浮现出一种陷入回忆的复杂神情，继续说道：“透风漏雨的房子，一到冬天冷得如冰窖一般，生一堆柴火好不容易烤暖和手脚，可仍然无法抵挡长夜的寒冷。夏天，大大小小的蚊虫无时不在身旁轰鸣，赶不走，驱不散，只得头上裹一块布，露出两只眼睛来在油灯下备课。一个人一所学校，那种孤独的滋味谁人能知？那时候我真的怀疑自己，究竟能在这里坚持多久啊！”

“九年以来，你一直待在山里吗？”我禁不住插问一句。

“是的，”他缓缓地点头，“孩子们太懂事了，他们总是悄悄地关注我，关心我。屋后的小水缸，不知道什么时候就装满了水。夏天，一把把扎得整齐的驱蚊草摆到门口。大冷天下课回到屋里，两颗烤熟的小土豆正在桌子上冒着热气……”他说得很慢，沉浸在一片温情之中。

“前年，我有过一次离开的念头，可我还是留了下来。”他的眼里闪过一片奇异的光彩，瞬间又暗淡下来。

“我女朋友在山那边的另一所乡村小学。隔着重峦叠嶂，每逢周末又不时有孩子留在学校，我们见一面并不容易。她来了，总会帮我把简陋的房间收拾得整整齐齐。”一缕笑意不自觉地从他的眼角眉梢蔓延开来，“看看现在，我屋里是不是太脏太乱了呢？”他自嘲地说，笑意中流露出难以掩饰的失落。

“你女朋友现在还在山里教书吗？”我小心地问。

“她待了六年，前年回城了。”他简短地回答，目光越过我的头顶望向远方，我想那应该是他女友所在的方向吧。

他颓然垂下头，两肘拄着膝盖，双手深深地插进浓密的头发里。离他这么近，这一刻，我能听见他内心痛苦的呐喊声。我有些自责，我是不是无意之中触及了他的伤痛?

几分钟的沉默，我们谁也没有说话，还是他先开口了。

“本来前几年，她爸在城里为我们找了工作，一回去就可以结婚。可是我舍不得丢下孩子们，她舍不得丢下我，又陪我在山里待了一年。后来，她家里急了，说你们再不结婚，不回城，那就吹了吧。就这样，又过了一年，她调回了城里。

“没有她的日子突然变得无比陌生、变得更加孤寂。虽然她在山里我们有时一个月也见不了一次，但隔着山头，我们总能感受到彼此那种心灵相通的气息。经过几个月来艰难的思想斗争，我终于决定回去找她，于是给乡里打了报告。虽然他们心里是千般不愿万般不舍，但还是痛快地同意了。村主任说我在山里这些年，已经是孩子们很大的福分了，怎么能够再拖着我呢？村主任不说一句留我的话，言语中全是感激和愧疚，眼神里却闪烁着密密匝匝的不舍，我心里好不是滋味。”

他一声长吁，心头似有千斤重，眼里跳跃着难以言说的情感。“可是我最终还是留了下来！”

他说：“人生中最困难者，莫过于选择。”目光随之又游离到某一个不明确的地方。“我准备离开的那天早晨，和几年前来到这里时一样，下着大雨。我不想惊扰任何人，也不忍心看到他们的挽留。我拎着简单的行李没走出多远，就看到大人带着孩子高高低低站了一路。大人们强作笑颜，嘴里只重复着一句‘常回来看看呀’，孩子们默不作声地跟上来，懂事地说：‘朱老师你走吧，不要惦记我们！’一张张小脸却充满了依恋。我心里一阵酸楚，雨水、泪水模糊了我的视线。”

“走出三四里路，道了无数次再见，几十个孩子还是默默地跟在后面。我硬着心肠不敢回头，我害怕那几十双渴求的眼睛瓦解我最后那一点点离开的决心。车就要开了，孩子们终于哭了出来，‘朱老师再见，朱老师再见……’他们带着哭腔拼命地向我挥手，眼里全是希望破灭的伤痛。就在那一刻，我听见自己心碎的声音。我再也忍不住了，发疯似的从车上跳下来。孩子们愣住了，然后猛地全都冲了过来，好多双小手同时攀着我的胳膊，抱住我的腰，他们又哭又笑的小脸上糊满了雨和泪。我没有办法离开他们，也不能……”原本平缓的声线有轻微颤抖，他抬起头来仰望天空，止住就要漫出眼眶的泪水。

我的眼睛不觉酸涩了。这位年轻的老师，他蓬乱的头发灰蒙蒙的，两条细纹悄悄爬上额头，一种复杂的情感写在脸上，是矛盾？是欣慰？是揪心？还是坦然？这是一颗多么柔善的心！那双坚毅的眼睛，他投向孩子们的目光饱含着多少深情！

“我又回来了。孩子们欢天喜地，乡亲们感激之外是更多的愧疚，他们觉得拖累了我。我跟乡领导说，现在孩子离不开我，我不走了。再干两年，等这些孩子能接我的班了，我再走。那时我再去找我的女朋友……”

他不再继续往下说了。我看见他深黑色的瞳仁中，隐藏着一段痛彻心扉的过往。一股热潮在心底漾开，眼前的两个人影好像在水波中浮动，我的眼睛渐渐模糊了。

“你女朋友现在还给你写信吗？”朱恩光问得唐突，不过这也是我想知道的。

他轻轻地摇头：“没有了。”他眼里泪光闪闪，脸上浮现出一个凄凉的笑。

一片静寂，只有山风吹过和太阳西沉的脚步声。朱恩光看着我，我看着朱冬明，朱冬明看着远方的山峦。

“天色不早了，山路难走，你们就留在我这里吧，正好今天没有学生！”从恍惚中回过神来，朱冬明真诚地挽留我们。他爽朗地开玩笑说：“我再给你们做一顿咱们的特色晚餐！”

夜晚的山野空旷而安宁，只有偶尔几声“唧唧”的低鸣，那是几只耐不住寂寞的虫子早早地钻出洞穴在亲密地窃窃私语。温柔的月光悄然洒落在屋前的树林中、草丛里，碎成一地的璀璨。远离了霓虹闪烁的都市，这里的一切都显得格外清新、恬静。

在他那间小屋里，我们三人促膝而坐。无人倾诉的烦闷一旦打破，朱冬明对我们更多了几分亲近。他告诉我们当年他来到山里的第一站是涂家铺小学，后来才到野菊坳，他最早的学生现在已经考到山外读初中了。我也给他讲起这几年来我看到山里孩子读书的艰苦，讲到几年前遇见的戴红英老师，“你们将自己最美好的年华奉献给了大山，你们都是大山的脊梁！”我由衷地赞叹。

他笑了。下午那段回忆带来的忧愁和苦涩已经散去，此时他的心里、他的脸上都是那么平静怡然。

“孩子们也将他们一颗颗纯真的心奉献给了我！”他眼底一片爱怜，“我曾经有过迷茫，也有过退缩，但更多的是感动。当我在山路上扭伤了脚不能动弹时，年幼的孩子们竟脱口而出说要保护我，那时，我觉得所有的苦都值了。我想，这就是上帝对我的恩赐吧，孩子们的爱让我感到无比温暖！”

他的手伸向书桌最底下的一层抽屉，稍稍犹豫了一下，一把拉开了。

“你们看，这是我的全部宝贝，没给别人看过呢！”他的眼里跳跃着一闪一闪的火花。一个小小的隐秘世界毫无保留地展现在我们面前。我和朱恩光对视一眼，我知道，此时他和我是同样的心情。朱冬明老师，谢谢你对我们的信任！

一沓整整齐齐的信件，那娟秀的字迹，一定是他的女朋友写的。

一本磨旧了边的相册，轻轻打开，第一幅大合影，是他师范学校毕业的全班同学合影。他指给我们看照片中的他，那时还是一个青涩的毛头小伙子。再往后翻，小河边柳树下，一位少女依树而立，含笑的眼睛静静地望着我们，“是她！”朱冬明的眼神变得温柔。

一台缠着黑胶布的收音机，外壳和机身已经分了家，全靠胶布裹绑在一起。我小心翼翼地拿起来，想试着调出一个波段，旋钮却拧不动了。“这是我女朋友送给我的！”他从我手中接过去，“这些年，除了和孩子们在一起之外，其他的时间真的很难熬，特别是到了夜晚，没有电视，没有报纸，什么都没有！只有黑沉沉的大山和无边无际的孤独！两三千个日夜，如果不是它陪伴我……”这只破旧的收音机静静地卧在他手里，它显然已经不是用品，而是一件纪念品了。虽然他不动声色，但我仿佛听见一声来自他心灵深处的叹息。

抽屉剩余的空间被一堆大大小小、长短不一的纸条占满了，随意抽出一张看看，竟然是借条：“本学期向朱老师借书杂费二十元”，下角摁着一个已经褪色的红手印，借条的时间是四年前。

我惊讶地又抓起几张，全是孩子们写下的借条。

“这些都是你借给孩子们的？”我问，“都四年了，还了吗？”

“交不起书杂费的孩子，我不能眼睁睁地看着他们失学，这是我给他们垫付的。”他指指门后那堆柴，“看到了吗？孩子们真的很苦，又是那么懂事，还不上书杂费，他们就给我背来好多柴火！”笑了笑，他掀起床单，只见床底下塞得满满的全是笤帚。“每学期都会有孩子拿着笤帚到我屋里来，吞吞吐吐地告诉我，还是还不上钱，孩子妈妈就又给我扎了两把笤帚。”他的笑意更深了，“这么多笤帚，我大概一辈子也用不完！”

“这些年你一共挣了多少钱啊？为孩子们垫付了多少钱，如今还有多少没有还，你仔细算过吗？”我急促地问。据我了解，山区老师的工资并不高。

“刚毕业那几年，我的工资是每月四十多块，后来调到了八十多元，现在又调到一百一十三元。近十年，总共大约有八千块吧！”他想了一下，索性把整个抽屉抽出来，“我还真不知道这些借条一共是多少钱呢！”

我们把一张一张折着的借条捋得平平整整，三个人认真地一个数字一个数字累加。金额一点一点增大，我的心一点一点紧缩，最后的数目让我和朱恩光一声惊呼：五千八百八十六元！

我无法想象，总共八千多元的工资，为孩子们垫付了五千八百八十六元。这位年轻可敬的老师，在山里过着一种什么样的生活？

“其实我用不了多少钱，没有什么开销。”他明白我俩的疑惑和惊异，释然一笑，倒像是安慰我们。他把那堆纸条拢起来，正色说道：“我不愿意看到孩子们因为缺这点钱而失学。前些年山里没有电灯，孩子们好奇地问我，朱老师，你讲的会亮的电灯，是用什么来点燃的呢？那时我就想，我一定要好好教他们学文化，让他们有机会走出大山，去看看外面的世界。去问一问山里的人家，有多少人至今还没有出过县城啊！他们想象不出县城的街道有多么宽，而走路时脚也不用抬得那么高！”

“这些钱还能还得了吗？”朱恩光问。

“一般都是上学期垫，下学期还，今年垫，明年还。等到年底，地里的庄稼和喂的猪、养的鸡变成了钱，有能力还的，已经都还了。”他拣出几张纸条，“像这些孩子，基本上是家里穷得实在没办法的，我就一直给他们垫着吧。即使知道自己还不了，他们也一定要写借条、要按手印！”

昏黄的灯光给朱冬明那张年轻的脸涂染了一层淳厚、平和的色彩，他的嘴角挂着浅浅的笑，深邃的双眼如夜般沉静。过去的那些彷徨、挣扎和苦难，好像全部消融在他对明天的期盼、对孩子们的爱之中。

只觉得心里波涛翻滚的我，不知道如何表达自己的感动和震撼。这个不到三十岁的小伙子，他经受了磨炼，付出了青春，失去了爱情，收获了也许在众人看来是得不偿失的精神满足和价值实现。我不知道应不应该问这个问题，但还是问了：“这些年来，你不觉得亏吗？”

他的目光转向屋外，夜晚的山林漆黑无边，当他收回视线的时候，我看见他眼中一闪而过的黯然。

“刚来时觉得亏。和城里工作的同学们相比，再看看这里我难以想象的艰苦，真的想回去了！”他感叹一声，轻轻地摇摇头，“可是，不知道为什么，就是有一根看不见的细细的绳索牵着我。孩子们不善表达，常常把对我的关心写在小纸条上，藏在我的课本里、塞到我的枕头下。‘老师，今天我家有客人，我妈叫你去吃饭！’‘老师，你今天穿得太少了，还咳嗽，你不能生病啊，要是生病了，不把人急死才怪呢！’那些笨拙的笔画和纯真的童心啊……在我和孩子之间，早已牵起了一条看不见的血脉。要说亏，数这里的娃娃们最亏，一生下来就在山里，从小到大就是这样生活的，从来不认为这是一种难以承受的苦。还有亏的，就是那些拖家带口连工资也经常被拖欠的民办老师们。”

他的眼里燃起一缕崇敬的光彩：“和他们相比，我做的这些又算得上什么！邻村卢兴胜老师，村里太穷了，孩子们的书杂费根本收不上来，连粉笔和备课本都得自己买，自家日子过得艰难，他还经常接济上不了学的孩子。他总是说，有了学生才有老师，如果学生都流失了，还要老师干什么呢？”

1991 年 4 月，朱冬明老师去失学儿童家中走访，劝说家长让孩子上学
解海龙　摄

我的心再一次被深深地震动了，是什么让这些平凡而可敬的老师甘愿扎根深山，是什么让他们日复一日、年复一年地辛勤耕耘、无私奉献？想起朱冬明说的“看不见的血脉”，我刹那间明白了，在老师和学生之间，有一条“看不见的血脉”。这条“血脉”，一端关乎着孩子们的未来，一端是埋在老师心底的那份责任。这责任重于泰山！

夜深了，月光静静地倾泻在山野里，照亮了奔腾不息的流水，点燃了明天朝阳的火苗。

“每人心中都应有两盏灯光，一盏是希望的灯光，一盏是勇气的灯光！”熄了灯，一片黑暗中，朱冬明的这句话激荡起我们的无限敬意。

第二天，我们随同他去一个学生家里走访。

“开春后，这家的两个孩子断断续续上了几天学就没再来了，”朱冬明领着我们走在弯弯拐拐的山路上，“前些日子我去他们家，孩子父母答应过一周就来。看来不成了！”足足走了七八里地，才看到山窝窝里一间破旧的农家小屋。

我和朱恩光等在屋外，朱冬明敲了两下门，不等应声，就直接推开进去了。没过多久，两个孩子兴高采烈地跑出来，孩子妈讷讷地站在门槛后面，一副既感激又难为情的样子。孩子爸拉着朱冬明的手，感动得说不出话来。朱冬明一边和孩子挥手再见，一边叮嘱孩子爸：“别再耽搁了，明天让他俩来上学吧！”

朱冬明的肩上多了一个打了补丁的土布挎包，一串串红辣椒探头探脑地从缝隙里钻出来。

“这是他们交的‘书杂费’？”我问他。

他仰起脸来，并没有回答。阳光洒满了他的瞳孔，而我已经知晓了答案。

那一叠小纸条里，又将多一个可能再也还不上的数字。

他一直把我们送到山脚。朱恩光突然从包里掏出他那台崭新的半导体收音机，一把塞到朱冬明手里：“朱老师，这两天以来，我们看到的、听到的，实在太感人了！我们只是这里的匆匆过客，而你却要在这个贫瘠的山村里，一直守护着孩子们。没有什么可以表达我的心意，这台收音机你留下吧。在夜深人静的时候，在你孤独寂寞的时候，也好有个陪伴！”

朱冬明的眼里蒙上了一层薄薄的泪光，他默默地接过朱恩光的收音机，没有推辞。两天的相伴，我们已像朋友一样熟悉，他拉着我俩的手，没有多说一句话，理解、鼓励和祝福在彼此心间默契地流动。

挥一挥手，他头也不回地大步向山里走去。

他走得很快，我和朱恩光站在原地，目送他的身影渐渐消失。这个年轻的老师连一双皮鞋都没有，我仿佛看到他穿着破旧的布鞋走在充满敬意的孩子们中间。

32. 一看你就不是好人

“没看出来啊，你还真是个有心人！不只有心，还有情！”开往湖北红安的车上，想起朱恩光把收音机送给朱冬明老师的一幕，我和他开玩笑说。在野菊坳小学的两天，他似乎忘了拍摄他最痴迷的风景。

朱恩光是个相当节俭的人，步行能去的地方，绝不乘车，有一毛钱一碗的粥，绝不吃一毛五分钱一碗的面。他把从北京出发前刚买的、他无比心爱的收音机送给朱冬明，是我没有想到的。玩笑归玩笑，他的举动还是令我非常感动。

他很严肃地望着我，一板一眼地说：“小朱老师太不容易了！一个收音机哪能表达我对他的敬意？海龙，我得好好把他的事迹记下来！”

沿大别山南麓一线穿行，山高路险。下雨了，雨点“噼噼啪啪”地打在车窗上，不一会儿，雨越下越急。车子走得很慢，一路上不停地按喇叭，能见度不超过几十米，迎面驶来的车辆，只露出车灯，像悬浮在雾气中的眼睛。熟悉路况、车技高超的司机和售票大姐谈笑风生，弄得一车乘客心情紧张，生怕他一个闪失将车挂到山崖上。

大别山的每一寸土地、每一块石头都染有革命先烈的鲜血。中国第一将军县——红安就在眼前了。这个小县城处处留有革命先辈们奋斗过的遗迹，革命老区和老区人民为中国革命胜利做出的重大贡献，早已载入中国革命的

1991 年 4 月，湖北省红安县七里坪镇，每到雨季，老师便多了一份护送孩子们过河的责任

解海龙　摄

光辉史册，永远镌刻在历史的丰碑上。小小黄（红）安，人人好汉，铜锣一响，四十八万，男将打仗，女将送饭。在这片热土上孕育出的老区精神，是多么丰满而厚重，庄严而博大，生动而鲜活。

“车不进村里，你们自己找个‘三蹦子’去吧！”司机把我们撂在县城准备走了。

“‘三蹦子’？”我疑惑地问司机，“什么是‘三蹦子’？”

司机往汽车站的角落一指：“那就是！”

找一家最近的车站旅社，把随身行李一扔，我们又跑回车站。“七里坪镇，我们去七里坪镇！”我挥手招来一辆蹲守在角落里，吐着黑烟的铁皮三轮车，那就是“三蹦子”。

三轮车在凹凸不平的乡村小路上吭吭哧哧地爬行，大雨点子砸下来，土路上腾起白烟。白烟沿着土路翻滚，雾气更浓。破旧老屋七零八落地散落在农田之间，雨中的七里坪显得那么萧瑟。这个曾经被命名为“列宁市”的小镇，当年不仅是全国仅次于井冈山的第二大红色根据地，它还孕育了三支红军主力部队。而今，通往这座红色小镇的山村之路依然如此艰辛、曲折。

雨打铁皮发出凌乱的响声、“三蹦子”的柴油发动机声、车轮轧过路面的咕叽声混杂成一片。“老乡，带我们去村里的学校！”隔着两块破毡布挡起来的车门，我扯起嗓子大声喊道。

“周七家小……”雨幕中的“三蹦子”车主声嘶力竭地回应我，“突突突”的马达声盖住了他的嗓音。

雨越下越大，泥土路也越来越湿黏。转过无数个弯，越过无数个坎之后，“三蹦子”一不小心陷入泥坑里，喘着粗气无法动弹，终于绝望地熄了火。车主抱歉地抹了一把脸上的雨水，指着前面隐约可见的一点红色告诉我们：“那就是周七家小学！”

我和朱恩光各自把雨披紧了紧，护好相机，一头扎进雨里。

学校果然不远，只有二三百米。我们刚冲进校门，就听到一阵杂乱的“哗噗哗噗”声，只见一瓢瓢泥水不停地从一间教室里泼出来。什么情况？朱恩光还在抖掸着衣服上的雨水，我撒腿朝教室跑去。

眼前的情景让我惊呆了！大半个教室里积了一洼泥水，长条桌椅横七竖八地被推到教室最前边。几个男孩子拿盆的拿盆，拿瓢的拿瓢，还有的拿着破碗，撅着屁股弓着腰，手忙脚乱地把积水舀起来使劲往外泼。水洼看上去不浅，一个孩子拿来一只空酒瓶舀水，瓶子却从手中滑出去，在水里打转。屋外大雨如注，滴滴答答的雨点从屋顶上不停地落下，这摊积水好像总也舀不完，教室里一片嘈杂。我一步跨进教室，紧靠墙根，迅速拍摄下整个画面。

又有两个孩子加入舀水的行列。我赶紧上前一步，眼睛贴近取景框。正要摁下快门的时候，猝不及防地，突然一记重拳落在我的肩上，脑子“嗡”地一响，我一下子跌坐在泥水里，整个人都蒙了。

“你是谁？拿相机照什么？”还没回过神来，我的领口被人紧紧揪住。我抬头一看，是一位二三十岁的男青年，他的两条眉毛上下轻跳，一双怒火燃烧的眼睛狠狠地落在我的脸上。他双手往上使劲一提，我顺势爬了起来。

我从来没受过这样的侮辱，一股怒气从脚底直冲到头顶。我一把推开他：“你干吗动手打人？你会不会说话呀？”

“谁让你来这儿拍照的？”他把我推了个趔趄，横眉冷对地瞪着我，突然伸出手来抢了我的相机。

我急了，大吼一声：“住手！你知道我是谁吗？”我一脑袋朝他顶过去，就在把他撞翻的一瞬间，我顺手夺回相机。

教室里乱成一团，孩子们慌忙地往外窜，边跑边喊：“周校长，不好了，卢老师和人打架了……”一摊积水已被踩踏成泥浆。

原来他是这里的老师。不容我细想，一阵急促杂乱的脚步声，朱恩光跑了进来。一见气咻咻的僵持着的两个泥人，他失声叫道：“哎哟，你们这是……”话音未落，孩子们拥着一个人急匆匆地进来，想必是他们请来的校长。

“周校长！”卢老师站起来，“你看看他在这里乱拍些什么？一看你就不是好人！”说罢，拿眼角的余光轻蔑地扫视着我。

一看你就不是好人？一瞬间，我的尊严受到极大的伤害，心里的愤怒和委屈像岩浆一样迸发，喉咙却噎住了说不出一句话，我感觉额头上的青筋一蹦一蹦地就要暴出来了。这时，周校长看见灰头土脸抱着相机的我，眼里不禁也透出几分怀疑，问道：“你来我们这里做什么？你都拍了些啥？”

“做什么？我告诉你们，你们谁也甭想再当老师了！”我狠狠地一跺脚，从牙缝里挤出这几个字吓唬他们。

“快把介绍信拿给他们看！”朱恩光向我使了个眼色。

对！他提醒了我。我一把掏出盖着团中央红色印章的介绍信，展开在校长面前。

“《关于介绍中国摄影家解海龙赴贫困山区进行教育现状考察的联系函》……”周校长念出这行字，定睛一看底下的红色大印，大惊失色。

“你们是记者？中央派来的？”我瞅见红章上的“团”字被他的大拇指按住了，“中央”二字顿时让他乱了方寸。他慌忙回头找卢老师，卢老师显然也被这封介绍信镇住了，他震惊得半张着嘴站在原地，呆若木鸡。校长的一根手指头哆哆嗦嗦地点着卢老师：“你呀你，闯大祸了！你把中央来的记者给打了！”

卢老师贴着墙根蹲下来，颓丧地垂着脑袋，瞅着脚上的胶鞋一声不吭。

“对不住啊，实在对不住！我们乡里人，不懂，刚才误会了！”周校长急急忙忙地给我赔不是，满脸的诚惶诚恐，视线却不离开我的相机，眼里充满焦虑。

“你们等着吧，上边马上会来人处理的！”我正在气头上，对他的道歉

1991 年 4 月，湖北省红安县七里坪镇周七家小学，一场春雨让教室里变得一片泥泞，孩子们在泥水里仍坚持继续上课 [右页图]
解海龙　摄

毫不领情，想到刚才卢老师险些抠出胶卷，先提高嗓门唬住他们再说。我拽上朱恩光，谁也不瞧一眼，快步迈出教室。

“好了，没人追上来呢！”走出好几百米，朱恩光气喘吁吁地喊道。看看果真没人，我停下脚步赶紧把胶卷掏出来收好，心里的石头这才落了地。

“你看！”这时，朱恩光发现卢老师跟来了。

是他。他快步朝我们走来，快到跟前了又犹犹豫豫地慢下来。雨已经停了，但他的头发湿透了，搭在额头上的几缕头发滴着水珠。

“解记者，对不起！”他抿了抿嘴唇，轻声向我道歉。

被他一拳揍倒的耻辱和那句“一看你就不是好人”的伤害刺痛着我，我的心揪成一团，冷冷地看着他，没有答话。

“请你原谅我，解记者！”他上前一步，非常诚恳地说，眼里满含愧疚，闪烁着点点泪光。

一种复杂的情绪缠绕在心头。风里来雨里去，跋山涉水挨饿受累都不算什么，可这样不问青红皂白地扭打和误解、怀疑却让我很不是滋味。此时，我感觉自己眼中也浮起一层薄薄的雾气。这个年轻男人的真诚消解了我的怒火，我的目光不禁变得稍稍温和了一些：“没事了，你回去吧！其实本来也没有什么，我不过是想了解贫困山村教师和学生的现状，用照片说话，引起社会关注。”

“那——”他的眉头一紧，刚刚放松的神色一下子从他脸上消失了。他小心地指着我的相机，怯怯地说：“那个片子还是不要发表吧？”他的喉结艰难地上下滚动着：“周校长说，这个对我们不会有好处的……行吗？”

一声叹息。面对这样一张诚恳而惊惶的脸，我该怎样向他解释呢？

“好吧！”虽然心里五味杂陈，我还是答应了他。他紧绷的面色缓和下来，隐隐的泪水都融化在苦涩的笑容里。

来时陷入泥坑的那辆铁皮“三蹦子”已经摆脱困境开走了，再找一辆车不是那么容易，我们只好边走边碰运气。

大雨过后，山更青，树更绿，路也更难行。我和朱恩光高一脚低一脚地踏在泥泞里，一不小心黏糊糊的泥水灌进鞋子里，抬脚动步便咕咕直响，让我本来就不痛快的心情更加烦乱了。

“一看你就不是好人！”虽然卢老师道了歉，但他这句话还是在我脑子里轰鸣。我怎么不是好人？我拍下破烂漏雨的教室，让你们颜面扫地出了丑就不是好人了？这么艰苦的学习条件，窗不挡风屋不遮雨，我就是想客观记录，如实反映，呼吁社会对农村教育现状的关注。别人不理解也就罢了，可身为老师的他们……我稍稍平息的心情又躁动起来，感觉憋屈得难受。我赌着气飞起一脚，稀泥应声而起，溅了朱恩光一身。

“我的相机！”他惊叫着一把将背包抱到胸前，上面沾满了泥点。“你看看”，他急得一跺脚，却溅起更多的泥浆，他慌忙拿衣袖擦拭污泥，却越擦越脏。他瞪我一眼：“人家道了歉，你照片也拍到了，还生什么气嘛！”说罢，往指尖上沾一点唾沫，瞅住一个泥点，心疼地擦了又擦。

看到他心爱的相机被我不小心溅上了泥，我也为自己的冲动而惭愧。

“我说你呀！”他无可奈何地摇摇头，停手不擦了。

“你说，这算什么事儿？”他并没有看到我被揍翻在地的场面，我的委屈又涌上来，“我一心一意地为孩子，只想能帮到他们。不理解就算了，他们竟然对我动手，打我，抢我东西，还说我不是好人！”我越说越气，声音也越来越大，“这事到底还让不让人干啊？”

“你别太往心里去了！”他安慰我，“其实我们不是早有思想准备吗？在涞源，你第一次提出这个想法时，大伙儿都给你全面分析过。差不多就行了，费力也不讨好。这不，还动手了！听我的，不让拍就不拍呗！”

“不拍？不拍我上这儿干吗来了？”我扯着脖子朝他嚷嚷。虽然一分钟之前我还一腔愤懑地表示没法干了，可我却不容许他再来敲一下退堂鼓。

“你也不替人家想想，”他皱起眉头，“人家校长特意赶着让人来叮嘱，不要发表啊！咱把人家说得这么落后，照片发表了，他们肯定得挨上级的批评！”

“上级批评他们？这和他们又有多大的关系？你也不想想，几个乡村老师，他们能怎么样？还不是因为当地整体经济条件落后，对教育的关注和支持力度不够才出现这些状况的，难道这不正是应该由上级自己来解决的事情吗？”我激动得声调提高了几分。

“那可好，你就把人家上级连带着都给曝光吧，这面子往哪搁呀！”他也提高了嗓门，语气却是担忧的。

面子，又是面子！一股无明火“腾”地一下蹿得老高。我清楚这火肯定不是冲他来的，但还是不受控制地叫道：“都这样了，还面子！谁的面子？这件事我一定要做下去！”

“你冲我嚷什么？”他的火气也上来了，脸涨得通红，“你明白不明白啊？我都是为你着想！”他眉毛紧皱，朝周七家小学的方向一指：“你甭跟我吵，有本事你冲他们说去！”

说完，他一甩手，看也不看我，迈开大步转身就走。

他竟然走了！我傻了眼，一个人站在泥水里，鼻子骤然一酸，一屁股坐在路边的大石头上。“别人不理解我，你也不理解我？”我恨恨地想，“也许你本来就不理解，你不过就是想和我一同出来拍片！至于我的这个专题，你哪有真正关心过？”

我马上又为自己的小人之心羞愧了。和朱冬明老师在一起时，他的感动发自于心底，他还将自己心爱的收音机送给了朱老师……

可他也不该丢下我就跑啊！前面那个高大又显得几分孤单的背影越来越远。我的肩上隐隐作痛，还得憋着一肚子火去追赶他。

他人高腿长，又带着一股子情绪，步子跨得越来越大。我追了好一阵，发现他根本没有停下来等我的意思，也恼火了。偌长的一条小路上，前前后后只有我们两个人，我就不相信他没有听见我跟在后面紧赶慢赶的脚步声。跟我斗气？好，看谁斗得过谁！我索性不赶了。

太阳出来了，落在西边的山头上，晃着潮湿的微光。我才想起我们午饭都没顾得上吃，就找了“三蹦子”直奔村里，却出人意料地闹了一下午，受了一肚子冤枉气，又心急火燎地赶了二十多里路，现在感觉又累又饿，背上的包也越来越沉。

朱恩光仍然头也不回地走在我的前面，我俩一直保持着二三百米的距离，从他迈步的样子，我能想象到他生气而倔强的神色。这都是为什么！我心里很不是滋味。平静下来，又觉得刚才冲动地对他叫嚷确实有些过分，他的确是一番好意。这样一想，我也不该再与他斗气了，还是主动和解吧。我加快了步子，冷不防脚下一闪，踩到一块埋伏在泥坑里的大石子上，“哎哟！”一声惊叫，我的脚扭了。

我龇牙咧嘴地蹲下来，这该死的石头！今天倒霉事儿撞到一块了。我直起腰来试着走了两步，一阵钻心的疼痛。

就在我不知如何是好的时候，后面传来沉闷的“突突”声。回头一看，心中一喜，一辆“三蹦子”歪歪扭扭地开过来。

谢天谢地！我又是挥手又是呼叫，车停到我旁边，我手脚并用地往上爬，指着远处的朱恩光吩咐司机：“开过去捎上他！”

一路无语。车内很狭窄，他还刻意和我保持一拳距离。坐下来之后，我又累又乏，干脆闭目养神，直到下车的时候，我才发现我的左脚不能落地了。

“怎么回事？”看我一脸苦相，靠在车上缩起一只脚，他马上跑过来，紧张地问。

我疼得倒吸一口气：“脚扭了……”

“你怎么这么不小心呢？扭哪只脚了？我看看！”他一面说，一面把我的背包挨个取下来，全部套在自己胳膊上，“来，我搀住你，脚别太用力，走。”

一进屋，他赶紧扶我坐下，帮我把鞋子松开一看，眉头就皱了起来：“红肿得厉害呢。你等着，我找老乡要些凉水！”

他楼上楼下跑来跑去地忙，完全不像几分钟之前还在和我斗气，两三个小时没和我说一句话的样子。他端了半盆凉水，嘱咐我说：“你先泡着，一盆水不够用，我跟老乡再借一盆！”一转身又跑下楼去。

我的脑子里乱糟糟的，不断闪现和他认识以来的点点滴滴，一会儿是他抱着两个大西瓜第一次到文化馆找我时的情景，一会儿是我邀他外出采风时他兴奋得跳起优雅的国标舞的画面，一会儿又是他看到青基会资助的胶卷后激动得无所适从的样子……

“我给你找来一些草药，赶紧试试！”我正恍惚着，他手里握着一把草兴冲冲地跑进了屋。

“这是什么？”我诧异地问。

“说了你也不知道，你甭管了，看我的！保证你的脚好得快！”他胸有成竹地说。

他细心地把沾在草根上的泥土抖干净，将草剪成小段放进盆里，又把水兑热，然后挽起袖子蹲下身来，双手伸进水里，一手托住我的脚底，一手抓住我受伤的脚踝。

我的脚条件反射似的缩了一下，却被他一把按住。他做出一副很严肃的样子，说：“别动，你想不想快点好呀？你不知道吧，我懂医呢！”他捻起一把泡热的草药敷在我脚上的红肿处，先用手掌压紧，然后四指并拢，紧贴在我的脚踝上方。“这是三阴交穴”，他用大拇指一按，一阵麻酥酥的感觉袭来，有一点点痛感，但是很舒服。“你还没享受过这种待遇吧？”他嘴角一挑，话中带笑地抬头看我一眼。

我紧紧咬着嘴唇，眼底一热。

“咱们都不容易，就想干点事儿，哎……”我还想多说些什么，嗓子却哽住了，再也说不下去。

“都别说了，我知道你心里委屈。我没别的意思，还不是担心你的安全？咱兄弟之间没什么过不去的，这点小事儿就别放心上了！我再给你按摩按摩！”

房间里流动着和谐温暖的空气，隔阂消融之后的轻松畅快让人感觉无比舒适。借旅店老板的煤炉子，朱恩光煮了一大锅他最拿手的面条，两人吃到碗底朝天才心满意足。

“我们必须得多拍快跑！”想到这些天来在几个村子的所见所闻，我不由得升起一种紧迫感。我跟朱恩光说：“时间不等人，第一条线还没跑完，都快二十天了。我们还要去太行山、沂蒙山、云贵高原、青藏高原！”

“没问题，听你的安排。”他爽快地回答，一如当初。

“另外，我们每天晚上采访归来，还需要你以日记的形式将采访要点及时记录下来！”我再次提出这个要求，这是我们出发前约定的，这些天他却做得并不好。

“好吧！”他含糊地答应着。

折腾了一天，不一会儿他就酣然入睡了。我的脚经过他的处理，感觉好了很多。月光从窗外泻进来，正好照在我脸上，让我莫名的清醒。一年前的涞源之夜恍若昨日，多么熟悉的场景！不同的只是，那天夜里照亮我的是窗外的灯光。我摸到枕边的笔记本，那晚借着昏黄的灯光抄写在笔记本上的那首诗，此刻清晰地浮现在我脑海中：咬定青山不放松……

33. 孩子，你们揉碎了我的心

河南省新县和商城县，是我们此行的最后一站。

“八月桂花遍地开，鲜红的旗帜竖呀竖起来，张灯又结彩呀……”在红安休整了一天，我的脚已无大碍。走在新县八里畈乡的乡村小路上，我禁不住敞开嗓子放声高唱。

“你还会唱这首歌啊？”朱恩光相当惊奇。

“别忘了我也曾是人民军队的一员呢！”仰望这连绵起伏的山脊，我不无自豪地说，“你不知道吧，这首《八月桂花遍地开》就诞生于我们脚下的这片土地啊！”

他一声轻笑，张口就来，原来他也会！

“你听，什么声音？”我竖起耳朵，隐隐约约听到，前方传来一阵模糊但有节律的声响。“是读书声？”朱恩光侧耳倾听。

“快走！”没想到这么顺利就找到一所学校，我兴奋地加快脚步。

声音渐渐大了，听得并不清楚，就像一曲无字的歌谣，不过能听出是孩子稚嫩的童音。“你慢一点，脚刚好一些，别又伤着了！”朱恩光关心地叮嘱道，今天他还帮我背了一个最重的包。

我的好兄弟，谢谢你！我嘴里不说，记在心里了。

由远而近，声音逐渐清晰起来，响亮起来。拐过几道弯，爬上一座山坡，两排黑灰色瓦房沐浴在金色的晨光里，我三步并作两步跨上前。

房子孤零零地立在坡沿上，显得有几分突兀，因为有了读书声，于是变得生动起来。三根圆木围成一个框形门，那就是畅通无阻的校门。走到跟前，我看见横木上挂了一块字迹模糊的旧木牌，仔细辨识出几个字：王里河小学。

几扇木门似闭非闭地虚掩着，刚才的读书声悄然停止了。我轻手轻脚地走上前，这与我从金寨一路走来所见到的学校多么相似啊！同样布满裂纹的墙壁，同样吱吱呀呀的木门，同样凹凸不平的泥地，还有同样爬满墙角的厚青苔。突然，清脆而响亮的读书声又一次响起，我循声来到那间教室。

窗框上糊着发黄的报纸，只闻声音不见人影，我紧贴窗口，却什么也看不见。情急之下，我用手指往报纸上一戳，已经变脆了的报纸“刺啦”裂开一条缝。我赶紧凑上去，寻找一张张认真读书的面孔。

一位年近半百的女老师站在讲台上，手执竹枝，挨个儿指着黑板上的“山石田土，日月水火”几个字，先领读一遍，再示意学生一起跟读。二三十个小脑袋齐刷刷地朝向老师，专注地盯着黑板，用我能听得懂的豫剧腔调，跟着老师反复地念“山石田土，日月水火”，念得有滋有味，仿佛沉浸在那几个字幻化出来的美丽的童话世界中，念得响彻山谷，仿佛他们就要乘着希望的翅膀飞越重重山峦。

我的视线落在一个男孩身上。

这是个浓眉大眼的男孩子。他的目光紧跟着老师，眉头紧锁，因为用力，他脖颈上的筋都鼓起来了，好像只有这样才能把一身力气全部倾注到朗读中去。因为年幼个小，所以他的桌子显得太高，椅子太矮。其实所谓的桌椅，不过都是高高低低的破旧长凳，高的当桌，矮的当凳子，破了洞的土布书包再往桌上一搁，桌子就显得更高了，好像一低头，鼻子就要碰到书本。在这些孩子中间，他的声音特别响亮，每读一个字，都让人觉得特别卖力。他念得投入，鼻沟沟里流出两条鼻涕也浑然不觉。随着他一伸脖子一挺胸，那件破了边襟的棉袄里露出的几团黑乎乎的棉花，也跟着微微抖动几下。

就是他！我赶紧换上长焦的镜头，悄悄从裂开的窗户纸中伸进去。

这时他们不光口里念着，还开始用手指在空中做笔画练习了。“竖，竖折，竖，山！横，撇，竖，横折，横，石……”他的动作很大，手指画出的“横”总是比其他同学的长很多，一不留神就触碰到邻桌孩子身上。他有节奏地摇头晃脑，越念越起劲。我盯了半天，始终无法捕捉到他安静下来的画面，急得我差点隔着窗子冲他大喊一声：“停！不许动！”我耐着性子，眼睛一眨不眨地瞄准他，一刻也不敢放松，心里默默念叨着：“小祖宗，你哪怕停顿一秒钟也好啊，一秒就够了！”

不知道是手冷了，还是比画累了，他高举的胳膊终于放了下来，手也揣进了裤兜里，但朗读的声音还是那么嘹亮。就在这一刻，我立即按动快门，翻转相机，快速拍下一横一竖两幅照片。我舒了一口气，总算拿下了。

猛地一下，有人在我背后使劲一拽，拉得我连退两步。我回头一看，是一位表情严肃的女士，她紧紧地抓住我的摄影包。

“你做什么？”她的声音很轻，一身铁灰色的衣服衬得她的脸黯淡无光，但那双眼睛里透射出一股不怒自威的严厉。她瞅着我胸前的相机，又瞟了一眼被我戳破的窗户纸。

突然之间，我意识到自己做错了事情。为了拍到满意的照片，我想也没想就捅破了窗户纸，在乍暖还寒的山里，免不了让这本来就四面漏风的教室又多了一处风口。

“对不起！”我连忙给她鞠躬道歉，一时间有些心慌意乱。我往窗户里一指，有些语无伦次地说：“太棒了，太感人了！”仿佛她也看到了我拍摄的那个流着鼻涕奋力读书的小男孩。

她的脸上升起一丝疑惑，上前一步来，朝窗子里望去。我不确定她看见了什么，待她收回目光时，只听见她一声轻叹：“山里的孩子都这样！”眼里流露出丝丝怜惜。

她又瞧了瞧我的相机，一副欲言又止的样子，终于什么也没有说。

她应该是这所学校的老师，因为她眼中有一种我似曾相识的神采。像卢老师？像朱冬明老师？我也说不清楚，那种神采就是对孩子的保护和关爱。她注视我的眼神仿佛在问，你拍摄了他们，你想做什么？

我当然知道我想做什么！挂着两条鼻涕的小男孩虽然已经被我摄入镜头，但他也决不应该仅仅停留在底片上。我拍片子不是拍完就过去了，我将为这幅照片坚持几年、几十年，我要记录他今后的变化。

“老师，我们五年后再见！”这句话脱口而出，我朝她挥手告别，大步走出这所没有大门的学校。

四处不见朱恩光的人影，这家伙！我心里正嘀咕着，他从山坡后的树林里钻了出来。“走吧，咱俩的任务都完成了！”看他那副心满意足的样子，想必又拍到了令自己满意的照片。

我问他：“咱们不是说好了吗？每天要把拍摄对象、采访要点及时记录下来。你总不跟我在一起，怎么记？”

1991 年 4 月，河南省新县八里畈乡王里河小学，胡善辉（“大鼻涕”，8 岁）在大声朗读课文 [左页图]
解海龙　摄

“我怎么跟你说呢？”收敛起那股轻松快活劲儿，他瞅见脚边有块大石头，一屁股坐下去。沉吟片刻，他认真地说：“你让我怎么写？山里很穷，衣衫褴褛食不果腹？老红军遗孀还得靠砸石子供她的孙子上学？孩子们很苦，破旧的学校、漏雨的教室、烂木头课桌？这些的确是真实的，可我能写吗？”

“为什么不能写？”太奇怪了，难道这不是我们亲眼所见吗？

他伸出一根指头点点自己的脑门，“你用这里想一想！”说着，他点燃一支烟猛吸了几口，透过一缕轻烟，意味深长地看着我。

“为什么不能写？”我固执地重复道，“我在戴红英老师的照片说明里就写过，‘老师们最大的心愿，就是再过十年二十年，这些孩子长大以后都成为建设山区的栋梁，老师心里该多高兴啊’。你说，怎么不行？”

他掐灭烟头，“反正你记住我一句话，拍东西没事，静止的照片摆在那里，我不赋予它任何含义。可是写东西容易出事，断章取义，咬文嚼字，刻意歪曲。咱们都是从那个年代走过来的人，你不会告诉我，你从来没见识过文字的厉害吧？”

“那怎么办？”我好想反驳，却又不知如何反驳。

“你不是讲究客观记录吗？文字也一样嘛，可以客观记录！”他狡黠地一笑，“何年何月，何地何人，简单明了！”

我差点没“哼”出声来：“像这样的记录，我闭着眼睛都能写出几百条！”

“嗯，我看行！”他点头对我的话表示肯定，又画蛇添足地补充一句：“你完全可以自己写！”

“那你还能帮我什么呢？”我没好气地问。

“你不觉得有我陪同，一路上有个伴，既有趣又安全吗？”他两手一摊，“要不然，你连个斗嘴的人都没有！再说，万一哪天，你的脚又扭了呢？”说到这儿，他自己先忍不住笑了。

这个朱恩光！我嘟囔一句，瞪了他一眼。“咱们走！”我故意粗着嗓子黑着脸，虽然他那是一句戏谑的话，却有浓浓暖意涌上我心头。

也许他说得不无道理，我暗自琢磨着。是的，一幅好照片，它本身就应该是会说话的，凭它直观展现的画面，如果不能引起人们的遐想、思考，激起人们的情感，那是不是说明它还不够优秀、不足以打动人？

刘易斯·海因的那幅《十岁的纺织女工》在我脑海中一闪而过，那个浑身油渍、垂着手默默地站在两排巨大织机中间的疲惫的小女孩……

去往商城县的路上，远远看见一块破旧变形的薄铁皮标牌支在岔路口。待车开近，牌子上“苏仙石乡”几个锈迹斑斑的蓝字隐约可见，一眼望去，却和前面走过的村庄没有什么区别。山还是那么高，路还是那么窄，天空还是那么高远，而颓垣破屋也还是同样的灰暗，给村子蒙上一层淡淡的哀愁。

村子不大，崎岖不平的小路似一堆乱绳般缠绕，七零八落地散布着的房屋在阳光下越发显得寒酸悲凉。不多久，我们就找到一所学校。

四五间教室和沿路的农舍一样破旧，地面没有水泥，全是坑坑洼洼的黄土。教室的门檐上倒是规规矩矩地挂了一块木牌：一年级。

教室里很安静，光线从缺了瓦片的屋顶照进来，在墙上、地面上形成小小的光斑，微尘就在这光斑里飞舞。一位女老师站在没有讲台的黑板前，黑板也只是一块斜挂在土墙上的水泥板。她看见了我，并没有打破教室的安静，只是投来一个询问的目光，我微笑着朝她点点头打了个招呼。十多个孩子各自埋头写作业，桌子高高低低，这些小脑袋也错落有致。我站在后门边，只见最后一排的一个女孩看上去比其他学生显得大很多，个头也高出不少，坐在这群孩子中间，有一种说不出的别扭，我悄悄地走到她身旁。

手里的铅笔头短得几乎握不住，她却一笔一画写得很认真，没有觉察到有人过来。等她感觉到我站在她旁边时，她才猛地抬起头来。

我友好地冲她一笑，凑近看她的作业本。本子上的几行字不算漂亮，但相当工整。我低声问她：“你几岁呀？”

“十一岁。”她小声回答，眼里一阵慌乱，下意识地张开手遮住作业本。

“你怎么才上一年级呀？”我有点诧异。

她低下头，这次埋得更深了，两只手把小小的铅笔头抠出细微的声响。我看不见她脸上的表情，但隐隐感觉到这孩子有难言的苦衷。半晌，她才迟疑不决地说：“我姐不上学，我替我姐上。”声音细小而不甚清楚。

我没明白她的意思。看看时间，应该是上午最后一节课了，我想探个究竟，于是悄悄退出教室，等她放学。

下课了，她第一个从教室出来。我和朱恩光赶紧跟上前。

“能去你家看看吗？”我问她。一看又是我，她没有说话，咬了咬嘴唇，点点头，一出校门便急步地往坡下走。

她走得很快，宽大的裤脚扫在泥土和碎石混杂的土路上呼呼作响。我的心提到了嗓子眼，生怕她一不留神被自己的大裤脚绊倒。当她指着坡下一座房子，告诉我们那里就是她家时，我倒吸了一口凉气。

这是一座什么样的房子啊，杂乱潦倒得就像一堆从地面上突兀冒出的砖石，两间砖房歪歪斜斜，好像是不知道应该倒向哪一边才好。外墙连泥土都没有糊上，破砖烂瓦赤裸裸地展现在眼前，好像只要用竹竿子一捅，这房子就会即刻坍塌。几块石板从门口连接到小路上，而所谓的“屋门”，只不过是一个一人高的洞口，连块门板都没有。

女孩一抬脚跨进门去。看着门边两块就要从夹缝中挤出来的碎砖，我徘徊不前。朱恩光怔怔地站在石阶前，一如我的犹豫。

里面传出窸窣声，夹杂着轻微模糊的呻吟。一咬牙，我小心翼翼地迈进屋门。

定了定神，我才看清眼前的情景。昏暗的屋里家徒四壁，几根支撑屋顶的梁架，上面布满深长的裂纹。几块薄板搭成的床上半卧着一个女人，凌乱的头发遮住她大半个脸，只露出一只呆滞无神的眼睛。女孩用半边身子撑住她，拿了半碗水送到她嘴边。

“我妈妈！”女孩轻声说，看样子孩子妈妈病得不轻。我心里一沉，顿时明白了放学的时候她为什么跑得那么急。我紧紧地抓着相机，却没有按下快门的勇气。

门外有人说话，我急忙探身去看，是一个比她更大一些的女孩。“姐！”屋里的女孩也出来了，“这是我姐，她去村外打猪草回来了。”她告诉我。这就是她说的“我替我姐上学”的那个姐姐？

“你俩叫什么名字啊？”朱恩光一边问，一边从包里掏出笔和纸。他的这个举动令我大为意外，我望他一眼，心里既有一丝自责，又有些许感动。

“我叫杨永贵，”小女孩说，她指着挎竹篮的女孩，“我姐叫杨永香，比我大四岁！”大女孩没有作声，任她妹妹回答。

“你家还有别人吗？”朱恩光认真地记下，又问。

“还有我爸，他在后面翻耕水田。”还是妹妹答话。

“快叫你爸回来！”我和朱恩光异口同声地说道。

“就在那边！”她指着屋后。不等她说完，我和朱恩光拔腿朝屋后跑去。

果然，不远处，一个男人叉着腿站在田间。随着手里的农具扬起又落下，他的身体一起一伏，扬起的泥水纷纷溅落在他身上。待我们跑近一看，他的半截小腿都泡在泥浆里。

我不禁打了个哆嗦，这乍暖还寒的四月天，光腿光脚浸在泥水中，时间长了如何受得了！“快上来，快上来！”朱恩光使劲地挥动双臂，大声朝男人呼喊。男人停下手里的活，诧异地朝我们望了望。这时，小女孩从后面赶过来，他这才爬出犁沟。

他的一只泥脚刚踏上田垄，我赶紧拉他一把：“快把鞋子穿上！”

“爸，咱们回去吧！”女孩说着，眼睛在我和朱恩光身上逡巡，不知道如何向她爸爸介绍我们。

我简单地向他说明来意，这个憨厚的男人咧嘴一笑，也不多说什么。“走吧！”他并没有穿上鞋，我沿着田埂边搜寻一番，也许他本来就没有鞋子？

隔着鞋底，碎石子路把脚板硌得生疼，他却光着脚。我的鼻子酸酸的。

1991 年 4 月，河南省商城县苏仙石乡琉璃河村草房湾自然村，杨永香、杨永贵的父亲在田里劳作

解海龙 摄

姐姐蹲在屋前剁猪草，一把又大又锈的菜刀握在手里显得有些吃力，我们走到跟前，她也没有抬头，只是闷闷地重复着单调机械的动作。“姐，我来吧！”妹妹抓住姐姐的手，掰开姐姐紧握菜刀的手指头。

姐姐直起身子，退了两步，默不作声地站到一旁。

“没有办法呀！”孩子爸低叹一声，“难为大的了，她心里不好受。”一听这话，妹妹剁猪草的菜刀不动了。她垂着头，肩膀微微耸动了一下。

“日子本来就过得紧巴，好不容易把两个女娃子拉扯大，她妈妈又病倒了，卧床好久了。眼巴巴地看着别家的孩子背着书包去上学，我这两个闺女心里馋得很！”

这个四十岁左右的农村汉子满脸哀怜，却又百般无奈，他给我们讲了两

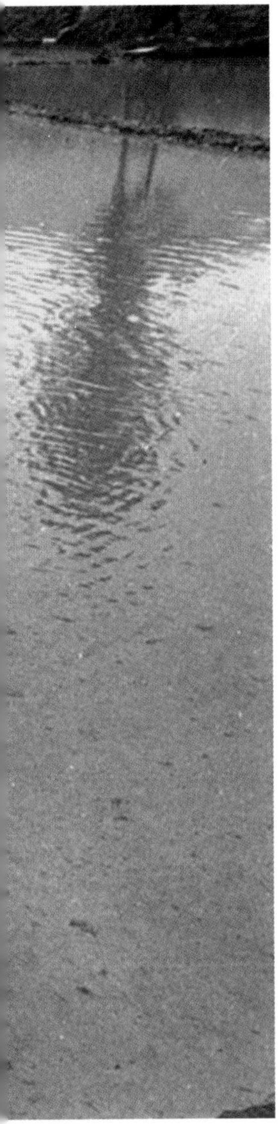

个月前的事情。

“因为家穷，两个孩子从来都没有上过学。年前，乡里学校来了两个老师，一家家走访，看到我家两个女娃都失学了，就问她俩愿不愿意去学校识字。姐妹俩连忙点头直喊‘要上学，要上学’，可是老师又说只能去一个。”

“为什么只能去一个？”我急忙打断他。

“上级给咱乡的名额有限，要是一家去两个孩子，怕其他村民有意见，先上一个再说吧！”孩子爸解释道，接着给我们讲下去。

“临走时，老师拿出几块钱给大闺女，让她买个书包。这一天俩孩子乐得像变了个人似的，有说有笑，从没有这样高兴过！又是洗衣服，又是买布，连夜缝了个简单的布袋子。我这当爹的看在眼里，苦在心里。我知道俩孩子的心思，她俩都想上学啊！

“这一夜一家人都没睡好觉。小的跟大的说好了，明天一早亲自送姐姐去上学。第二天不等鸡叫，两人就起床了，脸洗了又洗，头发梳了又梳，忙乎了好一阵。大的把新书包挎在身上，忸忸怩怩地让我们看，小的拍手直叫，姐姐可像学生呢！她们生怕迟到，天刚蒙蒙亮，两人就出了门。

“因为去得太早，校门都没开，姐妹俩就坐在门口等。‘太阳当空照，花儿对我笑，小鸟说，早早早，你为什么背上小书包……’两人一起唱儿歌。她俩平时总跑到学校那儿转悠，虽然没上过一天学，可这首儿歌早被她俩听熟了。

“孩子们陆陆续续来了，大家看到永香，都很惊奇。不知谁喊了一声永香，快点儿，该上课了！两人急忙起身。永香刚要嘱咐妹妹回家慢走，谁知，早已打好主意的永贵一把抓住姐姐的布兜，‘哇哇’地哭出声来，央求着说，‘姐，让给我吧！’永香愣住了。永贵乞求地望着姐姐，永香转过脸去，猛然摘下布兜套在妹妹脖子上，头也不回地撒腿就跑回家来……”

这时，永贵丢下菜刀一下子站了起来，贴到姐姐身边，泪水涟涟，终于没忍住，“哇”的一声哭了出来。

这哭声，刹那间刺痛了我的心。我艰难地举起相机，记录下这个令人心碎的瞬间。

永香沉默着没有说话。我无从知道她内心里，更多的是委屈还是接受。她将上学的机会让给妹妹，用稚嫩的肩头和爸爸一同挑起生活的重担。或许她一边照顾着妈妈，一边想象着妹妹在课堂上是如何贪婪地汲取老师教授的知识；或许她在打猪草的途中，也曾不知不觉地迈进过学校的大门。

春风吹过，却如冬天般萧瑟。我两眼酸涩，努力地想要把两个孩子看得清楚一些。永香穿一件不合身的外衣，衣袖破了一大块，一圈黑乎乎的棉花吊在手腕边，补丁压着补丁的裤子还是藏不住膝盖处的两个大洞。永贵腿上那条大裤脚的裤子，一看就是大人的旧裤子剪掉了一截；沾满泥土的解放鞋，左边的大拇脚趾头就快顶出来了。她们的爸爸站在石阶上，光脚板上的稀泥已经干了，挽了一半的裤腿还没有放下。

朱恩光一脸凝重。他走到永香身边，温和地问："你还想上学吗？"

永香迅速抬起头，双眼如星星般闪烁，但马上又黯淡下去。她摇摇头，一种抓不住的悲凉轻轻飘过。

朱恩光从包里摸出一个小本子和一支圆珠笔，又翻了翻口袋，拿出五元钱一并塞到永香手中。永香触电般地一缩手，惊慌地看着他。朱恩光的微笑中是满满的鼓励："我知道你想上学。收好笔和本子，有空的时候跟妹妹一起学写字。记着，如果以后有人给你寄钱，你一定要给好心人回信！"

她手足无措地看看朱恩光，又看看我，再扭过头看看她妹妹和她爸，呜咽着把脸埋进臂弯。

…… ……

山虽无言，然非无声。袒露在苍翠群山里的贫瘠和穷困，它们那沉重而无奈的叹息长久地盘旋在我心头。一间间破败的教室，一双双渴求的眼睛，一个个行走在山间衣衫褴褛的小身影，还有心里淌着血和泪却义无反顾的老师……所有这些，都牢牢地刻在我的脑海中，挥之不去。

1991 年 4 月，河南省商城县苏仙石乡琉璃河村草房湾自然村，姐姐杨永香（13 岁）把救助款让给了妹妹杨永贵（11 岁），妹妹心里很愧疚 [左页图]

解海龙　摄

带着深深的感动，我们踏上了归程。

34.“我捐！”马馆长红了眼眶

推开家门，一种久违的亲切感扑面而来。

二十多天的奔波，现在松懈下来，才觉得如此劳累。窝在沙发上，那种舒服的感觉让我舍不得挪动一丁点儿位置。可还有好多事情等着要做呢！我伸个懒腰，一骨碌爬起来，抓过摄影包，拿出拍完的胶卷，在桌子上一字排开。

盯着一个画着五角星记号的胶卷盒看了好一会儿，我一把将它握在手里。

“明天一早去文化馆！”我暗暗地说，“不，现在就去！”

我拎起摄影包就往外冲，冷不防和推门进来的两个人撞了个满怀。

“一回来又要走啊？”志想把手里的提袋递给我，“瞧你这副野人样儿，别跑出去吓唬人了！”她一边说，一边把我往屋里拉。

“嗨，哪里还顾得上照镜子啊！”我下意识地摸了摸下巴。志想推我一把，说：“快去，刮胡子洗澡！回家了也不知道把自己收拾干净！”

晚饭后，小飞让我给他讲一路的见闻。每天走二十四里路上学的孩子们；透风漏雨的教室里，穿着破衣烂衫奋力读书的小学生；十年如一日坚守在大山里为孩子们呕心沥血的老师；还有将来之不易的上学机会让给妹妹的杨永香……

“山里的孩子和你们一样，同在一片天空下，都是祖国的花朵，都是未来的希望。可是贫穷不仅带给他们物质和精神上的苦难，也给他们的心灵造成多大的伤害啊！”我不无感慨，“不敢想象，还有多少农村的孩子因为交不起一年四十块钱的书杂费而失学呢？”

自一年多以前我开始这个专题，由于潜移默化的影响，小飞从心底里生出一种对贫困地区的孩子们真切的同情和关注。想起那次他主动要求将他想要的新书包送给山里的孩子，我却没有为他做到，心里很惭愧。听完我讲的故事，他若有所思地在沙发里坐了好久，然后一声不响地去写作业了。我想，也许这些故事能让他更加明白，应该珍惜他所拥有的一切吧！

“你说，我是不是好人？”志想收拾完家务，刚要坐下来，被我突如其来的一问吓了一跳。她诧异地看我一眼，不明白这个问题从何而来。

“有人说我‘一看你就不是好人’！”如鲠在喉不吐不快，我比画着将挨揍的事情给她讲了一遍，免不了又是一番愤慨。

她抿嘴一笑，关切地问：“现在没事了吧？”

“你说，我是不是好人？”我固执地再问一遍，“你看，”我把那个做了记号的胶卷盒摊在手心，“‘罪证’就在这里！”

“摄影有风险，出门需谨慎啊！”她来了这么一句俏皮话。“不过，”她一本正经地定睛看着我，“出发之前永远是梦想，上路之后永远是挑战。你是咱家最大的好人！谁说你不是好人，我跟谁急！”

…… ……

清晨的文化馆里静悄悄的，我直奔暗房。我知道张左一定在，他每天都来得早走得晚，暗房是他的第二个家。

听见有人进来，他从各式各样的瓶瓶罐罐中探出脑袋。一见是我，他马上惊喜地迎上前来：“大哥，你回来了！”

我把一袋子胶卷往他手里一塞：“赶紧帮我冲洗！”

他二话不说，撸起袖子干起来。

出发之前我和他约定，希望工程的专题照片全部交给他来制作。“大哥，你放心！”他是个寡言少语的人，总是用最简单的语言表达最真诚的心意。几年来，文化馆的暗房工作一直交由他负责，只要广角影会组织影展，所有的参展照片都出自他之手。

“大哥，我发现你拍片子习惯曝光过一些，这样不太适合后期制作，也容易丢层次，冲洗时我把显影时间缩一缩，你看行吗？”他眼睛眨也不眨地盯着，征求我的意见。

“交给你，我放心！”我一摆手，安心地坐等照片。可不一会儿就按捺不住了，凑到他跟前去。

“噢，你看，这眼神！”张左一声惊呼。这不是那个大眼睛的小女孩吗？我迫不及待地把它捞出来，打开灯。啊，就是她，多么有神的大眼睛！

他屏住呼吸，好像生怕惊扰了她。“她叫什么名字啊？是哪里人？”好一会儿，他才轻声问我。

“她叫苏玉仙，安徽金寨人！”我仿佛回到拍摄她的那一刻。那一刻她的双眼带给我的震撼和感动，现在又一次喷涌而至。

我抄起电话拨到馆长办公室：“老马，我是海龙，我回来了！你快下来，到暗房来！”

不一会儿，一阵“啪嗒啪嗒”又快又重的脚步声由远及近，一听就知道是马馆长的大脚板。人没进屋，他的大嗓门就亮开了：“怎么样？海龙，有收获吗？”

“馆长你看！”我激动地把照片往他眼前一亮。

没来得及烘干的照片还滴着水呢，馆长立刻就被那双湿漉漉的大眼睛吸引住了。他紧紧地盯着照片，似乎想探寻那藏匿在心灵之窗深处的灵魂。他的目光小心地从照片上拂过，仿佛想拂去孩子脸上淡淡的忧愁。他的眉毛和嘴角不自觉地颤动着，眼睛也变得和与他对视的那双大眼睛一样湿漉漉了。

时间仿佛停滞了。好一会儿，他猛地一抹眼泪，从裤兜里掏出五十元钱塞到我手中：“太有震撼力了，这双大眼睛！我捐，我要捐给照片上的这个孩子！”眼里还泛着泪光，他兴奋地拍着我的肩膀，不住地点头夸我：“海龙，你真拍到好照片了！我就知道你行！你出去就不会空手回来！”

照片陆陆续续从定影液中捞出来，我逐一给他们介绍。这幅是南溪镇的“小光头”，这幅是新县的“大鼻涕”，这幅是罗田的朱老师，这幅是都想上学的俩姐妹……每一个被我记录的瞬间，背后都有一个令我难忘的故事。张左和马馆长认真地听着，当我讲到朱冬明老师从车上跳下来奔向孩子们，终于放弃了回城的时候，他俩都红了眼眶。

“让老董来看看！”马馆长坐不住了。他抓起电话：“老董，快到文化馆来！直接来暗房……嗯，海龙回来了……对，你快来看！咱俩打赌，你要是不哭，我请你喝酒！”

马馆长口中的“老董”，是我们崇文区文化局局长董维高。董局长和他是在原北京军区空军服役时的战友，这位老领导和马馆长一样，豪放威武，气度不凡，颇受下属敬重和爱戴。他来到暗房的速度之快，着实令我们吃了一惊。

“拿给我看！”他操着浓重的重庆口音，一进门就高喊一声，一句多余的话都没有。

我们把他让到桌前，他摸出老花镜戴上，急不可耐地拿起照片。看着看着，越挨越近，当他看到“大眼睛”的时候，脸几乎贴到照片上去了。暗房里一片沉默，只听得见几个人急促的呼吸声。董局长猛地回身，一把握住我的手：“辛苦了！海龙，你辛苦了！”

他抖抖索索地掏口袋，也摸出一张五十元纸钞塞给我，回头看着马馆长：“浩流啊浩流，你这个玻璃耗子琉璃猫，也该表示表示爱心了！”

“局长，不用你说，我刚才已经捐了！”马馆长急得一跺脚，脸涨得黑红，“太感人了！局长，你还没听海龙讲他这一路上的故事呢！”

还有什么比自己的作品得到大家的认可更令人欣慰呢？所有的辛苦和委屈都不值一提，都化为云烟了。

我将马馆长和董局长各自捐助的五十元钱认真折好，装进一只信封里。一幅滴着水的样片就得到两位领导的捐款，这是我事先没有想到的。突然之间，我全身似乎注入一股更强劲的动力，好像无数渴求的目光聚集在我身上，我感觉到前所未有的迫切和振奋，如同无形的浪潮推动着我一往无前。

35. 对不起，我食言了

大半个教室一片泥泞，七八个孩子一起拼命地舀水往外泼，我久久地凝视着这幅照片，心里有种莫名的躁动，红安县七里坪镇周七家小学发生的一幕重现在眼前。“一看你就不是好人！”我还是无法忘掉卢老师冲我嚷出的这句话，它像一根钉子扎在我的心上。如果说大眼睛的小姑娘给我带来最深的震撼，那么这幅《湖心小学》，对，我已经想好了这个名字，它带给我的则是最深的刺痛。

1991 年 4 月，湖北省红安县七里坪镇周七家小学，一场春雨让教室变成了小水池，孩子们在奋力往外舀水

解海龙　摄

发，还是不发？我脑子里交织着这个矛盾的念头。发吧，卢老师特意追上来，恳切地请求我答应周校长的要求，我也答应了他们不发表；不发吧，我心里憋屈得难受，他们当时七言八语地问，你是哪里的？为什么拍这样的照片？一看你就不是好人……朱恩光就说了，他们害怕照片发表之后，让地方领导没有面子，造成不好的影响。可是如果只顾他们的面子，孩子们的面子怎么办？学习条件那么差，连一间像样的教室都没有，这些谁来管？

发！别的照片可以先搁一边，但是这幅一定得发表。说不定这幅照片会给他们带去一点点帮助，让孩子们的学习环境得以改善呢？那时候我就要拍着胸脯理直气壮地问：你们说，我究竟是不是好人？

可我毕竟答应人家不发表啊，一想到这个，我又有些犹豫不决。一大摊浑浊的泥水、一张张挂满水珠的小脸、教室前面横七竖八的破桌椅、泥水中倒映着孩子们的身影……此时，那一瞬间的场景定格成影像，就在我面前真实地展现着，令我无法回避。“周校长，卢老师，请你们理解吧！”我默默地说。我不是一个不信守承诺的人，可是这幅照片我必须拿出去发表，因为我不仅仅只是为了证明自己是好人，对我而言，这更是一份责任，一种使命。

“1991 年 4 月，湖北省红安县七里坪镇周七家小学，一场春雨让教室里变得一片泥泞，孩子们在泥水里仍坚持继续上课。”潜意识里受了朱恩光的影响，我用一句话说明这幅照片，简明扼要。

几天之后，一个找我的电话打到文化馆，是香港一家电视台。当他们告诉我，他们将专程来北京采访我的时候，我傻眼了。直到电话那头挂断的“嘟嘟”声响了好久，我才回过神来。

“不会真惹出什么事儿了吧？”虽然我自信没有问题，但还是不由得一阵紧张。揭露阴暗面？绝无此意！我很清楚自己在做什么。我可以堂堂正正地告诉每一个人，我只是用镜头如实反映，用照片为他们呼吁社会的关注。我是中国青少年发展基金会的志愿者，“中国希望工程摄影纪实”得到了他们的认可和支持。是的，我还担心什么呢？

两天之后，香港电视台的记者们带着当天刊登了《湖心小学》照片的报纸如约来到我家。我努力抑制住激动的心情，屏息凝视着报纸上的照片，画面中的艰难困苦似乎也因为照片的放大而放大，愈发显得触目惊心。

之前的顾虑显然多余了，记者们关心的是拍摄这幅照片的前前后后究竟发生了什么，我原原本本地给他们讲了事情的来龙去脉。除了报纸上的这幅以外，我找出另外一幅孩子们正在奋力舀水的照片给他们看，他们脸上的表情凝固了，那是难以置信的表情。

“解记者，您受苦了！”香港记者们为之动容，眼里全是灼热的感动。

“如果不是亲眼所见，我也觉得难以置信！”我打开“百宝柜”，拿出两个胶卷盒。“当时就是这只胶卷，险些被老师抢走！”我郑重地说。“这个胶卷盒我一定要好好保护。——这只，”我拿起另外一个颜色显得暗沉的旧胶卷盒对他们说，“想听我讲讲这只胶卷盒背后的故事吗？”

记者们用眼神交流着，纷纷点头，脸上露出疑惑而好奇的神色。

“有一次我们去山里，偶然找到一所山村学校。那天的拍摄结束后，我刚走到山底，隐约听见有人呼喊我，原来是孩子们在山顶上挥着胳膊大声叫唤：‘叔叔，您丢东西了！’我急忙打开摄影包翻了半天，相机、胶卷、镜头盖都在，于是朝他们摆一摆手，继续赶路。没想到，一个小男孩硬是从山上追下来，他气喘吁吁地赶上我，满头大汗，一双脏兮兮的小手摊在我面前，非常认真地说：‘叔叔，您丢东西了！’我一看，竟然是这个被我随手丢弃的胶卷盒！那一刻，我百感交集，心里特别感动。我对自己说，我一定要为这些孩子们做些什么！”

两个胶卷盒并排躺在我的掌心，屋里一片寂静。我相信，这个感动过我的小故事一定也感动了在场的记者们。半晌，领队的记者说：“董事长看到这幅照片，非常震惊。他让我们去一趟七里坪镇周七家小学，实地考证！”这时我才知道，原来他们是受香港电视广播有限公司董事长邵逸夫的委派而来的。

去吧，尽管去！我心中莫名地雀跃，隐隐约约有一种预感，也许因为这幅照片，周七家小学即将发生改变！

36. 妈妈，让我上学吧，我可以不吃午饭

我和朱恩光第二次出行的时候，五月的石榴花开得正艳。

“蒙山高，沂水长……”一提起沂蒙山，耳边自然就响起这首《沂蒙颂》。在抗日战争和解放战争时期，先后有十万沂蒙忠烈血洒全国各地，献出了宝贵的生命。最后一个儿子送战场，最后一口粮当军粮，最后一块土布做军装……一个个感人至深的英雄故事，一段段水乳交融的军民鱼水情。一路走过，听老乡们亲口讲述当年的故事，让我们再一次触摸到那段历史，一次又一次地震撼了我们的心灵。

劳动人民像大山一样宽厚坚强的臂膀，托起了中国革命的胜利，沂蒙母亲香醇如饴的乳汁，养育了用简陋武器战胜敌人的子弟兵。可是，这片被英雄的热血浸染过的土地，却并不因为历史的光辉而被厚待。这里有着充足的阳光和雨水，有着形状各异的山峦和深谷，但秀美的风光并没有带来更多的粮食和收成。走进村庄深处，几乎看不到像样的房子。常常，一户六七口的人家就挤在一间缺砖少瓦的泥屋里，屋檐下挂几串干巴巴的老玉米，旁边一个残缺不全的羊圈。捉襟见肘的贫困生活一望可知，孩子们上学的艰难更不必说了。

在山东省临沂市沂南县黄山坡村，那个捏着粉笔头在大石板上写字的小女孩让我久久迈不开脚步。她拿着一本小书，照着书上的字，写得很认真，石板上稀稀落落地写着“东、水、子、火……”稚气但工整。一只羊拴在小树上，小羊也不惊扰她。方圆十多里地我们没有看到一所学校，也许这片村

庄的孩子们，只能像她这样，以地为席，以天为幕，在一块块简陋的大石板上，编织自己美丽的梦想和希望。

平邑县铜石镇西点村，一所半新的校舍令我眼前一亮，可教室里的情形却大大出人意料：一屋十多个孩子席地而坐，俯在高高低低、样式各异的条凳、椅子上写作业。接受我采访的老师，感激和满足的言语中也有掩饰不住的无奈和企盼。他说："这里原来是一间快要坍塌的教室，村主任号召大家集资，给孩子们重新翻盖学校。穷归穷，但为了孩子，村民们各尽所能。老太太们整天守着鸡窝，小心翼翼地拿着攒足的鸡蛋去卖钱；早上四五点天刚蒙蒙亮，老爷爷们一睁眼就跑去山里拾粪蛋，背回一大筐，也卖了钱拿来捐款。好不容易盖起了教室，实在没能力再给孩子们添置桌凳了。有了新教室，娃儿们都非常开心。吃不上饭饿肚子不算什么，坐在地上听课更不算什么苦了。住得远的孩子，每周带一次口粮，一袋没有油水的地瓜煎饼哪里能填饱肚子啊！左省右省也熬不到周末。后来，原本活泼爱动的孩子课余时间都不出去玩了，安安静静地看书，减少消耗量，能省一顿就省一顿。他们天真地认为，两餐并作一餐，或许能尝尝'饱'的滋味。"

平邑县保太乡，一帮孩子蹲在坟地边上起劲地捣鼓。待我走近，发现他们拿着细树枝、小铁棍，在地里挖着什么。一眼看去，坟头周围的每一寸土地都松松的，全被他们翻过了。我一问，才知道他们在捉蝎子。"可以吃吗？"我问，这是我的第一反应。孩子们都被我老老实实的联想逗乐了。他们说："抓了蝎子是拿去卖钱换文具的，一只大蝎子卖一毛钱，可以买一支铅笔，小的只能卖五分钱，买一块橡皮。""本子就不买了！运气好的时候，能捡一些挂在坟头的白纸条，拿回去裁整齐，就是作业本！"一个大男孩愁眉苦脸地给我看他的空酒瓶，说这里已经被他们翻了个底朝天，很难再捉到蝎子了。可是除了这块坟地，哪儿还能找到蝎子呢？

我不禁又想起徐永光给我讲过的张胜利的故事。为了不辍学，他剃光头，卖了头发又把全村人剪掉的指甲收集起来卖钱。而看着眼前的这些孩子，我

1991年5月，山东省临沂市沂南县黄山坡村，一边放羊一边写字的小女孩，石板成了她的作业本［左页图］

解海龙　摄

1991 年 5 月，山东省临沂市平邑县铜石镇西点村小学，村民们集资翻盖了教室，但再也无力为孩子们购置课桌了，孩子们只能趴在凳子上学习 [左页上图]
解海龙　摄

1991 年 5 月，山东省临沂市平邑县保太乡，沂蒙山区的孩子们为了能上学，课余时间去墓地里捉蝎子卖钱换书杂费 [左页下图]
解海龙　摄

1991 年 5 月，山东省临沂市平邑县保太乡孔家白壤村，毛可凤功课很好，可一到交书杂费的时候全家便犯了愁 [下页图]
解海龙　摄

有一种无能为力的凄凉，他们面对的何尝不是同样的艰辛和困难？当我将镜头对准他们的时候，只能默默地在心里祈祷，但愿有一天，你们的境遇会得到改善。

也就是这天，我们找到保太乡中心小学。吴乡长得知我们的来意之后，立刻放下手头的工作，热情地说："走，我带你们去家访！"

一条蜿蜒盘旋的山间小路从校门口往村里延伸。吴乡长走得很急，我们紧跟着她，一路上听她讲述一个名叫毛可凤的女孩的故事。

"毛可凤十四岁，是班上成绩最好的学生。去年秋天，刚上五年级没多久就被她爸领回了家，因为家里穷，供不起她读书了。"吴乡长刚一开头，我心里一沉，这又是一个因贫困而辍学的孩子！

"这几年，她断断续续地上学，中途好几次辍学。她有一个姐姐，还有一个两岁的弟弟。这孩子懂事，知道父母起早摸黑不容易，从小就帮着家里干活，拾粪、砍柴、挖野菜，什么都做。上学之后，更是为自己读书而给家里增加负担而愧疚。每天早上她都会把家里的水缸担满，一放学就赶紧回家帮妈妈洗衣做饭，照顾弟弟。虽然条件艰苦，但她学习非常努力，回回考试都是班里第一。

"升四年级了，可凤又没来报到。我知道，每一年开学的日子，都是她最难熬的时候。下班后我去她们家家访，正好碰见她和她爸的一场争执。她乞求她爸，只要能再上最后一年，让她做什么都行。她爸既生气又为难，看着可凤泪水直流，他也不忍心。可是实在没有办法，下面还有弟弟，也得给他攒点钱读书啊！她爸一番长吁短叹，说，都十四岁的大女孩了，反正将来要嫁人，读了几年就够了。可凤哭着去求她妈，做娘的也泪流满面，终究抵不过孩子的哀求，就让她去上学了。

"五年级开学的时候，她又出现在学校了，可是这孩子变得不合群，更沉默了。有一天，一个学生神神秘秘地向老师报告，说毛可凤假装吃饭。老师一听，忙问是怎么回事。那孩子说，毛可凤每天中午一下课就跑到学校后

面的小山坡去，到下午快上课的时候再回来。前天他们悄悄地跟去了，发现她坐在地上看书，旁边的饭盒里什么都没有，她却拿个铁勺，时不时装模作样地在饭盒里舀一勺。他说得认真，老师心里已经明白了七八分。第二天一早，老师把毛可凤叫到办公室。老师说，可凤，让我看看你的饭盒，你带的什么午饭？孩子一脸惊慌，她知道瞒不住了，脸憋得通红，眼里旋转着两团泪水……”

说到这里，吴乡长的心情似乎有些波动，她放慢脚步，叹一口气，故事也戛然而止。

“到底是怎么回事啊？”我忍不住追问。

“半晌，可凤才回答老师，她和爹妈说，只要让她上学，她就不吃午饭！”

“不吃午饭？”我和朱恩光几乎同时叫起来。

“是的。原来她和家里说读完四年级就再不上学了，可升五年级之前，她又哀求她爸，让她再上一年，这次说话算数，真的是最后一年。当爹的既恨自己无能为力，又怨女儿不懂事，这个老实巴交的农民只能硬着心肠一甩手扎到地里干活去了。可凤把最后的希望寄托在她妈身上，妈妈也心疼，无奈地跟她说，你看把你爸累成这样，你又要上学又要吃饭，咱家哪来的钱啊！谁想到这孩子突然跪在她妈妈面前说，妈，只要让我上学，我以后中午不吃饭！”

“听可凤讲完，老师一下子把她搂在怀里。从那以后，老师每天都帮她带一份午饭。这孩子腼腆而倔强，一开始她怎么都不肯接受。可是即便这样，两个月之后，她还是被迫离开了课堂。”吴乡长的声音里满是惋惜。

一阵短暂的沉默，只有我们一行三人窸窸窣窣的脚步声。初夏的阳光如灿烂的音符一样洒满山间，却没能给我带来一丝欢愉。走过二三里地，拐过一个弯，吴乡长告诉我们不远处那座孤零零的房子就是毛可凤的家。

“这孩子一直都不甘心就这样失学。被她爸带回家后，经常在家门口守着，等老师下班路过她家门口时，就截住老师，把几张零零碎碎的纸片递给老师，跟老师说，那是她照着书本写的作业，求老师给她批改。那如饥似渴的求知欲啊！好多次，老师走出老远，回头还能看见她的身影……”

一间泥坯房立在小坡上，抬头一望，我仿佛又看到杨永香、杨永贵家那个没有围墙的小院子。“可凤！可凤！”吴乡长一边叫唤，一边招呼我们往上走。

“吴乡长！”一个女孩儿应声从坡上跑出来，探着身子朝这边张望。她个子很高，衬衣不太合身，短了好长一截，颜色灰黄，显然已经穿过好多年。看见乡长身后还跟着两个陌生人，她一下子有点不知所措了。

“来，可凤！这是北京来的叔叔，就想看看你。你特别想上学的事儿，给叔叔说说吧！”吴乡长和颜悦色地说，鼓励地望着她。

她的脸上突然飞起两片红云，转身跑回屋去。吴乡长没想到她会这样，朝我们歉意地一笑：“咱们上去吧！”

一上土坡，这个贫苦的家一览无余地展现在我们眼前。

小院里不见人影。两个生了锈的铁桶，一口大水缸，一张矮桌摆在院中间，占了院子一大半，屋门口的两条绳子上挂着几床露出了棉絮的被褥。说是屋门，其实并没有门，只是一个低矮黑暗的“洞口”。一堆草把子横七竖八地扔在土坯房上当作屋顶，唯有一棵绿油油的小树给这个沉闷而破落的院子增添了几分生气。

当可凤再从黑乎乎的门里钻出来时，我一眼发现她脖子上多了一条褪色的红领巾，孩子脸上也抹上了一丝欢欣的神采。

“吴乡长！”她一边叫着吴乡长，一边悄悄地瞅一瞅我们，刚想说什么，从屋里钻出一个小男孩扑到可凤身边。随着一声苍老而浓重的口音，一个蹒跚的身影跟了出来。

“可凤爸！”吴乡长向那人打招呼。他那双呆滞的眼睛朝我们看了看，我赶紧向他点头："老人家，您好！"

老人家？话一出口我马上意识到说错了。可凤十四岁，她爸应该和我年龄相当，可他那副被生活的重担压得直不起腰的身板，那满是风霜愁容的面颊……

"可凤爸，这是北京来的记者。听说了你家可凤的事儿，来看看她呢！"吴乡长的声音听起来亲切婉转。我明白，也许哪一句不经心的措辞就会触痛这个庄稼汉和他女儿的心。

他先愣了一下，然后一屁股蹲坐在矮桌旁边，本来就矮小的身躯顿时又向下缩了半截。他重重地"唉"了一声，颓唐地垂着脑袋，嘟囔着："咳，这孩子！"一张烙饼似的单布帽扣在他头上，老半天都不抬起头来。

"吴乡长，是我对不住孩子啊！"可凤爸闷声说道，手里的旱烟袋敲在硬邦邦的地上"嘭嘭"作响，"可这几年下来也实在不容易！咱没能耐，一点薄地，我和她娘起早贪黑地干，也没几个收成。家里四五张嘴，抠抠攒攒省下来的一点钱都给她读书了，能想的法子都想了。她还要读五年级，咱家没这个能力啊！"

他抬起头望着女儿："你还有弟弟是不是？好歹得让他也识几个字吧？"突然，他眼神里升起一丝愠色："你又把红领巾戴上干什么？我知道你心里不痛快，你也别老拿这个和我较劲！"

"这娃儿是存心和我过不去啊！"他把目光转向我们，仿佛要寻求一种理解和支持。他的声音里是清清楚楚的无奈和痛惜。

"我要戴！"一直沉默着的可凤突然迸发出一声高喊，"就是要戴！"刚才的神采黯淡下去，她的眼神阴郁但坚决，声音却哽咽了，两条清亮的泪水沿着面颊流下。

吴乡长眼里也泛起一层泪光。她走到可凤身边，将她轻轻地搂在怀里说："可凤，再等等，过段时间说不定你还能再上学呢！"

太阳渐渐偏西，院子里显得有几分落寞。可凤的啜泣声，她爸的唏嘘声，还有她顽皮的弟弟压抑着的嬉闹声，在我耳边嗡嗡作响。每个人都心事重重，只有可凤胸前的红领巾在这个简陋的院子里分外夺目。一阵微风吹过，把屋门口两张破旧的纸条吹得“哗哗”响。我依稀辨识出纸条上的两排字：“山明水秀，前程似锦。”看看这个院子，这是多么巨大的反差啊，可这又是多么美好的愿望。

这座大山里，不知道还有多少像可凤这样渴求上学的孩子。他们的父母是如何为了他们能够上学而辛勤劳作，同时省吃俭用并几近苛刻地对待自己，又是如何拉下脸皮东奔西跑地借钱，仍凑不足每年四五十元的书杂费；他们因交不起书杂费，也许一次甚至数次面临失学或者已经陷于失学的窘境；他们流着眼泪离开小伙伴们，离开带给他们快乐和梦想的校园；他们幼小的心灵承受着怎样的折磨和痛苦，又在绝望中萌生着怎样的希望。

当我用镜头忠实地记录下这一刻时，心里只有一个念想：我要让更多的人听到贫困学子渴望读书的心声。

37. 你们承受着生命之重

大别山、沂蒙山、太行山、内蒙古高原……一出去就是几十天，回到家也是东奔西忙难见人影，对于志想和孩子，我心里有种说不出的内疚。小飞从小学到初中，我几乎没有操过心，也不曾记得参加过他的家长会。志想则担负起整个家，教育孩子，照顾老人，辛苦但毫无怨言。我把工资交给她，却又要从她手里拿回更多的钱，她从来没有皱一下眉，说一个“不”。每次当我跨进家门，她连日的牵挂才落地，家里的气氛就像过节一般热烈，迎接我的是温暖的爱与关怀。

“和你商量一件事？”在我又一次出发前，志想一反她的爽朗直率，说得有些犹豫，“我也想学摄影，你看行吗？”

一起生活这么多年，我也没发现她有什么兴趣与爱好，她将自己的全部都献给了这个家。

“好啊，可是我没有时间教你呀！”我认真地说。

“谁让你教啊！你放心，我决不拖你后腿，我自己去学！”刚才的一丝犹豫一下子消散了，她展开笑颜。“我老是琢磨着，我俩要有共同语言，你作品的第一个读者是我呢。我想，光支持你是一码事，对摄影的理解、对照片的解读，是更重要的事儿！”

她想学摄影的出发点依然是为了支持我，也是为了寻找共同的语言！

多次出行，我和朱恩光算得上一对“最佳搭档”。虽然我俩的摄影方向不同，有些理念并不一致，也常常会为坚持自己的选择而争辩，但我们又彼此尊重，给予对方最大限度的包容和自由。从最开始的磕磕绊绊到现在的轻松随意，倒也颇为合拍。

朱恩光对风光摄影有他独到的见解，这一点着实令我欣赏。虽然我们同岁，但一路上他一直像兄长一样照顾我。那次我扭了脚，他亲自为我敷药，给我按摩；上回去山东的时候，我们揣着干粮在山里紧赶慢赶，好多天都没吃上一口青菜，我便秘得难受，他在夜里打着手电为我采来草药给我煮水喝。这些，我都铭记在心，终生不忘。

赤热的骄阳，飞扬的尘土，沟壑纵横的陕北黄土高原再一次展现在我们眼前。对我而言，陕北的意义非同寻常。走在土路峡谷中，伴随我的是自信和充实。六年前在这里拍摄的《与民同乐》，在“十年一瞬间”影展上引起大家的关注；也是在这里，我在长途车上遭遇抢劫，他们促使我加快了拍摄这组专题的脚步。

不同的目的，不同的心情。1991 年 9 月，再入陕北，我的镜头之下，不自觉地少了渲染，多了真诚。

1991 年 9 月，陕西省榆林市绥德县义合镇楼沟村小学，学生们在窑洞里上课，每人都有一块石板当写字本用

解海龙　摄

欢迎

杂草丛生的山坳坳里平整出一块不大的地，几孔窑洞相连，墙壁的泥土都剥落了，在蓝天的映衬下更显荒凉。足足走了十多里地，我们才找到绥德县楼沟村这个不起眼的学校。

我悄悄地走近，贴着门缝往里瞧，“吱呀”一声，门一下子开了。

“您找谁呀？”一个小伙子应声回过头，疑惑地问道，不过语气相当友善。课堂突然被打断，十多个孩子一齐望过来，好奇地打量我们。

“老师，对不起！”我连忙说，“我是从北京来的，想了解一下山里孩子的学习状况！”我拍一拍挂在胸前的相机，“也想给孩子们留个影！”

“噢，给孩子们拍照啊！”小伙子的眼睛一亮，看他那一脸没褪尽的青涩，分明自己就是个孩子。“同学们，我们欢迎北京来的叔叔，大家鼓掌！”说着，他率先拍起手来，孩子们也跟着举起小手。一时间，教室里的掌声响成一片。

我赶紧摆手：“不耽误你们上课，你们该干吗就干吗！”窑洞里光线昏暗，我无意中瞅见每个孩子面前都有一块小黑板，虽然一块比一块破，看上去倒是新颖。于是我指着小黑板对老师说：“你教他们识字吧！”

“哦，好的！”老师马上领会了我的意思。他稍稍思索了一下，拿起半截粉笔来：“今天我教大家两个字——‘欢迎’！”

说着，他转身在墙上一块涂了黑漆的薄木板上写起来，一边写一边说：“大家仔细看，这是‘欢’，这是‘迎’。同学们照着写下来，写完了就举起小黑板，我看看谁写得好！”

孩子们表现得特别兴奋，争先恐后地说：“老师，我写好了！”前排角落的一个小男孩第一个站起来报告。他话音刚落，旁边几个小孩子也纷纷举起了小黑板。我赶紧调整位置，拍下这个镜头。

“嗯，同学们今天都很棒！”老师一一检查学生们的作业，笑眯眯地表扬他们。

放下相机，我仔细一看这些小黑板上的“欢迎”俩字，觉得特别别扭。

“小伙子，你多大啊？教多久了？”我问他。

“刚二十呢，也没教多久，才一年。”他有些腼腆。

“你自己念过几年书呀？”

“两年。”他犹犹豫豫地伸出两根手指头。

“啊，你才上两年学就能教书？”我非常惊讶。

“村里没几个人识字，我不教就没人教了！我就是一个代课老师。”

“你看，”我把小黑板拿到他面前，“这‘迎’字不应该有那一点呀。”

他的嘴巴张得老大，拿起黑板看了又看。“您这一说，我也糊涂了，到底有没有一点？”他一副难为情的模样。

“小伙子，你教错了！”我说，“‘迎’字没有这一点。你今天教给孩子们一个错字，他们可能一辈子都改不过来呀！”

他急忙擦去那多余的一点。“我的文化不够用啊，以后有机会，我也还要上学！”他涨红了脸。

看着十多块小黑板上错误的“迎”字，我清醒地认识到另外一个问题：希望工程的范畴应该更大一些。孩子是祖国的未来，是祖国的希望，而老师则是希望的希望！山区师资奇缺、本身文化素质欠佳，这无疑是农村教育面临的又一困境。

“这里还有别的学校吗？”临走前，我向这个羞愧的小伙子打听。

“有，在国子沟村！”小伙子说，“那里有个学校，也不是什么正规学校，只是一个民办教学点。”

次日，我们一路向北，又是一二十里山路。翻过几座山，竟然没遇见几个人。国子沟村不大不小，小伙子说的民办教学点在老乡眼里却是一个了不起的地方，一个热心的老乡把我们带到学校门口。

从几根朽木勉强支着的窗棂子里望进去，一张没有铺盖的土炕把屋子占据了一半，这是谁家的屋子改成的教室？炕边并排两张桌子，一块劈得不平整的木板上打两个洞，穿上麻绳，往土墙上随便一挂就是黑板。几个六七岁的孩子正挤在一起，用和老师同样的乡音跟着念“1，2，3，4”。墙角处

躲着一个更小的男孩子，可能是谁家的小弟弟没人照看，只好跟来了吧。老师大概五十来岁，脊背微弓，一张胡子拉碴的脸因为瘦黑而显得憔悴，唯有他身上那件皱巴巴的白衬衣给他增添了一点点区别于平常村民的文化气质。

“咔嚓”一声，快门一响，几个孩子应声扭过头来。这时我突然觉察到，今天是 9 月 1 号，又是一个新学期，全国的孩子们都开学了，这些山里的娃娃们今天上的竟然是第一课。

“老师，你好！”我隔着窗户朝他打招呼，推门进去。

从他口中，我了解到他在这个村里做了二十多年民办老师，一辈子去过的最远的地方就是县城。“村里的孩子多考出去一个，我心里就多一份踏实！我家闺女和儿子也当老师，离得不远，翻过山头就到了。”

“一家人都在山村里教书？”我惊讶地问，这位父亲竭力把山里的孩子送到城里，却让自己的子女都留在了乡村。

我们找到他女儿所在的学校。一眼望见，露天之下，十几个孩子盘腿屈膝席地而坐，如果不是孩子们面前摆着书本，我险些怀疑自己走错了地方。

1991 年 9 月，陕西省佳县贺家焉小学，教室里面很昏暗，学生们就在室外上课

解海龙　摄

我简单地做了自我介绍。“是你父亲告诉我你在这儿的。真不容易啊，为了山里的孩子，你们一家人都扎根农村！”我由衷地表达自己的崇敬之情，一听说我从她父亲那儿来，她的脸上浮起一丝微笑。

“孩子们为什么不在教室里面上课呢？”我很是不解。环顾四周，旁边有一间很大很高的屋子，那不是教室吗？

“那也算不上教室，原来是一个堆放杂物的仓库，缺桌少椅的，里面光线又不好。我们索性把屋前这块地铲平了，既宽敞又亮堂，挺好！”姑娘比她爸开朗得多，说起话来轻快活泼，“只有雨雪天我们才去屋里上课！”

以天地作课堂！孩子们的坐姿各式各样，但相同的是他们认真的神态。书本有的搁在地上，有的放在膝上，有的捧在手上，小石子、粉笔头、小瓦片，凡能画出印记的东西，都被当作他们的笔。待地上写满了，拿鞋底一抹，旧的字迹被抹掉，面前又是一张新的“作业纸”。从地上的一些拼音字母来看，他们应该是一二年级的学生。

一个孩子举起手叫老师，大概是遇到了问题。姑娘冲我点点头，转身走到学生旁边去了。

我走进屋里，想看看这个不管用的教室到底是什么样子。里面果然一片昏暗，几张断了腿的椅子横七竖八地倒在地上。墙边竖着一架长梯，我顺着梯子爬到屋顶。从上面望出去，俯视的角度正好看见老师和满地的孩子，我赶紧拍摄下这个画面。

“您快下来！”姑娘仰头瞧见我，又急又笑地朝我摇手，“这梯子不结实呢，屋顶也不安全！”

一听这话，我赶紧撤下来。屋子三四米高，我还背着沉重的摄影包呢。

“姑娘，你这儿有水喝吗？”朱恩光抬起衣袖抹一把额头上的汗，一天跑了几十里路，嗓子眼都冒烟了，水壶里的水早就一滴不剩。

“有，您跟我来！”她带我们往屋里去。墙角摆着一口大水缸，她揭开

1991 年 9 月 10 日，陕西省榆林市佳县王家焉小学，一间没有桌椅的教室，没有讲台，也不见老师

解海龙　摄

盖子，递给我一只葫芦瓢："您喝吧！"

两瓢凉水下肚，整个人感觉清爽了许多，我心里又感激又愧疚。在这水源并不丰富的黄土高原，他们储一缸水可不像我们在城市里那么容易。

屋外又有一个孩子在叫老师，她忙着出去了。她那充满活力的身影，她给孩子们解答问题时亲切的言语，她展现给孩子们和煦如春风的笑颜，她面对艰苦的教学条件而如此坦然……所有这些，都让我们对这个年轻的女老师心生敬意。

我们没有再打扰她，只是记下她和学校的名字，并将我的地址留给她。

吴堡、绥德、米脂，连日走访，不得不说，无论是乡村小学，还是民办教学点，这里的教育状况都令人担忧。在米脂县印斗乡峁圪塔村小学，一间窑洞教室里两面墙壁上各自用墨水抹黑，一组孩子向左，一组孩子向右，原来那是一个"二级复式班"。站在教室门口，我想起自己五岁那年，第一次走进老家景县那所河畔边的教室时，也是这样的复式班。如今三十多年过去了，除了原来黑板上的"ㄅ、ㄆ、ㄇ、ㄈ、ㄉ、ㄊ、ㄋ、ㄌ"旧式拼音变成"a、o、e 、i、u、ü"，一切竟然恍如往昔。

在佳县王家焉小学的教室里，我们碰到一群玩闹的孩子。

又是一间没有桌椅的教室，没有讲台，也不见老师。一块长石板搭在两块矮石墩上，上面摊着几本翻开的书。窗户没有玻璃，几个顽皮的小男孩隔着空窗框钻来钻去嬉闹得正欢。

“你们老师呢？”我问。

“老师今天不上班！”蹲在窗口的小男孩抢着说。

“今天不是休息日呀？”我很纳闷。

“今天是教师节，我们老师进县城开会去了！”坐在石墩上看书的小男孩告诉我，他显得比其他孩子安静、沉稳。

噢，不知不觉，我们从出门到现在已经快半个月了。

转了一圈，这所小学校再没有其他的教室，也不见有其他的老师。我们和孩子们一起玩笑逗闹了一阵，才知道他们的老师去县城开表彰大会了。“老师回来后向他们问好啊！”离开时我对几个孩子说。“是！”一个大点的孩子立刻立正打了个敬礼。

当晚，我们在县城小招待所住了下来。正和朱恩光商量着明天的安排，突然有人敲门。

打开房门，一高一矮两个中年男人站在面前，各自抱着一个脸盆。

“您好！我们是王家焉小学的老师，听说今天您去我们学校了。”不等我开口，那位高个子抢先说话了。

“快请进！”一听说是老师，我赶紧将两人请进屋，一边让座一边问：“你们怎么知道我们在这儿呀？”我十分诧异。

“是学生告诉我们的。你们离开后，两个学生一直在后面跟着你们！”

“我们也没什么事，听孩子讲有两个说话很好听的叔叔来看望我们了，我们就想来跟你们道个谢！”矮个子老师补充道。

从王家焉小学到这里至少也有七八里路，孩子们悄悄地跟了我们这么远，

1991 年 9 月，陕西省米脂县印斗乡峁圪塔村，一个老师同时给两个年级的学生上课 [下页图]

解海龙　摄

12345
一二三四五六七
aoeiu

就是为了向他们的老师详细汇报啊！这群淳朴可爱的孩子！没想到我们随意的一句话，他们却那样认真。

“听孩子们说，你们今天去县城开会了。”我拉他俩坐下。

一说开会，俩人不禁咧嘴笑了。

“这脸盆是咋回事啊？”看他俩一人抱着一个，我问。

“今天是教师节，这是县里发给我们的奖品。”高个子老师拿手指在盆底敲了敲，“哎，可惜没卖掉。”

“卖掉？”我问他，“为什么卖掉？”

“咱们村里穷，拨不出一分半文钱。您也看到我们那学校了，啥都缺！”高个子老师打开了话匣子，“前两年好不容易通了电，可直到现在，一个灯泡都没有。粉笔都是拿手搓的，把小的粉笔头弄成碎末，拿水搅和，再搓成粉笔形状，晒干了继续用。好不容易今天进城，我俩就一前一后扛了一根长木头，赶早去集市上卖了十块钱，划算了半天，十块钱只能买我们最紧缺的东西，最后买了一些三角尺、作业本和粉笔。”

难以想象，他们是如何扛着木头走了近十里山路到县城去的。

…… ……

他俩的身影消失在夜幕中。想起这些天来遇见的乡村老师，一股酸涩和莫名的怅惘交织在我心里。这许许多多平凡的老师，竭尽所能地为孩子们撑起了一片希望的天空，尽管这片天空还不是那么亮丽。大家都说，老师培养了祖国的栋梁，也正是他们，支撑起我们一代又一代人的脊梁。

夜里，难得落下了几滴雨点，稀稀落落地打在屋檐上，把宁静的黑暗震动起来，我的心久久不能平静。

38. 烤烤冻僵的小手，继续上课

每次回来，我第一个要见的人就是张左。一堆胶卷交到他手里，我一百个放心。他干活细致，从未出过差错，对于照片的质量，他比我还较真。他会不厌其烦地征求我的意见，然后一丝不苟地调整，经过他神奇的双手，照片在简单的黑白灰中呈现出令人满意的表现力。

志想不仅仅是支持我，在工作上对我的帮助也是实实在在的。她会将我冲洗好的照片一一归类，给每一幅照片标注上时间和地点。她还会提醒我，下次不要忘了记下那些主人公的名字。那次她听我讲了杨家姐妹的故事，心疼得直叹气，马上翻箱倒柜清理了一包衣服，洗干净之后给她们寄去。

小飞最盼望的事情就是听我讲故事，每次听完故事之后，他都会默默地回味好长时间，我能看出他复杂的心情。那些坐在地上上课，趴在石板上写作业的场景是他难以想象的。在他的生活中，什么时候见过露出膝盖和脚趾的衣裤鞋袜？什么时候看见过短小得无法抓握，只得拿树枝接上一截的铅笔头？我也悄悄发现了他的某些小变化，他把旧作业本上剩余的空白页集中起来，装订成草稿本，那些原先随意丢在桌上，笔芯还剩一半的笔也被他重新装进笔盒。我知道，是这些照片冲击了他的心灵。

一场寒流来得凶猛，早上一觉醒来，我发现忘在阳台上的一盆龟背竹被冻蔫了，原本一片片挺拔的绿叶全都无精打采地垂下了头。窗外的冷空气激得我打了一个寒战，这个冬天来得太早了。

我突然想到山里的孩子们。在这天寒地冻的日子里，他们的衣服是否厚实？他们的教室是否能遮挡住寒风？一想到这些，我立刻收拾好摄影包，赶上开往河北省承德市滦平县的长途汽车。

风雪交加，二百多公里的路程颠簸了五个多小时。

荒僻的村庄行人稀少，飞雪漫天，阴霾的空中偶尔有几只乌鸦飞过。我

小旗手
学习

1991 年 12 月，河北省承德市滦平县拉海沟乡大店子村小学，气温骤降至零下 20 摄氏度，孩子们烤烤冻僵的小手继续上课 [左页图]

解海龙 摄

戴好大棉帽，把衣服裹紧，沿着小路不知道走了多久。在滦平县拉海沟乡大店子村，我终于找到一所小学校。

一根木棒支起的屋梁，糊着报纸的窗户在风中哗哗作响，我轻轻地推开缺了一块木板的房门。

屋里墙壁斑驳，像冰窖一样寒冷。屋中间的泥炉上满是裂缝，一根歪歪斜斜的烟筒伸出窗外。八九个孩子围坐在几张破桌子旁读读写写，有的流着鼻涕，用手捂着冻得通红的耳朵，有的跺着双脚，有的把小手凑在嘴边，不时哈一口热气，细弱的读书声和着稀稀落落的杂音起起伏伏。一见进来了陌生人，他们都转过身来，然后望着老师。

这位老师很瘦弱，大概有五十多岁。他走近我，费力地睁开眼睛和我打招呼。

走到孩子们身边，一看那些捏着笔头的小手，红肿、皴裂，手上全是血口子，我的心猛地一痛。“疼吗？”我轻轻握住一个小女孩的手。她怯怯地看我一眼，摇摇头，继续写作业。

这时，老师朝孩子们喊道：“大家写完了吗？写完了赶紧来烤烤火！”说着，他揭开泥炉子上的盖子，抓起两块煤扔进去。

孩子们一下子围到教室里的泥炉子边上来，黑乎乎的烟筒上顿时爬满了好多双小手。小手贴着烟筒贪婪地搓来搓去，似乎想让那点温热一丝不漏地传递到自己身上。

一个小女孩没有挤到烟筒边去，她挨着泥炉，伸出双手贴在炉墩上。一身臃肿的旧棉袄裹在她身上，因为个子太小，一条长长的围巾拖到她脚边。她稚嫩的小脸冻得通红，而脸上却挂着安静的微笑。

“你叫什么名字？”我俯下身，轻声地问她。

“我叫梁清华！”她扬起脸，声音细小却很清晰。

“清华！好有志气的名字！”我轻轻地摸摸她的头。

“好了，大家继续上课！”休息了大约十分钟，老师一挥手，孩子们自觉地各就各位，重新拿起书本。

并不温暖的炉火带来的那一点可怜的热度在这寒冷的教室里又能持续多久呢？不一会儿，孩子们又开始跺脚哈气。“先烤烤火吧，咱们再接着上课！”老师又说。

“冬天孩子们就这样上课？”我忍不住问老师。

“没有办法啊，每年都这样。只盼着开春就好了！”看着这些懂事的孩子，老师一脸心痛，却也无奈。

我从教室里出来的时候，雪停了，风未止，一缕惨淡的阳光在天边忽隐忽现。我站在雪地里迈不开脚步，寒风刺骨，像针一样穿透心灵。我的目光越过土墙，似乎又看到孩子们冻僵的小手和那个小女孩平静的笑脸。冬天已经来了，春天还会远吗？多么希望，来年的冬天，你们能坐进明亮温暖的课堂里啊！

39. 半张钞票

1992 年春节过后，和青基会约定的一年期限就快到了，我和朱恩光规划了最后一条线路。

“小飞的生日我赶不上了，我送他一份生日礼物。”临走前，我将一个信封交给志想。

“搞得神神秘秘的，还挺正式啊！”志想笑着打开信封。虽然我们家没有送生日礼物的习惯，但每逢有人过生日，一家人总会一起吃一顿热气腾腾的长寿面。今年陪不了孩子，我就以自己的方式来弥补吧。

信封里装着一幅照片和一封短信。照片就是那个大眼睛小女孩。志想展开信纸，瞅了我一眼，意思是“我能看吗？”随即读出声来：

小飞：

当你看到这幅照片的时候，就是你的生日了。爸爸已经在外地，不能陪伴你，祝你十四岁生日快乐！

这一年来，爸爸在家的时间太少，没能照顾好你和妈妈，你和妈妈对我的工作给予了极大的理解和支持。在此，我要真诚地对你们道一声“谢谢！”

小飞，我知道你能明白我为什么送你这幅照片。我给你讲过很多农村孩子的故事，为了读书，他们经受着难以想象的困难。爸爸今天的奔忙，就是希望有一天他们能和你一样，沐浴在温暖的阳光下，不再为上不起学而伤痛。我也希望你，珍惜学习的机会，努力奋进……

志想不念了，她看着我的目光里满是赞赏：“这是你送给孩子的特殊礼物，我想，在他的人生中，这幅照片和这封信，一定会有特殊的意义！”

…… ……

去甘肃之前，有一天我在青基会偶遇台湾的明星凌峰，他刚参加完青基会的一场义演。那天，他给我讲述了甘肃省康乐县马家兄妹的故事。

初识凌峰，是他那部《八千里路云和月》纪录片，我无比钦佩他的智慧和胸怀。他的镜头不仅对准大陆的山川雄姿、风土人情，更关注人的命运，以人为载体，记录历史。

“兄弟，你可以去那里看看！”当他知道我正在进行的拍摄主题时，非常热情地为我提供线索。

“哥哥十三岁，叫马义宾，妹妹九岁，叫马义梅，因为家贫，两个孩子都失学了。一次偶然的机会，中共甘肃省委书记顾金池了解到情况，资助了他们三百元钱，幸运的马义宾重返课堂。

“妹妹看到哥哥上学了，心里羡慕得很。她跟哥哥说：‘让我也上两年吧。’哥哥说：‘你还小，你在家等着，等我上完学，回来教你。’妈妈也说：‘你就在家里帮着妈妈干点活吧，女娃儿长大了还不就是嫁人？’义梅不再和他们争辩了，她竟然一咬牙跑到邻村去给人家背砖挣学费。那时她才不过七八岁，每背一千块砖赚八毛五分钱。为了挣这八毛五分钱，她得背上好几天！终于，挣了二十多块钱，全是零零碎碎的毛票和钢镚。她用塑料袋把钱包好，跑到学校跟老师说：‘老师，我有钱了，让我上学吧！’老师抚摸着她粗糙得满是裂口的小手，哭了。”

1992 年 2 月，甘肃省渭源县聂家山小学，一场暴雨摧毁了教室，孩子们盼望着能有一间屋子再让他们上课 [右页图]
解海龙　摄

“我们把马义梅请到义演现场。在热情的观众面前，这个要强的女孩子害羞地躲在我的身后。我牵着她的手，那双手上尽是硬硬的厚茧。我真不敢相信，她就是用这副瘦小的身板，撑起了自己读书的希望。观众们被小义梅与命运抗争的故事感动着，现场自发地发起了爱心捐赠。”凌峰紧握着我的手，恳切地说：“如果你去甘肃，一定代我看看她！”

荒无人烟的戈壁、寸草不生的秃山，耕地稀少且贫瘠。一个个散落在大山深处或者黄土地沟沟壑壑里的村庄，它们几乎是被世界遗忘的角落。长久的干旱让村民们乞求老天赐予他们一场大雨，可一场肆虐的暴雨，摧毁了村里唯一的学校。我忘不了在甘肃省渭源县聂家山小学，几个束手无策的孩子站在开了天窗的窑洞教室里，那无奈而忧愁的眼神。

因为先后受到省委书记和明星凌峰的资助，马义宾和马义梅兄妹俩在村里算得上小名人了，我们毫不费力就找到了他们家。

一孔浅窑，虽然昏暗但整洁，两只木箱，几个瓦罐，墙角一铺土炕，这便是全部家当。这两个从贫困线上挣脱的孩子用自己优异的成绩证明了，他们没有辜负大家的一片爱心。

镜头前，兄妹俩显得羞涩而拘谨。当我向马义梅说起“凌峰叔叔”时，她眼中骤然闪现出一缕光亮。

“我一定好好读书！”只说了一句话，她又垂下眼帘。

虽然没有拍摄到马义梅背砖的照片，但我心里更多的是感动和欣慰。感动的是，在生活的重压之下，她所表现出来的不屈和平静远远超越了她的年

天天

1992 年 2 月，甘肃省康乐县，马义宾和马义梅兄妹俩，墙上一排鲜红的大奖状格外耀眼

解海龙　摄

龄；欣慰的是，因为希望工程的影响和好心人的资助，将会有更多像马家兄妹俩这样贫苦而好学的孩子重返课堂。

“莫为近利误前程，快送子女去读书。”从马义梅家出来，一条刷在高墙上的标语令我十分激动。这一声嘹亮的呼喊，表达了村民们多么朴素的愿望，它是孩子们心底的渴盼。曾经，可怕的贫穷蒙蔽了人们的眼睛。而今，人们正渐渐认识到，只有知识才能改变命运。

轻快的好心情并没有持续多久，在天水火车站发生的一件小事，又揪紧了我的心。

我们的下一站是四川省宣汉县。春节刚过，回家团聚的人们再一次踏上进城务工的征程。火车站拥挤不堪，南腔北调的嘈杂声不绝于耳。朱恩光守着几个背包等我，我一头扎进买票的长龙。

大声斥责孩子的，提着篮子叫卖的，叼着烟斗吞云吐雾的……人太挤，我小心翼翼地把摄影包挪到胸前。如果不是两根手腕粗的铁栏杆约束着，售票口前恐怕早就乱成一片了。

几个十二三岁的男孩子，无一例外的破衣烂衫，一堆乱蓬蓬的头发，叼着烟，抖动着腿，嬉笑着坐在临近售票口的铁栏杆上。他们不应该出现在这里，不应该是这副模样啊，我不由得皱紧眉头。

终于轮到我了。我掏出一张五十元纸币，刚要把钱伸进窗口，突然，旁边闪过一只手来。我下意识地缩回手来，再一看，正是坐在栏杆上的孩子。

此时，我跟他手中各自攥着半张钱，互相对峙。我，已是怒气冲天。

四周依然闹哄哄的，发生在眼皮子底下的这一幕没有引起任何人的反应，大家都是一副事不关己的样子。他跳下栏杆，晃晃肩膀，叼着烟头扬长而去。

如果不是人太多，如果不是栏杆将我围住，我肯定会好好地教训他！这小子，胆儿也太大了，光天化日之下，明抢啊！

挤出人堆，我把车票往朱恩光手里一塞，正准备和朱恩光说刚才的事情，“叔？”旁边冒出一个脑袋。我一看，气不打一处来，正是抢我钱的男孩。

“叔，刚才是你吧？”他仰着头，眼睛直溜溜地转。

我狠狠地瞪了他一眼。

他凑过来说：“叔，那半张钱，你留着也没用，不如给我吧，我粘上还能花呢！”

看着他那张脸，难过、愤怒、心酸、痛惜，复杂的情绪堆积在我心头。归根结底，还不是因为贫穷，因为没有文化吗？接受基础教育就跟种庄稼一样，这些孩子在本该上学的年龄失了学，就像错过最佳生长期的庄稼。如果一代一代继续耽误下去，岂是一句“老大徒伤悲”那么简单？

火车在荒原上奔驰。我把那半张纸币小心翼翼地收好……

40. 大巴山的英灵

1992 年 3 月，一进入四川，空气就变得湿润起来。春雨淅淅，隔着窗户都能感受到扑面而来的水汽。群山逶迤，铁路与汉江相伴而行，列车在山间盘来绕去。从北方的苍凉中走出来，眼前这片清新让我情不自禁地来了几个深呼吸。

连续多日，雨都不肯停歇，而且越下越大。一路风雨和泥泞，当我们揣着团中央的介绍信找到共青团宣汉县委的时候，一位姓刘的书记瞪大了双眼。他怎么都不相信两个北京人会在这么糟糕的天气里来到这么一个偏僻的地方。

“您先在我们招待所住下吧！咱们这儿条件不太好，您先将就着，等明天……”惊愕之余，他赶紧为我们安排住宿。

看他前前后后地忙活，我心里很过意不去。“真抱歉给你们添麻烦！我们来这里，是想了解当地的教育状况，还希望您能提供一些线索！”

刘书记紧了紧眉头，沉默了好一阵没说话：“你们还是先住下吧！”

连日奔波，我们早已疲惫不堪，鞋子都顾不上脱掉，头一挨着枕头就睡着了。

迷迷糊糊中，我听见几声敲门声。我想起床开门，却感觉脚上像绑了一块大石头一样沉。这时，敲门声又响了，一看朱恩光，他睡得正香呢，我一咬牙从床上爬起来。

门一推开，一阵冷气袭来，我不禁打了个寒战，人也清醒了许多。“叔叔，您是北京来的记者吗？”一个面目清秀的男孩站在门口，很有礼貌地问。他站得笔直，手里倒提着一把雨伞，身上湿漉漉的，头发上、脸上的水珠滴滴答答地直往下掉。

“快进来！”我一句话也没多问，一把将他拉进屋里。直觉告诉我，这是一个有故事的孩子。

我叫醒朱恩光。见房间里突然多了一个全身湿漉漉的孩子，他急忙下床。

我给孩子擦干身上的雨水，朱恩光从包里翻出一件厚外套给他换上，孩子也不说话，乖乖地任由我俩摆布。

“你有事找我们？”一阵折腾，终于安定下来，我问他。

“叔叔，我想和您说说我爸爸的事情。他是一位民办教师！”男孩小声说道。

“好啊！”我马上接过他的话，“我们就是来采访山里的老师和孩子的，太谢谢你了！”

“我爸他……去年这个时候，他去世了！”带着一丝颤音，他的声音低了下去。

“怎么回事？”我一惊，朱恩光也把椅子拖近。我俩不约而同地握住孩子的手，那双手冰凉冰凉的。

“去年 3 月 2 日，我爸爸去两个学生家里家访，回来的时候跌进了山沟！”他咬着嘴唇，硬生生地将呜咽憋下去，可眼泪还是涌了上来。

我一时不知该如何安慰他。好一会儿，他才努力克制住自己的痛楚和激动，开始给我们讲述他爸爸的故事。

“我爸爸叫何文广，在山里当了二十七年民办教师。我们家五个孩子，我姐是老大，长我两岁，今年十八，最小的弟弟才六岁。我爸一辈子教书，辛辛苦苦挣钱养家。去年春天开学，我爸发现班上二十几个孩子缺两个没来。那天下班后，他匆匆扒了两口饭，跟我妈说他要去那两个孩子家里看看，晚上会回来的晚一些，让我们不要等他，然后就出了门。

“那天雨下得很大，夜里坡陡路滑，伸手不见五指。我们一家人焦急地等到凌晨两点，他还没有回来。我们再也坐不住了，我和我姐、我弟三个人拿着手电筒出去找他。我们一边走一边拼命地喊‘爸爸，爸爸’，除了越来越大的风雨声和自己的回音，再也没有别的声响。我们又冷又怕又着急，又走了三四里地，隐约听见山崖下传来微弱的呼救声，是爸爸！我们抓着崖边的枝条藤棘，连滚带爬地下到沟底，”孩子猛吸了一口气，蓄在眼底的两颗泪珠终于滑落下来，“和着雨水，石头上、泥地里有一大片血迹。我爸气息奄奄，已经说不出话了。他是在家访回来的路上摔下去的。我们又拖又拽，把爸爸送去医院。他的学生们都来了，那两个被他家访过的孩子一直守在我爸床边，他们的父母悔恨地说，如果不是为了孩子，何老师就不会出事。我们眼巴巴地盼着爸爸醒来，第四天，他终于睁开了眼睛。我贴到他跟前，他在我耳边断断续续地说：你要上学！——那是他给我说的最后几个字！”

男孩说不下去了，使劲地用手捂着脸……

我的喉咙哽住了，眼眶一丝灼热。我知道，此时任何安慰的话都显得苍白无力。

“我们终究没能留住爸爸。”稍稍平息之后，男孩抹干脸上的泪水，继续说下去，“下葬那天，村里二百多人都来了。这二十多年，他教过多少学生，他自己都记不清了。他曾和我妈开玩笑地说，哪天他死了，解剖开来，把粉笔灰抖出来，可以再制造三盒粉笔。他惦记的两个孩子跑遍山野采来好多花朵，跪在坟头痛哭失声。他们的父母流着泪说，以后再苦再难，也要让孩子上学！”

他的身体渐渐松弛下来，脸上是伤痛过后的平静。

“你，还在上学吗？”我心里一阵阵发紧。难以想象，家庭的支柱轰然倒塌，这个家该面临怎样的窘境！

“去年秋天，我考上县城的高中。是我姐，她供我继续读书。”刚刚平静下来的他，眼里倏地又红了。

“你姐？”我和朱恩光齐声问道。

“是的！爸爸去世后，我读完了初中，家里没能力再供我上学了。想到我爸最后嘱咐我的话，我不知躲在被子里哭了多少回。我想上学，我不能对不起爸爸啊！可一看到体弱的妈妈，还有两个弟弟，我就……我只好把报名通知书压在箱底。我是长子，我有责任扛起这个家。

“开学前的一天，姐姐一早就出去了。当她回来的时候，布兜里塞得鼓鼓囊囊的，一进门就冲我直喊，快过来，试试这身衣服，看看合适不合适！新书包、新布鞋、新衣服，全是新的！我问姐，这是咋回事啊？姐姐不回答，又塞给我三百元钱，说，你别管了，拿这钱上学去！

“我急了，拉着姐追问，她死活不肯告诉我。后来实在拗不过我，她才说。原来，村头陈家的大儿子喜欢她，追求她，但她不愿意勉强把自己嫁了，一直没答应。可现在咱家这种光景，她难受！她知道我躲在被子里偷偷地哭过好几次。一咬牙，她答应了陈家，就这样，她拿到五百元彩礼钱。”

“叔叔，我姐为了让我上学，她并不情愿地嫁了自己呀！”男孩的声音又一次哽咽了，泪水挣扎着涌出眼眶。

我的心隐隐作痛。无法想象，一个年仅十七岁的女孩子，为了父亲的嘱托，为了挚爱的弟弟，经历过多少个难眠之夜，最终做出这个痛苦的抉择。她心里该有多少矛盾和不甘啊，却又义无反顾地奔赴未知的生活。

“走！”我心里乱糟糟的，冲动地一下子站起来，“咱们找你姐去！”我一把抓住男孩的手臂。

“你找她姐干什么呀？”朱恩光皱着眉头。

他说得是！稍一寻思，我转身冲出房间，大步跨到招待所的门房，也顾不上礼貌，心急火燎地指着电话冲值班的老头喊：“我找团委的刘书记，让他来！”

不出十分钟，刘书记一路小跑着进来了。

“这个孩子，”我问刘书记，“他爸为了把失学的孩子挽救回来，深夜去家访，摔到沟里，死了。出了这么大的事儿，你们知道吗？”我嗓子发颤。

“知道，知道！”刘书记匆匆抹一把雨水，说，“就是我让他来找你们的！”他解释道：“你不是想了解我们这儿的情况吗？我就让他来了！”

刘书记直了直脖子还想说什么，话到嘴边又咽了回去。

“嗨！”我一拳头捶在床铺上，“这样的事情，你们怎么解决的？孩子爸因公殉职，儿子却无法上学，女儿嫁了自己给弟弟换学费！”

空气凝固了，屋里片刻的沉寂。

“你爸有坟吗？”半晌，我问男孩。

“有，”他点点头，“就在我家后边不远的一块小山坡上。”

“有碑吗？”

孩子迟疑地摇摇头。

“这么好的老师，为什么连个碑都没有？”我眼前重复地闪现着孩子讲述的那一幕幕，一种深入骨髓的痛惜，伴随丝丝酸楚潜入心底。

“解记者，我们这儿像何文广这样的好老师太多了！”刘书记喃喃地说，沉重的声音里包含着无限敬意。“他们默默无闻，无怨无悔，将毕生心血洒在山里，干了一辈子仍然是一名贫困交加、转不了正的民办老师！”他眼里的痛楚和无奈显而易见，“好多事情，我们也一直在努力，可是仍然很难啊！”

“刘书记，你带我们去看看何老师吧！”我恳求他。

“现在去不得！”他急忙摆手，“村里离这儿一百多里山路呢！每逢三月，我们这儿就是这种小气候，阴雨不断，到处都是泥石流、滑坡。去年，何老师也是在这个时候……”他停顿一下，似乎想宽慰我，“等过了这个时段，清明节的时候你再来，那几天不下雨，我一定带你去！”

男孩要走了，他拿起墙角的雨伞，自言自语地说：“它跟随我爸十多年，现在，它陪在我身边了！”

伞一撑开，我顿时明白了，为什么他进来的时候浑身透湿，因为那根本就是一把老旧得无法遮风挡雨的破伞。但是，雨伞虽破，骨骼仍在，我仿佛看到有无数次，何老师撑起这把雨伞，庇护着一群天真活泼的孩子，走在风雨交加的山路上。

雨慢慢停了，我独自爬上一座山坡。强劲的山风扑打在脸上，极目远眺，苍穹之下，黄土之上，眼前这片盘旋蜿蜒的崇山峻岭，它有着一个大气磅礴而又蕴藏远古历史的名字：大巴山。那些表如铁色的岩石，像一组组气势恢宏的英雄群雕，矗立在天地之间，支撑起西南这片高地。我满含崇敬的目光，一遍又一遍地抚摸它们，仿佛抚摸壮士的脊梁。氤氲的空气里，弥漫着一股悲壮和豪情，我知道，那是何老师不朽的英灵。我高高举起相机，对准那重峦叠嶂的大山，“啪！啪！啪！”空拍了三下。

41. 阻挡不住的步伐

两年前，和刘广辉在山西省岢岚县的见闻记忆犹新。现在，我和朱恩光来到与岢岚县相邻的静乐县。静乐，这片传承红色文化的土地，也是山西省十个特困县之一。

团县委办公室的接待人员非常热情，握手、让座、沏茶、递烟，然后他接连拨打了好几个电话，噼里啪啦说了一通我们听不懂的方言，硬将我俩拉往县政府招待所。

招待所的餐厅里很冷清，几面半截高的隔墙一围，门上挂上一个布帘子就是一个单间。他撩开一块门帘，小屋里已经坐了四五个人。

“这位是咱们县委罗副书记，这位是教委陈主任，我姓高，是团县委副书记。”还有几个陪同人员，一一介绍，一一握手。这是近一年以来，我们的足迹所至，受到的“最高礼遇”。

一番寒暄，听说我们来走访山区学校，陈主任爽快地给我们推荐：“去年咱们新建了一所小学，以抗战英雄命名的君宇小学，我们去看看？”言语间颇为自豪。

我暗暗思索着，随即附和道：“哦，新小学啊！行，咱们回头去看看！”

话头一转，我又问:“除了新盖的学校，还有没有其他条件差一点儿的学校？”

“也有！”坐我左边的人插话了，“说起来，这些年可苦了孩子们！村里好多教室都塌了，这边孩子上着课，那边老牛哞哞叫。没有课桌板凳，孩子们就在地上挖坑，一排十几个坑，枯草干树叶往里面一垫，上课的时候坐在坑里，拿地当桌子。”

“在哪儿？带我们去看看。”我赶紧问。

“这个……”陈主任看了看罗副书记，“已经解决了！”

旁边又有人说话：“我们这儿还有一个流动小学！”

“流动小学？”我感到新奇。

“一个光棍老师，背一块黑板带着村里的一帮孩子，今天到李家吃住一天，给孩子们教一天课，明天再到王家，就这样轮流转，一个月转两三圈！”

“走了，早走了！老师去县城教书了！”陈主任忙告诉我。

“说起来您不信，我们这儿还有一个‘棺材学校’！”我对面那人说，“教室塌了，跟老乡借屋子，在墙上刷一片黑墨，勉强当教室了！老乡那屋子就是一口破窑，平时用来搁柴火，存点粮食。”

“为什么叫‘棺材学校’呢？”我急忙问道。

“窑里有一副棺材。按乡里的习俗，棺材是给家里老人备着的，那户老人家八十多岁了。孩子们就趴在棺材上写字。”

“这个太难以想象了！”我刚想仔细问问，县委罗副书记适时截住了我的话头。他冲我哈哈一笑，说：“解老师，他们说的那些事儿都解决了！来来来，咱们把酒满上！”

黄土高原的杯盘碗勺和这片土地上的人们一样豪放粗犷，两三个拳头大的碗盛满白酒举到我们面前，我倒吸了一口凉气。

“我们还有工作，不喝酒！”朱恩光手一挡，谢绝了，一副公事公办的语气。

县团委高副书记举着酒杯说：“那不成！你们远道而来，我们虽然穷，也要表个心意嘛！酒是咱自家酿的白薯酒。来，大家干一杯！不然您就是看不起咱乡下人！”

哪里料想到，朱恩光竟然把酒杯“啪”的一声倒扣在桌上，“不喝就是不喝！”他拧着脖子硬生生地说。

全屋人傻了眼，几只拿着酒杯的手尴尬地举在半空。大家面面相觑，领导的脸色不好看了，气氛变得紧张。我心里“咯噔”一下，恨不得踩他一脚，朱恩光啊朱恩光，你这是演的哪一出啊！

我狠狠地瞪了他一下，他回敬我一个白眼，毫不示弱，好像在说，咱俩的约定还算不算数？

离开宣汉的前一晚，我和刘书记边喝边聊，直到夜深。那个男孩讲述的故事，一直搁在我心里，很不是滋味，最后我喝得不省人事，结果误了第二天的火车。

“海龙我跟你说，以后不能喝了！咱们出来一天不容易，你这一喝酒，耽误了时间是不是？”事后，朱恩光对我半是劝告半是警告。

“以后保证不喝了，谁喝谁孙子！”我向他发誓，“咱们打赌，如果我再喝，就输你十块钱！”

是有约定，可你也不应该这样任性啊，你没看出人家不愿意给咱们透露情况吗？

“对不住各位，朱老师从来滴酒不沾，又生性耿直，请大家别见怪！”我赶紧打圆场，从裤兜里摸出十块钱放在朱恩光面前，压低嗓子对他说，“这回算我输了！”又满面笑容地对一桌子人说，“这一杯，我敬大家！”头一仰，一大碗白酒倒进肚里。这酒够烈，一股辛辣呛得我眼泪直冒。“今天大家就算认识了，以后到北京来，我请你们！”说完，我把杯底向他们一亮。

“好！”高副书记顺势缓和下来，他一边鼓掌叫好一边说，“还是解老师爽快！”说着，又把我的酒碗斟满，“来，这一杯我们敬你！”

气氛渐渐融洽，大家天南海北地胡侃开了，推杯换盏之间却又各怀心事。

我决定不耽误时间了。“下午可以帮我们找辆车吗？我们想到几个村子随便看看！”我试探着问。静乐县地盘不小，山荒路险，能有辆车把我们送到哪个村都行。

“车啊？”好一会儿，高副书记说话了，他面露难色，“现在有点困难，车都分配下去了，还有几辆趴在那儿开不了，没油了！”

本来也没抱多大希望，那就算了吧。反正是喝上了，我心里一横，又给自己倒了一大碗，一口干掉，再次对大家的热情接待表示感谢。

“你挺能喝呀，好酒量！”县委罗副书记饶有兴趣地看着我说，“这样吧，我有个朋友，他那儿有车。我打个电话问问，能不能挪腾着先用一下！”说完就出去了，再进来的时候，他大手一拍：“没问题，我让我们司机去取车了，一会儿就到！”

这“一会儿”可等得我心急，足足过了一个小时司机才来。他一个劲儿地解释，车没油，他费老大的劲，才找了十升油。

十升！咳！真不应该给人家添麻烦，我暗暗地想。

县委罗副书记在司机耳边叮嘱着什么，大概是告诉他，让他把我们送到哪个村吧。客套话又说了一圈，我和他们一一握手告别。

车也够老旧了，晃晃悠悠的。酒喝得不少，不一会儿我就迷迷糊糊睡着了。突然“扑哧”一声，车子一个猛刹。“怎么回事？”我差点撞到前排椅背上，一下子惊醒了。

车子熄了火，发动不了了。司机下车打开引擎盖，捣鼓了好一会儿，然后一脸无奈地告诉我们，车坏了。

“坏了？”我叫起来。一看车窗外，我急了，这里前不着村后不着店，怎么办呢？

朱恩光倒是一副神情自若的样子，他靠在椅背上，叉着两条胳膊盯着司机。

“离下一个村子还有多远啊？”我也跳下车，“说不准运气好，我们可以拦一辆过路车！”我心怀侥幸地想。

“还远得很！”司机似乎看透我的心思，“这地方平时连个车轮都难得看到！”

墨色的浓云挤压着天空，堆成一块厚铁，渐渐地往地面上沉。朔风在荒野里横冲直撞，我冷得缩了缩脖子。

“怎么办？”司机摊着两手，一副由我们决定的口气。

天都快黑了，车也坏了，还去得了吗？想了半天，我只能说：“算了，今天不去了，想办法回县里吧！”

“不去了？”司机一听，赶紧爬上车，“我再试试啊！”

“呜——呜，呜——”汽车居然发动了。“快上来！”他兴奋得朝我直招手。

“这车可真给面子啊！”朱恩光不紧不慢地来了这么一句。我看他一眼，突然明白了什么。

司机一声讪笑，说：“油不多了，我送你们去县长途汽车站吧！”

…… ……

“今天你这酒算是白喝了！”我俩终于在一家小旅馆落下脚，朱恩光往床上一倒，讥笑着说。

我气哼哼地说：“车坏了？这小子，不想送我们就直说！”

朱恩光一脸不屑：“找地方加油是真的，十升油半真半假，车出故障是假的！你没看出来他们巴望着咱们快走吗？要看可以，去看英雄学校！”

领导不乐意我早就发现了，“那为啥还给咱派车？”我又有点想不明白。

“最后你又喝上一杯，人家不过是卖你个面子呗！你想想为什么要送咱们去长途汽车站啊？那意思是要咱俩买张车票赶紧回北京去！你没发现司机没能如愿地把咱们送走，心里急得不行啊？回去保不准要挨批呢！”

哈哈，这个朱恩光！

“明天咱们自己去村里找学校！”我说。

1992 年 3 月，山西省静乐县神峪沟乡杜家庄小学，棺材也成了孩子们上课的桌子 [下页图]

解海龙　摄

42. 无法想象的真实存在

整个村庄罩上一层薄雪，坑坑洼洼的泥路实在不好走，从村口到村里，我们费了好一番周折。

不远处，几个高矮不一的身影在雪地里边走边玩闹，一串串清脆的嬉笑声划破清晨的静寂，我快步赶上前去。

一个瘦小的孩子落在后面，一个又大又破的书包垂到他的膝盖处，一步三晃。“嘿，小不点儿！”我走到他旁边，向他招招手。

他停下脚步，一双圆溜溜的眼睛瞅着我问：“干啥？”我被那个“啥”字浓重的第四声逗笑了。

“这儿有学校没？”我问，又指指他的书包，“你是不是去上学？”

“嗯！”小孩点点头，“有，不远！”

“带我去看看？”我从口袋里掏出一块糖果递到孩子手里。出门前小飞塞给我的一包水果糖，这是他让我带给山里孩子们的心意。

他眼睛一亮，歪头看我一下，急急忙忙剥开糖纸，一把将糖块塞进嘴里。

“好吃不好吃？”我学着他的样子，也歪了一下头，笑眯眯地望着他。

“好吃，甜！”他连连点头，小手一勾，“走吧！”

前面的一个大孩子扭头看见小男孩在和我说话，马上转身跑回来，把小男孩拉到旁边，警惕地问：“他要干啥？”

没等小男孩回答，他发现小男孩手里捏着的糖纸，“这是啥？”他紧逼着问。

小男孩把手往背后一缩：“他要去看学校！”

大孩子上上下下打量我一番，说：“我们都是那学校的，走吧！”

他倒像是孩子王呢，我心里想着。“到了！这就是！”没走几分钟，小男孩一指前面的小土坡，跟着几个大孩子撒腿跑了。

乱草丛中一间旧窑洞，几扇七零八落的窗棂子，糊在上面的窗户纸破成了碎条，无精打采地垂落下来。一块薄板门虚掩着，我探头往里瞧，只见铺着柴草的地上坐了十几个孩子，一个老师正在土墙上写写画画。听见声响，他们一齐回过头来。

“你找谁？有事儿吗？”老师停下来，声音里有一种隐隐的防备。

突然，角落里的一口棺材牢牢锁住了我的目光。这就是昨天他们说的“棺材学校”？我心头一震。“没事，没事！”说着，我一脚跨进去。

老师疑惑地看着我，他不知道这个“没事”的人闯进来有什么事。

“老师，您接着上课吧，我就拍个照片！”我连忙给他解释，带着一点歉意。

“拍个照片？”老师扫视一下整个破窑洞，觉得不可思议，“这里有什么好拍的？”

孩子们都站起来了，悄悄地瞅了我一眼，一个一个往外走。

“站住，谁也别走！”我一嗓子叫起来。孩子们吓了一跳，站着不动了，不知所措地望向老师。

“老师，我听人讲你们这儿孩子苦，现在也亲眼看到了。没别的意思，就是想把这个状况如实记录下来！”我诚恳地说，尽量打消他的疑虑。

“噢，这样啊……”老师犹犹豫豫地向孩子们招招手，“回来，都回来吧！”

一旦打断上课的节奏，教室里再也安静不下来，老师索性让他们各自活动。几个贪玩的小男孩一听老师说自由活动，像兔子一样高兴地冲出房子。另外三四个孩子扑到棺材边，占好位置，拿出本子趴在上面认真地写起作业来。其中一个顽皮的男孩手脚麻利地爬到棺材盖上，摊开书本却并不专心，他一会儿拿笔杆敲一敲棺木，一会儿冲我扮个鬼脸，咧嘴一笑，露出两颗大门牙。

我举着相机的手微微颤抖了，在这副阴森森的棺材面前，我心里涌起一阵寒意和惶恐。孩子们满不在乎的样子令我心疼，我眼里悲情的一幕，对他们而言竟是如此习以为常的事情。

突然，窑洞外“哇”的一声，我急忙跑出去。只见“孩子王”正用一只胳膊紧紧箍住那个小不点的脖子，一边问他，“我看看，那人给你啥好东西了”，一边伸出手指头在小不点嘴里使劲地抠。小不点毫无招架之力，扯着嗓子直哭，看见我出来，哭得更凶了。说时迟那时快，大男孩一下子抠出糖块，迅速塞进了自己嘴里。

我赶紧把口袋掏了个底朝天，招呼他们：“来吧，大家人人有份！”

刚刚被欺负的小不点破涕为笑，拿到糖的孩子全都笑眯了眼，也顾不上玩闹，一个个津津有味地吮得咂咂响。一种酸酸的滋味从我眼底一直漫到心底，几颗普通的水果糖就能让他们眼馋，就能给他们带来偌大的满足。

老师招呼孩子们进教室了，小家伙们朝我挥一挥手，猫着腰一溜烟跑了进去。

四周一下子沉静下来，不一会儿，从屋里传出参差不齐的读书声。孩子们灰扑扑的破棉袄、不太合脚的鞋子、脏兮兮的小脸、窑洞里满地的乱草、墙角黑漆漆的棺材，所有这些都重重地压在我的心头，阴沉沉的。

东来西往的寒风扯锯般狂啸，满天都是四处飘荡的浊云。我站在雪地里听了很久，奇妙的是，我的心又被这抑扬顿挫的朗读声渐渐温暖起来。

想起昨天饭桌上那些说到一半的故事和领导们的搪塞，我不由得一声感叹。承认贫穷落后有什么羞耻的呢？不为改变贫困而努力才是可耻的。“掘一口深井，不见水不罢休”，我又一次想起韩子善老师的话，下意识地握紧相机。

连绵的山梁模糊了村庄与村庄的界限。沿着雪坡，我穿过一条狭窄的谷沟，一直往村后的小山包走去。越过几道高高低低的山岭和深深浅浅的山坳，又是另一个村庄了。

天寒地冻，村里很安静，偶尔一阵轻微的哗哗声，那是一群麻雀突然一起从一棵树上飞到另一棵树上。隐约传来孩子们的嬉闹声，我循着声音

1992 年 3 月，山西省静乐县李辛庄小学，山村小学没有体育器材，爬树也算上体育课了 [右页上图]
解海龙　摄

1991 年 4 月，湖北省红安县七里坪镇周七家村，这个孩子失学后，每天徘徊在学校附近。他经常在墙上进行“创作” [右页下图]
解海龙　摄

往前走。

刚爬上一道陡坡，一只雪球突然从前方飞过来。我来不及躲闪，雪球打在我的肩膀上。

“哈，砸中了！”几个男孩拍着手跳过来，脸上全是捉弄人之后的得意。

“捣蛋鬼！”我拍拍身上的雪屑，问他们，“你们不上学吗？”

“谁说不上啊？”领头的男孩嘴一撇，好像我冤枉了他，“我们正上课呢！”

“我们在上体育课！”他旁边的孩子插嘴道。

我一下子乐了：“还有其他好玩的吗？”

“当然有了！”他们叽叽喳喳地抢着说，“撞拐、跳山羊、骑马打仗……你来看我们玩吧！”

说着，他们三个一伙五个一组兴致勃勃地玩起来。有的抱着腿撞来撞去，有的弓下身子，让其他孩子从他背上跳过去。多么熟悉的游戏啊！我的思绪飞回童年。在我的记忆里，撞拐是童年游戏中最激烈、最有男子汉气概的游戏。孩子们的快乐感染了我，我举起相机连拍了好几幅。

“还有吗？”看他们意犹未尽的样子，我问。

“有！”撞拐冠军手一挥，“走，咱们爬树去！”

一群孩子“噢噢”地叫着朝前方一排大树奔去。

那是一排高高的白杨树，通身发白的树干像从地里射出的一道道光柱直入云天。“撞拐王”冲到树下，朝手心里吐一口唾沫，两肘夹紧树干，两腿一发劲儿，蹭蹭几下就蹿到五六米高。另一个孩子张开两臂两腿，深吸一口气，一左一右往两棵树上一撑，使劲往上蹬。一眨眼，两棵树中间就展开了一个“大”字，其他孩子也争先恐后地往上爬。不一会儿，大树上高高低低地挂了八九个孩子，爬在最高处的“撞拐王”笑得最响亮。他拍着树干得意地叫着：“没爬上来的，罚！回去自己往脸上抹锅底灰喽！”

孩子们的笑声在空旷的山里传得很远很远。

43. 全校师生

风小了许多，空气也不像昨日那么冷，严寒而漫长的冬天看来就要过去，但那真正温暖的春天还没有到来。

无边的黄土丘陵像一幅翻开着的巨卷，弥漫着荒凉的气息，零零星星的小村庄散落在这幅巨卷中。村里人烟稀少，偶尔跑出一两条狗，朝着天“汪汪”叫上几声，又缩着脑袋钻回洞里。走了好几里地，偌长的山路上只有我和朱恩光两个人。

好不容易看见一个农村汉子从岔路口快步走来。他只顾着低头赶路，并没有注意到我们。“嘿，老乡！”我赶紧凑上前去打招呼。

他应一声，看看我们两个：“啥事呢？”

“跟您打听打听，这村里有学校吗？”

他也不多问，说：“不远呢，跟我走吧！”有人带路真是太好了，我们连忙向他道谢。

他撒开两腿走得飞快，我踩着积雪和碎石跟着他紧赶慢赶，好几次险些滑倒。我这副拙样惹得朱恩光直笑，不过他总是在最惊险的时候一把将我搀住。

听见身后的动静，他回头看看一惊一乍的两个人，忍不住笑了。“山路可不能这么走，容易滑倒！”说着，他给我们示范一番，“这路不到两尺宽，像我这样，脚尽量踩在路边的枯草上，有雪也不滑。对，就这样叉着腿走！”

经他一指点，路顿时变得好走多了。

他带我们跨过一道河滩，又上了一座山坡，再拐过几个弯，然后往一条深沟里扎去。

“老乡，还有多远啊？”我忍不住问他。走了大半个钟头了，还不见学校的影子。

“不远，不远！一袋烟工夫就到了！”他停住脚步，掏出一包烟递到我们面前，“抽烟吧！”

“不抽不抽，咱快点走吧！”我只想快点找到学校。

“您抽的什么烟啊？”朱恩光接上了话。这家伙，滴酒不沾，一听说有烟就来了劲。

“咱山里可不像你们那儿，咱都是一两毛钱一包的次烟哩！”他划燃火柴给朱恩光点上一支，犹豫了一下，也给我点了一支。

我一口没吸，烟在风中燃烧了一大半，三人闷头赶路。看他又给朱恩光点了一支，我心里嘀咕着，不是说一袋烟工夫吗？

半盒烟都抽完了还没到，我有点急了，叫住他：“老乡，到底还有多远啊？”

“就快到了！来，我帮你背包！”大概看我个子小，跟他走了这么远的山路受不住了，不容分说，他三下两下把我的几个包全揽到自己身上。

会不会是个骗子？这荒山野岭的，他要把我们往哪儿领？我一把拽住他，大声问道：“到底有没有学校啊？你不说我们不去了！”

他跺跺脚，脸上现出一丝难为情的神色，“有！不瞒你说，我就是学校的老师。从村里到学校有八九里地，怕你们嫌远，所以……”

“你是老师？”我惊愕地松开了手，仔细打量着他。他大约四十来岁，干瘦干瘦的，穿一身洗得发白的蓝粗布外衣，一顶蓝布帽戴得端正，脚上一双毛了边的黑布鞋，上衣口袋里露出一截钢笔帽，这应该是最能证明他是老师的物件。

“走吧，下到半山坡就到了！”他稍有几分歉意。

终于下到山腰了，他大声朝山坡下面喊了两声：“上课了，上——课——了！”

除了一个大大的碾盘，这里什么都没有。学校在哪儿？我疑惑地四处张望。不远处传来“噢！噢！噢！”的回应，脚步声由远及近。不一会儿，三

1992 年 3 月，山西省静乐县神峪沟乡南岩头村的全校师生［右页图］

解海龙　摄

个孩子就跑到跟前，麻利地爬上碾盘，打开书包拿出课本。

老师变戏法似的从裤兜里摸出一本书，准备给孩子们上课。

“就在这里上课？”我怀疑自己的眼睛。

“是的，”他指指那三个孩子，“这就是我们全校师生！”

“学校呢？”

“没有学校，教室也坏了！”他走到碾盘边，往下一指，“我带你看看！”

那是一间藏在石崖下的破窑洞，已经坍塌了，屋顶也开了天窗。我猫着腰朝里面探头一看，空空如也。

“本来屋里就又黑又冷，现在已经坍塌报废更不能用了。天气渐渐暖和起来，咱们索性就在外面晒太阳上课！”他告诉我。

这里是神峪沟乡南岩头村，他叫段计存，是一名民办老师，住在十多里地之外的另一个村子里。当他得知我们三人同龄时，脸上现出憨厚的笑，眼角眉梢的皱纹挤到一起。他搓着手说：“哎呀，还是你们城里人显得年轻！”

“你每天往返二十多里地，就教三个孩子？”我问他。

“这个村里孩子少，又没有老师，”他说，“如果我不来，整个村子的孩子就跟外面断了联系，连个写信的人都没有了。山沟里太阳一出来就十点了，每天早上一睁眼，我先拾掇拾掇家里的地，九点钟来这里。下午不到三点太阳就落山了，一天只有这么几个小时，给他们上完课，下午再回家打理地里的活儿……”

一种发自心底的敬重油然而生，我为自己刚才的猜疑感到羞愧。

“谢谢你，段老师！”我由衷地说，顺便和他开了一个玩笑，“今天我的收获可大了，你把照片的名字都帮我起好了呢！”

“嗯？”他没明白我的意思。

“今天的照片，就叫《全校师生》！”

44. 风雪羊丈村

按我们的计划，赤泥洼乡是此行的最后一站。

夜里被冻醒了，我睁着眼睛熬到天亮。一看窗外，一片耀眼的白，山沟似乎也被雪填平了，和山脊一样高。本来昨日已经转晴，想不到又来了一场铺天盖地的雪。

一出屋子，就像掉进了冰窟窿。怒吼的北风卷着雪花胡乱地扑打在脸上。雪很厚，前脚踏出一个脚印，后脚抬起，脚印又被雪抹去。没走一会儿，从我嘴里、鼻孔里喷出来的热气便凝成了一层层霜花儿，冻结在棉帽周围。

赤泥洼，听起来是一个小得不能再小的乡，没想到地域如此广阔。山里一片萧索，只有我们踩在雪地里枯燥的“吱吱”声和乌鸦时断时续的聒噪声，走了一二十里地都不见一个人影。风更大了，寒气侵入骨头，慢慢在身体内扩散，我的牙床瑟瑟发抖，手脚也麻木了。“这该死的天气！”我埋怨一声，不想再走了，却又只能更快地迈开脚步，不然两条腿真得冻成冰桩。

我们顶着风雪不知道走了多久，一辆自行车从后面“吱吱呀呀”地骑过来。突然间有了人声，我兴奋地朝骑车人喊道：“老乡，前面有村子吗？”

自行车晃悠了几下，颤巍巍地停在我面前。这是一辆饱受风吹雨淋的旧自行车，虽然车身的漆皮已失去了本色，但还是能从那一抹褪色的军绿中认出它是一辆邮车。骑车人是一位二十出头的年轻小伙，他一条腿撑在地上，呼哧呼哧地直喘气。

“有呀！”看我们背着大大小小的摄影包，他好奇地问，“您从哪儿来啊？”

“北京！我们来走访走访山里的学校！”

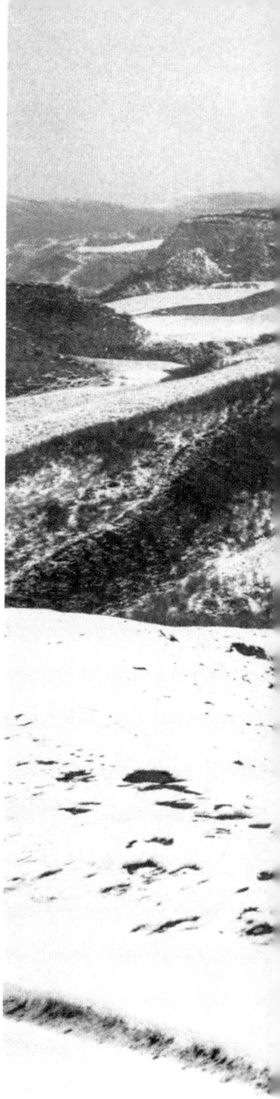

“噢，是北京来的记者啊！”他欣喜地叫道，一跃身从车上跳下来，支好车架，从大布包里摸出一张地图。

“您看，”他热心地在地图上指指点点，“我们现在是在这儿，前面不远是羊丈村。再往前，是上双井和下双井！”

他认真的样子把我逗乐了，刺骨的寒意似乎也被驱走了一半。

“这么大的雪，你还赶着送报纸？”

“您不知道，从北京来的报纸送到我们几个村里，平时就得三四天。要是赶上大雪天不送，那就十天半个月都看不到了！”

“你送一趟来回得跑多少路啊？”

“一百多里吧，不算多！”小伙子轻松一笑，我倒吸一口冷气。

“谢谢你！”我拍拍他的车座，“赶紧走吧，不耽误你工作了，骑车注意安全！”

他执意把地图留给我们，跨上车去，车轮在厚厚的雪地里轧出一条弯弯拐拐的曲线。

小伙子说话实诚，果然，又走出三四里，我就看见前面一片稀稀落落的树林。树下站着不少人，他们好像正朝着我们走来。

他们走近了，是几十个穿着臃肿的村民，后面跟着一帮孩子。他们和我们一样，鼻子冻得通红，眉毛和头发上凝着一层白霜。隔着几米远，他们不走了，最前面一个裹着羊皮袄的老汉试探着问：“你们——是北京来的照相的？”

“是的，您怎么知道呀？”我使劲地跺跺脚，将身上、鞋子上的积雪抖落干净。

“咱接你们来了！”顿时，老汉笑逐颜开。他一挥手：“帮客人把包背上！”身后几个年轻人立刻上前将我俩的大包小包挂到自己身上。

“刚才送信的娃儿来过哩！”见我俩一脸懵懂，他赶紧解释，“一听说你们大老远从北京来山里采访孩子，大伙儿都跟着来了。乡下人没见识，让

1992 年 3 月，山西省静乐县赤泥洼乡，采访路上遇到顶风冒雪送邮件的邮递员
解海龙　摄

你笑话了！”

原来他是村主任。

热炕热水，冻得失去了知觉的手脚好不容易才缓过劲来，我身上也渐渐舒坦了。

不一会儿站了一屋人，他们偷偷地打量着我和朱恩光，眼里充满好奇，我刚想和他们说话，他们却又不好意思地把眼睛转向别处。“你别见怪！”村主任一边难为情地笑着，一边把几个探头探脑的孩子叫到跟前低声吩咐了几句，孩子们撒腿跑出屋去。

再进来的时候，每个孩子手里都捧了几个鸡蛋，两三个年轻人跟在孩子后面。“这是村里的老师！”村主任给我介绍，又回头示意他们，“去炒菜吧！”

当我得知这些鸡蛋是孩子们挨家挨户一个个收来的时候，连忙拉住他们，

1992 年 3 月，山西省静乐县赤泥洼乡羊丈村，扛着桌凳去上学的孩子们。他们趴在破烂的桌子上认真听讲 [左页上、下图]
解海龙 摄

说什么也不肯让他们去。

“咱山里人，没啥好招待的，就这一点心意！”老村主任执意拦住我，“就怕你们瞧不上！”

大炕烧得旺起来，屋里暖烘烘的。盘腿坐在炕头，我们和村主任聊开了。他以前是一个武警干部，转业之后就在赤泥洼乡羊丈村当村主任，一晃好多年了。为了这个祖祖辈辈靠天吃饭的荒僻村庄，他想尽了办法也伤透了脑筋。说起孩子，这个淳朴的山里汉子突然扇了自己一耳光，一下子红了眼眶。“我没能耐啊，我对不起孩子们！教室里透风漏雨，没有桌子板凳，没有粉笔没有灯，只有一张三条腿的讲桌，窗户连一块玻璃都没有，我只能拿硬纸板给他们钉上！”

老村主任哽咽着，声音沙哑了。他的脸埋在两只手掌里，两行浊泪从粗大的手指缝里流出。

我心里一热，一把握住村主任的手。

四个盘子端了上来，堆得高高的，全是炒鸡蛋，却并不是黄灿灿的颜色，因为没有油，炒煳了。一屋人围坐下来，一个白色塑料壶和一只大搪瓷缸子也搬上桌子。“你们来了，感谢你们！”村主任说不出更漂亮的话，他拎起塑料壶“哗”的一下将缸子倒满，举到我面前，“来，你喝一口！”

一股冲劲呛得我的嗓子火辣辣的，老村主任给我夹了一大块鸡蛋。搪瓷缸子传给下一个人，大家昂头喝一大口，却谁也不动筷子。缸子转了一圈，又回到我面前。它被大伙儿的手焐热了，上面掉了瓷的红字像几簇火苗在我眼前跳跃：谁是最可爱的人。

第二天上午，雪停了，风却不止。昨晚村主任告诉我羊丈小学就在山坡后面，“就是一个小庙，见不得人啊！”他两眼通红地自言自语，“咱村啥时才能有一间亮亮堂堂的教室呢？”

我挎着相机独自寻去。临坡筑就的土窑洞，高高低低，错错落落，出了这家门，就能跨上那家的屋顶。冷飕飕的风声里，一阵窸窸窣窣的说话声渐渐近了。沿着崎岖的山路，七八个小人影排成歪歪扭扭的一列，一步一滑地往前走。待我走近，发现他们身上除了书包，还有各式各样的板凳。他们有的把凳子挎在胳膊弯里，有的扛在肩上，有的顶在头上。昨天去老乡家里收鸡蛋的几个孩子认出我来，顽皮地扮个鬼脸，笑着从我身边溜过去。

村主任那张老泪纵横的脸和满含愧疚的眼睛在我面前浮动，而孩子们明亮的眸子里却没有对艰辛生活的悲伤和怨恨。或许是因为已经习惯，又或许是因为他们幼小的心灵并不知道什么是苦，他们的眼神里没有埋怨，而是满满的天真和童趣，是对外面世界的好奇和求知的渴望。

离开村庄的时候，一村子人把我们送出老远，寡言少语的他们什么也不说，只是默默地跟在老村主任身后。老村主任握住我的手一直不放开，他不停地谢我，眼里充满信任和希冀的光彩，我心里很不是滋味。我知道他期待什么，可是我又不敢轻易许下承诺。

终于挥手告别了。无边的丘陵起伏相连，覆着雪的线条显得分外柔和。走了好远，我总觉得背后有什么牵挂，回头望去，那一片密密的小黑点还一动不动地站在雪地里。

45. 青基会沸腾了

摇摇晃晃的绿皮火车载着疲惫的我们驶进北京南站。暮色中，当站台上那座熟悉的大钟出现在眼前时，我和朱恩光不约而同地惊呼一声：“啊，今天是 4 月 3 日！”

1991 年 4 月 4 日，是我们以“中国希望工程摄影纪实”为题踏上征程的日子，至今整整一年！

我俩连行李都没放回家就直奔文化馆。

“大哥！”一反往日的不疾不徐，张左一见我，紧紧抓住我的手，一脸欣喜。他的声音微颤：“大哥，我被《中国青年报》正式录用了！”说着，手忙脚乱地取下我身上大大小小的背包。

春节前，贺延光找我们文化馆借人。“洗照片洗得好的！”他就扔下这句话，那自然非张左莫属。

“太好了，我就知道你行！”一见面就听到这个好消息，我说不出的高兴。“占崑在那儿，你也去那儿，延光这回可高兴了！”

“那咱们文化馆……”张左的言语有些吞吞吐吐，眼里闪烁着一丝犹豫。我很清楚他的顾虑。虽然他一直想去报社，但这一天真的到来，他未免又有诸多牵挂和不舍。可是我明白，人往高处走，谁不希望得到更好的发展呢？

“你放心，咱们不是有约在先吗？你、我、崔新华，咱这个‘铁三角’，一定会有人在文化馆顶着！”为了打消他的顾虑，我拍着他的肩膀说，“再说，长江后浪推前浪，现在的年轻人能力可强了，别以为离了我们，文化馆就转不灵了！”

“大哥，如果不是当年你追到我家里，竭力说服我从房管局出来，可能现在我这双手还拿着抹泥刀呢！”这个平时沉默寡言的人说出这句话来，真是不容易。我笑着打断他：“别这么婆婆妈妈的了！”我把一袋子胶卷递给他，嘱咐道：“赶紧帮我洗出来，明天一早我得送到青基会去。你看，虽然你调走了，这不仍在支持文化馆、支持我的工作吗？”

…… ……

带着精心挑选的照片，按捺不住满腔激情，我和朱恩光推开位于交道口后圆恩寺胡同甲 1 号青基会的大门。

“海龙，你回来了？！”青基会宣传部部长王宁第一个看见我们，他一个大步跨过来，两只手分别拉住我和朱恩光。他正要和我们说话，又想起了

1992 年 3 月，四川省旺苍县石板寨小学的孩子们一大早赶到学校上早自习课 [下页图]

解海龙　摄

什么，回头对同事们大声喊道：“快准备会议室，把领导们都请来！”

“这位是朱恩光，我的朋友，”我给王宁介绍，用视线将他俩联结在一起，“一路走来，多亏了他的陪同和帮助！”

王宁热情地握住朱恩光的手，真诚地说：“谢谢你对海龙的支持，对希望工程的支持！”

整个青基会忙作一团。窄窄的走廊里，每一个匆忙而过的人，他们惊奇和赞赏的目光都会在我身上停留几秒，然后送给我一个热忱的笑脸。四月的北京依然清冷，可我紧握的双手汗津津的，额头上冒着热气。我的振奋和激昂在这一刻突然被紧张和忐忑所替代，——我的这些照片，领导们会满意吗？

“海龙！”是徐永光秘书长！他快步跨到我跟前，一双大手重重地按在我肩上，激动地说：“一听王宁说你回来了，我会没开完就跑了过来！”他将我上上下下地打量一遍，眼神似一团火焰般热烈，“整整一年啊，辛苦你了！”

郗杰英、李宁、顾晓今三位副秘书长也来了。大家围坐在一起，会议室安静下来。照片一幅一幅在每个人手中传递，没有人说话，只听见不时传出一声低沉而压抑的惊叹。徐秘书长紧闭双唇，面色凝重，眼里交织着震惊和怜惜，他盯着手中那幅“棺材学校”的照片，久久没有放下。半晌，他的目光才从照片上移开。“你给大家讲讲照片背后的故事吧！”他对我说，声音变得喑哑。

河南商城的杨家姐妹、沂蒙山里不吃饭也要读书的毛可凤、河北滦平拉海沟乡烤烤小手继续上课的小女孩、山西静乐县风雪中扛着凳子走山路去上学的孩子、一个老师三个学生的碾盘小学……照片上的一幕幕在我眼前回放，每一个故事都印在我心头。那些贫困中的孩子，他们渴望的眼神写满憧憬，那些被我记录下来的瞬间，再一次感动了我自己，也感动了在场的人们。

“马上筹备召开新闻发布会！”徐永光当即决定。他坚定的目光落在我身上，“海龙，咱们一起挑选出四十幅照片，抓紧时间制作五十套！”

群情振奋，大伙儿你一言我一语，积极发表各自的意见和感受。几个年级挤在一起的复式班，破了顶的窑洞教室，站着听课的孩子，借着雪地里的亮光晨读的学生……当我和朱恩光拿着青基会选定的四十幅照片离开时，夕阳已经收起最后一抹余晖，暮霭渐渐从天际漫开，而这一刻，我心里是前所未有的轻松和明朗。

“咱们马上去找张左！”借着一鼓作气干到底的劲头，我拉着朱恩光就走。

“我想和你说个事儿，”朱恩光突然叫住我，稍稍停顿了几秒，他接着说，“以后青基会的活动我就不打算参加了！”

“你说什么？”我瞪大了眼睛，没料到他突然来这么个决定，“咱俩辛辛苦苦跑了一年，你没看到领导们对我们的成果是多么满意吗？你不愿意和我继续做这件有意义的事情吗？”

“这是我自己的决定，和你没有关系！”他拦住我的话，兀自笑了，“现在不是挺好吗？一年时间，我为你保驾护航，我们安全回到北京，各自的任务也都完成了！什么都别说了，没事儿，以后我继续我的风光摄影。海龙，眼看着你把这么难的一件事情干成了，兄弟我打心底里为你高兴！”

他张开双臂搂了我一下，送给我一个鼓励的微笑，然后迈开大步头也不回地走进夜幕中。

原本高涨激昂的热情被这突如其来的变化打破，看着他魁梧的身影消失在暗夜中，一种浓得化不开的落寞塞满我的心头。那回在红安周七家村的小路上，他一甩手丢下我愤然离开的场景一下子在我脑海中重现。可这一次，这个一路互相扶携的朋友，难道就此果断地与我分别了？周围行人寥寥，我耳边却有无数嘈杂的声响。一阵略带寒意的晚风吹过，我下意识地裹紧外套，嘴里胡乱嘟囔了一句什么，闷头径直往文化馆去了。

整整一周的忙碌。当我把我和张左两人精心制作的五十套照片交给徐永光秘书长时，他捧着照片的双手因为激动而情不自禁地微微颤抖。他叫来王宁，简洁明了地吩咐道：“五十份邀请函发出去，同时电话通知，4 月 15 日，我们召开新闻发布会！”他炽热的双眼望向我：“‘希望工程百万爱心大行动’，这是我们策划的主题，你看怎么样？”

新华社、中新社、《人民日报》、《中国日报》、《光明日报》、《中国青年报》、《中国教育报》……五十家媒体代表聚集在青基会，气氛热烈而且不失严肃，这组照片得到了他们的高度肯定和一致赞赏。“灰暗的画面，却饱含着摄影者炽热的情感！”“还有什么比这一双双带着希冀和梦想的眼睛更能唤起人们的爱心？”“摄影的力量啊！于无声处见真情，海龙，你太棒了！”杨家小姐妹的故事让《人民日报》的王娜梅老师感动得热泪盈眶，一向精明干练的她，嘴唇轻轻翕动了好久，才迸出一句话来：“我马上回报社编发！”

新闻发布会上，中国青少年发展基金会正式宣布：“希望工程百万爱心大行动”正式启动。

所有的准备工作都紧锣密鼓、井然有序地进行着，各大报社争相邀请我协助他们编排照片。“你一定得跟我走一趟！”王娜梅老师把我拉到《人民日报》文教部，“请你再详细给大家讲讲这些孩子的情况吧！我要发一个整版！”

编辑部挤满了人，这一沓照片吸引了所有人的目光。大伙儿纷纷表达了自己的感受，最终选出“大眼睛”“小光头”“姐妹俩”“碾盘小学”“大鼻涕”这五幅照片。“大眼睛”的照片几个月前就以公益广告的形式在《人民日报》上刊登过，这次又被选上。我想，一定是她的眼神深深触动了人们的内心，令人不忍直视，无法拒绝。

怀着满腔热情，王娜梅老师很快将编辑好的照片和故事送到总编室。时任《人民日报》评论部副主任的李仁臣扫过一眼之后，急急摘下眼镜，将样稿铺在桌上反反复复地看，仿佛要把每一张脸、每一个字都牢记在心上。当他抬起头望向围在他身边的八九个编辑、记者时，眼里除了感动，还有一丝犹豫。

“照片很真实，很震撼！这种反映社会底层现实的作品，太深刻了！”李副主任频频点头，他握紧双拳抵着下巴，两条眉毛纠结成一团，“不过，我们还应该慎重地考虑考虑！”

鸦雀无声，大家屏息等待他的下文。

“作为党报，我们理应站在人民的立场，为群众发声，这触目惊心的贫穷……”他努力让自己的措辞显得平和，“可不得不说，我也有自己的顾虑啊！”

我心里一沉。但我能理解这位领导所说的顾虑。

“主任，这类真实的情况我们不应该回避！”心直口快的王娜梅老师首先站了出来。

“是啊，主任！为什么不能发？几千万贫穷的孩子挣扎在失学边缘，我们有责任为他们呼喊！”

“主任，我相信在这些照片面前，每一个善良的人都不会吝惜自己的爱心！”

一句句诚恳的请求，一束束热切的目光，李仁臣副主任紧皱的眉头似乎松开了一些。

“主任，我第一个为孩子们捐款！”突然，王娜梅掏出二十元钱，郑重地放在主任桌上。

她这一带头，其他几个同事也纷纷掏出钱来。

李仁臣副主任脸上凝重的表情放松下来，渐渐涌起一层柔和的光彩。“发！”他激动地拍了板。

…… ……

“海龙，你这组照片可轰动了！”第二天早上我一进办公室，就接到王娜梅老师的电话，我听见话筒那头她抑制不住的兴奋，“今早一见报，咱们整个报社都议论开了。大伙儿都说，真是没想到啊，这样的照片都发表了！”

没过几分钟，又一个电话打进来。“海龙，是我，《人民日报》（海外版）的许涿！”他火急火燎地说，“准备十幅照片吧，我们要开辟一个海外版专栏，每天一幅照片、一个故事！”

在团中央和青基会的筹划和推动之下，4 月 18 日，全国数十家报纸和中央电视台发表了党和国家领导人给希望工程的题词。同时，我拍摄的照片也相继刊登在各大媒体上。短短几天时间，希望工程的风潮涌动全国并在全世界华人中引起强烈反响。一封封读者来信飞进报社，汇款单雪片一般地飞到青基会，那是被感动的人们一颗颗火热的心。

我沉浸在无尽的欣慰之中。想当初和朋友们讨论这个计划时，物质上的困难暂且不说，单说对大环境的把握，就感到无形的阻力。最后当我下定决心一定要干这件事的时候，心里已经做了最坏的打算。如果照片拍出来谁都不敢刊登，我也算真实客观地记录了历史，作为一名摄影人，我做到了问心无愧。志想曾宽慰并鼓励我，遵从自己的内心，做自己认为有意义的事情，多年之后这些照片一定具有珍贵的历史价值。现在，社会各界的反应大大出乎我的预料，我从内心深处感激青基会。如果不是我在这个特殊的时期找到它，如果没有它对我的帮助和支持，难以想象，仅凭我一己之力，如何让这些照片赢得大家的认同并征服大家的心？

46. 爱，从四方奔涌而来

“请把这笔钱捐给‘大眼睛’小姑娘！”“那个流鼻涕的小男孩让我流泪了，请为他买一件新棉衣吧！”“叔叔阿姨，这是我积攒的二十五元零花

1992 年 3 月，山西省静乐县李辛庄，志愿者在给孩子们上电脑课

解海龙　摄

钱，请帮我为山里的小朋友们买一盒铅笔！”一张张带着温度的汇款单雪片般飞来，它们汇聚着人们点点滴滴的爱心。每天，十多个希望工程的大学生志愿者一刻不停地帮忙登记、汇总、入账、跑邮局。每次我一走进青基会办公室，迎面而来的总是感激的笑脸和热情的拥抱。

“海龙，真是没想到啊！”那套四十幅照片成了徐永光的珍宝摆在他案头，“从 1989 年 10 月希望工程开始实施，一直到 1991 年底，我们收到的捐款不足一千万元。而这短短几个月时间，募集到的善款已经超过了一亿！海龙，是你这组照片为希望工程真正打开了局面！”他满怀深情地轻抚着照片，无限感慨。

“你看，”他指着毛可凤的那幅照片说，“发表在《人民日报》（海外版）之后，二十天不到，就有三万元捐款飞向这个小女孩。其中有一位日本留学生来信说，他作为一个游子，看到故土还有这么多弟弟、妹妹因贫困上不了学，心里很难受！现在他一边打工挣钱一边上学，没有足够的能力帮助小可凤，只能给她寄一万日元。他一定会努力学习，将来报效祖国。”

“还有这个！”他翻到杨家小姐妹的照片，“王娜梅老师编辑的照片故事让很多人落泪了。照片见报之后不久，我们就接到商城县教育部门的电话，他们说小姐妹俩已经收到三千五百元捐款。姐妹俩把多余的钱让给了其他失学的孩子。我给你看一份报纸！”他起身打开文件柜。

一张 1992 年 6 月 18 日的《人民日报》，上面刊登了杨永香、杨永贵姐妹俩的来信。信中写道：

> 亲爱的爷爷、奶奶，叔叔、阿姨，全国的好人们，我们现在已经上学了，戴上了鲜艳的红领巾，学校给我们做了小桌椅。剩下的钱还可以救助其他的小伙伴，希望大家不要再给我们寄钱，把钱寄给像我们这样的苦孩子们吧！

一缕和煦的风从我心头拂过。在杨永贵她们那座破石屋前，朱恩光送给姐妹俩一支笔和一个本子的情景历历在目，我难以忘记杨永香含泪的双眼。原本以为这些照片是难以发表的，现在一下子引发出社会上潜在的巨大的慈善力量，而这些人们，他们大都也是普通百姓。今天，我亲眼看到了我镜头之下的孩子受到了捐助，我有一种被自己感动的骄傲。在那些一顿饭就是一块饼子、一碗蛋汤，坐拖拉机、搭驴车，每天翻山越岭跋涉三四十里路的日子里所吃的苦，全部化为两个字：值得。

“大哥，你到我们学校给孩子们、老师们讲讲这些照片背后的故事吧！”在北京汇文中学当教导主任的弟弟海涛跟我商量，“现在城市里的孩子物质条件太优越了，一个个衣来伸手饭来张口，不懂得珍惜，在生活中处处攀比，却视学习为受罪！应该让他们好好看看，这些农村孩子过着怎样困苦的生活，在如此艰难的条件下，又是怎样刻苦学习的！”

我太愿意和大家一起分享这些故事了！这组照片在呼吁社会各界关注贫困山区孩子的同时，其实也是和城市孩子的生活、学习状况的一种对比，我有必要、也有责任向城里的孩子讲述我所看到的一切。当他们看到那些破烂不堪的教室，穿着补丁摞补丁的衣服、坐在草地上听课的孩子，把石板当作业本、短得不能再短的铅笔头时，还会认为他们现在所拥有的一切都是理所当然的吗?

阶梯教室里坐满了老师，我的声音通过“汇文之声”广播站传送到各个教室。河南的杨家小姐妹、山东的毛可凤、甘肃的马义梅、山西的“棺材小学”……当我又一次讲述这些故事的时候，心里依然是不平静的，不同的是，此时的不平静中又包含了些许欣慰。

刚讲完《烤烤冻僵的小手，继续上课》，“汇文之声”广播室的喇叭里突然一片噪音，紧接着听见一个男孩子大叫一声：“给我，话筒给我！”

“坏了！”两个老师大惊失色，立刻起身冲出去。“又是他！”台下的老师们小声议论起来。我愣在台上，这是怎么回事?

“老师们，同学们，我是三年级（4）班的学生。”这时候，广播里传出一个孩子急促的声音，“我想跟大家说，今天听了解叔叔的报告，我心里特别感动，又特别内疚。我认识到上次我做错了，可当时我还感觉自己多么英雄，多么正义。所以，我想利用这个机会给大家道个歉！想不到农村的孩子这么苦，教室这么破，这个小妹妹的手都冻成了那样！看着这些照片，我心里好难受，而我每天都要花钱买大瓶可乐。我现在带头捐款，今天我只有二十块钱，我都拿出来，表示自己的爱心！”

老师们惊呆了，几秒钟的沉默之后，阶梯教室里爆发出热烈的掌声，外面也热闹起来。我跟着老师们跑出去一看，各班学生都往操场上涌过来，“一起来献出我们的爱心吧！”不知是谁带头高喊一声，操场上顿时沸腾了。无数只小手举着钱币，嘈杂的声音最后汇合成两个字：“我捐！我捐！”报告会被这突如其来的插曲打断，看着孩子们争先恐后的样子，我心里一阵阵感动。

“那个男孩是怎么回事啊？”事后我问海涛，“他上次做错了什么？”

“嗨，别提了！”海涛连连摆手，“那小子在我们学校可算得上是一个‘知名’人物了！不过这次倒是挺出乎我意料的！”

“前不久，在一次全校大会上，我提出为贫困山区孩子捐款的倡议。

1991 年 12 月，河北省滦平县金山岭长城，希望工程救助的第一批孩子们在长城脚下憧憬未来

解海龙　摄

谁知那小子突然冲上主席台，抢过话筒就嚷起来：‘同学们，我们都是学生，我们又不挣钱，学校不应该搞摊派。’他这一闹腾，底下的孩子也跟着起哄了，我当时真是哭笑不得。后来我把他叫到办公室，那小子始终一副理直气壮的样子。”说起这件事，海涛脸上闪过一丝难为情，“还是要凭事实说话呀！我吆喝了半天，那都是空谈。你的照片一拿出来，一下子就把孩子们打动了！”他百般感慨。

这一次，汇文中学的孩子和老师们一共捐了五千三百元钱。

“我们学校有二十四个初中班，每班派一个代表，准备去一次大店子村。大哥，你得一起去！”没过几天，海涛给我打来电话。他还告诉我，学校决定拿三百元钱给拉海沟大店子村的孩子们买书包文具，另外五千元用来资助他们盖学校。“你想不到吧，老师回到班里刚给同学们说这事儿，一个孩子就自告奋勇地说：‘我爸爸是开大巴的，我让我爸爸出车。’老师一听就笑了，说：‘车又不是你爸的，你说行就行？’孩子急了，说：‘别的事我不敢保证，这件事，没得说！’结果他爸一拍胸脯，爽快地答应了！”

孩子们的一颗颗爱心飞向村里，大家都被深深地感动了。滦平县委书记捧着装着五千元钱的大信封百感交集，他带头捐了一个月工资，并动员县里各部门机关干部集体捐款。他说：“城里的孩子们能捐款，我们作为地方各级领导，更应该责无旁贷地帮助他们！”

没过多久，大店子村小学破败简陋的校舍翻修一新。自此，汇文中学的孩子和大店子村的孩子成为“手拉手”的好朋友。

47. 筹展插曲一二三

在徐永光的办公室里，我兴致勃勃地给他讲大店子村小学的事情。他一直没插话，若有所思地看着我。

“海龙，你还记得咱们协议中约定的几件事吗？”半晌，他开口问我。

我当然记得，但是又不确定他指的到底是哪件事。“办影展？”我试探着问。

“对！”他点头笑道，“十月初将举行第二届中国摄影艺术节，我们去为你争取展位，以中国青少年发展基金会的名义给你举办个人影展。你抓紧时间筹备，怎么样？”他笑意更深，“我们希望让更多人了解现状，呼唤更大的力量来帮助渴望读书的孩子！”

中国摄影艺术节！我做梦都不敢想象自己的作品能够登上那种高级别的影展。“真的？”这太难以置信了！我屏息凝视着他，心里怦怦直跳。

“走吧，咱们去文化馆！”看我既兴奋又紧张的样子，徐永光笑了，“我要去登门拜访你们的马馆长！”

人逢喜事精神爽，作为一馆之长的老马，的确是有自豪的理由。“我们馆的摄影家解海龙”是他近来常挂在嘴边的话。徐永光的亲自拜访，虽不至令他受宠若惊，也实实在在让他更觉得有光彩。两位领导交谈甚欢，都毫不吝惜地给予我极高的赞誉。

“太好了！我谢谢你们，谢谢你们对海龙的支持！”马馆长一听说青基会和中国摄影家协会要联合为我办展的事情，兴奋得两条浓眉挑得老高。他立刻提出一个问题：“影展名字想好了吗？”

“‘托起明天的太阳——解海龙希望工程摄影纪实展’。”徐永光说，接着补充一句，“马馆长，海龙的影展，由你们崇文区文化馆做协办单位！”

“协办？”马馆长放下送到嘴边的茶杯，一字一顿地问道，“为什么不是联名主办？”

徐永光一愣，他没想到马馆长会有如此一问。两人瞪着眼对视几秒，徐永光才说：“马馆长，文化馆是区级单位，我们是中央级单位，联名主办，这不太合适呀！”

“徐秘书长，你这样讲就有失偏颇了！”马馆长接过话头，脸上的笑容收敛了。他正色说道：“咱们文化馆虽小，但思想认识高。这个题材是我们首先拿出来的呀！”

“马馆长，区级单位和中央级单位搁一起，差距太大了，不协调！”徐永光脸上露出为难的神色，他皱了皱眉，不过仍然保持着一贯的平和。

“现在不应该是讲级别的时候吧，徐秘书长？”本来倚靠在沙发上的马馆长一下子绷直了身子。“再说，解海龙本来就是咱们文化馆的人！不是我们给他时间、派他出去，他能拿出这组作品来吗？”几句话掷地有声。他微昂着头，古铜色的脸上一副凛然不容否定的表情。

办公室里的气氛变得微妙而紧张了。他们用眼神对峙着，我暗暗叫苦，千万别一言不合，让我的影展泡了汤。馆长，你就别计较了吧！徐秘书长，看在我是文化馆的人的份上，你就答应吧！我心里祈祷着，他俩能各退一步多好啊。

“这件事情再另行商议，我先告辞了！”徐永光先开口了。他颇有风度地和马馆长握手道别，又特意叮嘱我：“不到两个月时间了，你好好准备！”

“馆长！”把徐永光送出大门，我急得朝马馆长直跺脚，“能给我办展览就很不容易了，你干吗还和人家争什么主办协办呢？”

“为什么不争？”他狠狠地瞪我一眼，“你是不是咱文化馆的人呀？”这句话让我一惊，骤然记起那次孙永诚提出版权问题的时候，他气哼哼地问过同样的一句话。

“这是咱文化馆的荣誉！”他说得铿锵有力。我一阵窘迫，好像我只为自己的影展打算而视集体荣誉于不顾了。

“我还告诉你呢，”他并没有觉察到我的难为情，一双锐利的眼睛瞪着我，“不仅是联名主办，咱们文化馆的名字还必须排在第一位！”

“啊，我的馆长！”看他那势在必得的样子，我脑子一炸，“是不是太过分了？人家不会同意的！”

他微微一笑："徐秘书长是有大智慧、大胸怀的人。你放一百个心！"

不知道他俩后来是如何"另行商议"的，没过两天，马馆长一个电话拨过来："我说得没错吧，徐永光秘书长全答应了！"

这太不可思议了，我简直不敢相信自己的耳朵。

"老徐是个明白人，他心里清楚得很，是社会各界在支持青基会，他们就应该放下官架子和体制内的行为方式。所以他们最终决定主办方按崇文区文化馆、中国摄影家协会、中国青少年发展基金会的顺序排列……"马馆长还在说着什么，我兴奋得一把挂了电话，谢天谢地！悬着的一块大石头终于落了地。

…… ……

大街上车水马龙，路口的红绿灯永不熄灭地交替闪现。我揣着一颗忐忑不安的心，步履匆匆地赶往天伦王朝酒店。

昨天一挂掉老马的电话，我就急不可耐地邀约广角影会的朋友们晚上一聚。快两年了，我在外奔忙，疏于与大家联系，现在，这些照片不仅得到社会的认可，而且我梦寐以求的影展也即将举行，无论如何，我也要跟这帮好兄弟痛痛快快地聚一场。

不记得喝了多少，只知道在久别重逢的欣喜之中，我们一个个都心醉神迷，脖硬腿软了。恍惚之间有个陌生人向我索要名片，而迷糊中的我将一叠名片全给了他。

上午刚到办公室，一个电话打进来。对方自称是台湾《中国时报周刊》的副总编辑，名叫萧嘉庆。"能请你晚上来一趟天伦王朝酒店吗？如果行，最好你一个人来！"他彬彬有礼，普通话讲得很好听。我的心一下子提到了嗓子眼，台湾？一个人来？什么事情？

去？还是不去？一整天我都魂不守舍，又不敢跟人商量，我隐约感觉到他就是昨晚找我要名片的那个人。台湾的《中国时报周刊》不是台湾报业的四大龙头之一吗？难道……不知道我的预感对不对，终于熬到下班的时候，我心一横，去！

推开酒店的玻璃门，悠扬的音乐婉转而来，一个富丽堂皇的偌大空间立刻展现在我眼前，天花板上华丽的水晶吊灯，每个角度都折射出斑斓彩光。我无心感受这里的奢华，径直跑上七层。

果然是他！他一边热情地与我握手，一边将我让进房间。

“谢谢你的慷慨大方！”他拿着名片向我晃了晃，开了一句玩笑。没错，正是我昨天半醉半醒时给他的名片。“我们在众多媒体上都看到过你的照片，你拍摄的贫困孩子让我们深受感动！”一两句寒暄，闲话不再多说，他一入正题就证实了我的预感。

他双眼紧盯着我，神色非常庄重：“你还有多少这样的照片？给我们一整套吧，我们要在台湾的报刊上发表你的作品，还想办一个展览！”

他在说什么？我瞪大了眼睛，显然，这又超出了我的预想。台湾的《中国时报周刊》？他为什么要为我办展览？照片会不会被另作他用？一瞬间，我的脑子里涌上各种念头，心里也一下子乱了。最后，所有的问题归结到一点：这是真的吗？

看我满心疑虑的样子，他笑了。紧接着，他收起笑容，脸色变得严肃：“我们炎黄子孙本是同根生，海峡两岸皆有情。这些年来，我们为祖国日新月异的变化感到自豪。可是，当我们目睹了这些鲜为人知的穷苦，怎能不心生痛惜？孩子们不能没有最基础的教育啊！”说着，他掏出几张纸币：“这是二百美元定金，请你先收下吧！”

除却刚才的疑虑，我心里又多了一层惊诧和紧张。给我美元，怎么像“特务经费”？我连连推辞：“萧先生，这件事情不是我一个人可以决定的！”

“你回去请示！”萧嘉庆硬将二百美元和他的名片塞给我，“你把底片交给我，我带回去做片子！”最后他强调了一句。

这事儿太大了！我火急火燎地找到徐永光，张口就问：“我的照片能在台湾发表吗？”

“台湾？”他疑惑地问。待我给他讲清楚事情的来龙去脉后，他激动地站起来：“当然可以！大陆和台湾血脉相连，好多人背井离乡这么多年，他们心里有着割不断的故乡情。繁荣也罢，困苦也罢，我相信，家乡的点点滴滴都是他们愿意知道的！呵呵，这个萧嘉庆！”

这一刻，我真有一种在梦中的感觉，即将在中国摄影艺术节上办展览的欣喜还凝聚在心头，台湾的展览又不期而至。生活是如此厚待我，用这种我最期待的方式给予我肯定，予我回报，许我嘉奖，同时，也是对我的鞭策！

夏天正在悄悄远去，夜晚的街道丝丝清凉。怀着一颗无比兴奋的心从徐永光那里出来，我朝朱恩光的家直奔而去。

自从与他在青基会门口一别，一晃几个月过去了，这段时间我忙着参加青基会的各项活动，没顾得上与他见面。昨晚和朋友们相聚，我才听说了一些他的近况。他和我从山西回来之后，就开始一门心思研究风光拍摄。不久前在长城上，他刚支起三脚架搁好相机，突然一阵大风刮来，三脚架倒了，相机滚下来，沿着石阶滚得老远，摔散了骨架。那是他的命根子呀，他流着泪趴在地上一个零件一个零件地找，最后全找到了。他拿衣服兜着，一个人站在风里失声痛哭……

他明显有几分落寞，看到我来，并没有表现出过多的亲密和热情。我理解他，日子过得紧巴巴的，还拼了命一心学摄影，又不慎摔了自己视若珍宝的相机，如何能够轻松起来？

烧水沏茶，这是他招待朋友的老一套。还是那套熟悉的茶具，缭绕的茶香化开了我和他之间短暂的生涩。一年多的同行，对于我俩来说都是一段难忘而宝贵的经历。那一程中，有太多可成趣谈的调侃和玩笑，太多来自彼此心灵的碰撞和感悟。我们心有灵犀，不谈彼此的今天。这晚，我们就在回忆中找寻往日那一丝一毫的感动、辛酸，还有温暖。

离影展的时间越来越近，可是展品还没有制作，因为萧嘉庆将底片带去了台湾。会不会出现意外？我焦急地等待着。又过了好些天，我终于收到萧嘉庆寄来的包裹。急急忙忙打开，我发现所有底片都整整齐齐地装在高档底片袋里，每张都按专业做法编了号。紧绷了几天的神经这才松弛下来，我不禁暗笑自己多虑了。

包裹里还有一摞杂志和报纸，我一眼看见自己的头像印在台湾的《中国时报周刊》上，这一期我竟然被他们当作封面人物！我的心顿时狂跳不止，好不容易才定下神来。头像旁边的几行字令我心潮澎湃：发挥最大影响力的当代中国摄影家，解海龙为失学孩子拍出希望。

克制着内心的激动，我将这堆报刊翻看了一遍，每一家媒体都有介绍我和我的照片的文字：

“我们选他当封面人物，就在于他靠两条腿走路，受非常有限的经费、器材、胶片等物质财富的限制，竟然能拍出如此动人心魄的作品。”

“希望工程是一个跨世纪的爱心行动，海内外许多有心之士已经投身于这个意义深远的活动，无数因失学而流泪的孩子正在呼唤着我们。”

“我们马上要为解海龙先生举办影展，期望大家去站到一幅幅照片面前，亲自印证和体会那深度报道摄影和摄影家不分古今中外皆相通的人道精神气质。”

面对这些赞誉之辞，我百感交集。一路走来，那些苦孩子的经历和读书的渴望一次又一次打动着我。现在，在希望工程的倡导下，我的照片给贫苦孩子带来了帮助，帮助他们重返校园，帮助他们点燃生活的希望，于我而言，这是最大的收获。

萧嘉庆还给我带来一个好消息：台湾的影展将在 10 月 8 日和北京的影展同一天开幕。他告诉我，台湾的影展的标题是“泪水浸湿的底片”。

谁知当我做好一切准备工作，去办理参展手续时，出现了一件极其不妙的事情：没有展位。原来，中国摄影艺术节的筹备工作早在一年前就开始了，虽然青基会为我争取到参展机会，可因为去得晚，展厅已经排满了国内外各位著名摄影家的各种专题摄影展。“没办法啊，”北京民族文化宫的领导说，

“实在是因为你来得太晚，真的没位置了！”

我心急如焚，这可怎么办？突然，我想起包里还有几幅冲印好的照片，赶紧掏出来往领导手上递：“这就是我要参展的照片，您先看看吧！无论怎样，麻烦您想办法帮我弄一个展厅，求您了！”

他疑惑地接过去，我焦急地暗暗祈祷。他草草地翻过几幅，动作渐渐慢下来，最后，他的眼睛定在“烤小手”上。他猛地一拍桌子，激动地说：“上吧，这种照片，挤也要挤进去！”他吩咐几个工作人员：“赶紧清理大厅的过道，搭建一个临时展厅！”

只要能进去，放在哪里都行。过道上人来人往，说不定效果更好呢？我一边给领导鞠躬道谢，一边喜滋滋地想着。这时，我才发现自己的衬衣被汗水浸得半湿——多半是由于紧张造成的。

48. 影展走向全国

1992 年 10 月 8 日，我永生难忘的日子。这一天，“解海龙希望工程摄影纪实展”在第二届中国摄影艺术节上展出。

说实话，虽然挤进了影展大厅，兴奋之余我仍然非常忐忑。这次影展规格之高我很清楚，第二届中国摄影金像奖获奖作品展、国际摄影艺术展览上，吴印咸、简庆福等大师们的作品尽在其中。尽管我的照片已经在各媒体上有过报道，希望工程也因此在社会上掀起阵阵热潮，但在这些如雷贯耳的摄影大师面前，我不过是一个无名小卒，我的照片会引起人们的关注吗？

开幕式结束后，两千多位中外嘉宾和现场观众陆续进入展厅。在过道上的临时展厅前，我的大幅照片让不少人停下了脚步。我紧张地站在展台后面，一颗心提到了嗓子眼：人们会如何看待这些照片？

不知不觉中，小小的展台被围得里三层外三层。一开始，观众们轻声议论着，后来声音越来越大，渐渐嘈杂起来。议论声吸引了其他展区的观众，越来越多的人涌过来，不一会儿，展台前就密密麻麻地挪不动步了。沉重而苦涩的露天课堂，倒塌的破窑洞教室里那些茫然的目光，一边放羊一边在石板上写字的孩子，在旷野里站着讲课的山村女教师，贴着泥炉长满冻疮的小手……在这些照片面前，一双双原本透着新奇的眼睛渐渐变得惊讶，继而被一种更复杂的感情填满，是柔软，是怜惜，是感动。

“托起明天的太阳！”人群中不知是谁大声念出展板上的这行字，现场顿时安静了。随着第一张崭新的钱币放在“大眼睛”照片的下面，观众们如恍然大悟一般，纷纷往外掏钱，刚刚安静的展台重新热闹起来。我被这突如其来的情形惊呆了，影展现场一下子变成了捐赠现场！这边热闹的状况引起更多人的好奇心，展台前一片沸沸扬扬。前排的人还没有离开，后面不停地有人挤上来，没多久，每幅照片前都堆出一座钱的小山。

不仅是我，影展各主办方的领导们也都没想到我的照片会引起如此强烈的反响。如潮的热情将我包围，我一遍一遍地给大家讲述孩子们的故事，眼眶红了，嗓子哑了，但是有一种汹涌的力量推动着我，让我一刻都不想停下来。钱堆了满地，登记捐款人姓名和金额的纸写满一张又一张。后来，我们索性在大厅门口铺了一张大纸，娟秀的、遒劲的、稚嫩的、灵动的……各种各样的笔迹留下来，连同人们一颗颗朴素的爱心和希望。

短短十天时间，数万人蜂拥而来，挤在这个临时搭建的展板前流连忘返，大家为影展签名助威，盛况空前。尽管我忙得应接不暇，心底却是无尽的充实。感动、感慨、感激，我想，这三个词最能表达我此刻的心情。

一位白发苍苍的老人站在“大鼻涕”的照片前面老泪纵横：“太真实了，太真实了！老区的人民为我们新中国的事业做出那么多贡献和牺牲，可他们的孩子……拍出这些照片来，你了不起！咱们党能实事求是地拿出这些照片来，了不起！”

几百名学生乘着大巴士冒雨而来。当他们说说笑笑地来到展厅，看过照片之后，全都默不作声了，好多女孩子默默地流下眼泪。他们的老师告诉我：“昨天乘地铁的时候，我旁边一个老太太抽噎着哭得伤心。一问，她说：‘我看了一个展览，太感人了！’于是我也赶紧跑来。看完之后，马上决定把全校的孩子们都领来。孩子们太应该受受教育了！”

一位解放军战士看完展览后一直没走，等我稍有空暇时，他走到我面前立正，行了一个标准的军礼，然后郑重地将五元钱交到我手中。他恳切地说：“我在西山八大处当兵，小时候就是因为差五块钱，我只读到四年级就失学了。看了展览，我真的很感动！这次我只带了五块钱，是我回部队的路费。我要捐出来，也许它能帮助一个像我小时候一样的孩子！”我问他，钱都捐了你怎么回去。他说这点路不算什么，他跑着就能回西山八大处，可我知道从这儿到西山有十几公里的路程。

连续三天，展厅里都会出现一个中年男人的身影。他叫栾思标，是华北油田的职工。当他得知一个孩子念完小学大概需要二百元钱，当即拿出钱来让我转交青基会。他说：“解老师，你给成千上万的儿童带来了希望！我们油田有十几个摄影爱好者，回去之后我就号召大家成立一个‘希望摄影学会’，每人资助一个孩子！”他成为全国“1 + 1助学行动”第一人。民族文化宫的展览结束之后，他找来一辆大卡车，把六十幅照片拉到华北油田，展了一个星期，筹集到很多善款。

在北京民族文化宫影展开幕的同时，由中国青少年发展基金会及台湾的《中国时报周刊》、《中时晚报》、台北市立美术馆、台中市立文化中心等十几家单位联合举办的“解海龙希望工程摄影纪实展”，以“泪水浸湿的底片”为题，在台北隆重开幕。各大报刊争相报道，《泪水浸湿的底片》《大陆千万失学孩童的渴望，企盼有心人播撒幸福的种子》

《他燃起希望的灯光》……一时间，影展成了媒体和全岛民众关注的焦点。老师带着学生、家长带着孩子，文艺界名人、政界要员都纷纷前来。按原计划，在台北、台中、高雄、花莲一共六十六天的展期，应观众们的强烈要求不断延期，直到八十一天才结束。那些天，现场和场外的捐款数额达到数千万新台币。

就这样，在“百万爱心大行动”之后，我的照片又一次引起更大规模的轰动。以希望工程为主题的摄影展览，在海峡两岸刮起了一股关注中国边远贫困地区儿童教育的公益风潮，照片中农村教育现状的画面，令海峡两岸无数参观者的心紧紧地凝聚在一起。一夜之间，北京地铁的每节车厢都贴上了希望工程的宣传海报，各大城市的主要街道也悬挂了我拍摄的照片。回想起一年前的这个时候，我正铆着一股劲儿钻在荒远偏僻的穷山村里，跋山涉水，风里来雨里去，每到一处都会被那些穷苦孩子企盼的眼睛所感染，一个心酸的故事没有融化，另一个心酸的故事又涌上心头。我只有一个坚定的目标：再难，也要把农村孩子渴望读书的需求传递出去。现在，这些照片引发出社会上如此巨大的慈善力量，它们感动了无数人，这些人也深深地感动了我。我不曾想到有一天自己也成了“名人”，走在大街上，会有迎面而来的陌生人亲切地叫出我的名字，他们热情地握住我的手，挚诚的眼睛里写满了信任。

这段时间的活动成效显著，我信心倍增，喜悦、心酸、满足、欣慰、自豪，百般滋味千般感受凝结在心头。来不及细细体味，我又投入到希望工程的宣传工作中去。

武汉、广州、珠海、青岛、上海……巡回影展一场接着一场，时间安排得满满当当。我马不停蹄地奔走在各大城市之间，所到之处，我目睹了这些照片给希望工程带来的空前的宣传效应。

武汉皇宫婚纱影楼，是当地同行业中的佼佼者。北京影展期间，影楼的总经理恰好在北京出差，他看过影展之后，马上找到我。他说：“我

1993 年，希望工程摄影展览在山东省青岛市博物馆展出

解海龙　摄

们原本准备花一笔钱搞一台隆重的店庆，现在决定取消，不搞了！您的照片太有意义了，我要把这笔钱拿出来，把您的影展办到武汉去！”在武汉这场规模盛大的影展上，接连几天，数十万观众涌进展厅，捐款箱塞满了好几个。“我们每个月为您提供二百元的创作经费，期待看到您更多的作品！”这位潇洒豪放的企业家以这种方式表达对我的赞赏和支持。一位老者握着我的手说：“拥抱真理如拥抱刺槐，你有这个勇气！”一句话令我心潮澎湃。

广州影展期间，著名专栏作家微音（真名许实，笔名微音）在《羊城晚报》上发表了一篇题为《一个非同凡响的影展》的文章。文章写道：“可以毫不夸张地说，这是我有生之年看到的最好和最有意义的影展，它是一个思想性和艺术性完美结合的影展，也是一个用照相机记录历史的动人心弦的影展。我希望人们都去看看，要快，快，快！不要像个老太太！”极具感染力的文字激起人们更大的热情。看完影展意犹未尽的市民们纷纷要求影展延期却无法如愿，因为下一站珠海影展的日子已经定好了。

在珠海中心广场举办影展期间发生的一件小事令我记忆深刻。那天，和之前任何一个地方的展览一样，不少人看完照片之后，噙着热泪捐出自己的一份爱心。这时，几个大款模样的人凑上前来，他们看热闹似的随随便便扫视了几眼照片后，其中领头的中年男子问我："这是真的吗？"脸上一副不以为然的表情。

"你捐，可以；不捐，也可以。但是请你不要怀疑照片的真实性。我给你们讲几个故事吧！"看到他们满不在乎的样子，虽然我心里很不是滋味，不过马上调整好情绪。被暴雨冲垮的窑洞教室、让学费给妹妹的杨永香、碾盘上的全校师生，听着听着，原本挂在他们脸上不恭的笑渐渐收敛了。"这幅是河南商城的一对老夫妇。村里家家户户捐款凑钱为孩子们盖学校，学校盖好了，却没钱做门窗。老两口儿把自家一段好木料捐了出来，他们没儿没女，那是他俩为自己备的棺木！村主任说什么都不肯收，说：'这可不成啊，你俩把这个捐了，以后连个"屋"都没有了！'老太太说：'我们这把老骨头烧了就没事了，孩子们的学校不能没有门窗！'"

几个人的眼神变得严肃了。他们立在照片前，重新认认真真地看过一遍之后，领头的男子问我："资助一个孩子需要多少钱啊？"

"三百元！"我告诉他，又补充一句，"这是五年的费用，一个孩子上完小学就是三百元钱！"

"五年才三百啊？"他马上掏出皮包，点出一叠钱来，"这是三千元，我资助十个孩子！"他回头看了看随行的几个人："哥儿们，你们看着办吧！"

一见领头大哥如此慷慨，那几个人也爽快地拿出钱来："大哥资助十个，我们也资助十个！"

广场上的气氛热闹起来，共青团珠海市委的志愿者们忙着给他们拿纪念品。按规定，每捐赠三百元就送一件"希望工程"T 恤作纪念。当一摞 T 恤送到大款面前时，他们笑了："不是留纪念吗？一件就行！我们又不是来买衣服的！"他们说什么都不肯在签名本上留下自己的名字。临走时，那位领

头大哥朝我深深地鞠了个躬，诚恳地说：“谢谢你让我们看到这些，刚才冒犯了，实在对不起！都说我们是款爷，好像我们的钱白来似的，其实我们也是汗珠子摔成八瓣辛辛苦苦挣来的！为了孩子们，这个钱我们愿意捐！但是，如果这钱捐给了贪官污吏买汽车轮子去，我们不干！”几句真切朴实的话，引起围观群众的热烈掌声。

中共青岛市委、市总工会、团市委、市妇联、教委、文化局联合下发红头文件，成千上万的市民到青岛市博物馆观看了展览。那遥远山沟里一个个瘦弱的身影、那贫瘠土地上一双双充满渴望的眼睛，让不少人感动得热泪盈眶，现场掀起捐赠的热潮。青岛的中学生们还自愿发起了“少吃一根冰棍，奉献一份爱心”的捐献活动。

…… ……

带着满身疲惫，一下火车，我直奔后圆恩寺甲 1 号，我有太多的收获和

1991 年，河南省商城县余集乡石板村，七旬老夫妇捐献寿木为新建的学校做门窗

解海龙　摄

感受要与青基会的工作人员分享。当初我决定拍摄这组照片时遇到的最大困扰是担心很多人觉得这是老少边穷的题材，而我最想表达的，是呼吁人们关注贫困，关注教育，关注儿童。如果说此刻我心底也泛起那么一点骄傲的话，请允许我坦然地承认吧！

“海龙！”我刚一推门，办公室里的六七个人几乎同时叫出声来。

“我们正说着你呢！”顾晓今推开椅子笑吟吟地走来。她就是 1991 年 3 月 5 日我在王府井大街的新华书店门口遇见的那位女士，我逢人便开玩笑地称她是我的“指路人”。

不容我汇报工作，他们倒先七嘴八舌地给我“汇报”了起来。

民族文化宫影展现场写得满满的留言本，一封封来自全国各地的捐赠信，一摞报纸上刊登的希望工程照片……“这是蒋齐生老先生特意写给你的一封信！”顾晓今递给我一个信封。

蒋齐生老前辈！这位德高望重的中国新闻摄影学会会长竟然亲笔给我写信！我激动地拆开信封：

> ……你的照片我是含着眼泪用放大镜读的，读的过程我确实想哭。你把希望工程作为自选的专题坚持摄影纪实，你做得很对，这确实是一件足以名垂千古的伟大事业。我虽然想哭，但也感到鼓舞和震动。我们的国家是这样的艰难，我们的人民却这样的坚强，即使日子那样难过，却切实地在教在学，满怀希望。在这些被记录的穷苦好学的孩子中间，谁能说其中没有伟大的人物横空出世？

一瞬间，我被一股巨大的力量鼓舞了。不等我细细咀嚼其中的滋味，“是海龙回来了！”徐永光扬着嗓子大步走进来。

“你辛苦了！海龙，你是成功的，你做到了一个摄影家以外的事情！你用照片给这个社会提出问题，又身体力行地参与其中，用自己的方式来帮助社会解决问题！”他望着我，目光灼灼，我感觉到他搂住我肩膀的力度陡然增加了许多。

“在你的这些照片拿出来之前，青基会收到的捐款只有一千二百万元。自今年 4 月‘百万爱心大行动’之后，知识分子、工人、农民及海外华人华侨，纷纷加入希望工程志愿者的行列，到现在，收到的捐款已经超过一个亿了！”徐永光的眼睛从每一个人的身上掠过，声音洪亮而坚定：“咱们要用好每一分钱，尽我们最大的能力帮助每一个渴求读书的孩子！”他顿了顿，刚才严肃的神情突然变得柔和，他神秘地说：“要不要听听‘一位老共产党员’捐款的故事？”

“我来说！”一个一直在角落里埋头干活的小伙子闻声跳出来。

“少不了你的，你说吧！”徐永光朝他一摆手，回头给我介绍，“他叫王旭东，也是青基会的一员，工作积极，能力强着呢！”言语中满是赞许。

“今年 4 月，‘百万爱心大行动’之后不久，两位年轻军人来到青基会捐款接待室，拿出三千元钱，说什么也不肯留捐款人姓名。接待室的会计张培明再三解释说，留下捐款人的名字是青基会的规定，不仅为我们，更是为后人留下一份责任与爱心的清单。最后，他们说如果一定要留名，就写上‘一位老共产党员’吧。这位老共产党员是谁？为这事，张培明还挨了徐秘书长的批评呢！”说着，王旭东向徐永光吐了一下舌头，徐永光故意紧绷着脸，却又一不小心露出笑容。

“就在 10 月 6 日，这两位神秘的军人再次来到青基会捐了两千元钱，仍然留下了‘一位老共产党员’的签名。这一次张会计留了心眼，军人离开时他给海外部的甘东宇使了个眼色。小甘悄悄跟了出去，只见路口停着一辆小车，他默默记下了车牌号。后来，我们根据车牌号判断，这辆车来自中南海。”

“中南海？”我忍不住插嘴道，脑子里飞速跳出一个又一个名字。“是的，中南海！”王旭东一点也不满足我想“猜一猜”的心情，只听见他满含敬意地道出一个名字：“是邓小平！”

徐永光接过王旭东的话：“邓小平是以一位普通公民的身份在支持希望工程啊！他并没有运用他的影响力，而是用这种匿名捐款的方式向我们诠释了慈善的真谛——参与慈善是个人行为，而不是政府行为。我们决定将这五千元捐款用于邓小平早年战斗过的广西百色地区，救助那里的失学儿童。晓今，你记得孩子们给邓爷爷的信是怎么写的吗？”

顾晓今点点头，显然，她对那封信早已烂熟于心。她满怀深情地一字一句念出来：

> 当我们得知您以“一位老共产党员”的名义向希望工程捐款五千元人民币，又知道中国青少年发展基金会把这些钱用于救助我们百色革命老区的失学儿童，我们都激动得哭了。我们的父母、老师知道了，也感动得流下了眼泪。您的工作多忙呀，可您还时刻惦记着我们这些老区山里的娃娃。我们感到，虽然您住在北京离我们好远好远，但您的心与我们贴得好近好近。我们一定不辜负邓爷爷的亲切关怀和期望，珍惜学习机会、好好学习，长大把家乡建设得更新更美，也盼您来听听我们琅琅的读书声……

49. 让我如何不敬你

我从青基会回到家已是深夜。

近几个月忙于巡展，没在家好好待过几天。准确地说，自从 1991 年 4

月初开始，我在家的日子就屈指可数了。志想知道我今天出差回来，不管多晚，她都会为我亮着一盏灯。

屋外，冬夜的风大声呼啸着。屋里橘黄的灯光流泻出一片温暖，志想将一杯热气腾腾的茶水递到我手中，无尽的熨帖流淌在心间。人生的幸福不就是来自最平凡的生活吗？

“小飞等不到你，先睡了！”志想轻手轻脚地坐到我身旁。今天她没像往常那样关切地问我的工作，而是将一个作业本摆在我面前：“你看看！”

“小飞的？”我拿起来，不等我看，志想又抓过去，翻开几页递给我，“看看人家老师送给你的对联！”

老师的字迹相当潇洒，可我看完对联，心情却潇洒不起来了。老师的上联是“荒了自家地”，下联是“肥了外人田”，横批：“希望工程”。

“这段时间以来，小飞的成绩不如以前了，”志想发愁地说，“我也没有能力辅导孩子。你说，是他贪玩儿没认真学习，还是用了功也只能达到这个水平？这可怎么办呢？”

随便翻了翻他的作业本，写得倒是工整，错误却也不少。“荒了自家地”，我理解老师对孩子的期望，只是下联那句略带戏谑的“肥了外人田”，让我感到一种说不出的难受。当然，也许这本来就是老师的一句玩笑话，也许因为“希望工程”这几个字在我心中的分量日益增加了吧。当我在巡展中看到那么多充满爱的双手伸向山里孩子的时候，除了满足感和幸福感，更有一种不容推卸的责任感充溢心间。

“你放宽心，相信咱们儿子！”我安慰志想，“男孩子天性贪玩儿，不过，你看他的书写还是挺认真的。只要态度端正，这小子不会差的！也怨我，成天只顾着在外边忙，孩子的事全是你操心！”我寻思着如何消除她的愁闷，“退一步说吧，只要他努力了，问心无愧，我们又何必太在意最后的结果？条条大路通罗马，孩子未来的路靠他自己走，找准自己的目标，以后踏踏实实做一份自己真正喜爱的工作！”

一听这话，志想从沙发上坐直了："你还别说，小飞没事就爱拿你的相机捣鼓！"她好像一下子抓住了事情的根源。"是不是这让他学习分心了？前几天我还纳闷呢，你那箱摄影书，我明明收拾得好好的，怎么又拖了出来？我还以为是我自己拿出来的！这孩子！"她微皱的眉头渐渐松开，一丝笑意悄悄地爬上眉梢："难不成我们娘儿俩以后都要随你学摄影？你的影响力可真够大呀！"

…… ……

又到一年年终时（1992），工作总结是必不可少的。一年以来发生了太多的事情，如今有千头万绪却又无从下笔，我索性推开笔和纸，走到窗前。一眼望去，窗外又飘起了雪花。去年这个时候，我正行走在去承德拉海沟乡大店子村的路上，那四处漏风的破教室，那冻得红肿的小手，那裂了缝的泥炉……而今，大店子村小学的孩子们坐在修葺一新的教室里，透过纷飞的雪花，他们漾着天真、欢喜的笑脸仿佛就在我眼前。

"发什么愣呢？推门进来你都不知道！"一只手搭在我肩膀上，我一回头，才发现贺延光来了。

"是延光啊！快请坐！"我忙给他让座倒茶，"你今儿怎么有空来我这儿？"

"我今儿专门来问问你，你愿不愿意来《中国青年报》？"他也不卖关子，直截了当地说。

我拿着茶杯的手停在半空，他说什么？

"你们报社要我？"我瞪大眼睛望着他，惊喜像一股汹涌的激流在我心头突突乱撞。我怀疑自己听错了，说话也变得语无伦次，"我老早就想去呢，可是你们不要啊！"

"那不是嫌你岁数大嘛！"他想也不想，脱口而出。

"现在岁数不是更大了吗？"我认真地说。

"你存心挤对我是不是？"他摁灭烟头，紧盯着我，"就一句话，你愿不愿意去？”

“我愿意，当然愿意，我太愿意了！”我一迭声说了三个“愿意”。此时，口头上再多的“愿意”也无法表达我内心的迫切。“延光，是什么情况？快说给我听听！”

“你一直想进报社当记者，这我还不知道啊，实话跟你说，我们部门调走了两个人，这时找一个年轻人吧，还得培养一段时间。如果你来了可以直接上手干活！”他眉毛往上一挑，“而且你拍了‘大眼睛’之后，影响特别大！回头我跟报社领导说说，总编、副总编保证全同意！”

“原来这是你自己的意思啊，谁知道上头怎么想？”我不安地问。

“你还信不过我？就算是我的意思，如今你做了这么大的事儿，还信不过你自己？”透过烟雾，他沉吟着说，“不过，有些情况得事先跟你讲清楚。”

“你说！”我全身的弦都绷得紧紧的，眼睛一眨不眨地看着他，他嘴里吐出的每一个字对我来讲都无比重要。

“第一，报社没房分给你！”

“没房我也去！”我马上接话。这压根儿就不算问题！

“第二，你不是去当官的。咱俩生日就差 4 个月，等我退休的时候，你也该退休了，所以你不可能接我的班。你去了没什么级别，就是一个当兵的！”

“级别我也不要！”我毫不犹豫地回答，“我就想圆了我的记者梦！”

“那就没问题了！”贺延光站起来，“我现在就回去打报告，明天你来报社找我！”他抬腿就走，走到门口突然停下来，认真地说：“我可要被你们老马骂惨了，把他的几个顶梁柱都挖走了！”

此刻，我满脑子都是“记者、记者、记者”，老马，对不住了！

《中国青年报》的领导与我的面谈出奇顺利。“虽然你都四十一了，但咱们要你，破格要你！你干希望工程那件事，影响太大了！”总编辑特别强调“破格”二字，他毫不吝啬的赞美让我有些不好意思了。

“我能不能提一个小要求？”最后，我试探着问他。

“你说！”他爽快地一摆手。既然报社提出的问题对于我来说都不在话下，那还有什么别的要求不能答应呢？

“以后我到报社了，我还要继续做希望工程专题记录工作，希望得到各位领导的支持……”

“那是肯定的，你放心！希望工程是咱们全社会的事情！”他打断我，“赶紧回去找你们馆长打报告！”

1992 年 12 月 24 日，就像每一个上班的清晨一样，我早早来到办公室。掩上门，坐在办公桌前，我发现自己已经很久没有这样安静地独处过了。环顾这个我工作了八年的办公室，仿佛又回到文化馆新大楼落成的那一天。墙上的深褐色木框光泽依旧，“出作品，出人才，走正路”几个大字如航标一样醒目，它是刘加瑞老师留给我们宝贵的精神财富；文件柜里一只破旧的摄影包，里面装着一台尼康 F3，“大眼睛”的照片正是出自它；打开抽屉，最上面是一份萧嘉庆寄来的台湾的《中国时报周刊》：“……此刻，正是到了大家一起来构建希望工程的时候了，让我们两千万台湾同胞一齐来共襄盛举吧！您的一日所得，或每天的零花钱，便能为失学孩子带来希望。您的一天，就是他们的一生！”这篇极富情感的文章为台湾的希望工程摄影展掀起一股高潮……

然而这一天却又不同于以往任何一天。

快到午饭时间了，我拎着一瓶五粮液，提前到餐厅点了四个菜，又折回到办公楼下。

没过几分钟，马馆长夹着饭盒从楼上下来了。他悠闲自得地哼着小曲儿，一见我，刚“嘿”了一声，我便招手朝他喊道：“馆长您过来，我有事找您！”

他一眼瞅见我手里的酒，顿时喜上眉梢：“好酒啊，你今天有客人？”

我一边推着他往餐厅里走，一边说：“没客人，就请您一个！菜都点好了！”

他满脸疑惑地坐下来，看我一声不吭地开酒瓶，倒酒，然后把酒杯举到他面前。

“你这是干吗呀？你说！你不说事我不喝！”他固执地不接酒杯，眼里的疑问更深了。难道他猜到不会有什么好事情？

我没料到他会这样，准备好的开场白全乱了。索性开门见山吧。

清了清嗓子，我认真地说：“馆长，我今天请您来，就想和您说三句话！”

“得得得，你快说！”他手一扬，偏过头不看我。

“第一句话，1987 年您来到文化馆任馆长，对我们帮助特别大，我的进步全得益于您，您手把手地教我，我要感谢您！”

“你说这干吗？”他仍然侧着脸，双目微闭。

“第二句话，其实这些年，虽然您是馆长，但我也没把您当馆长，我一直拿您当大哥了，什么事都要跟您平起平坐，我有好多不讲理的事儿，可您对我还是那么包容，我真的有很多地方错了。我给您道个歉，对不起！”我停下来，虽然他没有看我，也没有说话，但我还是弯腰向他深鞠了一躬。

“第三……”我嗫嚅着，心里乱哄哄的，不知道如何往下说。

“行了行了，接着讲，第三句话？”他猛地回过头来，睁开眼睛，眉毛拧成了疙瘩。

“第三句话，”我定下神来飞快地说，生怕再一迟疑就开不了口，“我一直想当一名记者，想圆了我的记者梦，您能不能同意啊？”

“你要走？”他紧盯着我，声调提高了几分，眼里迸射出难以置信的光芒，脸上的肌肉一下子僵住了。

“嗯！”他那低沉厚重的声音自有一股威慑力，我无法回避他的目光，只能从喉咙里挤出这一个字。

他的眼睛瞪得大大的，惊疑的目光变得黯淡，脸色也阴沉下来，额角的青筋随着呼出的粗气一鼓一张。突然，他转过身去，宽厚的肩膀轻轻搐动了两下。这一瞬间，我心里涌起一股难言的滋味。馆长，一直以来，您都对我寄予厚望，委以重任，您对我的帮助和支持我永生不忘。在我多年的记者梦即将实现的时候，恳请您，再给我多一些理解吧！

半晌，他转过身来，神色平和了许多，眼角却是湿润的。

“既然你送我三句话，那我就给你十二个字吧！”他终于开口了，嗓音又粗又重。他的目光在我脸上停留了好几秒钟，一字一顿地说：“走出去，闯一闯，如不行，再回来！”

说完，他端起酒，一昂头倒进嘴里，将空酒杯往桌上一掼，夹起饭盒头也不回地走了。

“如不行，再回来……”餐厅变得嘈杂起来，我心里却一片空白，只有这几个字一遍一遍在我耳边回响，异常清晰，渐渐地化作一股暖流淌在我的心田。望着他大步流星地消失在门外的背影，我的眼眶骤然一热。我把酒杯倒满，恭敬地朝他那只空酒杯一举，馆长，谢谢您的成全！我默默地说，然后一饮而尽。

一回到办公室，电话铃就响了，是马馆长。

“海龙！”一扫刚才的沉闷，他的大嗓门如往常一般响亮。

“馆长！”我应声答道，好像他就在我面前。

“既然你要走，那就抓紧时间办！今天是 12 月 24 号，离 1993 年 1 月 1 日只有一周了。你是知道的，到一个新单位，1992 年去和 1993 年去是不一样的！我已经给人事处打过招呼，下午一上班，你就去找他们拿档案！”

不等我说一句话，他挂断电话，我耳边只剩下听筒里单调而落寞的滴滴声。

1992 年底，四十一岁的我怀着二十岁时的梦想正式成为《中国青年报》的一员。一如当年我自豪地揣着中国摄影家协会的会员证，现在，这本记者证被我当宝贝一样整天搁在兜里，时不时地我就会情不自禁地翻出来瞅上一眼，我终于成了一名货真价实的记者！在山里奔波的这几年，常常会有淳朴的村民叫我“记者”，谁知道那时我心里有多么不自在。我深知，作为一名记者，从此以后，我的工作方式将完全不再如同文化馆的创作员了。我必将要求自己以更广阔的视野、更敏锐的触觉、更快速的反应能力来面对这个纷繁复杂的社会。

第四部分

记者生涯

50. 圆梦

我加入《中国青年报》的第一次任务就与希望工程有关。

一年前的“希望工程百万爱心大行动”让希望工程在中国大地上风起云涌，与此同时，北京电视台总导演朱波策划了一部反映农村失学儿童生活的纪录片，剧组选取河北省崇礼县的贫困山区作为拍摄地点。经过几个月的拍摄，这部名为《圆梦》的纪录片与北京市民见面了。片子还没播放完，电视台的热线电话就被打爆了。片中背着干粮走几十里山路上学的小杨军；借钱上学却又把钱拿出来给生病的父亲买药的杨继艳；父亲去世母亲改嫁的陆小利，七十多岁又没有收入的爷爷重新当上了他的“爹”……这些苦孩子的命运深深地触动了人们的心，大家纷纷写信、捐款、捐物。春节前，朱波找到我：“北京市民们太热情了，他们强烈要求把山里的孩子们接到北京来，让他们在城里过一个不一样的年。一家肯德基店已经谈好了赞助，我们准备邀请崇礼县的一百个孩子。大哥，这一趟你得去！”

第二天，报纸上一个大标题吸引了人们的注意：《“抢”个农村娃，进京过大年》。人们纷纷奔走相告，一时间，这个消息传遍千家万户，大家满怀期盼地等待这一天。

两辆大巴车顶风冒雪开进崇礼。在几个月的拍摄时间里，剧组工作人员与孩子们已经建立起深厚的情谊。一听说北京的叔叔阿姨来接他们去北京过年，孩子们立刻欢呼雀跃了，“我去，我去！”小手举成一片，一百个名额很快就满了。报上名的孩子喜气洋洋，父母一边不停地嘱咐自家孩子：“出去听话啊，别瞎闹。”一边跟工作人员说：“娃儿们没见过世面，不懂事，让你们操心了！”一副既高兴又难为情的样子。孩子们欢天喜地地蹦跳着，再过一会儿全溜走了。我正纳闷着，一转眼他们又跑回来了，身上都换上了比刚才稍显整洁的衣服。

车缓缓开动了，“再见，再见！”我的镜头对准那几位放心不下的家长，他们还扬着手臂跟在后面呼喊。突然，从大人中间冲出一个小男孩，叫嚷着朝我们的车追过来。

“快停下！”我高声喊道，抱着相机跳下车。

小男孩气喘吁吁地扑到我身上，嘴巴一撇，哭了。他抽了抽冻得通红的小鼻子：“我也要去！”

“刚才你怎么不报名啊？一百人满了！”领队也从车上下来了。

“满了我也要去！”男孩的哭腔更重了。

“小伙子可不许哭鼻子呀！”领队笑了。他拨拉一下孩子乱蓬蓬的头发：“走吧，上车！”

刚要开车，又跑出来两个孩子。他们大概也是刚才没报上名的，现在看到有人领头蹭了上去，于是赶紧挣脱爸爸妈妈的手跑了过来，不由分说就跳上车来。

原定的一百个孩子变成了一百零三个。山路颠簸不平，小家伙们却坐不住。大巴车里透亮的车窗、软绵绵的座椅、奇怪的安全带、暖烘烘的空调、摁起来吓他们一跳的大喇叭，都让他们觉得新鲜，闹腾了二十多分钟，总算安静了一点点。

“哇——叔叔，她吐了！”一声惊叫，后排的一个小男生赶紧汇报，他旁边的小姑娘捂着嘴巴，脸色煞白。

“我从来没坐过车，不知道坐车会吐！”小姑娘含混不清地说，她难受得快哭了。

晕车似乎也能传染，不一会儿，四五个孩子出现了呕吐，两个小女孩实在受不住了。车停下来，我们一边清理一边商议，最后决定派一个老师送她们回去。

“还有谁晕车？”领队瞅到刚才第一个打报告的小男生，他也不幸被“传染”了，晕得厉害。“你能坚持吗？”领队关切地问。

“嗯！”他使劲地点点头，看得出来他很难受。但他一挺小胸脯，大声说：“我要去！”

晚上九点多钟，载着一百零一个孩子的大巴士驶入苏州街。窗外的情景令我们大为惊叹！不远处，沿着苏州桥通往北京电视台的人行道上挤满了翘首以待的人们。不知是谁最先认出我们的车，黑压压的一群人全都涌了过来，跟在车后一路小跑，司机只得放慢了车速。

车稳稳地停在北京电视台门口，小小的广场沸腾了。面对蜂拥而上的叔叔阿姨，孩子们手足无措，眼前晃动着一张张热情洋溢的笑脸，耳边一片嘈杂的说话声，可声音却是那么好听。工作人员一边维持秩序一边忙着登记，

1993 年 1 月，北京市民把山里的孩子们接到北京来，让他们在城里过一个不一样的春节

解海龙　摄

一眨眼，一百零一个孩子就被“抢”光了。“抢”到孩子的家庭喜笑颜开，没“抢”到的懊恼连连，怪自己出手不够快。他们羡慕地看着孩子被人领走，只得遗憾地嘀咕道：“房间都收拾好了，咱家孩子还盼着他的新朋友呢！”

“把握全局，重点报道。”按贺延光的要求，我准备选择一个家庭全程跟踪拍摄。正当我在人群中寻找目标时，一位中年男子挤到我旁边。“解海龙？！”他叫了一声，随即激动地拉住我。“啊，真是解记者呀！我们全家都看过希望工程摄影展，太感人了！”他扭头冲一个女人喊道，“快过来！”

她牵着一个瘦瘦小小的男孩过来了，一来就抢着介绍：“我是前门文化用品商店的售货员，我叫盛秀坤。这位是我爱人，这是我们刚刚‘抢’到的孩子！”接着又补充一句，“我爱人也搞摄影呢！”

“好啊，我就跟着你们一家全程报道吧！”我说。

“那我们太幸运了！解记者，走吧！”她笑逐颜开，招手拦下一辆“面的”。

我们几个人兴致勃勃地跳上车。小男孩还处于一种混沌的状态，大家的热情让他发蒙。他半个屁股忸忸怩怩地挨在座椅上，抬眼偷偷看看我们，又赶紧将目光移开。

“告诉阿姨，你叫什么名字啊？”盛秀坤笑眯眯地搂着他，柔声问道。

“刘书赫！”小男孩赶紧坐正了身子，两手规规矩矩地放在腿上，小声回答。

“哦，刘书赫！”我默默记下这个名字，“你多大啊？”

“我七岁！”他直了直脖子，似乎想说大一点声音，不过吐出来的几个字还是那么轻。

“你都带了些什么书呢？”盛秀坤指指他斜挎在胸前的布书包。小男孩连忙把书包取下来，恭恭敬敬地递给盛秀坤，这一举动把大家逗笑了。

“噢，原来你叫刘树和！”盛秀坤从书包里随意掏出一本书，一看就乐了。他的家乡口音让我们将“刘树和”听成了“刘书赫”。小男孩不好意思地挠挠脑袋，也笑了。

1993 年春节前夕，豪爽的“面的”司机拒收盛秀坤给的打车费

解海龙　摄

“你们‘抢’到孩子过大年了？”“面的”司机听出端倪，“整个北京城都沸沸扬扬地说这个事儿呢，一百个孩子，你们抢到一个，真不容易！”

下了车，盛秀坤正要掏钱，“面的”司机一把拦住她：“这钱我不收！你们这个事干得好，他是你们家的客人，也是我们的客人，是咱们首都请来的客人！要给钱，那您可不是小瞧了我……”

周围的一切都是那么新奇。五彩缤纷的霓虹灯，纵横交错的立交桥，昂起头来才能看到顶的高楼大厦，小树和站在路边，贪婪地望着夜幕中的城市，半天挪不开脚步。

一进家门，盛秀坤十岁的儿子迎面扑上来，他迫不及待地要见到这位他念叨了好些天的小伙伴。他高兴坏了，顽皮地学着小树和的口音，围着他不停地叫唤。“书赫，快来换上拖鞋”“书赫，你看，这是给你准备的新运动衣”“书赫，晚上你就和我睡一张床啊”“书赫……”小树和挺着两条腿站在客厅中央，被他的热情弄得不知所措。

盛秀坤钻进厨房，她一边麻利地点火、烧水，一边吩咐丈夫：“你快去给孩子洗个澡，让他洗舒服点儿！”然后她从厨房里探出头来，笑着对小树和说：“阿姨给你准备夜宵，保准你爱吃！”

说话间，盛秀坤的爱人已经脱了自己的外衣外裤。“来，把衣服脱掉，咱们洗澡去！”他三下两下扒掉刘树和的衣服，孩子乖乖地听他摆布，穿着裤衩的大人牵着光屁股的孩子进了浴室。

洗澡还有专门的房间？树和好奇地打量着。漂亮的瓷砖墙，墙上一面镜子，小树和一看到自己光着身子的模样，赶紧把自己蜷成一团，惊慌而羞涩。城里人真奇怪啊，洗澡还要照镜子！一个像莲蓬一样的锃亮的家伙架在墙上，可是这莲蓬怎么是铁做的呢？他小心翼翼地伸手拨弄了一下连着莲蓬头的水管，铁管子像蛇一样摆动起来，吓得他赶紧缩回了手。

“树和，这个水龙头往上一抬就有水了，”盛秀坤的爱人蹲在孩子面前，“你看，就这样！”他示范着。“啊呀！”小树和一声惊叫，铁莲蓬里居然喷出一股水来，浇了他一头。他望着那个奇怪的东西，眼睛瞪得大大的，太神奇了！

“往左边拨是冷水，往右边拨是热水。来，你自己试试！”盛秀坤的爱人拉过小树和的手放在水龙头上。孩子试着往右拨动了一下，真的，水变得更热了！他咧开嘴傻傻地笑着，热水冲散了他的拘谨，腾腾雾气中，小小的身影渐渐活泼起来。盛秀坤的爱人给他搓啊冲啊，树和克制的“哧哧”轻笑声慢慢变成大大方方的“咯咯”声。

“舒服不舒服？”

“舒服！”

“香不香？”

“香！”

洗过澡换了衣服的小树和简直变了一个人，刚才顶在头上毛毛糙糙的“喜鹊窝”现在光滑油亮，一张红扑扑的小脸洗得干干净净，黑葡萄似的眼睛清亮清亮的。他对着镜子中的自己看了又看，原来自己还是个漂亮的娃娃呢。

香喷喷的面条端上桌子。有红有绿，红的是辣椒，绿的是青菜和小葱，还有大片大片的牛肉和浓醇的汤汁，小树和下意识地吸了吸鼻子。从崇礼回来的路上我们吃过一顿简单的晚餐，但几个小时的折腾，孩子肯定饿了。

小树和不认生了，不到两个小时，他真切地感受到这一家人的热心和真情。他拿起筷子“哧溜哧溜”地吃起来，几双满含爱怜的眼睛注视着他。小哥哥在一旁不时地提醒他：“书赫，多吃几块牛肉！书赫，青菜下面还有一个荷包蛋！”

一碗面条吃得精光，树和的额头、鼻尖都出汗了，一个饱嗝冒上来，他急忙不好意思地捂住嘴巴。

“这是什么？”又一个稀奇玩意儿吸引了他，他指着茶几上的电话，主动开口问小哥哥。

“这是电话！”小哥哥从机座上拿起听筒递给他，“要不要给你家里打个电话？”

他迷惑地摇摇头，伸手想接却又不敢。谁知道这个连在弯弯曲曲的线上的怪家伙会不会又像那个连着管子的铁莲蓬一样喷出水来呢？

“你听，里面有声音！”小哥哥把听筒贴在耳边示意给树和看，“如果你家有电话，拨通号码，你就可以在这里和爸爸妈妈说话了！”

树和放心了。他接过听筒，学着小哥哥的样子贴在耳朵上，可是，什么也听不见啊？

“反了，你拿反了！”小哥哥跳起来朝他比画着，“这样拿！有线的那一头朝下！”

真的有声音呢！他乐不可支地抓着听筒，一屋人都笑弯了腰。

接连几天，我俨然成了盛秀坤家的一员，我用镜头记录下小树和与他们在一起的温馨愉快的生活片段。

第一次乘坐地铁，小树和一直趴在窗玻璃上往外看。黑漆漆的一片，司机叔叔不看路就可以将火车开得飞快，太神奇了！

站在气势恢宏的天安门广场上，小树和惊讶得直咂舌头，原来课本上画的天安门这么雄壮！这个可爱的孩子竟然肃立着大声哼唱起“东方红，太阳升……”

1993 年春节，刘树和和城里的小哥哥在天安门广场玩耍 [右页图]
解海龙　摄

万岁
世界

在高大的人民英雄纪念碑前，盛秀坤给他讲述碑座四周大型浮雕的故事。虎门销烟、五四运动、南昌起义、横渡长江……这些英雄的故事让孩子听入了迷。

一家人还带树和去了新华书店。一排排整齐的书架上摆放着各种各样的书，他从来没见过这么多书。他摸摸这本，翻翻那本，好像每一本都喜欢，哪一本都舍不得放下来。我跟着他，快门的“咔嚓”声在这安静的地方尤为清楚。“买书怎么还照起相了？”一位经理模样的中年男人闻声走过来。当他得知眼前这个孩子是盛秀坤“抢”回家过大年的农村娃时，严肃的脸上露出笑意。“喜欢哪本尽管挑，算我们的一点心意！”小树和高兴得合不拢嘴，却又不好意思拿。书店经理索性帮他挑选，一会儿就选出二三十本，结结实

1993 年春节，刘树和与盛秀坤等北京的热心人一起就餐

解海龙　摄

实地捆了两大包。

在盛秀坤家的最后一顿晚餐尤为丰盛。清蒸鲈鱼、京酱肉丝、香菇炖鸡、土豆炖牛腩，当然少不了地道的北京烤鸭。几天来的朝夕相处，俩孩子已像亲兄弟一样亲密，小哥哥不停地往树和碗里夹菜。因为不久就要回家了，小树和有点怏怏不乐，久久不动筷子。他舍不得离开热情的叔叔阿姨和哥哥，舍不得这个带给他温暖和欢乐的家。“树和，来，我们碰一杯！”盛秀坤将一只杯子递到他手中，“别难过，以后常来！我们欢迎你随时来做客！”小哥哥凑到他耳边悄悄地说：“以后我给你写信，我们拉钩，说话算数！”

北京电视台专门为此次活动策划了一台春节联欢晚会。大巴车将一百零一个孩子带到保利大厦，北京的小学生代表给山里娃儿系上鲜艳的红领巾，为他们送上自己精心准备的小礼物。市领导们也来了，他们一人抱一个孩子观看精彩的演出，小树和笑得嘴角和眼角连在了一起。

即将踏上归程，崇礼来的孩子们惊奇地发现自己的小伙伴全都变了模样。男孩子的头发都理整齐了，小女孩的头上系着五颜六色的蝴蝶结。衣服崭新崭新的，运动鞋一个比一个神气，原来斜挎的布书包都换成了双肩背包，包里无一例外地塞满了礼物。车就要开动了，终于有孩子忍不住哭了，哭声马上响成一片，一双双小手趴在车窗上。“叔叔再见！阿姨再见！”隔着玻璃，车窗外的大手和这些小手贴在一起。突然间，小树和大喊一声：“妈妈再见！”盛秀坤立刻冲上车去，把树和紧紧搂在怀里，啜泣着说不出话来。

车慢慢启动了，就像来时一样，黑压压的人群在车后面跟了好久，看着车身上两个醒目的大字“圆梦”渐渐远去，直到消失。

“圆梦”，虽然只有短短几天时间，但我相信，这几天的记忆一定会深深印在孩子们的脑海中。带孩子们看看外面的世界，给他们一个梦想，种下一粒种子，这比单纯的物质帮助具有更重要的意义。“圆梦”活动之后，北京市民如火的热情久久没有消退，他们心心念念着那些令人心疼的孩子，他们有一个共同的愿望，希望能有更多的人伸出双手，将更多的爱传递给山里的孩子们。

趁着这股热潮，我的又一场小型影展在西苑饭店举行。饭店大厅里摆放着“大眼睛”“小光头”“烤小手”等人的照片，里里外外挤满了人。总经理带头捐出一个月工资，并号召全体员工集体捐款，现场人声鼎沸，热闹空前。入住的宾客们也被感染，当即有人向大家提议：“我们也应该用我们自己的方式为孩子们做点什么！像我们这些经常出差的人，住店频繁，以后我们每住一次酒店，就在房费里为孩子们献上一份爱心！”他的提议得到在场宾客的一致赞同，掌声响彻大堂。

“经理呢？我要找你们经理！”正在这时，人群外响起一个苍老的声音。只见一个十六七岁的女孩推着一辆轮椅车走进来，车上坐着一位七八十岁的老人。他须发全白，拧着眉头，脸像刷了层糨糊般紧绷着，一副气哼哼的样子。

“我就是经理，”总经理赶紧停下手头的事情，礼貌地给老人鞠一个躬，“大爷，您有什么事啊？”

经理的谦恭随和令老人的脸色缓和了许多，满脸皱纹也舒展开了。他环视着这个热情洋溢的会场，自言自语道：“真好，真好！”然后转向经理，严肃地说：“听说你们今天举行献爱心活动，怎么不通知我？难道我这个退休的老职工就不算职工了？我就不能献爱心吗？我也要来献爱心！——小菁，推我过去！”女孩将轮椅车推到捐款箱前，老人颤抖着双手从衣兜里掏出三百元钱，费力地欠起身子将钱放进箱里，如释重负地吁一口气，一摆手示意女孩推着他离开了。

西苑饭店全体员工在这次活动中捐款三十三万元人民币，为崇礼县建造了一所漂亮的希望小学。而那位不知名的宾客提出来的建议成为一种新的捐赠模式，这种新模式很快在全国各大酒店流行，得到宾客们的响应和支持。

由“圆梦”活动引发起了又一波捐款的热潮。这年春节前后，一笔笔捐款、一封封信函，源源不断地送到青基会。在青基会财务室的捐款收据存根上，许多落款处写着这样的名字：

一名有良心的中国人；

一名郊区农民；

一个海军战士；

一名商店售货员；

一名退休老工人；

一位也曾失过学的小保姆；

请不要问我是谁，我们都是炎黄子孙……

“这里倾注了千百万人的感情和期望，也是对我们最大的信赖。我们的工作不允许有丝毫疏忽和差错，否则，我们将负天下人！”徐永光掂着厚厚的一叠汇款单，心底的激流涌动着。

顾晓今动情地说：“在青基会工作是幸福的，我们每天都沉浸在爱的旋涡之中，每天都能感受到灵魂在受到净化。”

她给我讲述了这样一个令人心酸的故事。

前些天，一位全身黑衣的中年妇女来到青基会办公室。她一进门什么话也没说，趴在桌子上失声痛哭，让不明缘由的工作人员不知如何是好。好一会儿，她才稍稍平静下来，抖抖索索地捧出一个信封，喃喃自语：“孩子，今天妈妈给你还愿来了！”说着，泪水又一次奔涌而下。

原来，她儿子是北京阜成门外第一小学四年级的一名小学生。孩子在《人民日报》上看到毛可凤的照片和故事之后，跟妈妈商量，他想帮助毛可凤姐姐上学，妈妈爽快地答应了。他将两百元压岁钱包得整整齐齐，等妈妈带他一起来青基会。可还没等到这一天，孩子不幸遇车祸身亡。

一片悲痛之情弥漫着整个办公室，大家的眼睛都湿润了，为这个可爱的孩子痛惜，为这位可敬的母亲感动。工作人员当即为她制作了一份捐助证书，工工整整地把孩子的名字打上方框。妈妈拿着证书，泪眼蒙眬。她说：“孩子呀，我帮你把这事儿办完了，你安心吧！”她含泪离开了，办公室所有的人目送她的身影消失在人群中……

希望工程的热度不断高涨，照片中的故事一直持续发酵，感染着人们。应全国各地的邀请，在青基会和《中国青年报》的支持和安排下，很长一段时间，我再一次奔波于各大城市之间。一场连一场的讲座，一波接一波的捐款浪潮，一束束热切的目光背后，蕴藏着善良的人们朴素而真切的关怀。这些发自心底的爱滚滚涌向深山、涌向荒野、涌向大声呼喊“我想读书”的孩子们。

一位来自香港的女士资助了好几所小学，其中在“碾盘小学”旧址修建的新校舍特别气派。

北京音乐厅的负责人说：“解记者，你只管拍！你只要拍了照片，回来我就开音乐会！一百元一张门票，所得票款咱们全部用来盖学校！”很多领导偕夫人来听音乐会，每次都自己掏钱买票，以这种方式表达自己的爱心。

湖北省罗田县落梅河乡，朱冬明老师所在的地方，全国第五所希望小学落成。学校的造型像一艘大船，朱冬明带着孩子们扬帆起航。此后，全国的希望小学如雨后春笋般一所接一所开始筹建。

我尊敬的老领导——马浩流馆长，亲自带领文化馆三十多人去山西考察。当时接待过我的几位领导热情地接待了他们，马馆长当即拍板，全体员工以文化馆的名义，为静乐县捐建一所学校……

51. 拳拳赤子心，浓浓中华情

出差一周回来，桌子上又是一堆信件。读信、回信成了我工作和生活中非常重要的一部分。无数爱心人士都在默默注视着希望工程前进的步伐，关

1993 年 11 月，河南省新县陡山河乡希望小学的孩子们。这所学校是希望工程援建的第三所希望小学，建校三年来升学率年年达 100%，也是解海龙回访的学校之一 [右页图]

解海龙　摄

心受捐助的孩子和希望小学背后的故事，甚至有人愿意与我同行，继续用镜头去寻找、去记录。只要有空，我都会认真回复他们的信件。如果不是社会各界千千万万爱心人士的关注和支持，哪里会有 1992 年的救助失学儿童由一年前的四万人猛增到三十二万人的成绩？

一封来自陕西的信将我的记忆拉回两年前的九月，佳县山里那个以天地为课堂的学校。信正是那位年轻的女老师写来的：

……您走后不久，我们就收到了好心人寄来的钱。后来才知道是您为我们拍摄的照片发表了。我们好感动，特别感谢您！我们心里也有深深的内疚。当时您到我们这儿，我们连一口热水都没给您，您只喝了半瓢凉水就走了，却帮了我们这么大的忙！将来您再到我们这儿，一定要让您喝上一杯热水……

多么淳朴的人啊，还有什么比这更朴实的文字表达她的心情？

这是一个又大又厚的信封，拿在手里掂一掂，沉沉的。信封右下角印着《黄冈日报》几个字，湖北的来信？我的脑子里马上闪过“湖心小学”和朱冬明老师，一定是有关他们的消息！

我拆开信封，一沓照片滑出来。只见一栋漂亮的白色两层楼房前面簇拥着大大小小的孩子，一个个脸上都绽开着笑颜，楼前高高的旗杆上，五星红旗迎风飘扬。再看其他照片，有老师讲课的场景，也有孩子们做游戏的场景。一间宽敞明亮的大房子，应该是图书室，里面摆放着整齐的桌椅，孩子们安静地埋头看书。还有一幅，一个戴着白帽子的老师傅正在做饭。这是哪里？我赶紧展开信纸：

解记者：

您好！

我是《黄冈日报》的记者。您还记得这儿吗？我相信您认不出来了。这里就是您拍摄过的周七家小学。1991 年 4 月，您的照片发表之后没多久，学校就收到好心人的捐款，很快盖起了这座新大楼。我听说过您当时在这个小学采访的故事，也耳闻您的心情并不愉快。今天告诉您这个好消息，一定是您意想不到的吧？

周国安校长和老师们真诚地感谢您，并表达深深的歉意。他们不好意思与您联系，托我邀请您重访新学校，您一定要来啊……

这是今天的“湖心小学”？我使劲地盯着照片，照片上怎么也找不出当年的痕迹。一瞬间，我心里五味杂陈。虽已事隔两年，可偶尔回想起那时的情景，隐隐还是会有一种无法释怀的委屈。而现在，一幢如此气派的学校傲然挺立在那里，我感觉埋藏了两年的委屈一下子消散得无影无踪，无限的轻松和自豪涌上心头。

“延光！”我冲贺延光扬起信封，抖得唰唰直响，“快看，新的周七家小学！”

“什么？”他抬起头来。

“‘湖心小学’，新的‘湖心小学’！”他们更熟悉这个名字，我赶紧改口。我在那里被打、被质疑的故事他们都知道。

贺延光抓过信封，迅速地扫视一遍，一边点头一边赞不绝口：“好，真好！你用照片提出了问题，又促使这个问题得到完美的解决，这就是摄影的力量啊！”

“他们邀请我回访，延光，你得给我几天时间！”我迫切地申请。

“没问题！”他爽快地一摆手，不忘以一名资深记者的身份叮嘱我此次回访需要注意哪些细节。“记住，一定要注意老师对你的态度变化、他们各自的心情、村民对教育的关注等方面，做一个翔实的报道！”

…… ……

还没到村里，我就下了车，我想再走一走那条令我喜忧参半的小路。一切宛如昨日般熟悉，村口那棵扭弯了腰的老柏树，在秋天的一片金黄中显得愈发苍翠。山路稍稍修整过，虽然不算平坦，但也不再是以前那种泥土混着碎石子的路了。昨夜下过雨，清晨的薄雾中沾染着点点湿润，朝阳从万山丛中升起，给山头涂抹了一层温暖的橘红。我的眼睛被这雾气濡得湿润，而此时我的心头也如这秋阳般温暖。我想起这条路上曾经的气愤、伤心、争吵，想起小卢老师追上来道歉，想起我和朱恩光两人发生的争执，想起我在又急又恼之间扭伤了脚……不远处，坐落在小坡上的白色楼房就是周七家小学吗？破旧的教室已不见踪影，新的教学楼掩映在翠绿之中，如此美丽。

越来越近了，我有一种说不出的兴奋和紧张。我第一个见到的人会是谁？他们还认得我吗？他们对我说的第一句话会是什么呢？当我意识到自己的脑子里翻腾着这些乱七八糟的念头时，不禁兀自笑了，原来在这件事情上，我仍然那么在意他们的态度。

“来了！照相的来了！”爬上小坡，眼前出现一扇校门，几个站在门前的男孩子呼喊着撒腿往门里跑，他们好像是特意等在门口。紧接着，呼啦啦地跑出来一大群人，我一眼认出来最前面的正是周校长。

他大步跨到我面前，没有寒暄，伸出两只大手紧紧地抓起我的手，声音发颤：“解记者，谢谢你，谢谢你啊！”

我的手被他握得生疼。他一点也没有放开的意思，一个劲儿地摇晃着，脸上的笑容却掩饰不住湿润的双眼：“我们心有惭愧啊！想来想去，没有别的办法，只好委托《黄冈日报》的记者请你来！”校长的声音哽咽了。

孩子们把我们团团围住。周校长指着我身边的孩子们说：“您瞧，这就是您拍摄过的学生，他们现在四年级了！”又问他们：“你们都还认得这是谁吗？”

“认得，照相的——”孩子们顽皮地拖长声调。

“没礼貌！”周校长虎着脸，语气里却透着慈祥。孩子们吐了吐舌头，一张张笑脸对着我，异口同声地喊道："解叔叔好！"

一片欢腾，孩子们拥着我和周校长走进校门。一排整整齐齐的松树像士兵一样守卫着新教学楼，操场上的水泥地面非常平整。洁白的楼体，绿色的墙裙和门窗，走廊墙壁上挂着一幅中国地图和一幅世界地图，上面分别写着"胸怀祖国""放眼世界"八个大字，琅琅的读书声不时从教室里飞出来。"这边是教室，那边是饭堂。"周校长殷切地拉着我从东头走到西头，从一楼走到二楼。"这里是电教室，也可兼作会议室，你看这电视机、录像机，还有幻灯机呢。这里是图书室，以前别说课外书，连工具书都没有一本！现在可好了，每到课外活动时间，图书室里就挤满了来看书的孩子，放学都舍不得回家呢！"他一一给我介绍，又带我拐到教学楼后面。"那边还有教师宿舍！"我看着眼前这崭新的一切，恍若梦境。

"是谁捐资建造了这个小学啊？"跟着周校长参观了一圈，我问他。

"那年你拍摄完了走后不久，就来了一些记者采访我们学校……"

"是香港记者吗？"我心里一动，马上插了一句。

"对！"周校长点点头，将事情的来龙去脉给我一一道来。

原来，那几个香港记者采访我之后，真的马不停蹄赶到周七家小学进行实地考察，并采访了周校长，拍摄了许多照片，证实了我所拍照片的真实性。他们制作了一部纪录片，在香港当地的电视台黄金时间连续播出一个星期，引起强烈的反响。

"他们一来，我心里就犯嘀咕了，心想，我特意叮嘱过，你也答应不发表的，结果现在还引来了香港记者。没过几天，我收到一位加拿大华侨王华瑞先生的信。他向我询问这些情况是否属实，他想捐助这个学校，并随信寄来两千元钱。他告诉我，他正在上海参加校庆，邀请我到上海与他见面。当时我就蒙了，一幅照片真有这么大的用处？我和另一位村干部连夜从武汉乘船去了上海。

"怀着几分忐忑不安，我们见到了王华瑞先生。老人家七十多岁，精神矍铄，慈祥开朗。他了解了一些我们村里的学校和村民们的生活状况之后，也没多说什么。没想到，不久之后，我意外地收到王华瑞老先生从加拿大寄来的信函。信上说，听了我们的介绍，他很感慨，问能不能再给他详细介绍一下，一个学生读书一年要花多少钱？一个老师一年的收入是多少？建一所小学大概需要多少钱？村民们一年人均收入多少钱？我当即就激动得提笔写信，向老先生做了详细的回复。很快，王华瑞先生汇来了二十二万港币。老先生在信里说，看到孩子们在那样艰苦的环境下读书，听了我对学校的介绍，心里无法平静，希望这笔钱能帮助孩子们，给他们盖一所像样的小学！

“全村人都惊呆了，大伙儿从来没见过这么多钱！喜讯传遍山村，村民们心花怒放，起早贪黑，开山凿石，仅仅七个月时间，就建起了这座漂亮的两层楼房。不久，老先生又汇来二十万港币。他说，这四十二万港币中，四十万是建校款，恳请不要挪为他用，另外两万作为给老师和孩子们的补贴，或帮助村民聊补无米之炊。他以后每年都将继续汇款，让老师安心工作，学生安心读书，还要让村里人受益。他最后注明，他和周七家的友情将世代相传……”

周校长眼里闪烁着点点亮光，额上饱经风霜的皱纹也在这一瞬间舒展开来。“学校建成后，县里征求王华瑞先生的意见，想把校名改成‘华瑞小学’，老先生无论如何也不同意。最后，他给孩子们写来十一条警句作为校训。”

四十二万港币！无尽的感动从我心底升起，我的目光再一次深情地掠过这座大楼。我能够想象，当村民们得到这笔捐助款时是如何震惊和感激。回过头来，和周校长的目光交汇的这一刻，我情不自禁地流露出来的欣慰似乎更加深了他的愧疚。

“解记者，当时我们的确不理解，认为你拍这些土老破旧老少边穷，会给我们招来麻烦，还与你发生冲突。哎，差点一拳打掉一座希望小学啊……”周校长说。

1993 年 10 月，湖北省红安县七里坪镇周七家小学，加拿大华侨王华瑞老先生在报纸上看到周七家小学的报道，捐资 42 万港币，建了一所现代化学校，十里八乡的孩子们都来此上学 [右页图]

解海龙　摄

“那位小卢老师呢？怎么没见着他？”一提起打架，我突然想了起来。

周校长望着我，欲言又止的样子。犹豫了几秒钟，他的脸色暗了下来，声音也低沉下来：“卢福新老师申请调走了。”

“为什么啊？学校建得这么好，他怎么走了？”我非常诧异。

“学校建成不久，我们又修建了教师宿舍。王华瑞老先生说，给老师们每人每年三百元的津贴。卢老师在新宿舍里只住了一夜，就留下一封信，走了，三百元钱一分未动。”说着，周校长翻开笔记本，将一张折叠整齐的信纸递给我。

几行潦草的字迹展现在我面前，有力的笔画似乎要穿透信纸：

> 周校长，请收下我的辞呈，我这样做，是为了我自己能够坦然地面对学生，做一个对自己行为负责的人。我差点一拳头打跑一所学校，我无法每天坦然面对这所新校舍和学校给予我的一切。请将我调到最艰苦的地方去吧，否则，我会一辈子害怕学生们的目光，那种对我充满信任和尊敬的目光。仅此而已，相信您能理解！

我的脑子里出现瞬间的空白，神经在轻颤，如一张微风中的蜘蛛网，难以平静的情绪里涌动着一团团炽热的气流。那个头发上、脸上滴着雨水，恳求我原谅的面孔清晰地浮现在眼前。我无论如何也不会想到，这位倔强又淳朴的小卢老师，竟然会以这种方式来责罚自己，如此坦荡而真诚地面对自己的内心。

“他去了哪里？”我的喉咙干涩，半晌才问出这句话。

“方西河村小学，比咱们以前的条件更艰苦。”

薄薄的信纸在我手中却似有千斤重，我仿佛触摸到那飞舞的字迹之下，小卢老师当时复杂而激动的心情。这一刻，我心里对他只有深深的钦佩和敬重。“卢老师，有机会一定去看你！”我暗暗对自己说。

中午时分，一大群村民来到校园，将接待室围得水泄不通。周校长笑着说：“自邀请信发出去之后，大家就眼睁睁地盼着你来。孩子们现在能有这么好的学习环境，大伙儿心里是说不尽的感激。论根源，还是你的一幅照片给我们带来了这所学校啊！你瞧，他们都来了！”

攀着门框的一位村民一不留神被后面的人挤进房间，一瞬间，大家不约而同地全都涌了进来。乡下人拙于言辞，不善于表达，我耳边的“谢谢”声此起彼伏，他们眼里尽是无声而热切的感激。两个村干部模样的人举着两面锦旗挤过来，一面写着“赠给王华瑞先生，饮水思源”，另一面写着“赠给摄影家解海龙，吃水不忘挖井人”，落款是“红安县七里坪镇周七家全体村民敬上”。

这无上的赞誉岂是我能承受的？努力压制着心里的波澜，我对大家说：“要说谢啊，咱们还是得谢希望工程，谢王华瑞老先生，是他们给这里带来了翻天覆地的变化！我做的事情，只不过是用镜头记录了现实，呼吁全社会都来关注农村教育！”

厨房里也热闹开了，老师们围着一口大锅，你一铲我一铲卖力地炒花生，旺旺的炉火把每个人的脸颊都映得通红，映得喜庆。“解记者，咱乡下没啥特产，这红皮花生您背回北京去，给大伙儿尝尝吧！”一位年轻女老师抓起一把炒熟的花生塞在我手里，一股香喷喷、热烘烘的气息直扑心田。

“照相的！我要看看那个照相的！”门外响起一声苍老而急促的叫喊，我赶紧迎出门去。只见一个白发白须的老人一手拄着拐杖，一手拎着一只鸡颤巍巍地走进来。一看见我，他一把扔掉拐杖，伸出手来摸摸索索地抓住我的衣袖，一双浑浊的眼睛停留在我脸上：“让我看看你，好好看看你！这村里的娃儿们啊，托你的福！”他一边将活蹦乱跳的鸡往我手里塞，一边喃喃自语：“谢谢啊，好人，你们都是好人！”

刹那间，老人家这句话让我红了眼眶，我的鼻子一酸，眼泪差一点滚落下来。乡亲们啊，我真的不是希望你们表扬我什么！你们不知道，当大家不

2001 年，10 年之后回访周七家小学，孩子们热情欢送

解海龙　摄

理解我、有人指着我说“一看你就不是好人”的时候，我心里是多么委屈、多么难受！那时候我就想，我一定要想办法帮你们解决问题，让你们说出来我是好人！这是比“感谢”分量更重的一句话。

操场上神奇地冒出几张大圆桌，高高矮矮的土罐子装的自酿白酒摆满桌子，热腾腾的饭菜也端了上来。“咱村里还是新学校落成的时候这么热闹过呢！”周校长感慨地说。他端起酒杯环顾四周，朝乡亲们示意：“来，咱们大伙儿一起，敬解记者一杯！”

不记得干了多少杯，只知道推杯换盏之间，胸中的块垒悄然消融。我眼前人影交错，心里却一片明朗。

临别的时候，全村人送了又送，直到车开出好远，那一只只挥动的手臂还依稀可见。我的耳畔反复回响着周校长的叮嘱：“海龙，我们都把你当自家人了！只要你不嫌弃，就常回来看看吧！”

52. 来自育新学校的心声

书桌玻璃板下的一张地图画了许多大大小小的圆圈，这是从我拍摄希望工程系列照片开始，小飞给我做的标记。“爸爸，你每去一个地方，我就给你画上记号，看看什么时候你的足迹能走遍全国！”他满腔热情地做着这件小事，太行山、大别山、沂蒙山、黄土高原、青藏高原……这三年，我走遍了全国的二十多个省份的一百多个贫困县，走访了三百多所学校。当我得知《中国青年报》有一项在贵州的采访任务时，立刻主动请缨前往。我知道，有那么一些村落，遍布在贵州偏远的山窝窝里；有那么一群孩子，从来都不知道山外面的世界。我的目光还没来得及望向那片土地，我的镜头也还不曾对准那些渴求帮助的孩子。

“解老师！”我正整理行装，有人轻轻叩门，一个脑袋探了进来，“刘广辉！是你啊！”我欣喜地迎上去。

自 1990 年春节和他一起到山西采风，一转眼都三年多了。我清楚地记得那次我们感受到了山西农村浓郁的民俗气息，也目睹了一些乡村难以想象的贫困。回程时，车厢里空荡荡的，疲惫不堪的我蜷缩在又硬又冷的座椅上睡着了，他非常有心地拍下那个场景。当时我玩笑地跟他说，那幅照片就叫《摄影家过年》。之后我们各自奔忙，当我的希望工程系列照片在全社会引起轰动时，他把这幅照片拿到《人民摄影》。1992 年 5 月 6 日，《人民摄影》以半版篇幅发表了。我忘不了那天他给我打来电话时的兴奋和自豪。

“您真的当上记者了！”他一把握住我的手，满脸羡慕，“解老师，您的学生为您骄傲！您是我们摄影人的骄傲！”他高兴得有些语无伦次。

久别的两人聊开了。他把我当作尊敬的老师，在我心里，其实他更是一位朋友。他稳重、谦逊、积极、细心，这位装甲兵技术研究所的摄影干事，几年来在岗位上工作得非常出色，得到领导、同事们的一致赞赏。“当大家知道拍摄‘大眼睛’的解海龙就是我的启蒙老师时，我们整个研究所都引以为豪！”说到这里，他神采飞扬。

“您又要出差？”看见我堆放在桌上的摄影包，他问。

“报社的采访任务，结束后我打算去云贵两省那一片山里走走！”

“我能一起去吗？”他不假思索地说，“正好我有假期，解老师，我想随同您一起，走一段‘希望之路’！”他言语恳切，眼里充满期待。

这个建议听起来很不错！

圆满完成报社的任务之后，我和刘广辉直奔贵州省安顺市。我要去的第一个地方是轿子山镇。

衣兜里的一封信被我读过无数次，薄薄的信纸已经卷了边。这封信是青基会转交给我的，它来自这个煤矿小镇的一所监狱。信中写道：“看了您拍摄的照片，我们非常感动。我们都是犯了罪的人，不希望小弟弟、小妹妹再像我们，因为没文化成为法盲而导致犯罪。我们希望尽自己的微薄之力，帮助这些孩子！但不知道有没有这个权利，因为我们是犯人。我们每个月有五块钱的零花钱，这里一共是一千一百零六元一角钱，是监狱的二百四十二人凑起来的，请接受我们的一片心意！”他们还说了好多辛酸的故事，也为自己犯下的错误而后悔。在他们因我的照片而感动的时候，我看到他们那一颗颗原本纯良、渴求向善的心，我一定要亲自去看望他们。

两扇厚重的铁门，一堵灰暗的高墙冷冷地竖在我们眼前。铁门上挂着一块简陋的木牌，上面写着几个大字：贵州安顺轿子山育新学校。看见这几个字，我心里骤然涌起一阵温热，紧张的心情消退了许多。

听说我们的来意，监狱长马上热情地说：“请您稍等，他们马上集合！”

三声尖锐的口哨过后，随着整齐而沉闷的脚步声，空场上迅速排列出几个方队。“报告，一班到齐！”“报告，二班到齐！”除了一个个锃亮的光头，我眼前一片铁灰色，两百多人就像面无表情的兵马俑，挺直而机械地站立着。

“全体——蹲下！”威严的狱警一声号令，转身把我让到台前。

看着这些目光漠然的服刑人员，有的甚至稚气未脱。我心里一阵阵发紧，是什么让他们走到今天的境地？

“刚才我从门口进来的时候，看见一个大牌子，”我调整好心情，并没有先作自我介绍，而是说出这样的第一句话，这是他们在集合的时候我认真琢磨过的，“牌子上写着‘贵州安顺轿子山育新学校’，这里是一所学校！所以，请允许我真诚地称呼大家：学员们！”

“唰”的一下，底下那片锃亮的脑袋全扬了起来，我满面微笑地迎着那一张张充满疑惑的脸。

“我是解海龙。前不久，我收到你们的来信，你们讲的那些事情，让我久久无法平静。有人说小时候家里穷，兄弟姐妹多，父母生病，有的辍学了，有的出去打工挣钱，但还是不够给父母瞧病，然后就偷东西了，把人家的牛牵走了，还有的把公家的电线也割断拿回来卖钱！现在你们懂了，这是犯法的事情。可能有人也会在心里说，这是孝敬！但是我要告诉大家，这种孝敬，你的爹娘根本就不需要，这样做，只会加重他们的病痛。今天，大家在这儿学习，接受政府的帮助和教育，改造思想，一点点从我做起，从小事做起，来冲刷自己曾经犯下的错。当我看到你们的捐款，看到大家说不愿意让那些穷孩子再像自己一样重蹈覆辙，我心里非常感动。你们在这件事上做得非常好，你们是闪光的！今天我来到这里，是要向你们衷心地道一声谢谢！”

我一口气讲完这段话，眼光从他们身上掠过，不知不觉中语气变得激昂：“我不知道是谁捐了款，请你们站起来，我代表山里的孩子给你们鞠躬！”

全场鸦雀无声，一束束惊异的目光汇聚到我身上，好多双眼睛里隐约闪烁着泪花，却没有一个人站起来。

“请你们，为孩子们献出爱心的学员们，站起来吧！”我恳切地说，用热切的眼神鼓励他们，安静的会场出现一丝轻微的躁动。这时，不知从哪个角落传出一阵抽泣声，紧接着，哭声此起彼伏，不可抑制地响成一片，那一张张沾满泪水的脸，分明写满了感动、痛悔和决心。这一刻，我的眼眶也湿润了，我站直身子，面对这些服刑人员，深深地鞠了一躬。

“哗——”学员们全体起立，如雷的掌声响彻整个会场。我激动地跃下讲台，大步走到他们中间。那一颗颗藏在冷漠而戒备的外表下的年轻的心渐渐活跃了，好多双手同时伸到我面前。我含着热泪一边与他们一一握手，一边不断地嘱咐他们：“在劳动改造的这段时间里，多做好事，争取早些出去。到时候，你们一定要自食其力，用自己的劳动所得为社会做贡献……”

53. 夜闯花戛乡

贵州高原山脉众多，重峦叠嶂、绵延纵横。这个全国唯一没有平原支撑的省份，因为历史和地理的特殊性，基本上是一派“天无三日晴，地无三尺平，人无三分银”的景象。从安顺去往六盘水，一路所见，让我真切体会到人们一提起贵州，就挂在嘴边的那句“八山一水一分田”的说法有多么形象生动了。

这里地势起伏落差极大，没有像样的公路，好些进寨小路都建在陡峭的山崖上。非常幸运，我们进山之前找六盘水的团市委办公室借了一辆 212 吉普车。他们得知我是希望工程系列照片的拍摄者时，表现出极大的热情。“去花戛乡吧，那里苗族、布依族、彝族杂居，是贵州省一百个特困乡村之一！”从他们的目光和言辞中，我读出了殷殷的期盼，那是他们对我的信任和嘱托。

蜿蜒盘旋的山路像一个巨大的“螺丝转”烧饼，大圈套小圈，不知道套了多少个。天空中飘着细雨，刘广辉双手紧握方向盘，全神贯注地盯着前方

1993 年 10 月，贵州省水城县金盆乡新发村，辛家军（13 岁）、辛家友（9 岁）兄弟俩因父亲病逝双双失学，随母亲过着艰辛的日子

解海龙　摄

路面，一刻不敢马虎。我坐在他旁边充当他的“第三只眼”，不时提醒他一句。几年以后我学会了开车，才体会到当时我的好心对他来说其实根本就是一种干扰。

一路不见人。好不容易转出一座险山，眼前一下子开阔了，远处一块相对平坦的土地，大约这就是所谓的“一分田”？地里依稀有两个小小的身影，刘广辉特意地加大油门。

一大一小两个男孩在地里耕田，看样子应该是兄弟。一个牵牛，一个把犁，脸上不知是汗水还是雨水。见我们把车停在田边，他俩停下手里的活，不知所措地站在泥地里，怯怯地望着我们。我跟刘广辉吩咐一句：“你先在车上等着！”然后跳下车去。

“小朋友，你们这儿叫什么村啊？”我装作探路的样子问他们。

大孩子拽着牛缰绳不作声，一件长得拖到膝盖的旧衣服挂在身上，老牛垂着尾巴和他一样沉默。稍矮的孩子瞅一瞅哥哥，小声回答说：“这是新发村！”

“这儿离花戛乡还有多远？”这也确实是我想知道的问题。

“远呢！”大男孩说话了，他显得比小男孩知道得更多，“我们这里是金盆乡，是最北边。花戛乡在最南边！”

老牛似乎不耐烦了，它使劲地把头往一边拧，四只蹄子不安分地交替蹬踏着。“你们叫什么名字啊？”“我叫辛家军，弟弟叫辛家友。”哥哥说道。“你们教教我怎么犁地吧！”说着，我脱掉鞋子，卷起裤腿，光着脚丫子跑过去，“来，我也学学！学会了给你俩帮帮忙！”

见我不像开玩笑的样子，小哥俩偷偷乐了。哥哥在前面牵着牛，我深吸一口气，学弟弟的样子扶住犁把手，弯腰弓背跟在后面，可是哪儿不对劲呢？老牛喘着粗气，打着沉重的喷鼻，低着头往前使劲拉犁铧，却怎么也拉不动。“犁扎得太深了，牛拉不动！”辛家友叫起来。他一说我就明白了，我重新犁了一次，没料到这一回牛竟然跑了起来，我一时手忙脚乱。

兄弟俩忍不住哈哈大笑，辛家军赶紧勒住缰绳。“看我的！”辛家友接过犁给我示范，“犁扎到地里不能太深，深了，牛耕不动；浅了，搁在地皮上，牛就跑起来了。要正好吃住力，它才能耕起来。”

我很快掌握了要领。不过二十分钟，地里出现几道由外向里翻转的犁沟，转得像手指上的斗纹，看上去整齐漂亮。

和他俩熟悉之后，我了解到他们家的一些情况。大男孩辛家军，十三岁；弟弟辛家友，九岁。他们还有一个哥哥。爸爸两个多月前得水肿病去世了，妈妈独自拉扯着三个儿子。父亲去世后，家里的经济支柱垮了。地里的活妈妈一个人干不了，他们商量着要帮妈妈干活，就没再上学。一提起上学，两个孩子又沉默了。

“去你们家看看吧！”收了犁，我和刘广辉跟着他俩回家去。

在阴暗的茅草屋里，我们见到了他们的妈妈。这位四十出头的农村女人苍老得像五十多岁，说到逝去的丈夫和辍学的儿子，她的泪水涌了出来，我心里也一阵酸楚。两个懂事的孩子一边安慰妈妈一边忙着给我们让座倒水。

我仔细地环顾一周，柴草、杂物、简单的农具堆在一起，屋子左侧的牛圈弥漫着一股刺鼻的味道。地上堆着几块砖，砖上架着锅，土墙被多年的炊烟熏得一片漆黑，长年烟火凝成的一条条黑毛絮从房顶、木架上垂下来。辛家军拾一把柴塞到锅下，辛家友抱着一个破盆出去，大概是打水去了……

车再次从田边驶过，那一道道犁沟就像绳索一样，一圈一圈地往紧里套。我仿佛看见两个孩子也被困在其中，留给他们活动的地方愈来愈小。他们要冲出这个愈来愈小的圈，却不得不在困境中无助地挣扎。

天色渐暗，路也越来越难走。不一会儿，夕阳完全落下去了，荒野、树木、山峦，隐没在浑然一体的黑暗之中。翘首远望，竟然看不到一点灯光，一片神秘的雾气升起，悄悄在地面飘荡。外面伸手不见五指，刘广辉小心翼翼地握着方向盘，生怕一不小心分散了注意力。突然，车身往右边一沉，刘广辉猛地一打方向盘，迅速踩住刹车，车停了下来。

“怎么回事？”我惊出一身冷汗。刘广辉下车一看，“陷到泥坑里了！”他试了好几次，只听见黑夜中引擎的轰鸣声，无论怎样开，车也无法出来。

“必须找人帮忙！”刘广辉果断地说。可是这荒山野岭，又是深夜，去哪里找人？他冷静地卸下发动机的摇把，从车厢里翻出两团棉纱绑在摇把上，又打开机油箱，把捆着棉纱的两个摇把伸进去蘸满机油，拿打火机点燃其中一个。“咱们抓紧时间往山里走，不远处应该会有人家。另外一支火把留着回来时用，就算找不到人家，在第一支火把快要燃尽的时候，无论如何也得返回！”

真感谢他的沉着镇定，幸亏有他做伴。我们一边摸索着往前走一边大声呼喊：“有人吗？有人吗……”黑沉沉的夜，仿佛无边的浓墨涂抹在天际，摇曳的火光忽明忽暗，我心里惴惴不安。大约走了三四里地，就在我们失望地点燃第二支火把准备返回时，漆黑的山里亮起一点微弱的灯光。谢天谢地！七八个老乡扛着铁锨、锄头，拿着手电，随我们走回去，又是往泥坑里垫石头，又是撬、抬，折腾了个把小时，终于把车抬了出来。

千恩万谢地和他们告辞，我们顶着夜幕继续往山里赶，到达花戛乡已经是凌晨一点了。对我们这两个深夜来客，乡长相当惊讶。他瞪着我俩看了老半天，一听说“希望工程”，他局促不安地说：“我们这穷地方……你们辛苦了，先休息吧！明天一早我带你们去中心小学看看，好些孩子都住校呢！”

“学校在哪？”悬了一路的心现在终于放下来，我倦意全无，“现在能去吗？”

“现在去？”乡长怀疑自己听错了，“有好几里地呀，车开不进去，还得爬山！”

“就现在！麻烦你带我们去吧，我要去看看孩子们！”

几间茅草为顶、竹子为墙、木头为主结构的房子就是乡长所说的中心小学。四周很静，凉飕飕的山风穿过树梢。“这是他们睡觉的地方！”乡长举着手电把我们带到一间石头堆砌的小屋前。

手电的光柱在每一个角落扫过，屋里摆着七八张高低床。我走近一看，发现床上没有褥子，只铺着薄薄的草垫，也没有床单和枕头，孩子们却睡得很香。几个不安分的小男孩蹬掉了被子，露出光溜溜的屁股蛋。这可是雾深露重的秋夜啊，我不禁打了个寒战，赶紧给他们盖好被子。手触到床铺上，只感觉粗糙而冰冷。上铺的男孩翻一个身，嘴里含混不清地嘟囔了一句，眼皮微微颤动了几下继续酣睡。微弱的光亮中，他的小脸上浮起一丝若隐若现的笑，好像梦到了无比美妙的事情。

“山高路远，回一趟家四五十里，孩子们只能住在这儿。他们每星期回家一次，带来一周的粮食，中午各自搭灶做饭。”回来时，我们深一脚浅一脚地走在山路上，乡长絮絮叨叨地介绍着，“这都不算什么，前面的村子里，孩子们要游过一条河才能上学……”

睡了不足三个小时，天还没亮，没有惊动任何人，我和刘广辉徒步朝山里去了。

虽然贵州省早在 1990 年就作为首批实施希望工程的重点省份，然而时隔三年，在这远离城市的深山里，生活的贫瘠和学习的艰难，依然令人心酸。

漆黑的墙边摆了一长溜泥灶，灶上搁着黑乎乎的铁皮罐、缺了口的锅，那是孩子们生火做饭的家当。灶火常常熏得孩子们睁不开眼睛，锅里煮的多半是照得出人影的稀粥。有些孩子的锅里除了冷饭别无他物，炒热了撒点盐就吃。除了土豆，能有点自制腌菜下饭就算不错了。

去天星村的路段极陡，好些地方需要攀着岩石、拉着藤蔓才能通过。一个露天的民办教学点坐了二十来个孩子，没有教室，没有黑板，几块石墩和石板马马虎虎地拼凑成课桌，课桌上也没有书本，一截圆木横在地上当作板凳。就是这样一个简陋的教学点，好些孩子还得走十多里山路才能来这儿上学。一个衣衫单薄的男孩脚上穿着两只不一样的鞋，其中一只鞋子破得露出了五个脚趾头。

十二岁的女孩李成妹，没上过一天学，无论刮风下雨都要去山里砍柴。当她赤着双脚向我们走来的时候，那些硌在她脚底的碎石就像硌在我的心上。她最大的愿望就是能读书。她告诉我们，村里的女孩子十五岁就要早早嫁人了，为的是娘家少养一口人，少吃一碗饭，而婆家可以多一个干活的好帮手。

我们赶到乡长所说的那条小河边，并没见到“游过一条河去上学”的孩子。打听之后才知道，原来有一位叫赵福明的退休干部偶然回乡，看到村里的男孩子们在河边脱掉衣服，裹好书包游到河对岸才能上学，立刻花两百元买来一些竹子，请村民们在小河最窄的地方搭起一座简易竹桥。从此，男孩不再游泳过河，一些人家的女孩子也可以去上学了。这是几日以来唯一令我宽心的事情，虽然片子没有拍到，我心里却舒坦了许多。

随着公益和慈善事业的发展，希望工程累计资助的贫困学生已经突破了五十万名。今天，当一所所希望小学在大山深处、在穷乡僻壤建起来的时候，人口基数大、贫困人口最多、贫困程度最深的贵州省却只有两所希望小学。今天勉强能上学的孩子们，也许明天就会因为种种原因辍学，可他们依然饱含求知的渴望和对未来无限的憧憬。

1993 年 10 月，贵州省水城县花戛乡，孩子们每天起床后都要自己做饭 [下页左图]

解海龙　摄

1993 年 10 月，贵州省水城县保华乡东升村，12 岁的李成妹没有上过一天学，无论刮风下雨她都要去山里砍柴 [下页右图]

解海龙　摄

吉普车沿着山路艰难前行，暮色中，村庄沉重而黝黑的背影留在身后，眼前的大山粗犷而冷峻，它们仿佛在述说着什么，又仿佛在期待着什么，沉思着什么。

回到北京，我将云贵一行的照片发表在《中国青年报》上。

拿着这沓照片到青基会的办公室，徐永光听我讲述完这一路的见闻，沉沉地叹了一口气。我明白他的叹息中所包含的复杂情感。几年来，希望工程就像一座爱之桥，把海内外社会各界的爱心传递给需要帮助的孩子。虽然取得了瞩目的成绩，但在徐永光的心里，这是一项没有指标的公益慈善事业，是一项不能骄傲和不能止步的事业，希望工程更看重的是不在于做了什么，而在于还要做什么。

“任重而道远！”定了定神，他收回飘忽的思绪，“海龙，我们和文化部、广电部正在筹备一台义演晚会，参加演出的艺术家们一概不要报酬，所有门票收入都将捐给希望工程。我们收到香港一洲集团总裁庄永竞先生的捐款，他出资两百万赞助这场义演。咱们与演出同步，举办一场希望工程摄影纪实展！”他的眼光落在这沓照片上，“你从这里选出二十幅照片，加上以前的作品，我们一共选五十六幅！”

演出定于 1994 年 1 月 28 日在人民大会堂举行。当“跨世纪的钟声——希望工程大型义演”的消息出现在北京各大媒体最显著的位置时，引起人们热切的关注。一台晚会牵动了八方爱心，义演活动的热线电话开通之后，基本上没有停歇。许多著名的词曲作家、歌唱家，争相参与这场具有特殊意义的演出。老一辈词作家乔羽先生为义演创作了一首《希望之花》，希望能打动更多的听众，为贫困孩子奉献爱心；曾经写过《让世界充满爱》的著名青年词作家陈哲创作了一首《它还温暖》，歌颂人间的真情。

我的影展也在紧张的筹备之中。这将是人民大会堂自建成以来首次举办个人影展，张左一手包揽了五十六幅照片的冲洗工作。自当年他从建筑队调进文化馆一直到现在，我所有的照片都交给他冲洗。1992 年 4 月，

1993 年 10 月，贵州省水城县金盆乡，贵阳退休干部赵福明出资 200 元修建了竹桥，方便孩子们过河上学 [右页图]
解海龙　摄

“希望工程百万爱心大行动”启动前夕，我俩整整一个星期连轴转，他熬夜加班为我做出两千多幅照片，没有半句怨言。我打心底里觉得亏欠了这位好兄弟，如今我的照片引起轰动了，可是除了我们圈子里的几个人，又有谁知道他这个幕后暗房师呢？

“大哥，我给你拍幅照片吧！”当我俩蹬着三轮车把照片送到人民大会堂布展时，张左叫住我，“你拍了这么多年，这次能在大会堂办展览，是国家给你的肯定，应该留个纪念！”

他永远是一个替别人考虑多于自己的人！

“行，你说怎么拍？”我抱着一幅相框站在那儿。自己是干摄影的，从来都是我拍别人，现在让别人拍自己，多少有点不自在。

“拿这幅！”他从车上翻出“大眼睛”的照片，“这可是你的代表作呢！——好了，看镜头，准备！”他半蹲下身子，“咔嚓”一声，将我、“大眼睛”的照片、人民大会堂三个主要元素定格在画面上。

“等一等，”我一寻思，急忙冲他喊道，“张左，再给我来一幅‘不要脸’的吧！”

他一听就笑了：“怎么这么难听啊？”

“别把我整个人搁画面里边，这个画面的主人公应该是‘大眼睛’！‘大眼睛’虽说只是一个孩子，实际上它代表着千千万万个孩子，今天，是他们走进了人民大会堂。至于是怎么进去的，这不重要，并不是我解海龙把他们领进了大会堂！”说着，我两手各握相框两侧，将相框正对着他，稍稍举起，迈步朝大会堂走去。“随意一些，我搬着照片往里走，你只要拍到我的两条腿就行了！”

就在这次影展前夕，一封辛家军、辛家友兄弟的来信令我有一种如释重负的感觉。那张旧作业纸的反面，几行看上去歪歪扭扭的字迹，兴奋和喜悦跃然纸上，他们俩收到好心人的捐助，已经回到了课堂。我对这些孩子是心怀愧疚的，我只能以这样的方式来帮助他们。

1994年1月，希望工程摄影纪实展在人民大会堂展出，解海龙拿起自己的代表作品迈向人民大会堂[右页图]

张左　摄

1994 年 1 月 29 日，希望工程摄影纪实展在人民大会堂展出 [上图]

解海龙　摄

1994 年 1 月 28 日，由团中央、文化部、广电部联合主办，中国青少年发展基金会承办的“跨世纪的钟声——希望工程大型义演”在人民大会堂隆重举行 [下图]

解海龙　摄

1月28日一大早，庄严肃穆的人民大会堂一楼大厅挤满了前来观看“希望工程摄影纪实展”的群众。他们噙着热泪凝视着这一个个真实的镜头，一幅幅已被人熟知的照片再一次深深地打动了大家的心，许多党和国家领导人也出现在影展现场。

受到邓小平捐助后、重返校园的广西壮族自治区百色市平果县希望小学学生周标亮，因成绩优秀，代表二十五名受助的孩子来北京参加“跨世纪的钟声——希望工程大型义演”活动。在晚会现场，这个第一次走出大山的女孩子激动得泪流满面。她做梦都没想到，当一场意外的火灾把家里所有的希望都烧尽的时候，远在千里之外的北京，有一位可亲可敬的老人，帮她重新拾起读书的希望。

演出的同时，五部热线电话铃声不断，那是在家里收看晚会直播的人们奔涌而来的热情。从热线电话开通起，全国各地的认捐款项已达到一千两百余万元。晚会的演员和创作人员不仅不取分文报酬，而且都各自捐资至少救助一名失学少年。许多由于档期原因无法参加义演的演员在给主办单位领导的信中表示，即使不能上台，也要为这台晚会出一分力。

著名歌唱家毛阿敏推掉了1月28日在香港的演出，专程回来参加这次义演。一首满怀深情的《写下中华的名字》将万人大礼堂的气氛推向高潮：

……
古老的民族，
沉重的心情，
结束在今天的日历，
让灿烂如花的笑颜，
开满明天的日子。
我们将在梦中深处，
看见一个辉煌的世界，

人类将用赞叹的语言，
写下中华的名字
……

54. 我要上学

中国青年报社办公楼的走廊橱窗里，除了两排希望工程纪实照片和台湾的影展“泪水浸湿的底片”宣传画，又多了几幅我在人民大会堂举办影展的现场照片。“你是咱们报社的骄傲！”自从调到报社之后，不管是私下里还是公开场合，领导们都纷纷表扬我。每逢对外宣传时，当他们颇为自豪地说到咱们中青报的记者解海龙拍摄的希望工程专题时，我总有如坐针毡的感觉。拍摄希望工程这个专题的时候，我不过是崇文区文化馆一个小小的创作员，感谢领导们的厚爱，提前给我戴上堂堂“国”字头报纸记者的桂冠。当我踌躇满志地迈进记者行列之后，在我内心深处，总有几个高大的身影，他们热切的目光一如既往地注视着我前行的方向。

《中国希望工程摄影纪实》画册的出版也提上日程。图片筛选、文字编辑、版面设计各方面工作已基本完成，只有画册的名字却久久没有确定，总不能还叫“托起明天的太阳”吧？另外，书名请谁题写，这也是一个讨论未决的问题。请邓小平题写？邓小平对希望工程倾注了无限深情，可是这件小事怎么好向他老人家开口？一天晚上我正和志想商量着这件事，接到一个意想不到的电话。

“解老师您好！我先自报家门了，我是解晓东！”我与文艺圈的人交往很少，不过“解晓东”这个名字我还是熟悉的，许多慈善活动中都有他的身影。

“我和您一样，也是希望工程的志愿者。最近我准备到安徽和山东做两场义演，我是在安徽农村长大的，我想为那里的孩子们盖一所希望小学。我还写了一首新歌，为希望工程加油。我特别想邀请您同行！”

他还告诉我这个计划已经上报给了青基会，青基会极力支持。他的声音听起来儒雅温和，但我感受得到电话那头他热切的心情。“一笔写不出两个‘解’字，咱们是一家人呢。解老师，您看我们哪天出发？”

一个是从安徽走出去的青年歌唱家，一个是拍摄了安徽“大眼睛”的摄影师，这次的安徽之行，所到之处我们都受到热烈的欢迎。村头搭起简陋的舞台，挽着裤腿的村民们放下手里的农活，兴高采烈地从田间跑来，孩子们欢呼雀跃，挤在台前要将只有在电视上才能看到的解晓东看个够。当《孩子就是全世界》那首熟悉的旋律响起时，合唱声瞬间传遍四月的田野，在人们心间回荡。

走过十几个村庄，我们一行人已经非常疲惫了。车行驶在开往临泉县的路上，经不住一阵阵困倦，开始还说笑着的一车人渐渐都不出声了。

迷迷糊糊中我睁开眼睛，耳边隐约传来机器的轰鸣声。我突然发现不远处一个蹒跚前行的小身影，背上的重物压得她直不起腰来。——她背的是砖！我脑子里立刻闪过马义梅的影子。上次去甘肃，我没有拍到她背砖的照片，她已经重返课堂了。“停车！”我高声喊道，“快停车！”我一步跨到门边，不等车停稳，在众目睽睽之下跳了下去。

我抱着相机飞快地跑到女孩面前，来不及对焦、构图，我半蹲半跪着按下快门。女孩被我吓着了，她抬起惶恐不安的眼睛看看我，又踉跄着往前走了几步。

这里是一座砖厂，一对夫妇赶着牛车也在来来回回拉砖。眼前这个瘦弱的女孩，一张清秀的脸煞白煞白的，几缕头发被细密的汗珠浸湿，无精打采地贴在耳边。她一趟一趟地将砖从砖窑里背出来，脊背已经压变了形，却一刻也不肯停歇，好像只要一停下来，就再也没有继续下去的力气。当她跌跌撞撞地从我身旁经过的时候，我能听到她那粗重的呼吸和急促的心

迎
您
希
望
程
的
使

1994 年 4 月，安徽省阜阳县，解海龙作为志愿者，与解晓东一起去做希望工程公益宣传活动 [左页上图]
解海龙　摄

1994 年 4 月，安徽省临泉县城关镇刘老庙村，刘小环（11 岁）为了能上学，去窑厂背砖坯 [左页下图]
解海龙　摄

跳。她就是曾经的马义梅！当初我那么想拍摄背砖的孩子，此刻她就真实地出现在我眼前。刚才我激动地冲上前，如愿拍下了她，可现在却宁愿这个画面从来不曾出现。我迈不开脚步，双眼随着她的身影移动，一种复杂的情绪涌上心头。

背了好几个来回，她终于停了下来。

“你叫什么名字？多大啊？”我走上前问她。她那张惹人怜惜的脸上满是灰尘，卸下砖的腰身挺直了许多。

“我叫刘小环，十一岁！”她轻声回答我。大概是看我在一旁站了许久吧，她已不把我当作一个陌生人了。

“你上学吗？”

她摇摇头：“只上过一年，家里没钱。我想办法自己挣！”

“你背砖能挣多少钱呢？”看着她那粗糙的双手，我心疼地问她。

“我一次背十六块，每趟三分二厘的工钱！”见我盯着她的手，她下意识地把手缩到衣襟下面。说到工钱，她眼里流露出一丝遗憾：“如果一次能多背几块，工钱可以再高一点。”

十六块砖，三分二厘钱！十六块砖大约四五十斤重，而这一段路足足有两百米长，背上千趟才够一个学期的学费。我想象不到，在这小小的身躯里，究竟藏着一股多么强大的力量在支撑着她、鼓舞着她！

“今天还背吗？”

“还背！前两天下雨耽误了，今天得补回来。”

这是一个仅仅十一岁的女孩啊！小小年纪就用自己单薄的身体背负着生活的重担。“你会写字吗？”我问。

“会！”她点点头，“我上过学！”

我从摄影包里翻出本子和笔递给她：“小环，写下你最想说的话吧！”

她不解地望着我，我给她一个肯定的眼神。看着面前雪白的纸张，她犹豫了一下，然后小心翼翼地握住笔，一笔一画地写下：我要上学。

“我要上学！”几个字犹如惊涛拍岸，在我心里掀起巨大的波浪。这分明是孩子心灵深处奋力的呐喊！

一个清晰的想法呈现在我脑海里，“我要上学”，对，就是它！我的画册将以它命名，也不请谁来题写书名了，就用刘小环亲自书写的四个字。

1994 年 10 月 18 日，《我要上学——中国希望工程摄影纪实》画册在北京首发，首都摄影界、新闻界人士纷纷到会祝贺。隆重的首发仪式上，徐永光一番慷慨激昂的陈述令我心潮澎湃又深感自己肩负的责任。他说：“如果说希望工程发展到今天取得了一定成效，要论功行赏的话，当给解海龙记大功，行大赏！”

我知道，从我成为希望工程的志愿者，踏上希望工程征程的第一天起，我就将义无反顾地走下去。这一路以来的艰难、挫折与今日收获的荣誉和褒奖都将深藏在我心底，它们是我最宝贵的人生财富。

55. 带着期冀找到你

秋天是北京最好的季节。秋天的天空很高，很蓝，树叶有了黄的味道，既有一种沉静的美感，又有一种收获的丰盈。我满怀期待着即将采访报道的第六届远南运动会，即远东及南太平洋地区残疾人运动会。七年前，唐山第二届全国残疾人运动会上那个用双膝行走的身影，从未在我的记忆中消退。那幅《雄壮的入场式》是我冒充王文澜第一次作为“记者”发自现场的照片，并为我赢得荣誉。它在我心中的分量是那么重，而至今我还不知道照片中主人公的名字。

…… ……

在排队等候入场的记者行列中，我依稀看见曾经的自己。

除了知道"他"是四川代表队的队员，其他的信息我一无所知。我紧盯着运动员入场式的四川方阵，却没有找到他。七年过去了，生活的变化总是难以预测的。他来了吗？望着从我眼前走过的方阵，我怅然若失。

偌大的运动场内各项比赛激烈地进行着，我一边寻觅那个身影，一边找人打听，问他们是否见到一个双腿和左臂残疾的四川代表队运动员。可这样打听实在是太渺茫了，中国残疾人体育代表团运动员有好几百人呢。

我抱着相机在运动场里里外外跑了好几圈。100 米、铅球、射箭……比赛的照片拍了一些，还是没有找到他。他可能参加什么项目呢？我飞快地搜寻着，草坪上几辆轮椅边的一幅画面引起我的注意。只见一位双腿残疾的运动员伏在地上，另一位运动员跪在他身旁，一只右臂撑在他背上，给他做放松按摩。这个画面有意义！我赶忙跑过去，"咔嚓"一声留下这个瞬间。

两位运动员同时抬起头来。就在与他们目光交汇的那一刻，我发现跪在草地上的运动员非常像我苦苦寻找的那个人。虽然他的面容苍老了许多，但那坚毅的嘴角和眉目间的神韵似曾相识。

"你是不是四川队的？"我按捺着心中的激动，脱口问道。

"你是……解（jiě）海龙？"他怔了一下，跳过我的问题，略为犹豫地问。他竟然能叫出我的名字！像大多数人第一次念我的名字一样，他也念错了我的姓氏。

"我就是啊！"我紧紧地拥住他。终于找到你了，这个让我牵挂多年的人！

"我刚刚夺得了标枪比赛的铜牌！"他兴奋地向我报告喜讯，我这才注意到他额上还挂着汗珠。"解记者，就在唐山残疾人运动会上，我夺得仰泳项目金牌，为家乡争了光！"他接着告诉我，那幅《雄壮的入场式》照片让他出了名，载誉回到家乡不久，当地残联和县民政局资助他装配了假肢。"您看，我现在站起来了，所以您在入场式的队伍中找不到我！"

“谢谢您给我带来了好运！”这个乐观健谈的小伙子用仅存的右臂攀住我的胳膊，恨不得将所有事情一股脑儿说给我听。他叫黄刚，是四川乐山人。唐山运动会的第二年，他就被评为“四川省杰出人物”。前年在第三届全国残疾人运动会上，他不仅夺得轮椅铅球金牌，刷新了全国纪录，还获得 100 米蝶泳银牌和铁饼铜牌。

他兴致勃勃地给我讲他引以为豪的经历，我注视着他神采飞扬的脸，这张脸上看不到一丝对自己不幸命运的悲戚。小伙子，不是我为你带来的好运，而是你不畏艰难、自强不息的精神造就了今天的自己！

来的时候我特意带上了那张报纸。时隔七年，当年的拍摄者和照片中的主人公共同面对这幅照片的时候，两人都百感交集。他说：“自从我看到您为我拍摄的照片之后，我就一直想找到您。1992 年在广州举办的第三届全国残疾人运动会上，我多么盼望您出现啊！再后来，我才知道您就是拍摄希望工程的摄影师。”

我何曾不是呢？当年拍摄完那个画面我就离开了，后来我多么懊悔没有记下他的名字，多了解一些他的故事。

今天，七年前留下的遗憾终于有了一个完美的结果。我俩像相识多年的老友一样席地而坐，倾心交谈中，这位残疾人平凡而又不寻常的坎坷人生令我唏嘘感慨，我再一次对他坚强自信、乐观昂扬的精神面貌肃然起敬。

他出生于一个普通煤矿工人家庭。九岁那年，他帮父母把草料放入机器绞碎时，一不小心将左臂衣袖卷入机器，紧接着他的左手也卷了进去。在残酷的现实面前，他学会靠一只右手穿衣写字，学会生活自理。天有不测风云，四年后的一天，在乘嘉阳矿区的小火车出山时，因为人多拥挤，自己的手臂又不方便，没扒牢车厢内的扶手和栏杆，硬生生地从车上被挤了下来，双腿被车轮轧过。

命运给他带来如此深重的磨难。然而，这个矿工的儿子不相信眼泪，大

1994 年，北京，远南运动会上，解海龙与 7 年未见的黄刚相遇

解海龙　供图

山里的孩子从小就懂得坚强。在父母的鼓励下，他凭着顽强的毅力克服了生活中的一个个困难，用半截左臂与右手练习洗衣、做饭，双腿残了，他就跪着用双膝艰难而顽强地走自己的路。

黄刚生性好强，一位独具慧眼的煤矿技术员发现了他游泳的潜能。说到这位名叫张晓枫的老师，黄刚的眼中流露出无尽感激，是他为黄刚打开了另一扇窗户。“虽然我游得快，但是姿势不规范。张老师鼓励我说这没关系，因为我本来就不同于正常人。他还常常把我领到他家，为我做好吃的，给我补充营养。我永远忘不了张老师送我的一双泡沫凉鞋，那是我腿残之后的第一双鞋。他细心地将鞋子‘穿’在我的膝盖上，那一刻，我扑到老师怀里哭了，我好久都没有尝过流泪的滋味了……”

我俩成了现场记者们关注的目标，大家围住我们，兴致盎然地听我们讲着一段段往事，长长短短的镜头纷纷对准我们。

“来，这次可不能逃脱了，咱俩合个影！”我想拉他站起来。还没等我扶住他，他右手撑地，双膝往上一弓，轻轻松松地就站起来了。他笑吟吟地说：“解记者，你看我还行吧？”

我和他紧紧地挨在一起。虽然这次合影整整迟来了七年，但今天，我们终于重逢了。

我把黄刚为队友按摩的照片发表在《中国青年报》上，故事就这样延续下来。从此，我与黄刚结下深厚的情谊。

56. 别具一格的“胡同游”

“到胡同去，到胡同去！”一夜之间，京城好几家媒体上出现这样的标题。“胡同”二字一下子触动了我的神经，难道又是徐勇？我急忙一目十行地读过，果然是他！刹那间，我心里一阵懊恼。做了两年记者，我自认为已经训练出敏锐的新闻嗅觉，可这一次，一个绝好的新闻点就在自己眼皮子底下溜了过去。

这两年鲜见徐勇的人影，我举办希望工程系列影展的时候邀请他，我也实实在在地体会到他的忙碌。在《胡同壹佰零壹像》之后，他又连续出版了乡土系列画册：《弄堂集》《水乡集》《窑洞集》，现在又成立了一家北京胡同文化游览（旅游）公司。我重新拿起报纸，仔细地再读一遍，发现这几篇报道的着眼点大致相同，无非就是介绍这种新兴的旅游模式。我心里一动，对，我亲自去找他！

什刹海弥漫着亦雅亦俗的生活气息，这里就是一幅老北京的“清明上河图”。荷花市场、银锭桥、烟袋斜街、爆肚冯、烤肉季……这些曾经让我迷恋的“京味儿”，今天已渐渐失去它们的魅力。此时，我眼里只有一辆辆印着“到胡同去”的字样、黑漆的车身、朱红色篷盖的三轮车，和身着红马甲、配阔腿束口黑色灯笼裤、足蹬青布圆口鞋的年轻车夫们。车身中间文字下面一行漂亮流畅的英文“To The HuTong”，和车夫们的阿 Q 式乌毡帽形成一种极具对比色彩的错觉感。这个徐勇！哪来的这么独特的创意？

“你不够朋友啊，办这么大的事儿，都不跟咱吱个声！”一见面，我就半开玩笑半是埋怨地说。文化人到底还是文化人，虽然做了老板，硬要说他有什么变化，我脑子里也只能想出“儒商”这个词。

“得了，别净说我！没想到你不声不响地跑出去拍摄希望工程，那么难的一件事，你竟然干成了！”他眼里含着笑，慢条斯理地说，倒好像是我理亏在先。

“我那点事儿你们又不是不知道，在涞源我征求大家的意见，不是都不看好嘛！”我说的是实情。只是在事情做成之前，我不愿意大张旗鼓地宣扬，我更愿意等到收获的那一天，再来与大家分享成功的喜悦。不过，转念一想，他何曾不是呢？这家文化旅游公司能够红火起来，肯定经历了我想象不到的困难。“我做的事儿就不多说了！”我摆摆手，特意向他显示了一下记者证，“我现在是记者，可你的‘胡同游’已经让人家媒体占了先机！无论如何，今天我得在你这儿挖到不一样的新闻点！”

他不置可否地笑了。沏上一杯茶递给我，认真地看着我，诚恳地说：“对不起！”

“哎哎，这可不必！”我手一拦，“我只要采到独家新闻就好了！”

一人一杯茶，他慢条斯理地说给我听。

他的《胡同壹佰零壹像》出版之后引起极大的轰动，吸引了很多外国人的视线。许多对中国民俗特别感兴趣的外国朋友纷纷请他带领他们去胡同里参观游览，讲述胡同的文化历史。“带老外游胡同”的设想就这样在他脑海里形成了。

“我本来和旅游一点关系都没有，带老外去游览的次数多了，才想到胡同不仅有人文、历史的价值，还可以作为一种旅游资源，开发它的商业价值。看到了这种潜藏的商机，我想，与其等人做，不如自己做！”

“但当我把这个想法说出来的时候，遇到了和你一样的困惑！”他摇头笑了，好像又回到当时的情形，“一开始就遭到了亲戚朋友们的反对。在他们看来，胡同怎么可能成为旅游景点呢？可是我坚信，‘胡同游’在北京，哪怕在全国，我也敢说是绝无仅有的旅游方式。北京固然有故宫、长城、天坛这样的著名景点，但那都是反映帝王生活、政治历史的地方，还缺少一个反映普通老百姓生活的景点。许多外国人来北京，对具有民俗风情的老式建筑和地道的北京生活方式更感兴趣。为什么不将胡同里的四合院展示给他们？让他们看看四合院里的人，看看老北京们的生活习俗，看看蜂窝煤、大白菜！”

“你是怎么想到了黄包车呢？”我非常好奇，这个创意太妙了。

“带外国朋友游览过多次之后，我渐渐感觉应付不过来了。胡同又长又窄，没办法乘车，很多隐藏在胡同里的文化景点又分散得比较远，每次只好步行。而黄包车原本就是属于胡同文化不可缺少的元素，这种活跃在旧时代、现今正渐渐消失的人力三轮车，和胡同一样，给人带来的就是一种传统的怀旧感！”

“那些车夫，你又是从哪儿找来的？”我紧接着问。

“你想知道的可真不少！”他悠闲地呷一口茶水，向我娓娓道来。

“一次次申请，被拒绝，再申请，再拒绝，公司终于成立了。我没料到找车夫成了一个最难的问题，这份职业甚至遭到了北京城里‘板儿爷’们的拒绝。他们对着招聘书撇撇嘴说，这年头谁还去公开当车夫？我甚至跑到城郊的门头沟找村民。当地村民宁愿到县城打工，也不愿意来当人力车夫。正愁着呢，有人给我介绍了山西省吕梁山区一个小县城的高中毕业生，他们有一定的文化知识，还会讲几句粗浅的英语。我一听，连夜赶火车去了。”

“高中毕业生？”我一下子瞪圆双眼，“你把人家读书的孩子弄来拉车？”

“别这么紧张好不好？”他打趣地说，“你以为我误人子弟啊？我看你满脑子都是希望工程！”

“他们没考上大学，在农村，高中毕业已经是挺了不起的文化人了。就算我不招他们来，他们自己也都准备进城打工。你以为我就让他们来拉车卖力气？错了！你想想，‘胡同游’的很大一部分游客是外国人，肯定得向人家展现我们最完美的形象。招来的孩子们先培训，首先教他们基本礼仪，练习英语，最起码‘北京欢迎你’要会说吧？还教摄影，外国朋友要你帮忙拍个照片，你也得拍得有模有样啊！学习能力强一些的孩子，再教他们一些胡同文化知识，能用简单的英语给客人做介绍……”

对，就从这里入手！心念一闪，我决定马上去采访这些孩子，我要从一个不一样的角度来报道“胡同游”。匆忙与他告辞，我径直往银锭桥跑去。

远远近近，一个个红色的身影起起伏伏，给绿柳成荫的街巷增添了一道别样的风景。我回到桥边，大概都接到了客人吧，刚才那一排车只剩下一辆，孤零零地停在一棵大树下。先找这个孩子随意聊聊吧，这样想着，我朝他走过去。

孩子蹲坐在车旁，双手抱着脑袋，脸深深地埋在两腿之间，我走到他面前，他丝毫没有察觉。我轻轻地拍拍他，他像触电一样赶紧从地上跳起来，张嘴就说：“您好，‘胡同游’欢迎您！”

看他这副紧张的样子，我笑了：“我不是游客，我是记者，是你们徐总的朋友。今天我想采访采访你们，不耽误你的活儿吧？”

他瞅见挂在我胸前的相机，犹犹豫豫地“哦”了一声，不再多说话，又蹲了下去。

他看上去怏怏的，即使穿着鲜艳的红马甲也显得有些落寞。因为我不是游客而失望吗？似乎又不是这个原因。再仔细地瞧他，我发现他脸色蜡黄，眼里还有一种说不出的恍惚。“你身体不舒服？”我问他。

他闷声不响地点点头，可能又觉得不太礼貌，抬起头来低声补充道：“本来今天想请假休息一天的！”

“身体要紧，千万不要硬扛着！你吃过午饭吗？”我问。

他摇摇头。

“你等着！”丢下这句话，我快步跑进胡同里，给他买来一只烧鸡。

他睁大眼睛看着我。“吃吧，别客气！”我把烧鸡递给他，“吃完了咱们聊聊天！”

稍稍迟疑了一下，他说一声“谢谢”，双手接过烧鸡，有些不好意思地背过身去。怕他不自在，我索性走开，沿着河岸转了一圈，估计他差不多吃完了，我才折回来。

他的嘴唇油亮亮的，望向我的目光既感激又有一些难为情。他用脚尖无意识地蹭着地上的一块小石子，讷讷地说：“好久没吃过鸡了。”

他告诉我，他们每月四百元工资，如果服务做得好，还能得到一些小费。“美元呢！”他特意强调，这一点似乎让他特别满足。“家里还有弟弟妹妹，能省就省吧，我还是想多给他们寄点钱回去！”

“十七八岁的大小伙子，干的又是体力活，吃饭可不能省！”我说。他的脸色好了许多，但眼底依然游离着一丝踌躇不安，让人总感觉他有什么心事。在我耐心的询问下，他终于向我说了出来。

“我心里挺难受的，不知道应该怎么办！”一开口，他的眼睛就垂了下去，“前几天，一对七十多岁的新西兰老夫妻想认我为干儿子。”

“哦？这事儿是什么起因？你说给我听听！”我感觉到这里面藏着故事。

“半个多月前，他们来什刹海游览，正好乘坐我的三轮车。我拉着他们从上午一直玩到下午，从来没有客人玩这么久。每到一个景点，我都用简单的英语给他们介绍。在一个四合院里，一户人家正在包饺子，他们好奇得不肯走，我悄悄地跟主人说，邀请他俩一起包饺子。这老两口乐不可支，弄得满手满脸都是面粉，饺子一个都没捏拢，还高兴得不得了。那天他们玩得非常满意，走的时候，他们一定要跟我合影，还给我好多小费。其实对待每一位客人，我都是这样尽心尽力服务的。没想到前两天，这对老夫妇又来了。他们一见我就笑眯眯地拉着我，说他们是特意回来找我的，上次我给他们留下了非常深刻的印象。他们来中国旅游，还有一个目的，就是想找一个继承人。他俩无儿无女，家里有很大的事业，没人接班，所以想认一个干儿子，不知道我愿意不愿意。”他的目光从自己脚上的那双圆口布鞋移向我，求助似的望着我：“叔叔，您说这个事儿怎么办？”

我的脑子里马上形成了一个轮廓，这不正可以从不同的角度做一则“胡同游”的深入报道？

“能说说你有什么顾虑吗？”

“我不知道我们家里会怎么想。”他的表情很是烦恼。

“首先是你自己怎么想？”我问他。不过我也知道，他毕竟还是一个孩子，这个问题他很难回答。

“我也说不清楚，”他摇摇头，“我想回家一趟，可我不知道能不能请假！”

“没问题，请假这事，我帮你！”我一口应承下来。这是一个有着空间跨度的主题，农村的孩子没考上大学，到北京打拼，学英语学摄影，给外国朋友介绍中国文化，现在又遇到让他难以选择的问题。这组照片里光有城市是不够的，还得有农村，有他的家人，可能还会有东西方不同的文化理念冲突。

带着为他家人准备的礼物，我随他一起回到他的老家山西省襄汾县。

他突然回家，给家里所有人带来惊喜。一进家门，还没放下行李，两个六七岁的弟弟妹妹叫嚷着“哥哥，哥哥！”直扑上来，抱着他又是亲又是喊。爸爸妈妈眼里噙着泪水，拉着儿子上上下下瞧个没完，看孩子是不是黑了、瘦了，长到十八岁从未跨出过山沟一步的儿子一去北京几个月，谁知道他们该有多么牵挂啊。“娃呀，你可回来了！”一阵悲戚戚的哭腔，门帘一掀，从里屋摸摸索索地出来一个老太太。她那一头蓬乱的灰白头发散得满头满脸，一双昏黄无神的眼睛深陷在眼窝里。男孩急忙挣脱爹妈的手，一把扶住老人，大叫一声：“奶奶！”

“娃呀，你走了这几个月啊，我想死你了，我眼睛都快哭瞎了！也不知道以后还看不看得见你，你可回来了！”老奶奶絮絮叨叨地说着，哆嗦着双手摸孩子的脸，费力地睁开眼，“快让奶奶看个仔细，你还走吗？”

“奶奶，我不走了！”孩子眼里涌出了泪花。

孩子爸妈忙着生火做饭，炊烟升起，一股浓郁的乡土气息弥漫开来。两个小娃娃凑在哥哥的行李旁转来转去，圆溜溜的眼睛老盯着那几个漂亮的包装盒，一看到我把镜头对着他俩，就捂着嘴巴笑着跑开了，不一会儿又拢过来。女娃儿大着胆子抠出两颗北京酥糖，塞给男娃儿一颗，两人偷偷笑着跑出屋去。奶奶瞅见了，骂一声“小崽子，丢人”，也呵呵笑出声来。她哪儿都不去，就把她的大孙娃按在炕上坐着，使劲地盯着他看，怎么也看不够。

晚饭之后，孩子终于吞吞吐吐地向家人说出这次回家要商议的事情。

奶奶一听就哭了。“你要去那个什么兰？这是安的什么心哟，怎么能开口要别人家的娃儿！你要是再走了，这可就是最后一次见面了！我这把老骨头，谁知道还活得了几天！”她凄凉的声音让人心酸，一脸绝望又带着一丝希冀。她盼望她心爱的大孙子就像现在这样守着她，不再离开家里半步。

孩子爸蹲在墙角一言不发，“吧嗒吧嗒”地抽旱烟。孩子妈愣了，两手不知所措地绞着衣角，看看当家的，又看看孩子。谁想得到孩子给他们带回一个听起来那么不可思议的难题？

屋里一片沉寂，只有奶奶断断续续的抽泣声。孩子爸蹙着眉头抽完几管烟，“啪啪”两下把烟灰在鞋帮子上磕掉，立起身来站了好几分钟，喉头艰难地滚动了两下，下了决心似的对我说：“解记者，您先歇息吧！这事儿不小，容我们好好计议计议！”

这话听起来好像我在等着他们做最后的决定。我连忙打消他的忧虑：“不管对于谁家来说，这的确是一件大事。不着急，你们慢慢商量！”去与不去，无论他们如何决定，我要做的是客观如实地记录。

熄了灯，我躺在偏房的土炕上，堂屋里微弱的灯光透过门缝照进来。不知道他们商量到多晚，我迷迷糊糊地睡着了。

第二天一大早我醒来的时候，发现昨日愁闷的气氛一扫而光，连奶奶也显得不是那么悲苦了。孩子妈灶前灶后地忙碌着，孩子爸哼着山西小调，蹲在屋前搓煤球。他一看见我，像要汇报工作似的，赶紧大步跨过来。

“解记者，昨晚咱家开会，都说好了！”这个憨厚的庄稼汉摊开两只黑乎乎的手，咧嘴笑着，一副石头落地的轻松模样。“我们决定，还是不去了！咱乡下人没见过啥世面，连省城有几条街道都摸不清楚，不敢把孩子放那么远啊！虽然他在北京待了几个月，眼界开了一些，这次回来还真和以前不一样了，可他到底还是个农村娃。我们就是想，只要我们能够看得见孩子就好。谁知道出去后会是啥情形？奶奶是第一个不乐意的，她连孩子去北京都不乐意！我们也做通了奶奶的思想工作，北京还得去，孩子还是要见见世面，不能像咱一样，一辈子窝在山旮旯里！”

男孩走到他爸身边，他爸重重地拍着孩子的肩，嘱咐道：“回去踏踏实实做事吧，别惦记家里，别太省。把自己照顾好，抓紧学习的机会，有空就写个信！”

一组生动的照片，一个完整的故事，我以《今日的祥子》为题，将这篇文章发表在《中国青年报》上。这篇视角独特的报道赢得大家的一致好评。

57. 时隔五年，第一次回访

1995 年，我的个人摄影集《我要上学——中国希望工程摄影纪实》获得第二届中国“国家图书奖”提名奖，“大眼睛”“小光头”“大鼻涕”，这三个希望工程标志性照片早已家喻户晓。特别是“大眼睛”，作为希望工程的形象标识，截至 1994 年底，被报刊采用、作为宣传画使用达一亿次之多，几乎成了 20 世纪发行量最大的印刷品。这组照片在社会上引起的反响，对希望工程的推动，是我拍摄之初完全没有预料到的。对我而言，也正是得益于中国青少年发展基金会的帮助，将我个人的行为变成一个全社会认可的项目。每每想起那个风沙满天的上午，在王府井大街上与青基会的邂逅，我心里都无限感慨。

1991 年 4 月，在拍摄“大鼻涕”的时候，临走前我跟老师说过一句“咱们五年后再见”，我一直没有忘记。一转眼就快五年了，到 1995 年底，希望工程已筹集捐赠款六亿九千两百万元，设立救助贫困地区失学少年基金，共资助修建了两千零七十四所“希望小学”，资助了一百二十五万三千名因家庭困难而失学的儿童继续其学业。我挂念我拍摄过的孩子们，你们的学校是不是都得到了修葺？你们的桌椅是不是不再高低不一？你们的脸上是不是都绽开了笑颜？

你们都好吗？

当中央电视台找到我，请我协助拍摄一个关于希望工程的新闻调查节目时，我毫不犹豫地答应了。我早就想去看看被我记错名字的大眼睛姑娘“苏玉仙”。

说起来也是我的错，“创作”是那个时候摆脱不了的一个词，以至于进入《中国青年报》很长一段时间，每逢有任务出去，我背包一背，朝贺延光挥手就走：“延光，我出去创作了！”他总是一把拉住我，严肃地纠正道：“跟你说过很多次，你已经不是文化馆的创作员了，而是报社的一名记者，你的身份转变了。过去叫创作，现在的任务叫采访，对每幅照片背后的人物、环境都要有交代！”而当年拍摄“大眼睛”时，我只凭模糊的记忆，将她写在我手心的几个字错误地记成了“苏玉仙”。

她真正的名字是“苏明娟”。直到 1994 年 9 月王旭东去安徽出差，我嘱托他代我去看望当年的“大眼睛”之后，这个名字才水落石出。

王旭东在青基会工作几年，凭自己的一腔热情和出色的工作能力，已经成了青基会的宣传部部长。那次他出差回来，直接冲进报社找我，半是玩笑半是数落：“说你是希望工程的功臣吧，你看，你连这个最重要的名字都搞错了！”

原来，当王旭东找到金寨县三合中心学校的时候，一眼就认出了“大眼睛”。他亲热地拉着孩子，叫她“苏玉仙”。孩子莫名其妙，谁是苏玉仙？王旭东也怔了，问她，你不是“大眼睛”吗？

这时有位老师说，几年前他们曾收到一封来信，写信人名叫李万。随同信件还夹着一张报纸和三百元钱，报纸上有一幅照片，叫作《我要上学——金寨三合中心学校苏玉仙》，李万说要把钱捐给照片上的小姑娘。可是学校里并没有名叫苏玉仙的孩子。老师都很疑惑，把报纸留了下来，那笔钱又原路退回了。后来，老师让同学们对着照片自己辨认，“大眼睛”虽然一眼就认出了自己，但又有些不敢确定。她记不起是谁给她拍摄了这幅照片，又为什么会刊登在报纸上。

“一听到这里，我就知道你把人家孩子的名字弄错了！”王旭东给我揭开谜底，“这次问清楚了，大眼睛姑娘名叫苏明娟！”

1996 年 4 月 7 日，我们一行人再次来到张湾村。

村子还是那么安宁，依然要蹚过那条小河才能到达当年的小学。虽然已经是全国知名的人物，个头也长高了不少，但这个戴着少先队“两条杠”袖标的小女孩，依然是一副害羞的模样。她怯怯地叫我一声“解叔叔”，小脸一下子红了。

我被她的样子逗乐了，问她：“还记不记得你在我手心里写下的名字？”她抬眼看我，点点头。我又看到了那双打动了无数人的眼睛，它依然那么清亮。

孩子、老师们全都围过来。大家七嘴八舌地告诉我，自从“大眼睛”的名字家喻户晓之后，这里每天都能收到好多给“大眼睛”的汇款单。孩子们一看到邮递员那辆墨绿色的自行车，都拍着小手跟在后面喊苏明娟的小名“小梅子，小梅子”。老师说，后来苏明娟和她父亲将这些汇款单都送到了当地希望工程办公室。

苏明娟的家就在梅山水库上游。在她家里，我见到了她的父亲苏良友和母亲钟业臻。

这是一个和普通农家没有什么区别的家庭。两间低矮的砖瓦房已经很有些年头，墙壁被柴烟熏得漆黑。除了几件必需的旧家具，一张新做的写字桌是屋里唯一的亮色。苏良友紧紧地拉着我的手，不停地说着感激的话：“解记者，如果不是你那幅照片，我家小梅子恐怕就失学了啊！”

从闲聊中得知，这些年他们一家人一直过着辛劳拮据的生活。夫妻俩靠打鱼、种田、种板栗为生，每年从田地里收来的粮食仅够吃几个月，剩下的日子，全靠苏良友起早贪黑地上山砍柴、下河抓鱼换钱买点粮食来维持。因此，苏明娟每年的书杂费就成了这个家庭最大的负担。后来家里又添了一个男孩，更让小明娟面临着失学的危机。

“我真得跟你们说声抱歉！”想到因为自己的疏忽而让“大眼睛”“隐姓埋名”了三年，我心里不无愧疚。“最后是怎么认定照片上的孩子是你家

1996 年 4 月，回访苏明娟，她的妈妈拿出孩子当年上学时穿的小红袄 [右页上图]

解海龙　摄

1995 年，天津市塘沽区，苏明娟与最早为希望工程捐款的周彤同学合影 [右页下图]

解海龙　摄

心筑希望
心联动

明娟的呢？”我又好奇地问。

苏明娟捧着我送给她的《我要上学——中国希望工程摄影纪实》画册看得入神。明娟妈一边给我添茶一边说：“那天学校收到捐款信之后，小梅子一回来就翻箱倒柜，问我是不是有一件红底白格的小袄。她说有张报纸登了一幅照片，很像她，可她不敢确定，但照片上那女孩穿的衣服她好像认识。”明娟妈说着，从门背后摘下一个小书包，“解记者你看，当年她上小学，我买五尺布给她做了一件新衣服，余下的布料正好缝了这只花书包呢！小梅子把衣服带到学校，向老师们证实了照片上的孩子就是她！”

“那时家里正发愁呢，怎样才能让孩子继续念书！”苏良友接话了，“小梅子那段时间身体不太好，家里又多了个男娃。”

“是不是正是那个时候，青基会的工作人员来金寨，弄清楚了‘大眼睛’压根儿不叫‘苏玉仙’，而是你家明娟？”我问。

“是啊！”他点点头，“小梅子就是‘大眼睛’。这个消息得以确认之后，李万叔叔再一次汇款来了，这次他写的是‘苏明娟’！”

苏明娟在一旁小声说：“我和李万叔叔通过好几次信呢。每次他都鼓励我好好学习，他相信我一定可以考上好中学。”她从书桌里摸出一个铁皮盒，“这些信件都是我的宝贝，我要把它们好好地收藏着！”

“我们后来才知道李万是廊坊武警学院的一名学员，那钱是他从为数不多的生活补贴里一点一点省出来的！”苏良友爱惜地看着女儿，“不久我们又接受了一笔一百八十元的捐款。再往后，收到的汇款单我们全部送去团县委希望工程办公室，还和他们签了个协议，凡是见到‘大眼睛’三个字，就不要往家里送了，直接转到县里。我们家虽不富有，但已经得到了捐助，这些钱应该用来帮助更困难的孩子！”

晚上，我和苏良友在他家又矮又窄的床板上挤了一夜。这个老实本分的农民，言语之间全是感恩之情，感谢青基会、感谢希望工程，感谢我为小梅子拍了这幅照片，感谢那么多爱心人士。他说：“我常常跟小梅子讲，我们要做一个知恩图报的人，我们得到了社会的帮助，我们更应该将这份爱心传递下去。”

当然，这位父亲也有他的担忧，他担心孩子一旦成为标志性人物，来自外界方方面面的关注会打破现在的平静。他说：“我希望她依然是一个普普通通的孩子，不要因为受到特别的关注而浮躁，也不希望因为过多的干扰而焦虑。”我非常理解他的心情。但同时，我几乎可以预见到将来笼罩在苏明娟头上的光环。此时此刻，我也只能给他说一些“让孩子健康发展，不要让她背上思想包袱”之类的宽心话。

“还有件事情要和你们商量！”我想起另一个问题，这是青基会特别交代的一个任务，“之前没有征得你们同意，我们就将小梅子的照片当作希望工程宣传照用了好几年。现在青基会想与你们签署一份授权许可使用肖像的声明，不知道……”

“没问题！”不等我说完，苏良友的声音就在黑夜中响起，“我们得到的帮助太多了。不仅仅是钱，李万写给小梅子的信，对她是多大的精神鼓励啊。没问题！”

他答应得如此干脆，以至于当我说出青基会准备付给他们两千元肖像权补偿费时，竟显得如此苍白无力。

“谈什么补偿呀！”这个农家汉子操着浓重的地方口音说，“能为希望工程做一点点小事，是我们的光荣！”

“你有什么要求可以跟我讲，我向青基会转达！”我实在有些过意不去。

沉默片刻，他说：“小梅子的那个学校，您也看到了，就是一个破庙。要我提一个要求的话，我想，能不能在有条件的时候，把他们学校修一修？”虽然暗夜里看不清他的脸，但我感觉得到他说得很小心。未等我接话，他马上又说：“也不是非修不可。如果有条件的话，您就帮一下忙吧！”

一股热流在心里奔涌而过，我答应他回北京之后，一定把他的要求转达给青基会。

山村的夜晚出奇的寂静，苏良友鼾声大作，我却久久无法入睡。这个淳朴的山里人，他无偿献出女儿的肖像权，唯一的要求就是期盼家乡的学校条件得以改善，让更多孩子享受到希望工程带来的帮助。

第二天清晨，苏良友一家人陪同我来到村委会。苏良友郑重地在授权书上签上他的名字，明娟妈妈按了手印，村干部们一同做了见证。苏明娟与我不再陌生，她凑到我耳边说："解叔叔，我们语文课本上讲到首都北京的天安门，图片真好看！我想，真正的天安门应该更雄伟吧？"那双清澈的眼睛里是满满的希冀。

我心里一动，也许真的可能有一次机会呢。拍拍她的脑袋，我认真地说："你好好读书，叔叔一定会带你去看天安门的！"

"真的？"小姑娘兴奋地看看我，又扭头看看她爸爸。苏良友微笑地拉过女儿："你好好念书，长大以后会有机会去北京的！"

"解海龙！解记者！"老村主任一边高声叫着我的名字，一边匆匆赶来。"嗨，就怕你已经走了！"老人家一把抓住我的手，颤巍巍地从土布上衣斜襟里摸出一个红色小本塞给我，"你收好了，这是我们县特别送给你的！"他神神秘秘地说，额头和嘴角两旁深深的皱纹里蓄满了笑意。

我疑惑地翻开，一行红色的手写粗体字映入眼帘：授予解海龙为金寨县荣誉公民。

"这是荣誉证书！"老村主任咂巴着嘴，"告诉你啊，这个证书你可得保管好，从此你也是咱们村的荣誉公民了。以后如果死了，你可以埋在这里，咱们还实行土葬！"

我蓦然感到心中最柔软的地方轻轻颤抖了一下，握住他枯瘦如柴的双手，久久说不出话来。淳朴的人们啊，你们愿意让我共享你们心中最庄重的礼仪，落叶归根，你们希望将来我的魂魄能够永远与你们在一起。还有什么比这更能表达你们的感激之情?

每一座翻过的山，每一条走过的路，都是那么熟悉，那么亲切。再次走在通往金寨县南溪镇查畈村的路上，我仿佛又看到当年那位坐在小河滩上砸石子的老奶奶，这次因为时间匆忙，无暇去看望她。老人家，您现在不用砸石子了吧？您的腿脚还酸疼吗？您的孙娃儿是不是已升入高中了？我在心底默默地祈祷，但愿您安然无恙。

查畈村小学一如五年前的模样。说来也巧，上次去的时候正值课间，现在又是课间，孩子们在操场上嬉闹玩耍。操场的地面平整了许多，不再是以前凹凸不平的泥洼地。看看那几间教室，原先钉在窗子上的薄木板也换成了玻璃。我在孩子中间转了一圈，没有找到当年的“小光头”。或许他已经小学毕业了？我寻思着找到老师办公室。

我一眼就认出当年讲台上的那位女老师。当我拿出画册给她看时，她惊呼一声：“啊，您就是拍摄希望工程的解记者啊？”五年过去，她大概不记得我的样子了，但是因为“小光头”出自这个学校，希望工程对于他们来说是人尽皆知的事情。

她看着照片，轻轻地皱了一下眉头，说：“这孩子已经不在这里了！”

“他去了哪里？”我心里一紧。

“1991 年夏天，这里发大水，学校也淹了。洪水过后，我们想方设法把学校重建起来。可是好多孩子都没再来上学，他家的房子也给冲坏了。那时候他妈妈在无锡打工，他爸爸身体不好，一个人带两个儿子，日子过得艰难。后来一家人都去了无锡，他父母在无锡市东亭镇一家纸盒厂工作。”

我不免有几分怅然。“他叫什么名字？”我又问。

“他叫张传湖！”老师轻抚着照片说道，“您的相机可真厉害啊！张传湖搬走之前，我们收到深圳的一封来信，信里有一张《中国青年报》和三百元钱，报纸上就是这幅照片！”说到这里，她禁不住笑了，“照片上，张传湖的头像旁边标注‘A’，他同桌那个孩子头像旁标注‘B’，说给‘A’孩子两百元，给‘B’孩子一百元！”

“张传湖！”我默念着这个名字，“什么时候我一定去无锡看看他！”

“可是走的时候，他爸又把人家捐的两百元钱一并给了同桌那个孩子！”老师接着告诉我。

“为什么呢？”我不解地问。

“张传湖爸爸说那孩子家里更困难，更需要帮助。”老师怜惜的眼光落在照片上，“他叫张经春，小名叫张满意。您听这名字，是不是觉得有意思？他们家四个孩子，前三个都是女娃，好不容易生了这第四个男娃，终于满意了。孩子妈在他出生后几个月就去世了，他爸一人带四个娃，日子过得很苦，但咬牙也要让这唯一的儿子上学！”

多么朴实的老区人！我不由得对“大鼻涕”的爸爸肃然起敬。革命老区的精神沿袭至今，他们是如此无私、乐于奉献，自己过得艰难，却心系比他更艰难的人。

就要见到“大鼻涕”了，这孩子现在怎么样了呢？我一路不停地猜想着。这个流着鼻涕、蹙着眉头在晨光中高声朗读的男孩感动了很多人。“他奋力读书的这一瞬间太感人了！”“他一定是在呼喊‘我要上学’！”“他声嘶力竭的呼喊，足以穿透人心！”“大鼻涕”差点取代“大眼睛”成为希望工程的标志性照片，因为觉得女孩子更能够感动人，所以青基会最后还是选择了苏明娟，但他朗读的场景也成了希望工程使用频率最高的照片之一。这些年每当我外出采访，都会遇到不少人向我诉说心中的那份感动和牵挂，他们亲切地叫他“大鼻涕”。几年过去了，我还不知道孩子的名字。

还是那条山路，还是那座山坡上的学校。想起当年我和朱恩光走在这条小路上，我心头热烘烘的，我们两人放声歌唱：“八月桂花遍地开，鲜红的旗帜竖呀竖起来……”今日的他，是行走在川西的高山峡谷中，还是又回到了他魂牵梦萦的内蒙古坝上草原？

刚进校门，一个人影急步闪出来和我撞了个满怀，她手里拎的热水瓶差点掉到地上。我俩不约而同地“哟”了一声，定睛一看，不正是上次我拍摄

“大鼻涕”时，在教室外拽着我的摄影包的老师吗？她睁大眼睛，一副难以置信的样子，脸上的表情马上从惊讶变成兴奋。她两手一拍：“呀，解记者！”丢下水瓶就往那排矮屋跑去，边跑边高声喊：“来了，真的来了！就在外面站着呢！你们快出来呀！”我一愣，这是怎么回事？

七八位老师应声从屋里探出脑袋，这位女老师带着他们一起跑过来。

“解记者！”她抑制不住自己的激动，“你说巧不巧，刚才我还和老师们说呢，上次你走的时候，不是说咱们五年后再见吗？我算算日子，那年你是 4 月初来的，差不多就是这个时候吧？你应该要来了呀！这不，我一出来就碰上了！”

她说得眉飞色舞，和五年前的不苟言笑判若两人，我一句话也插不上。她告诉我，当他们看到报纸上印着“大鼻涕”的照片时，才知道原来当时的拍摄者名叫“解海龙”，这孩子也成了当地的名人。

“当时只有我一个人见到了你，我跟大家打赌，说你五年后一定会来！”她自豪地把周围几个老师逐个儿望一圈，“怎么样，我说得没错吧，你们还不信呢！”

下课铃响了，孩子们纷纷跑出教室。“我带你去找他！”女老师热情地拉着我往教室走去。

“胡善辉！”她朝一堆挤在一起玩耍的男孩子们招手喊道，“快过来，解叔叔来了！给你拍照片的解叔叔！”她回头对我说：“这孩子也不容易，家里穷，就没看他穿过一件没有补丁的衣服。他重返课堂之后，又把收到的捐款全交给了学校，帮助过好几个孩子！”

一个瘦高个男孩钻出孩子堆，惊异地往这边张望，马上跑过来。

正是他，这个很有几分英气的面孔我太熟悉了。

“解叔叔好！”他直冲到跟前，大声叫我，手忙脚乱之中还不忘给我行个队礼，同时“哧溜”吸了一下鼻子。我乐了，这小子，还挂着两条鼻涕呢！

“原来你叫胡善辉啊！”我亲昵地问他，“过了五年，你怎么才上四年级呢？”

他挠挠脑袋，不好意思地说：“上完一年级之后，家里没钱，我就回家了。后来有一天，有人给我寄来了钱，我才又回到学校！”他抬头看我，那双漂亮活泼的眼睛里跳跃着欢快和感激，“谢谢您，解叔叔！”

和他一起玩耍的孩子们也跑了过来。上次我来的时候他们正在上课，我只从窗户缝里拍到了胡善辉，他幸运地得到好心人的捐助而复学。这帮小子围在我身边挤来挤去，一双双好奇的眼睛盯着我的相机。“叔叔，我们也能到这个黑洞洞里面去吗？”其中一个男孩伸出手指头想摸一摸相机，还没碰到又赶紧缩回去。

“你叫什么名字啊？”我笑着问他，他那腼腆而谨慎的样子特别可爱。

“他叫范金奎！”旁边跳出一个小家伙，大声抢着回答，“我叫李秋鸾！”他很大方地自我介绍，骄傲地一挺胸脯，衣服顿时显得短了一截。

“范金奎，李秋鸾！”我重复着两个孩子的名字，“告诉叔叔，你们长大了想做什么？”

“我要当老师！”李秋鸾抢着回答。

“我要当解放军！”是胡善辉的声音。

“你呢？范金奎？”我问这个害羞的男孩子。

“我要做很多很多写字本、橡皮擦和铅笔，送给很多很多需要它们的小朋友！”范金奎犹豫了一下，小声告诉我，说完不好意思地笑了。

我心里一动。他说出来的，一定是他自己最期盼的东西。

“来，叔叔给你们拍照！”我招呼大家。几个孩子你看看我，我看看你，乐得一下子蹦得老高。一张张小脸上洋溢着兴奋和欣喜，几个小脑袋使劲往前凑，争先恐后地往镜头里钻，生怕只照下自己的半张脸。

闹腾了好一阵子，我发现教室门边有个小女孩，她一直倚在那里，心事重重的样子，望向这边的目光是羡慕中带着忧愁。她应该也是这个班的学生吧，我朝她走过去。

一见我过来，她马上站直身子，本来扶在门框上的一只手垂了下来，可是不知道放在哪里更合适，只好又扶回原来的位置。

“你好！你叫什么名字啊？多大了？”看到她这副怯生生的模样，我小心地问。

“我叫范明珠，十三岁。”她嗫嚅着说，微微低下头去。

“明珠，多好听的名字！”我大声赞美，希望她听了能够开心起来，“你长大了想做什么呢？”

“我想当一名医生……”她的声音低得几乎听不见了。

“当医生好，救死扶伤！”我鼓励地对她说，“和同学们一起合个影吧！”

她不说话了，扶着门框的手终于放了下来。感觉到我在看她，她抬起头来，一双漂亮的眼睛里蓄满了泪水。“叔叔，我就不照相了，念完这学期，我就不来上课了……”说着，无声的泪水顺着脸庞滑下来。

“告诉叔叔，这是怎么回事？”我急忙问她。

她止不住泪水，哭得更凶了，大滴大滴的泪珠滚落到地上，几乎能听到“吧嗒吧嗒”的声音。过了好一会儿，她才稍稍平静了一些。她一面抹去脸上的泪水，一面抽噎地告诉我：“我爸妈都生病了，家里生活过不下去，没钱让我继续上学……我想当一名医生，将来好给我爸妈治病……可是我上不了学，肯定也当不成医生了……”本来已经止住的泪水，此刻又开始不停地在眼眶里打转。

快到上课时间了，一位男老师抱着一摞作业本走过来。“汤老师！”范明珠抬起泪眼轻声叫道。“解记者！”老师抱歉地朝我点头微笑，“我是他们的班主任！”他的目光落在范明珠脸上，轻轻叹了一口气，自言自语地说：“越是读不了书的孩子越想读书！这么优秀的孩子，可惜啊！”

希望工程捐助了胡善辉，还有很多孩子也需要得到帮助。他们拼命往我镜头底下挤，他们一定觉得我手中的相机具有神奇的魔力，只要他们出现在照片上，就会像胡善辉一样收到信件和捐款。除了这些，我还能做什么呢？

1996 年 4 月，河南省新县八里畈乡王里河小学，解海龙与濒临失学的范明珠拉钩，鼓励她一定不要放弃学业

赵新喜　摄

刚才照完相的孩子们一起拥到这边来，他们看到红着眼眶仍在抽泣的范明珠，马上懂事地不打闹了。一种复杂的情感交织在我心头，我掏出采访本和钢笔递给范金奎："来，把你们的名字都写在本子上！"我拉过范明珠的手，伸出自己的小指头和她拉钩："有机会叔叔一定帮助你们。要好好读书，五年后叔叔还来看望你们……"

放学了，胡善辉调皮地攀着我的手臂，一定要我去他家里坐坐。"我爸爸总是念叨您，说如果不是您，我早就读不成书了！"

房子很破，屋顶上的瓦片东一片西一片，几面土墙，只有那两扇门不得不用了些木料。墙上像栅栏一样竖着几根木棍，算作窗户。胡善辉的父亲一见我，连忙迎上来，一双满是老茧的大手紧紧抓着我的胳膊，连声说谢谢。生活的重担过早地将他压弯了腰，四十出头的年纪就有些驼背了。他抬起衣袖抹了一下眼角："家里只有那几分薄地，两个娃儿都要上学，可让我为难！善辉辍学一年多了，突然收到好心人的捐款，我们才知道是您的照片给他带来了福气啊！"

胡善辉从床头摸出一个旧纸盒捧到我面前："解叔叔，这里面都是我收到的来信！"说着挑出一封来。"这是广东省一个叫黄敏林的大哥哥寄来的，他让我安心读书，每个月给我寄五元钱。他常常在信中鼓励我，虽然身处逆境，但是一定要自强。您看这封，落款是'一个士兵'！"他突然扭过身子坐端正，扯了扯歪到一边的红领巾，严肃地说："解叔叔，我长大以后也要当一名这样的解放军！"一句话逗得我和他爸爸都笑了。

这一趟回访，虽有随处可见的感动和欣喜，却也有说不出的失落。五年来，希望工程唤起了社会各界的爱心力量，很多贫困地区的孩子得到捐助，学习条件得以改善，可仍然还有好些买不起文具、交不起学费而濒临失学的孩子。而胡善辉所在的八里畈乡王里河小学，还有苏明娟那所旧庙改建的三合中心学校，似乎并没有太大的改观。重重叠叠的苍翠群山离我越来越远，层层白雾在山间缭绕，似一团扯不开的忧虑纠缠在我心头。不知道什么时候，山里的孩子们才能完全摆脱上学难的困境？

回北京没几天，我偶然遇见《首都机场》的总编华铁。

“你可真忙啊，好几次去报社都找不到你！”一见我，他展开双臂给我来了一个大大的拥抱，然后把我拉到路边，“我正有事儿找你呢！”

他跟我说，他家儿子贪玩，学习不上心，劝导、说教，他和爱人想尽办法都没用。“我想，如果让他身边有个人比较比较，看看人家穷孩子是怎么刻苦读书的，或许能让他有所领悟？你不是有很多山里孩子的信息吗？帮我找个十岁左右的小女孩，咱们和她结个一帮一的对子，你看行不？”

这可真是好事情！我忙从包里拿出采访本，哗啦啦翻到其中一页，“你看，一个、两个、三个……一共十七个！”然后“唰”地撕下来，拍在他胸膛上，“全给你！”

“哎，我只要一个呀！”他叫道，“只要一个！”他又强调一遍。

“甭客气，你都拿去吧！”我又问他，“你们报社有多少人啊？”

“《首都机场》，内部刊物，能有多少人？连我一共五个！”

“这十七个孩子就交给你们了，你给大伙儿分配一下吧！”我笑着说，“可以吗，总编？”

“这些孩子都是什么情况啊？”他拿着纸条疑惑地问。

穿着破旧的孩子、依然透风的教室、范金奎的心愿、范明珠的困境……我把这次回访中遇见的故事全讲给他听了。“这是河南省新县八里畈乡王里河小学的孩子。虽然他们那里出了个‘大鼻涕’，可并不是每个孩子都能幸运地得到资助，他们太需要好心人的帮助了！”

华铁的眉头微微跳动，惊诧和疑惑从眼中淡去，脸上升起一抹柔和的光彩。“行吧，”他折好纸条放进口袋，“这些孩子都归我们了！”

58.“大眼睛”登上天安门

半个月后，苏明娟应邀来到北京。

上次离开她家时，她拉着我的衣角悄悄地说出她的小心愿，我记在了心里。回北京不久，恰逢《中国青年报》四十五周年报庆之际，我趁机向报社提出这个想法。领导们一致表示赞同：“行！你是咱们报社的光荣，‘大眼睛’是你的杰作，你俩都是希望工程的功臣，来吧！”

“大眼睛”要来北京的消息不胫而走，这天，站台上早早挤满了得到消息的各路记者。火车进站了，我刚举起“大眼睛”的巨幅照片，立刻引来大家的注目，等待上车的人们都往我们这边涌过来。大家纷纷议论着：“‘大眼睛’姑娘来了？”“她在哪？我们要看看她！”

车门开了，共青团金寨县团委副书记王平带着苏明娟随着下车的乘客一同走出车门。一下车，苏明娟拉着王平的手穿过人群朝我飞奔过来。“解叔叔——”她的声音拖得长长的，她开心地一头扑到我怀里。

一瞬间，记者们的镜头全都对准她。快门的“咔嚓”声连续不断，闪光灯耀眼的光亮成一片，一只只麦克风同时伸到她面前，沸沸扬扬的人群把我俩围得严严实实。一张张陌生又热情的脸对着她欢笑，“大眼睛！大眼睛！”

1996 年 4 月，苏明娟第一次走出大山，来到北京参加中国青年报社的 45 周年报庆活动
柴继军　摄

一浪高过一浪的呼喊声把孩子吓着了。她紧紧地贴着我，一双大眼睛里盛满了疑惑和惊慌。显然，她不明白为什么突然之间有这么多人围着她。是啊，这个从大山深处走出来的小女孩当然没有想到，早在几年前，她这双充满渴望的大眼睛已经打动了千千万万的人，在全国掀起了一场波澜壮阔、声势浩大的希望工程的活动浪潮。

接下来的几天，她的行程被安排得满满的，所到之处，她受到大家的热切关注和欢迎。

她的第一个愿望是参观天安门。我们带她登上天安门城楼，她兴奋得睁大眼睛，生怕错过每一处风景。鲜艳的五星红旗迎风飘扬，川流不息的车辆像长安街上一条条五彩斑斓的绸带，壮阔的天安门广场，高高矗立的人民英雄纪念碑令她惊叹不已。好多游客一眼就认出了她，“大眼睛！”大家惊喜地凑到跟前，挨个儿与她合影。

去参观人民大会堂的时候，恰好碰到英姿飒爽的三军仪仗队官兵们，他们正在准备迎接访华的俄罗斯总统叶利钦。苏明娟好奇地想走近看看，没料到立刻就被战士们认了出来，战士们涌上前来，争先恐后地与她合影。苏明娟既高兴又紧张，以前只在电视中看到过这些威武雄壮的解放军叔叔，而现在自己就站在他们中间。

在天安门广场上，两个迎面走来的外国游客一看见苏明娟，马上跑过来。“大眼睛！”他们用生硬的汉语叫道，外国人竟然能在大街上认出苏明娟！这是我们都没有想到的。两人分别搂着孩子，一连拍了好多幅照片。

空军某部队向她发出热情的邀请。十多架飞机在阳光下熠熠生辉，她站在宽阔平坦的停机坪上，屏息凝神地望着两条笔直的跑道一直伸向远方，情不自禁地发出一阵阵小声的惊呼。一位空军士官将自己的飞行头盔戴在她头上，把她带上一架飞机。她小心翼翼地抓着舷梯，别提心里有多激动了……

志想早跟我嘱咐过，一定要请苏明娟来家里做客。这孩子和志想之间有一种天然奇妙的亲密感，在我家小客厅里，苏明娟无拘无束地和志想有说有笑。她告诉志想，接到我的电报之后，她高兴得好几个晚上睡不着觉，梦里都站在庄严的天安门城楼上；除了照片上那件红格花纹的小棉袄，她最喜欢的就是现在这件穿在身上的黄艳艳的卡通外套了，那是她妈妈特意赶到县城为她买的新衣服。她调皮地甩一甩脑袋，对志想说："阿姨，您看，来北京之前，我特意把头发剪成照片上的样子，还像吧？"她使劲地跺一下脚，嘟嘟囔囔地自言自语："下火车这么久了，我觉得整个人还在火车里晃啊晃，走路都不稳呢！"志想特意给她买了一只漂亮的蝴蝶结，别在她黑油油的头发上。明娟站在镜子前左看看右看看，一双大眼睛乐成一条缝，她趴在志想耳边，悄悄地说："阿姨，我叫您'干妈'好不？"逗得一屋子人哈哈大笑。

终于要回家了，苏明娟依依不舍地依偎着志想，对我们、对北京，她有太多的感激和留恋。"我要把见到的一切都讲给爸爸妈妈听，讲给老师和同学们听！"她拉着我央求道，"叔叔，请您一定一定给我寄照片呀！"那双大眼睛里闪着盈盈的光。她又补充道："越快越好，越多越好啊！谢谢您啦！"

送走苏明娟，刚回到办公室，我瞧见桌上多了一个大包裹。拿起来掂一掂，并不重，也就一两斤。我一看地址，是从河南省新县寄来的。"是什么好东西？"同事们好奇地凑过来问。我收到过信件、礼品盒、图书，还从未见过寄这种布包裹的。大家起哄地叫闹着："快打开看看！"

我沿着边缝剪开包裹，大布包里滚出一个个拳头大的小布包，滚了一桌子，里面夹着一封信。我拆开信封，几行歪歪斜斜的字映入眼帘，是胡善辉写来的：

1996 年 4 月，苏明娟在天安门广场与仪仗队官兵在一起亲切交谈 [右页图]
解海龙　摄

1998年，苏明娟参加中央电视台《综艺大观》节目，与众多电影界和摄影界老前辈合影

解海龙　摄

解叔叔您好！您说话真管用，说话算数，您说回去以后，就会有人给我们寄钱来。我们真的收到了，我们把五年的书杂费都收到了！我们一起商量想送您一件礼物，可是没什么好送的。正好山里收新茶，这是我们亲自采摘的茶叶，您尝一尝吧！

是华铁给他们寄去了书杂费！拿着这封信，我激动得真想马上冲出办公室去找他。我脑海里迅速闪过那个叫范明珠的女孩，她现在一定擦去了眼角的泪水，高兴而心怀感激地坐在了教室里。

“来来来，人人有份！”我将小布包分给每一个同事。拆开小包，新采摘的茶叶清香扑鼻，还带着山里氤氲的气息。“看，还有小字条呢！”大家不约而同地叫起来。每一个小包里都折着一张小纸片，上面工工整整地写着自己的名字：范金奎、李秋鸾、范明珠……

59. 永不言弃

“山东龙口的采访任务！”贺延光风风火火地跑进来，把手中一份文件抖得哗哗直响。“中国残联组织的一次扶贫助残活动，采访当地残疾人家庭，十大报社记者同行！”他把文件拍到我桌上，“你作为《中国青年报》的代表！”

任务就是命令，当然义不容辞，而我又非常愿意深入基层。每当我踏上乡间小路，泥土的芬芳就给我带来无尽的亲切感，脚踏实地的感觉让自己无比充实。在我内心深处，我永远属于山村。我有足够的自信，相信自己能够触摸到农民的呼吸和情感。

一行人浩浩荡荡地开进龙口。临出发前我才知道，大家的采访对象是一位双腿残疾的农村妇女。她不畏艰难，做缝纫养活自己，她自强不息的精神和有关事迹曾被当地媒体报道过，这次大家是来进行更深入的挖掘。

十多个人跟着当地媒体一齐涌向那户人家，我落在最后面。主人还没出来，七八架摄像机就支好了，窄小的房间变成记者们的采访阵地。一看这架势，我哑然失笑，都挤在一起，谁能保证报道出来的内容不是千篇一律？这样想着，我索性溜出院子，等大家都采访完了我再来吧。

我沿着田埂随意地边走边看。一个迎面走来的村民见我挎着两个大相机，好奇地问我是来干什么的。当我告诉他我是记者，来采访那位残疾妇女时，他“哦”了一声，上前一步，郑重其事地告诉我：“村头那家，她家也有故事，要不你去看看？”

我一听，忙拉着他问：“哪家？什么情况？”

“你自己去看！村口第二家，靠水井旁边的！”说完，他朝东边一指，扛起锄头大步走了。

村口第二家，水井旁边！我加快了脚步。

一扇对开的木门虚掩着。我从门缝望进去，瞅见一位四十来岁的女人蹲在院子里洗衣服。我轻轻推开门。

我这个贸然闯进来的陌生人惊扰了她。女人抬起头，手里的动作也停止了，一双疑惑的眼睛看着我。

“大姐，能给我喝杯水吗？”我自己都没想到怎么说出这样的第一句话，也许是因为此时我真的口渴了，不过这句话确实比开门见山要自然得多。

她把一双滴着水的湿手在衣襟上擦了擦，刚走两步，又转过身来犹豫地对我说：“你还是到别家找水喝吧，我家不太方便！”

“都说山东人特别实在，别说一杯水，就是讨一碗饭也没有问题！大姐，是吧？”我和她开玩笑，但是从她紧拧的眉头上，我感觉到她似有什么苦衷。

这时，屋里传出几声嘶哑沉闷的“嗯呀”声，女人赶紧跑进去。我打量了一下这个小院，一座不算大的砖房开着两扇窗户，院子右边圈了一个大鸡笼，劈成一尺来长的柴火和几捆干草整齐地码放在屋檐下。有风吹过，几根没捆紧的干草趁势飞到我的脚边。屋里一阵忙乱的声音，我正想着要不要进去看看，女人端了一碗水出来，默不作声地递给我。

我一口气喝得精光，连声道谢，然后诚恳地对她说：“大姐，我是记者，刚才有村民告诉我，让我上你家来看看，我就不请自来了！”

她迟疑地看着我挂在胸前的相机，我忙将镜头盖好，把相机装进包里。她一声低叹，接过我手里的空碗，用眼睛示意我：“进屋坐吧！”

不大的三间房，一张圆桌，两把椅子，还有一个五屉柜立在角落里。紧靠墙壁的木板床上躺着一个男人，他见我跟着女人进来，笨拙地用胳膊肘撑起半边身子。“谁？”他的声音含混不清，夹杂着一股焦躁不安，刚才的“嗯呀”声一定是他发出来的。

女人将男人的身体扶住，靠在自己身上。“你坐！”她歉意地对我一笑，眼睛却垂了下去。隔了好一会儿，才讷讷地说：“这是我前夫……”便不作声了。

前夫？我一惊，马上意识到那个村民跟我说“她家也有故事”的含义了。

“大姐，你要是信得过我，就把心里的苦衷说出来吧！”说到这儿，我不知如何措辞才好，因为我无法得知这将是一个什么样的故事。思索片刻，我真诚地说：“希望有我能帮得上的地方！”

女人看看倚着她的男人，伸手将他在枕头上蹭乱的头发捋顺。当她的目光转向我的时候，眼里蒙上了一层雾气。

“我俩离婚了，我带着他嫁给了现在的爱人。”她的话一出口，就让我惊讶不已，一种复杂的情感在她脸上显露出来。

她叫王玉荣（化名），和前夫青梅竹马一起长大。年轻时两人都是村里宣传队的活跃分子，男的拉得一手好胡琴，参加队里的各种演出一定少不了他。夫妻两人勤恳劳作，在他的支持下，聪明能干的她开起一间小卖部。他们有两个女儿，日子过得和和美美。谁承想，老天妒忌这个红火的小家庭，一天清晨醒来，他突然中风了。她慌忙把他送到镇上的医院，命是抢了回来，可医生说他后半辈子只能躺在床上了。

“他才三十多岁啊，要是以后半步都不能动，这日子怎么过？他整个人被击垮了。心一横，我把小卖部盘了出去，一定要给他治好病。借来一辆板车，我和大闺女拉着他，小闺女和她爸一起坐在车上，我去大医院找医生给他治。蓬莱、龙口，一个城市一个城市跑，两三年过去了，家里值钱的东西都卖光了，却一点儿都没有好转。”王玉荣面色黯然。床上的男人如痉挛般微微抽搐了一下，她像安抚孩子似的，在他身上轻轻拍打着。沉默了几分钟，她继续往下说。

“他再也不肯去医院了，脾气也变得暴躁起来，不肯吃饭、不肯服药。我哭着劝他、求他，他就是不理我。有一天趁我不在，他自己滚到地上，竟然爬到妇女主任家。他跟妇女主任说，要我带两个孩子走，他要和我离婚！我跟他急，骂他没良心。我知道他是怕拖累我，可他不懂我的心！我们是夫妻，就是砸锅卖铁我也要给他治病！两个孩子还小呢，她们都要看到爸爸重新站起来！”说到这一段往事，两人又一次潸然泪下。

“后来，他硬逼着我改嫁了。他说如果我不嫁人，他就去寻死！”王玉荣红着眼眶说不下去了。好一会儿，她才接着说：“我答应了，但是有一个条件，不管再嫁给谁，我都得带着他。如果他不同意，我就不嫁，而那个能接受我的那个男人，也要一同接受他！”

一种无可名状的感觉在我心头涌动，这是一个怎样情深而又执着的女人！而接受她的男人，又有着多么宽广而豁达的胸怀！

“你爱人呢？”我问。

“他带小闺女去地里干活了！”王玉荣撩起衣角抹去泪水。

“能给我说说现在的男主人吗？”我迟疑了一下，还是提出这个问题。

“他是个好人！”她脱口而出。这时，床上的男人突然挣扎着欠起身子，使劲地点头，重重地“嗯”了两声。

“我带着前夫嫁给他。他很体谅我，知道这几年我一个人既要干农活又要白天黑夜地照顾他不容易。来我们家之后，他包揽了家里所有的重活，而且开始好长一段时间，每天晚上他就在我前夫床边上搭个小床伺候他。前夫又总是吱吱呀呀地推搡他，让他走。夜里好多次，只要前夫有一点声响，他马上跑过去。我知道他难受啊！虽然他逼我再嫁，可我俩从小到大几十年的感情……”她刚拭去的泪水又涌上来。她前夫艰难地抬起一只手，这个粗拉拉的男人，就像刚才她安抚他一样，轻轻地在她手背上拍了拍。

“妈妈——”一声清脆的欢叫，一个小女孩跑进来。她气喘吁吁地一头扎进王玉荣怀里，一张红扑扑的小脸上沾了好几条泥印。“妈妈，我跑得快，又赢了！”

“快叫叔叔好！”王玉荣爱怜地拍了一下她的屁股。

“叔叔好！”小姑娘吐吐舌头，冲我扮一个鬼脸。她一点都不怕生，像一条小泥鳅一样钻到我身旁。她一眼看见我的相机，伸出手来快速地摸了一下，又赶紧缩回去。

“我回来了！”院子里一个男人愉快的声音，不用说，肯定是她的爱人。小女孩闻声跑出去，拍着巴掌又笑又跳：“叔叔输了，叔叔输了！你得给我当大马骑噢！”

王玉荣急忙跟出去，只听见她嗔怪地叫道：“你呀，把孩子宠得不像话！”

小小的院子顿时生机盎然。男人弓着腰围着院子转圈，小女孩兴高采烈地跨在他背上，手里拿着一根小树枝，“驾——”佯装赶马的样子。王玉荣难为情地说：“这孩子，就是这么不懂事！”

男人一抬头看见我，憨厚地冲我一笑，转头对王玉荣说：“有客人啊？你们聊，我带孩子出去拾点柴！”说完，又冲我一笑，牵着孩子出去了。

这一幕深深地打动了我，看着孩子亲热地攀着大人的胳膊消失在门外的身影，我感慨万分。

“你的大女儿呢？”我问。

“她不在家。自从他来我们家，家里住不下了。”她说。回到屋里，王玉荣帮她前夫把歪斜的枕头重新摆正、垫高，好让他舒服一些。她告诉我，大女儿已经十七岁了，村里有一个养鸡场，村干部照顾他们，把孩子安排到那里工作，四十天一个饲养周期，她才能回家一次。她给我们写过几封信，王玉荣想了想，下定决心似的说：“我拿给你看看！”

三个信封摆在我面前，分别是孩子写给妈妈、爸爸和叔叔的信。每封信都很短，可是读着读着，我的眼睛湿润了。

妈妈，我在养鸡场工作很好，您放心。上次回家看到您又苍老了许多，当女儿的心里实在难受，可又没办法替您分担。您是我们家的支柱，您要是垮了，全家可都完了！请您千万要保养好自己呀！

爸爸，您好！这次看到您，我心里真的好高兴。自从叔叔来了之后，家里就有了变化，您脸上也有了笑容，精神比以前好得多了。尤其看到小妹给您把头发梳理得整整齐齐，我既欣慰又难受，难受是因为我不能在身边侍候您。有一点我要嘱咐您，请不要对妈妈发脾气。您看她又老了好多，她心里多难受啊！慢慢来，您的病一定会好的！

叔叔，您好！其实我早就应该叫您爸爸了，但是我的亲爸爸就在旁边，我实在不好当着他的面叫出口。在我心中，您就像我的亲爸爸！您来了家里以后，家里发生了很大的变化，是您给我们撑起了一片天。做女儿的都看在眼里，记在心里，将来女儿会给您养老送终！

字里行间，那个懂事的女孩含泪微笑的身影仿佛就在我眼前。我能想象到她一走进院子就抢过妈妈手里的活，洗衣服、拆被褥，帮妈妈一起给爸爸翻身、擦洗；她一边给妹妹讲养鸡场的趣事，一边给爸爸修剪指甲；叔叔回来了，她赶紧起身迎出去，帮叔叔卸下背上的柴……

薄薄的几张纸，拿在手里感觉沉甸甸的。纸上有水滴溅湿过的痕迹，那一定是他们的泪水。忧伤？欣慰？感动？酸楚？喜悦？也许什么都有。

这大概是王玉荣第一次向一个外人如此完整地倾吐家事，此时，她静静地看着我，脸上出奇地安宁。谢谢你，大姐，谢谢你对我的信任！我默默地想着。

“大姐，听了你家的故事，我很感动。我想拍摄一组照片，行吗？”我征求她的同意，并掏出记者证给她看。扶贫助残，这是一个多么丰富深刻的题材！

她什么也没说，点点头答应了。

我帮王玉荣把她前夫扶起来坐好，小姑娘亲热地依偎在爸爸身边，摸出一把小梳子细心地给爸爸梳理头发。王玉荣和爱人一边一个，将父女两人夹在中间，我为他们拍下这幅全家福。

…… ……

“听说那天采访不见你的人影，你倒是抢先了啊！”贺延光拿着我花几个小时赶写出来的报道和照片赞不绝口，“行啊，你有眼光，独树一帜！咱们新闻界就需要你这样的！”

《亦真亦幻难取舍》，我为这组照片取了这个名字，第一时间在《中国青年报》整版发表。

这个不同寻常的故事不仅在读者中引起强烈的反响，而且，这个奇特而又温暖的家庭吸引了媒体的关注。多家报纸对她家进行跟踪报道，不久，王玉荣当选为全国十大扶贫助残先进劳模。

她应邀来到北京参加表彰大会，我在人民大会堂再次见到她。她脸上的愁苦少了许多，她感激地说：“大哥，没想到你不仅拍了照片，还把我家这点事儿报道出去了！苦是苦一点，其实想想，又有多大的事儿呢？人活一辈子，不就图个实在吗？咱农村人，老老实实把自己的小家操持好，就心满意足了。哎，当这个劳模，我心里不踏实啊！”

我笑了，发自内心深处的笑。玉荣，这个劳模你当之无愧！

“你不知道，你走了之后，我家那个疯丫头老缠着问我，那个叔叔是干吗的呀，他的相机好神奇！我告诉她，叔叔是北京来的记者，是满世界跑、报道新闻的！她竟然说，长大了我也像叔叔一样当记者！这孩子！”说到这件事，王玉荣笑了。她的目光落在我脸上：“大哥，谢谢你！我们一家都拿你当亲人看待了，不知道你愿意不愿意？”

“快别这么说！”我急忙接过话头，“这次采访给我留下的印象太深刻了，虽然你们都是普普通通的人，可你们身上散发出来的人格力量令我钦佩！以后我也当你们是自家人了！”

两双手紧紧地握在一起，温暖而亲密。

60. 道是无情却有情

一转眼，我从崇文区文化馆调到中国青年报社已经是第五个年头了。按志想和我开玩笑的话来说，我是“顶着希望工程的光环”踏进报社的大门。在别人眼里，这顶光环给我带来了令人羡慕的荣誉：个人影展在人民大会堂举办；作为文化艺术界的第一人登上中央电视台《东方之子》栏目；个人摄影集《我要上学——中国希望工程摄影纪实》获得第二届中国“国家图书奖”提名奖；个人获得 1996 年度中国新闻摄影学会特殊贡献奖；以我为原型的电视剧《希望》正在紧锣密鼓地拍摄中；我的讲座几乎没有停歇过，所到之处，迎接我的是数不尽的鲜花和掌声……总之，我成了一个名人。

谁不想享受万人瞩目的感觉？人之虚荣偶尔让我升起一种飘飘然的优越感。但是，这种优越感就像空气、浮云，带给我的欢欣和满足只是一晃而过，已经取得的成绩与荣誉都属于昨天。“虽然有了些名气，但是到这儿来还是很认真地干活，不摆谱，什么事情都跑在第一个，不错！”这是报社领导们对我的评价。我很清楚，除去那些外在的荣耀，我就是一个平凡的摄影人。而作为一名记者，贺延光、王文澜永远是我的榜样。

“海龙，这两天你的任务就是守在天安门广场。用心观察，要注意人和人的关系，注意人和环境的关系，注意细节，多拍摄街头动向。最重要的是 6 月 30 日晚上，临近零点零分香港回归的关键时刻，记住，一定要抓那一时刻的典型场景！”贺延光给我部署了工作，临近七一，各家新闻媒体都如箭在弦。“明天一早我就去香港，我负责那边的报道。”他郑重地说，“我们记者不仅是行业的瞭望者、时代的参与者，更是历史的见证者！这边就交给你了！”

在新闻界，贺延光是公认的素质优秀的专业记者，每逢大事发生，背着相机第一时间到达现场的就是他。他那张弓总是拉得满满的，时刻准备着，一有事情，“嗖”的一声，箭就在第一时间射出去。《文明礼貌月摄影日记》《离别时刻》《团旗似火》《令人震惊的一千万》……全国好新闻奖几乎年年都有他的作品上榜。1984 年国庆游行队伍中抓拍的一张《小平您好》，是他辨识度最高的作品之一。提起这些荣誉，他总是说：“一个摄影记者的成就感，莫能比在重要新闻事件中拍到精彩照片，并能在读者中产生强烈反响而更令人满足的。所以，你要记住，你的作品永远比你的名字更重要！”

天安门广场中心和原中国革命历史博物馆前的倒计时牌前已经搭建起两个大型舞台。人民英雄纪念碑前，一字排开的六个巨型灯箱上，“庆祝香港回归”六个大字分外耀眼。随着时间越来越近，倒计时牌上闪烁的分分秒秒牵动着人们的心弦。蓝天下，原中国革命历史博物馆前的一百盏大红灯笼尤为夺目，香港历经百年沧桑，如今终于要回到祖国的怀抱了。

“对不起，这里不允许拍照！”我刚把相机从包里拿出来，两名年轻威武的武警战士大步跨到我面前，礼貌而又严肃地阻止我。

“不让拍照？”我非常诧异，反问道，“为什么不让拍照？”明明是一件普天同庆的大事，难道激不起他的一点热情？

“大家不都在拍照吗？”我随手一指，到处都是摄影留念的游客，“我是记者，我有工作任务的！”我特别向他强调，并掏出记者证递给他。

他瞅了一眼，仍是那副机械的表情：“请出示北京市人民政府天安门地区管理委员会的许可证！”

许可证？贺延光可没跟我说啊！我刚想问他，只听见他又重复了一遍：“请出示北京市人民政府天安门地区管理委员会的许可证！”

我明白了，特殊时期需要特殊证件。我这身行头一看就不像游客，我还没亮出自己的身份，他就一眼认出来我是记者。可是这个大事件记者怎么可能缺位？

“行，我不拍了！”我收拾好摄影器材，向这位严格执行公务的武警点点头，转身就走。我还不信没有那张所谓的许可证我就拍不了了。

而事实上，从东广场走到西广场，一连换了好几个地方，只要我一拿出相机，就立刻会有一位同样年轻、同样严肃的武警战士走上前来盘问。真是邪门，难道今天他们都盯上我了？我不过就是《中国青年报》的一名记者，他们以为我是谁？冒牌的？非官方的？

我背着沉沉的相机来回跑了许多趟，一张像样的片子都没拍到。烈日炎炎，我浑身上下湿透了，喉咙干得直冒烟。我既生气又沮丧，一股无名火蹿上来，“收工！”

“我不干了！”一回到报社，我把摄影包往桌上使劲一放，气呼呼地粗着嗓子叫道，一脚踹在椅子上，弄得办公室里一阵“乒乒乓乓”乱响。

贺延光正埋头整理资料，这么大的动静吓他一跳。“你抽什么风呢？”他瞪我一眼，非常不满地停下手里的活。

听他这么一说，我气不打一处来，直着脖子冲他嚷道：“你这个当主任的就在家坐着，你知道不知道我多辛苦啊？当记者的在外面苦点也没关系，可是到处着急，刚拿相机一拍，马上就有人阻拦。你说，这怎么干活啊？没法干了！”

“你嚷嚷什么呀？”贺延光的脾气也上来了，他一拍桌子站起来，“你又不是一个新记者，你也干了五年了！这个任务不是很容易的，不然我让你去？动不动你还先急了！爱干不干，不干找领导去，别找我！”他生气地一拂桌面，一沓文件随手飞出去。

“我不找你找谁？你是主任！”我怒目圆睁，直逼他的脸。我感觉自己头顶上热气直冒，鼻尖上的汗珠都滴了下来。我一肚子憋屈回来，他就这种态度，太不近人情了！

“你找社长去！”他不耐烦地一摆手，看都不看我一眼，分明是懒得和我理论的样子。

“找就找！”我更生气了，转身就往社长办公室冲去。

“社长！”我一把推开门，接连两步跑到社长的办公桌前，一时却又不知如何说起，张口结舌地站了好几秒钟。

社长正盯着键盘伸出一根手指头敲字，见我猛冲到面前，他的目光从老花镜上方探出来，不紧不慢地问："有事吗？"

"社长，这活没法干了！"虽然还是这句话，我突然感觉自己的底气不是那么足了。

"哦？"他取下眼镜，拍一拍旁边的沙发，"来来来，坐下慢慢说，怎么回事？"

一见领导愿意倾听我的苦处，我就像一个受了委屈的孩子找到依靠，一股脑儿倒出刚才的遭遇。"您说这活还有没有法干？这些都不说了，我回来跟贺延光一讲，不过就是想让他体谅体谅我们有多难，您猜他怎么着？他翻脸了，还说让我找您来！——找您就找您！"我从斜对面的衣帽镜中瞟见自己气鼓鼓的样子。

"就这个事情吗？你别着急！"说着，他一个电话拨出去，"泉涌，海龙跑我这儿申冤来了。你上来一下，带他去你那儿吧！"挂了电话，他笑容满面地对我说："你等等，分管你的领导马上就来！"又接着去敲他的键盘。

叫分管副总编辑来带我走？顿时，我浑身像痱子炸开一样难受。社长把我晾在一边，我坐也不是，走也不是。这算怎么一回事？不一会儿，副总编辑上来了。

"有什么事去我办公室说，行不行？"一进屋，陈泉涌亲热地拍着我的肩膀说。他冲我使个眼色，意思是领导正干活呢，别不识相地在这儿闹了。"哼，没法干了！"我被泉涌拖拽着往外拉，临走前还不忘虚张声势地嘀咕了两句。

"你怎么脑子一热冲到社长那里去了？"一出来他就数落我，"我说多大点事儿呢！刚才我一听社长电话，挂了之后赶紧打给延光。我得知道你在社长那里申什么冤吧？他跑我这儿来了，说刚才你出去拍片，结果受了一肚子气，回来就跟他急，还抓他脖领子要打他！"

"我哪敢打他啊？别听他胡说八道！"我又好气又好笑，他倒先告状了。

“行了！”泉涌一副息事宁人的样子，既像安慰又像教导，“你是知道的，现在新闻记者很辛苦。我们出去是处处受挫，你走到哪儿，一说是记者，马上就不一样了，现在就是这样的情况！是一般人反而还好说。所以呀，遇事要机灵一点！”

说话间到了他办公室门口，我一眼瞧见贺延光悠然自得地靠在椅子上，不由得从鼻孔里“哼”了一声。泉涌还在接着刚才的话说：“这一次是重要任务，你压压火，一定得把任务好好完成！”

见我俩进来，贺延光也站了起来。他似笑非笑地说：“我看你是越来越傲了，动不动就跑老总那儿告状去？你可真能耐啊！”

“你少废话！”我感觉自己的眉毛又竖了起来，“我告诉你，我跟你没完！”

“你跟我没完？我还跟你没完呢！”他回敬一句，毫不让步。泉涌一步拦在我俩中间，说：“看看你们俩，像什么样子？都两三岁的小孩啊？”

“你不是去香港吗？你走你的，回头再说！”我一摔门，办公室也不回，直奔报社大门回家了。

街灯亮了，喜庆的大红灯笼挂满京城，映照着人们一张张喜庆的笑脸，可我怎么都不痛快。

“今天怎么气哼哼的啊？”一进家门，志想就觉察到我不对劲。

“跟贺延光打架了！”我把自己重重地摔在沙发上，粗声粗气地说。

“跟他打架？”她冲到沙发前紧张地问，“人家处处照顾你，提携你，你干吗跟人打架？”

“打嘴仗！”我解释道，“我出去受了气，回来跟他发了几句牢骚。他作为主任，应该帮我解解气，对吧？结果他倒好，他让我找老总去！推卸啊？激我啊？找就找！”志想一向是我最忠实的听众，我愤愤不平地跟她讲了一遍。

“嗨，我以为多大的事儿呢！”她放心了，“虽然受了气，你还得检讨检讨自己！人家副总编辑怎么说的？遇事机灵一点！别生气了，我给你煮面条去！”说着，她起身去了厨房。

她不为我抱不平，还要我检讨自己？我瞪着她忙碌的身影，今天这是怎么了？

一碗香喷喷的面条端到我面前，上面还卧着一个圆鼓鼓的荷包蛋。志想将筷子递给我：“吃吧！”

“吃不下！”我像和谁赌气似的不接筷子。这时有人敲门，志想放下筷子去开门。

“是延光来了，快快请进！”志想热情地招呼着。

他现在来干什么？

“海龙回来没？”一边问着，他的脚已经跨进屋里。我坐在沙发上一动不动，他居高临下地站在我面前。

“你还追家里来了？”我没好气地斜他一眼，“你想干吗？”

“干吗？我不追来跟你讲清楚，我心里不踏实！”他一屁股坐在我旁边。“我告诉你，明天我就去香港了。如果我走之后，你还没完没了地借火撒气，撂挑子完不成任务，你就甭想干了！”他眼里冒着火气，一字一顿地说，透着一种咄咄逼人的气势。

我心里一动，突然明白了他的来意。他是特意来提醒我，如果我再这样由着性子闹下去，是要受处分的。泉涌不是说了吗，“这一次是重要任务！”

“我就这一句话，别的我就不说了！”他腾地站起来，“你自己好好想想，我先走了！”

“你别着急走啊！”志想迎上来，笑吟吟地拦住他，“还没吃饭吧？我刚煮了面条，要不你先凑合着填填肚子？”

“我还真没吃呢！”他也不客套，坐下来端起碗，就像自家人一样呼哧呼哧地吃起来。

“海龙他就是这个臭脾气，咋咋呼呼的，遇事不冷静。你多担待点，别和他生气！”志想朝我使个眼色，转而满脸笑容地对贺延光说道。她也听出了贺延光话里的严重性。

“嗯，好吃！”贺延光顾不上回答志想的话，夹着面条直往嘴里送，又掺和了一些汤水，把腮帮子撑得鼓鼓的，不出三分钟，一大碗面条就见了底。“我跟你讲，”他抹了抹嘴，语重心长地说，“咱俩之间有什么意见，私下里都好解决。但是，工作上的事情说一不二！硬钉子软钉子，当记者的谁没碰过？哪有像你这样碰上一点事情就牢骚连天的？好了，我还一堆事儿呢，走了！”

“这是我媳妇儿给我煮的面条，我还没吃呢！”心里的疙瘩消解了，我冷不丁蹦出这么一句，使劲憋着才没让自己笑出来。

“啊？”他的嘴巴张成一个大写的“O”，“要是知道你没吃，我就不吃了！”他赶紧表示歉意，又咂巴了两下，似乎还在回味面条的味道，“不过弟妹的手艺真不错！”

…… ……

“赶快冲胶卷，做片子！”1997 年 6 月 30 日晚，这是中华民族历史上一个极不平凡的夜晚。我们一行人气喘吁吁地跑回报社，贺延光的照片也在第一时间从香港传回来，选片、排版、编辑文字，效率简直惊人。社长从楼上下来了，他端详着我们编排的版面，指着那幅倒计时牌上“零”点的大照片，眉飞色舞地问道：“这是谁拍的？”

“解海龙啊！”泉涌把我往社长面前一推。

“你拍的？”社长眯着眼睛笑了，“昨天还跑我那儿闹腾呢，今天这任务完成得不错嘛！”说着，意味深长地看我一眼，背着手走了。

办公室里笑声一片。他们都看见了我和贺延光的争执，却不知道最

1998 年 8 月，解海龙在湖北省监利县的长江大堤坝上。作为一名记者的解海龙，经常冲在第一线
解海龙　供图

后又是贺延光点醒了我。我不禁感觉到面孔灼热，心里涌起阵阵惭愧和感激。兄弟，谢谢你！

61. 洒向人间都是爱

这个世界每天都在发生各种事件，对于一名记者来说，生活就是由这一系列的事件组成的。只有在我真正深入这一行之后才明白，记者，并不是我原来想象中那个绚丽多彩的“梦”。它是一个充满挑战、需要激情、不怕艰辛、恪尽职守、容不得丝毫懈怠的职业，它是现实社会中忠实的记录者和守望者。选择了它，就意味着要有更多的努力和付出。

1998 年 1 月 10 日，河北省张北地区大地震，灾情牵动着党中央和全国人民的心。我主动请缨，和几位同事连夜搭车前往张北。我忘不了那一片片触目惊心的景象：东倒西歪的断壁残垣，横七竖八的家具、房梁；街道和村落里凌乱不堪，人和牲口都躲在抗震棚内，间或有一两只失去了主人的狗在雪地里孤零零地转悠，曾经的家变成了瓦砾场。我的心一次次抽紧，在零下 23 摄氏度的张北大地，我用颤抖的双手捧着相机，艰难地摁下快门。

1998 年 5 月 13 日，内蒙古阿尔山林区发生森林大火，这场仅次于 1987 年大兴安岭森林火灾的大火，让世人震惊。那是一个森林的生死场，是一个个扑火英雄的生死场，也是一个采访者必须踏足的生死场。我忘不了置身于火场时，山坡已被烧红了一半。树干的断裂声不绝于耳，木桩迎风

1998 年 1 月 10 日，河北省张北地区发生6.2级地震，附近的百姓在描述当时的地震情景 [左页图]
解海龙　摄

扯着长长的火舌呼呼作响……

从新年伊始直到现在，连续不断的采访任务忙得我抽不开身，这一次踏入青基会，距离上次已经有好几个月了。

承蒙大家信任，我这个最初的希望工程志愿者，如今被推举为青基会的理事会成员。由于我与希望工程的渊源和特殊的感情，每次我来到这里，“回家”的意味更甚于办公。“海龙，你回来了！”每一次，听到大家热情的招呼，我总有一种无法言说的自豪与舒畅。

许久不见，一屋子人兴奋地闹开了。“你不仅是理事，你还是记者呢！你的新闻照片我们都看到了，快给我们讲讲你采访中的故事！”王旭东说，大家连声叫好。

办公室最前面坐着一个十五六岁的女孩子，可能是暑假新来的志愿者吧，正拿着一份资料在电脑前熟练地打字。她时不时地偏过头朝我们这边瞅瞅，微微一笑，马上又回到工作上。“来，看看咱们希望工程的成绩！”说完我的故事，王旭东将一本又厚又大的工作笔记拿给我：

3 月 15 日，中国足协和中央电视台联合举办 '98 中国足球甲级俱乐部义赛，二十六支甲级球队在十三个场地同时比赛，比赛收入一百八十万元全部捐给希望工程；

3 月 29 日，可口可乐（中国）公司捐款五百万元，救助百万失学儿童，全力支持希望工程志愿者的劝募活动；

4 月，中央电视台为纪念《东方时空》开播五周年，在北京音乐厅举行民族音乐会。音乐会的门票收入全部捐献给希望工程，用于设立东方时空希望小学优秀教师奖励基金；

5 月 16 日，香港陈廷骅基金会援建的第四批一百四十所福和希望小学名单被捐资方确认。陈廷骅基金会自 1993 年开始通过青基会在内地已援建六百所希望小学，捐资总额达一亿两千万元；

5 月 30 日，上海市青浦县向青基会希望工程捐款两百万元；

灾

2008 年 5 月，汶川地震后，一位老人在废墟中烧火做饭［左页图］
解海龙　摄

6 月 18 日，摩托罗拉（中国）公司北亚中心举行第四次希望工程捐赠仪式。公司总裁赖炳荣先生向青基会秘书长徐永光递交了三百万元人民币捐款。至此，摩托罗拉（中国）公司向希望工程捐款累计已达一千两百万元人民币。

…… ……

七年以来，我目睹了社会上巨大的爱心力量涌向山里的贫困孩子。希望工程呼唤起全社会的重教意识，改变了一大批失学儿童的命运，促进了基础教育的发展，弘扬了扶贫济困、助人为乐的优良传统。“给孩子一双知识的翅膀，给民族一副钢铁的脊梁”“希望工程——我的生命因你而精彩”“让同一片蓝天下的孩子都拥有幸福的童年和美好的明天”“种下一棵树苗，收获一片绿荫；献出一份爱心，托起一份希望”……每当看到这些饱含深情和期待的宣传语，我心中总会升腾起一股更强烈的责任感。看着王旭东笔记本上记录的这一系列事件和数据，想到自己除了用照片推动希望工程发展，也有过几次为数不多的捐赠，心里顿感欣慰。

我最早的一次捐款是在 1994 年 6 月。我收到安徽少年儿童出版社一千三百五十元的汇款单，那是他们出版《跨世纪的丰碑——中国希望工程纪实》一书中使用我三十五幅照片的稿费。后来我从工资里拿出一百五十元，凑足一千五百元，分别以我、我儿子、我爱人、我母亲、我岳母的名义捐给青基会，要求资助青海的五个孩子。9 月 10 日，我们收到了青海省湟源县五个受助孩子的来信，志想一看她那封信的开头，差点笑岔了气，“亲爱的韩志想，不知道应该称您为叔叔还是爷爷……”

第二次是我准备出版个人画册的时候。按当时的预算，各方面费用大约需要十二万元，一家证券公司赞助了我十万元。出版过程中，这本画册得到各部门的支持，最后只花费八万九千元就全部完成了。证券公司执意不肯收回剩余的一万一千元，一定要当作稿费留给我。这是出版画册的赞助款，我怎么能要呢？“这个钱你不能拿。要想挣钱，咱们就离希望工程远点！”志

2008 年 5 月，汶川地震余震不断，受灾群众穿越在生死线上［下页图］
解海龙　摄

想坚决地表示。次日我就将一万一千元送到了青基会。

在马来西亚办个人影展的时候，一位部长夫人首先提出要买我的照片。她一带头，现场展览的五十多幅照片一下子就被抢光了。那次售卖照片所得，我也全部捐给了希望工程，并将它用在最恰当的位置。“从希望工程中来，到希望工程中去”，我相信自己能够做到问心无愧。

…… ……

见我准备告辞离开，那个打字的女孩赶紧走过来，我瞧见她手中拿着一本《我要上学——中国希望工程摄影纪实》。“您是解海龙叔叔吧？能不能请您给我签个名？”她礼貌地问，一条式样简单的白色连衣裙穿在她身上显得朴素大方。她将画册递到我面前，笑眯眯地望着我。

这孩子挺有心的，她一定是从刚才我与大家的交谈中得知了我是谁。我爽快地接过画册，翻开第一页，在“大眼睛”照片下认真地签上“解海龙，一九九八年于青基会”几个字。

第二天早上我刚到报社，就接到王旭东的电话：“海龙，你今天还来不

1992 年 2 月，青海省共和县倒淌河乡，这些牧民的孩子入学率很低，他们和家里人过着逐草而居的生活。后来我们的第一笔捐款资助了青海的 5 个孩子并建立了结对救助关系，资助他们读完了小学

解海龙　摄

来青基会啊？”

“昨天不是去过吗？”我好生奇怪，跟他开玩笑说，“一日不见，十分想念？”

“你再来一趟吧，有事呢！”不容我多说，他就挂了电话。

快下班的时候，我一跨进王旭东的办公室，他二话不说拿起一本画册拍到我胸前：“来，快给我签个名！”

“你这是寒碜人啊？”我笑了，这家伙，葫芦里卖的什么药呢！

“你知道昨天找你签名的那女孩是谁吗？”他朝我神秘地眨眨眼，便自问自答地接着说，“她是邓小平的外孙女羊羊。”

我看着他的脸，惊讶得合不拢嘴，那个打字的女孩？

“她叫卓玥，”王旭东告诉我，“暑假里她妈妈邓榕让她来我们宣传部当志愿者。昨天她把你签名的画册带回家后，全家人正争着看呢，恰巧她大姨邓林去她们家看见了，也想要一本有你签名的画册，还特别强调说要把它作为家里的藏书。邓榕一早就打电话来了，问我能不能请你再签一本。”他推我一把，“还愣着干吗啊？”

怀着几分忐忑、几分激动，我在画册第一页签上了我的名字。

“不仅邓小平本人亲力亲为带头向希望工程捐款，他们一家三代都心系希望工程啊！”王旭东感慨地说，“邓小平捐款后，邓榕也向希望工程捐了一万五千元，用于资助山东沂蒙山区五十名失学儿童。羊羊刚来做志愿者不久，就带来姥姥卓琳捐的一万元。我们的工作人员告诉我，曾经有个高个儿小女孩来捐了八千元，落款也是‘一位老共产党员’，后来，我们知道那个年轻的‘老共产党员’就是羊羊。从羊羊口中，我们还听说了许多有趣的故事。羊羊说，每当一大家人团聚的时候，姥姥总是一个一个地问，你捐了没有？你捐了多少？俨然一个希望工程的老志愿者。”说到这些，这位青基会宣传部部长眼里涌起无尽的感动和崇敬。

“你还记得张胜利吗？”他突然问我。

“涞源那个剃光头发换学费的孩子！”我当然记得。

“1995 年青基会实施教师培训计划，他被上海第一师范学校免试录取了。去年毕业后，他谢绝了一切邀请离开上海，回到东团堡乡大山顶上的桃木疙瘩小学，成为一名代课教师。后来我们知道，他在学校时曾有一个女友，是一个温州富商的女儿。毕业后，如果他跟女友去温州，肯定能过上舒适的生活，但他没去。他说，没有受过希望工程资助的人永远不懂，那就是贫困的孩子也应得到教育。希望工程改变了他的命运，他要改变更多孩

2017 年 5 月，河北省涞源县东团堡中心学校，希望工程第一名受助生张胜利学成回到家乡从事教育工作，如今该校已经坚持实施了 15 年的免费教育

解海龙　摄

子的命运！”

“还有周标亮，”王旭东越说越兴奋，“当年邓小平资助的二十五个孩子中，她成绩特别优秀，去年考取了百色地区田东民族师范学校。她在来信中写道，家乡的贫困是因为教育落后，她毕业之后要回到家乡，用自己的知识回报养育她的父老乡亲，让更多和她一样的山里孩子接受教育。她说，她要把希望的种子播撒出去，这才是报答邓爷爷最好的方式！”

这些曾经不幸地在贫困中挣扎、又幸运地在爱的怀抱中成长的孩子！他们沐浴在希望工程的恩泽之下，如今，他们视希望的传承为己任，用自己的行动回报社会的关爱，将希望的火把继续传递下去。

62. 他哪怕是片落叶，谁也别想拿走

“在发展中国家当中，数以百万的唇腭裂患儿生活在自卑羞愧的阴影之下。更严重的是，这些罹患唇腭裂的儿童，在进食、呼吸和说话等生活所需具备的基本功能方面都存在着严重的问题。唇腭裂修复手术简单易行，且立竿见影。由美籍华人王嘉廉先生发起的微笑列车基金会是一家专注于帮助罹患唇腭裂的儿童，以可持续的方式救治并解决唇腭裂这一疾病的国际儿童慈善机构。近日，中华慈善总会与美国微笑列车基金会达成协议：由美国微笑列车基金会出资，中华慈善总会负责组织实施，与卫生部、中华口腔医学会合作，四方共同开展唇腭裂慈善救助，为我国贫困的儿童唇腭裂患者进行初期矫治手术……”

看到这则新闻的时候，我已经荣幸地被推举为中华慈善总会常务理事了。一个新的计划出现在我脑海里，我要做一篇“微笑列车”的专题报道。一直以来，关注社会、关注命运、关注人生就是我的摄影追求。“你有一双关注

社会痛点的眼睛！”贺延光对我如此评价。在别人眼里，我可以算功成名就了。什么叫成功？在我心中，我觉得能用自己的影像帮助别人解决实际问题就是成功，就是我最幸福、最满足的时刻。

2000 年春节过后，趁着完成报社采访任务的空隙，几经辗转，我来到湖北省襄樊市南漳县峡口镇。

刚过下午两点，冬天的太阳好像也怕冷似的，躲进了厚厚的云层里。风从田野吹过，夹杂着一种特殊的气息，那是泥土滋养世间万物的味道。经过一个冬天的休整，几株嫩绿的小草已经从酣睡的田垄边钻了出来。因为过年的缘故，乡村小路上没什么人。

路两边光秃秃的两排小树，满枝满梢地落着鸟儿，一片啁啾好不热闹，为寂静的小村庄增添了几分生气。不远处，一个小小的身影慢悠悠地走过来，牵着一头同样慢悠悠的老牛。老牛不时停下来吃几口路边的枯草，孩子就松开手里的缰绳，停下来等它。这是谁家的孩子啊，好勤快！我大步迎上前去。

“嗨，小朋友！”走到他跟前，我朝他摆摆手，笑着和他打招呼。在他抬头的一瞬间，我意外地发现，他就是一个豁唇的孩子！

一见陌生人，孩子手忙脚乱地拽紧绳子，飞快地看我一眼，一双黑漆漆的大眼睛里满是惊慌和胆怯。他垂下脑袋，头上的棉耳帽也耷拉下一只护耳来。像要躲开我似的，他默不作声地绕到牛的另一边，拉起绳子就走。

跟他到家里去！为了不惊扰他，我跟了他十多分钟。走过这片田地，拐过几个弯，再上一道缓坡，“奶奶！”小男孩一声叫唤，牵着牛加快脚步朝坡上奔去。牛鼻子上的绳子突然一紧，老牛“哞哞”叫了两声，也跟着爬上了坡。

一位老太太从屋里出来，孩子把牛拴好，几步跳到她跟前，凑在老太太耳边悄悄地说着什么，两人的目光一齐转到我身上。

“老人家，您好！”我走上前去。

老太太一只胳膊搂着孩子，盯着我看了好一会儿，迟疑不决地问：“你是？”

我向她说明来意，并拿出记者证给她看。老人家不识字，她没说话，神色变得有些落寞。叹一口气，她吩咐孩子："落落，去给伯伯拿一把椅子！"小男孩立刻跑进屋里，拖出一把靠背竹椅来。

"落落！"我拍拍孩子的小脑袋，亲切地问他，"你叫落落？"孩子在奶奶身旁，就像找到依靠一样，不似刚才那样怯生了，他用力点点头。如果不是豁唇，他该是一个多么漂亮的孩子！望着这张可爱的小脸，我心里掠过一阵怜惜。

"孩子的父母呢？"这个显得有些破落的小院里似乎没有别人了，我试探着问。

一听我的问话，老太太脸上的落寞更深了。她瞅瞅蹲在一旁拿小石块胡乱在地上写写画画的孩子，低声说："他是一个弃儿！"

我陡然一惊，眼前这亲密的一老一小并不是亲祖孙？

"他是我七年前在家门口捡的。"老太太眉头紧锁，迷茫失神的双眼显出内心的悲悯。在屋前的小院子里，我听老太太讲了她和这个孩子的故事。

老人家名叫任祖玉，老伴去世了，七个子女都在城里工作。七年前的大年三十，天刚蒙蒙亮，一阵婴儿的哭声把她惊醒。她推门一看，就在她家的屋檐下，放着一个用旧衣服包着的婴儿，伸手一摸，孩子浑身冰凉，已经快没气了。她急忙把孩子抱进屋，捂在怀里把他慢慢暖热，这才发现，孩子嘴唇上有一道深深的豁口。

村里人听说她捡了个孩子，都跑来看热闹，一看是个豁唇，不吱声就走了。有人劝她把这孩子送到孤儿院去，可她舍不得。反正家里就她一个人，养着这个孩子做个伴吧。

"我的几个子女听说我收养了一个孤儿，都从城里跑回来了，说：'你这是干什么呀，你这么大岁数了，好不容易把我们拉扯大，现在又弄个婴儿，还是个豁子，不是没事给自己找事儿吗？'他们劝我把这孩子送走，和他们一起去城里。我才不跟他们去呢，一辈子在乡下习惯了，这房子，这地，我放不下。这孩子，我也放不下！幺儿子见说不通，抱起孩子就跑，把我给急坏了。我哭喊着在后面追，这孩子哪怕是片树叶，落到我的院子里，也不能让别人拿走！老幺没办法，只好气呼呼地把孩子往床上一扔，说：‘给你吧，我们以后可管不了！’”

“这孩子哪怕是片树叶，落到我的院子里，也不能让别人拾走！”这句淳朴的话一下子感动了我。“落落的名字是不是由此而来？”我忍不住打断任老太太的话。

“是的，”老太太点点头，“打那以后，村里人都管他叫‘落落’了。”

落落是个活泼好动的孩子，他学会走路以后，奶奶要去地里，不方便带他，就拿一根布带子拦腰把他系在椅子上。小家伙聪明得很，好几次都把带子解开，自己逃出去玩。三四岁时他就学着干活，扫地、喂鸡，学啥像啥。他自己还没走稳，就牵着牛出去吃草，一不小心绊倒在地上，老牛生性善良，懂事地从他身上迈过去，从不碰他一下。

听奶奶讲他的故事，在一旁玩耍的落落丢下小石块，亲热地凑到奶奶身边。“告诉叔叔，你还会帮奶奶做什么？”我笑着问他。任老太太伸手拍一拍小家伙的脑袋，把他帽檐上沾的几根被老牛蹭上去的干草摘下来。

“我还会拔萝卜，还会提井水，还会摘花生、挖土豆！”小落落变得活泼了，说起话来嫩声嫩气，因为豁唇，发音不像正常孩子那么清晰。他扑闪着大眼睛，想了想，自豪地补充说：“我还会煮稀饭！”

“哟，真不简单！”我竖起大拇指夸奖他，“小小年纪就会煮饭呀？”

“这孩子可懂事了！前年我背上生了个疮，十多天下不了床，不想吃不想喝，心想，完了，这孩子我也管不了了。落落趴在床头伤心地边哭边喊，奶奶，你睁眼，你得吃饭，不吃饭就死了，你死了我怎么办呀！他真的抓一把米搁到锅里，加了水咕噜咕噜地烧，煮好了盛到碗里，吹吹凉，拿勺子舀一口送到我嘴边，眼泪汪汪地央求我，奶奶，你吃一口吧，吃一口就好了！我心里疼啊，强忍着吃，他硬是一口一口把一碗稀饭给我喂完了。说来也怪，

2000年，第一次见到落落，他很紧张，也不愿见陌生人
解海龙　摄

吃了几天他煮的稀饭，竟然就好了！”说着，奶奶眼里眨起泪花，落落见状，赶紧伸出手给奶奶擦眼泪，结果脏兮兮的小手在奶奶脸上留下了几道泥印。落落又抱住奶奶的脖子说：“奶奶，我长大以后不光给你煮稀饭，我还要给你做很多好吃的！”

奶奶含泪笑了。他们没有血缘关系，却又相依为命，我心头一阵温热。

“孩子七岁了，上学了吗？”我问。

“没上几天就回来了！”任老太太欲言又止。她对落落说：“帮奶奶到地里拔两棵大白菜！”

落落听话地挎起一只大竹篮蹦蹦跳跳地走了。

“不瞒你说，他上学难呐！”老太太脸上一片愁云，“看别家孩子背着书包上学去，落落眼馋得很。可他没户口，学校不收。我求校长，这孩子没爹没娘的，多不容易啊，求求你们了！学校好歹收了他。但第三天他怎么都不肯去学校了，边哭边跟我说，奶奶，我要当解放军！怎么突然想当解放军呢？我再一问，原来，几个顽皮的同学编歌谣取笑他，唱‘小豁嘴，没爹娘，哭着喊着爬上房’。他说，我要当解放军，把欺负我的坏人抓起来！”老人沉默了一会儿，接着说："我下了决心，就是一个鸡蛋、一个鸡蛋慢慢攒，头一件大事就是给他治好。要不然孩子总是受欺负，抬不起头来！"

说话间，落落从屋后菜地里回来了。"我去洗白菜！"放下竹篮，他左手拎一只大桶，右手拎一只小桶，一溜烟往坡下跑去。

听完老太太的讲述，我的脑海里基本上形成了一个框架，我要用照片给大家讲述她和落落的故事。

一见我拿出相机，落落的眼睛亮了，他好奇地踮着脚往镜头里瞅。"落落，伯伯给你照相，好不？"我把相机递到他眼前，告诉他，"不管你做什么，伯伯都可以把你的一举一动装在这个小黑屋里。你要不要试试？"

"真的啊？"他一下子来了劲，高兴地在小院里跑来跑去，一会儿提水，一会儿牵牛，一会儿搬来一架小梯子。他非常得意地告诉我："我还会上树掏喜鹊蛋！"说着，就要顺着梯子往上爬。

快门"咔嚓咔嚓"响个不停，祖孙俩的脸上都绽开了难得的笑容。难道我就这么走了？我思忖着。老太太和落落的故事深深感动了我，不如我带上落落，找一个能治唇腭裂的医院，看能不能把手术做了。

打定主意，我跟他们说出我的计划。落落欣喜地跳得老高，奶奶先是高兴，随即发起愁来，"咱们还没攒够钱呢！"

"钱的事情您别操心，交给我了！"我宽慰老人家，"明天我来接你们！"

几番打听，第二天一大早，我接上祖孙俩直奔孝感市人民医院。

医院里冷冷清清，偶尔听见外面传来一阵阵爆竹声，今天是正月十五，年还没过完呢。老太太一路上晕车厉害，我让她坐在走廊里等，然后拉着落落找到值班医生。

"这手术能做！"值班的是一位主任医师，他托起落落的脸，上下左右仔细端详一番，肯定地告诉我们。"一次手术还不行，第一次做完之后，过一两年再修补一次，基本上就没什么毛病了。决定做就先去交费，手术我来安排！"

“微笑列车基金会不是进入中国了吗？”我问，“那是可以免费给贫困的儿童唇腭裂患者进行矫治手术的呀。——手术得多少钱啊？”

他抱歉地笑了笑，说：“是的，不过目前我们医院还不是微笑列车基金会的合作单位。手术大约需要四千元钱！”

原来如此。我一边摸口袋一边寻思着，要不和医生商量商量？这样一想，我赶紧掏出名片，恳切地对他说：“主任，能不能先给孩子把手术做了？我写个欠条给你吧！”说着，拿起笔就准备在名片上写欠条。

“那可不行！”医生连连摆手，“哪个医院兴写欠条？交完钱才能做！”大概觉得我这个想法太不切实际，他忍不住笑了。

落落拽着我的衣角，一脸怯色，两脚不禁往门外挪了两步。这个敏感的

2000 年，湖北省孝感市人民医院，落落正在接受免费的手术治疗

解海龙　摄

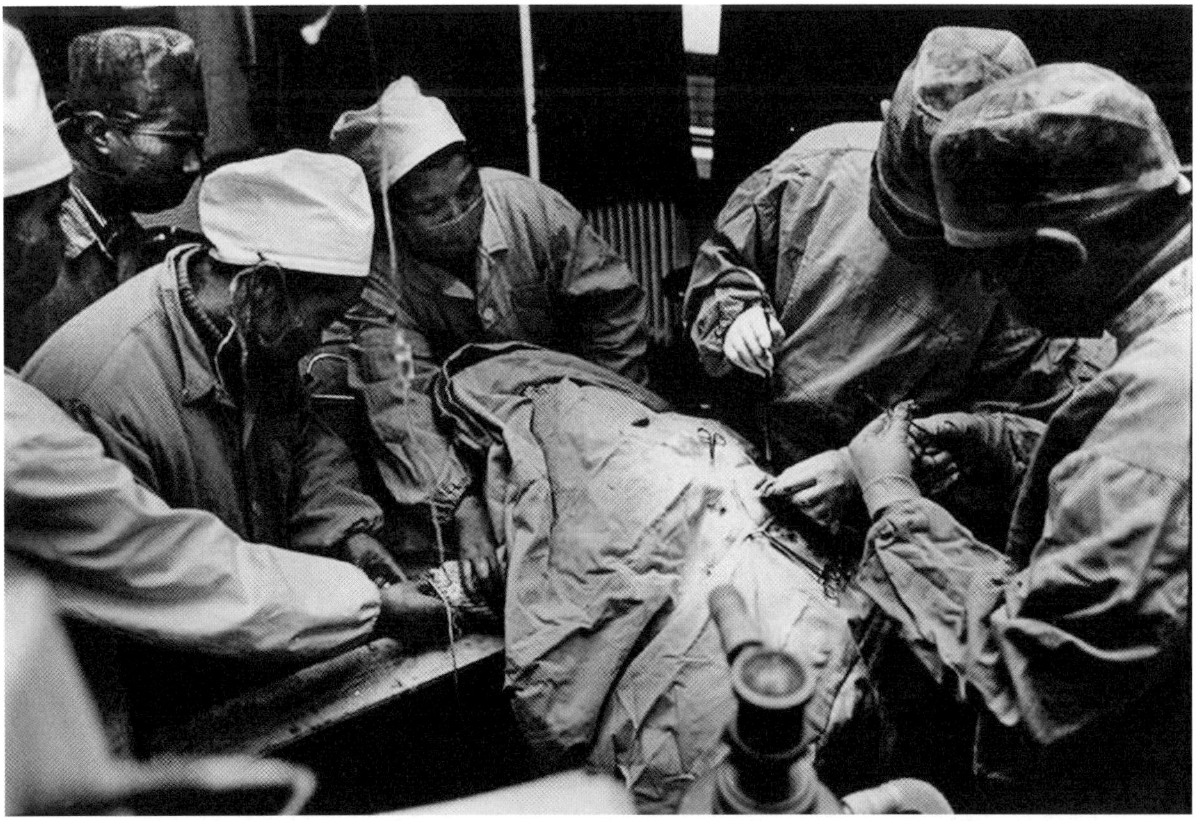

孩子，他已经听明白手术做不成了。我抓住他的小手，感觉他在微微发抖。

“这幅照片？”医生突然注意到我手中的名片，名片背后印着“大眼睛”的照片。“你是？”他猜疑地问。

他这一问，我顿时来了精神。

“这幅照片是你拍的？”他接过去，把名片正面反面瞧了个仔细，“你是解海龙？”

“对，我是解海龙，《中国青年报》的摄影记者！”我努力掩饰着心里的欣喜，第六感觉告诉我，落落的手术能做了！

他沉吟地站起来，围着屋子踱了两圈，又拿起名片看一遍，说：“我们可以免费为孩子做手术！你能不能在报纸上给我们医院宣传宣传？”他在半

2000 年，手术后的落落穿上了“军装”，原来豁唇的地方留下了一条不太明显的印记

解海龙　摄

空中比画一个大大的正方形，非常专业地问：“给我们做一个整版，行吗？”

“那太好了！谢谢你啊！”我激动得手舞足蹈，“一整版，没问题！”我推落落一把：“快谢谢医生伯伯！”小家伙搞不明白刚才还说不能做手术，怎么一下子又可以了呢？“谢谢伯伯！”他慌忙向医生道谢，和我靠得更紧了。

手术安排在两天后进行，小落落格外兴奋。任奶奶告诉我，自打落落懂事之后，家里的镜子都藏起来了。落落是多么期盼在镜子中看到自己漂亮的模样啊！

因为要作为典型事例报道，医院非常重视这台手术，手术室里围了十来个人。老太太紧张得直哆嗦，我一边安慰她，一边把落落搂在怀里，贴着他的小脸蛋，轻声说：“伯伯和奶奶就在你身边，别怕，不疼！”落落高兴地说：“只要嘴唇能治好，多疼我也不怕！”他开心地笑着，自己一骨碌爬上手术床。

手术非常成功。几天之后，我带着礼物去看望他。

“解伯伯！”孩子一见我，高兴地扑到我身上。他的伤口处已经拆线了，原来豁唇的地方留下一条不太明显的印记。任奶奶流着泪，不知道如何表达自己的心情，只能不住地说：“他大伯，谢谢你啊，遇到你是我们祖孙俩的福气！”

“看看伯伯送你的礼物！”我将提袋递给落落，“伯伯猜你一定喜欢！”

小家伙手忙脚乱地拆开纸袋，立刻“哇”的一声叫出来。“奶奶你看，‘解放军’叔叔的衣服！还有帽子和小手枪！”他扬起红扑扑的小脸，眼里闪闪发亮。他一挺胸，学着电视里解放军的样子向我行了个礼，大声说：“谢谢伯伯！”

“落落，快换上新衣服，让伯伯给你照个相！”奶奶抖索着扒下孩子的病号服。小军装穿好，大盖帽也戴上了，奶奶从布包袱里摸出一面小圆镜子。落落从奶奶手中抢过镜子，看到镜中的自己，他的眼睛一下子睁得圆圆的，好半天都不舍得将欣喜的目光从镜子上移开。此时，奶奶脸上又挂满了泪水，落落快乐地扑到奶奶怀里。

2000 年，落落到人民大会堂参加展览开幕式，与美国前总统老布什合影
解海龙　摄

落落开心地笑了。我抱着相机，心里舒了一口长气，我已经想好了，这篇报道就叫《落落的微笑》。

一回北京，我加班加点整理出一组照片，配以朴实的文字，将这个故事发表在《中国青年报》上。

“不错！你这个报道占全了一个优秀专题的所有元素！”我再一次得到了贺延光的赞赏。他随后又说：“什么是好专题？其一，恰当的选题，包括题材本身的热点和关注度；其二，是注意挖掘内容的深度，包括时间的横向发展和事件背景的纵深；其三，是影像的表现力，是否鲜活生动；其四，是摄影语言的变化，包括角度、场景的调度和影调的一致性……”

正说在兴头上，电话铃声打断了他，是中华慈善总会找我的。

“海龙，第一届微笑列车国际唇腭裂治疗学术研讨会过几天就要召开了。他们看中你那组片子，想同时在人民大会堂办个展览。到时候有美国代表团来参观，你准备一下！”

太好了！我冲着话筒喊道：“能不能将老太太和落落接到北京来？他们可是故事的主人公呀！”

“成，没问题，费用我们全包了！”

任奶奶和小落落都没想到做完手术没多久，竟然又被请来北京了，直到我在机场接到他们，老太太还抓着我的手不停地咕哝着：“他大伯，这是不是真的啊？怎么像在做梦呢！”落落攀着我的胳膊一个劲儿往上跳，他又想看我的相机了。

第一次坐飞机，第一次来首都，第一次见立交桥，第一次吃肯德基，第一次站在雄伟的天安门下，第一次观看庄严的升旗仪式……好多个第一次，祖孙俩高兴得乐开了花。陪伴他们的两天里，我记录下许许多多令人难忘的瞬间。

影展在人民大会堂开幕，我带着老人和孩子一起来到现场。金碧辉煌的影展大厅立刻吸引了孩子，一抬头看到大厅天花板上璀璨的水晶大吊灯，他惊奇地“啊”出声来，一低头看见光洁透亮的大理石地面上映出了自己的影子，他慌得连忙跳起来，好像生怕踩到自己。当大家得知他就是照片中的孩子时，纷纷围拢过来。这时，一行外国人在中华慈善总会工作人员的带领下朝我们走来。最前面的那位大高个好眼熟，他不是美国前总统老布什吗？老布什走到落落跟前，把一只手搭在落落肩膀上，比画着说笑着。落落不知所措地看着这个笑容可掬的外国人，旁边一位工作人员赶紧弯下腰告诉落落：“这位爷爷要和你合影呢！”说话间，老布什已经单膝着地，用慈祥的目光注视着落落。霎时，快门声响成一片，落落感受到老布什的怜爱，腼腆地笑了。

终于要回家了，小落落依依不舍地贴着我，奶奶一个一个掰开他紧拽着我的手指头，好言哄他：“落落可棒了，好好读书，以后到北京来看望解伯伯，咱们还请伯伯上咱家去！”说着，奶奶也哽咽了。从第一次遇见他们到现在，时间不长，我们之间已建立起深厚真挚的感情，我的眼泪也涌上来。我伸出一根小指头：“来，和伯伯拉钩，一定要好好学习，孝敬奶奶。下次我去不仅要看望你和奶奶，还要看到你优异的成绩单呢！”我掏出一张名片交到任老太太手中，嘱咐她：“任奶奶，您独自一人带落落，太不容易了！以后有什么事，您随时给我打电话，千万不要见外！”

2001 年，安徽省金寨县，学生的小饭桌。经过 10 年的发展，当地的教育状况得到了明显的改善

解海龙　摄

63. 又一个五年，再一次回访

又是一个五年。五年前在河南省新县王里河小学与孩子们的约定我不会忘记，再过几天我即将去看望他们。

难得清闲的一天，家里就我一个人。志想和她的一帮朋友们外出采风了，自从她学摄影以来，那股热乎劲儿真是我没想到的。我俩是初中同学，上学时都没见过她那么用功，现在不是抱着摄影理论知识教程研究，就是拿起相机出去实践。当然，她也一如既往地支持我的工作，给我做参谋，为我整理照片，乐此不疲。小飞也不在家，三年前他考上了北京电影学院。那天考试结束，他兴冲冲地跑回家来，问我："您知道今天的语文作文题是什么吗？'你对一幅作品的理解和感受'，就是您的'大眼睛'！我一下子就想起那年您送给我的生日礼物，提笔就写，一气呵成！"

坐在书桌前，我打开画册，一页一页翻过，我的目光停留在"小光头"身上。那微微凹下的鼻梁，皱起的眉头，每当我面对那一双略带哀愁的瞳孔，心中总会涌起一股惭愧和欣慰交织着的情感。

五年前的第一次回访，我并没有见到“小光头”，他们全家已经搬到无锡了。去年春天，我收到一位叫詹洁的女士的来信，她着急地告诉我，“小光头”就要辍学了。原来，掀起希望工程的爱心热潮时，她正在上中学。有一次她偶然看到邮局门口张贴着“小光头”的照片，那个忧伤而渴望的眼神再也无法从她心里抹去，她把准备为妈妈买生日礼物的二十六元钱寄给了“小光头”。很快，她收到“小光头”的回信，从此，两人一直保持联系。詹洁每年都给“小光头”寄二三百元学费，八九年都没中断。可是 2000 年新年过后，“小光头”好久没有来信。詹洁一连去了好几封信，“小光头”才回信说，最近爸爸卧病在床，供他上学的哥哥也受了工伤，现在靠妈妈一个人每天起早摸黑地糊纸盒挣钱养家。因为家中变故，他决定不考高中了，他要担起生活的重担。

“解老师，我实在没有办法，才想到给您写信的！其实我自己也没有固定的收入，是我爱人一直在支持我。‘小光头’学习成绩非常优秀，请您帮帮他吧！”在信尾，她恳求道。

一颗善良的心，一双温暖的手，一个平凡的人，就这样长期默默地付出，无欲无求。看着一行行情真意切的话语，我也为自己的疏忽而懊恼。几年前我就知道他去了无锡，也从青基会了解到，“小光头”并没有得到希望工程的资助。可我为什么一直没去找他？忙？似乎并不是理由。

正当我准备去一趟无锡时，香港凤凰卫视找到我，他们邀请我和当年的孩子一起参加他们筹划的《爱心大使》节目。“就请‘小光头’！”我立刻决定。去无锡来不及了，我一个电话接一个电话，找当地的青基会，找东亭镇派出所，找《无锡日报》摄影部的记者，几经周折，终于查到孩子的学校。这时我才知道“小光头”不叫张传湖了，他们搬来无锡之后，孩子改名“张天义”。

时隔十年再次见到“小光头”，他已经不是照片中那个光着头的小男孩了，他的眉宇间自然地流露出一股英气，只是那双明亮的大眼睛里仍然藏着一丝抹不去的哀愁。第一次来北京，他并不像苏明娟第一次来时那样兴奋和激动，聚光灯下的他显得沉默而忧郁。采访一结束，他一天也没多留就回无锡了。几天之后，我收到他的来信。他说：“叔叔，本来我想上完九年学就不上了，帮助爸妈干活。但后来想想，我爸妈这么难，从来就没有放弃过，不就是希望我多读书吗？这次去北京，我感触很深，外面的世界是那么繁华，那么精彩，而我的爸爸妈妈却从来没有享受过。马上就要中考了，我改变主意了，我一定好好复习，考上好的高中，以后还要考上大学，凭自己的能力带给爸爸妈妈幸福的生活！”

两个月后，他以超过分数线 20 分的好成绩考上了重点高中，学费是妈妈借来的。得知这个消息，一想到他们家里困顿的境况，我就忧心如焚。揪心？惭愧？怅然？反正是一种无法言说的滋味。我找到了他，却并没能帮上他。正巧，无锡市组织一场献爱心的大型活动，请我到现场做嘉宾。活动那天，我带着张天义出现在晚会上，向大家介绍他就是当年希望工程的标志人物之一“小光头”，立刻轰动全场。他们怎么也没有想到，那个惹人怜爱的孩子竟然就在无锡。我给大家讲述詹洁和他之间的爱心故事，并告诉大家，这个优秀的孩子，因为家境贫寒险些辍学。如今，他考上了高中，全家就靠他妈妈一个人辛辛苦苦地糊纸盒为他挣学费，不够的钱还得借。这次晚会的主办单位无锡商业大厦当即宣布，将“小光头”确定为大厦的形象大使，并解决他上高中的所有费用。

我忘不了张天义感动得热泪盈眶的样子，那一刻，我心里的石头也落了地。

…… ……

经过十二年的发展，希望工程进入新的阶段，在推进希望工程和保护母亲河两大公益项目的同时，重点实施“希望工程远程教育计划”，建设“希望网校”。新任秘书长顾晓今郑重地嘱咐我：“远程教育也需要一幅标志性照片，这个任务就交给你了！”后来经过讨论，大家达成共识，这幅照片的主人公非苏明娟莫属——“昨天我要上学，今天我要上网！”

给苏明娟准备的电脑现在就摆在我面前。这台电脑是我用《中国交通报》的社长赞助我的一万元“创作经费”为苏明娟购置的。前些天，《中国交通报》的记者杨秉政打电话给我，说他们社长多次为希望工程捐款，一直想见见我。这一去不要紧，报社一百五十多人全都停下手头的工作，听我讲当年拍摄希望工程照片的故事。当我提到眼下的“希望工程远程教育计划”时，他们立刻倒腾出十四台旧电脑，准备送往山里的学校。临走前，社长塞给我一个信封，诚恳地说：“解老师，我就不请你吃饭了，这一万元钱作为我个人对你工作的支持吧！”

五月下旬的一天，我再次踏上开往安徽的火车。

一路上，我满脑子都是最后一次见到苏明娟时她那张焦灼无奈的面孔。自从 1996 年《中国青年报》报庆请她来北京之后，她的名气更大了，各式各样的邀约纷至沓来。《正大综艺》节目组请她讲“在希望中成长”的故事；被安徽省推举为代表来北京参加中国共产主义青年团第十四次全国代表大会；世纪之交的夜晚，在中华世纪坛与首都各界朋友欢聚一堂……她的生活发生了翻天覆地的变化，随之而来的是种种烦恼。频繁的社会活动分散了她学习的精力，成绩难免有所下降，可是作为希望工程的名片，那些活动她又不得不出席。也有一些非议在同学中传开，对于她毫不费力就出了名表示不屑。面对各种媒体，这个天生内向、不善应对的女孩子难免遭受某些刻意曲解，甚至有报道称，这些年苏明娟被“捐富了”。实际上，除了最初两笔钱，他们家将其他捐款原封不动地交给了当地希望工程办公室。苏明娟第一次来北京时，青基会给她带回去两千元肖像权补偿费，她爸爸苏良友特意给我回信表示感谢，但是他们坚持不收那笔钱，也捐给了希望工程。

她成了公众人物，一举一动都有无数双眼睛盯着，不容有一丁点儿闪失。由此想到我自己。有一次我应邀去黄山脚下的一个摄影培训班讲课，趁着讲

课的空歇，我顺便游览了黄山。前些年，我一直铆着劲儿往穷山沟里钻，这一次，我也要领略一下祖国的大好河山。没想到，《中国青年报》发表了我拍摄的一组徽派民居的照片后，竟然因此掀起一场激烈的争论。有篇文章义正词严地写道：“解海龙，你将走向何方？”我心里五味杂陈，难受的滋味占了一大半。在大家眼里，我是希望工程志愿者，我的责任就是拿着相机，为山里的孩子呼吁，为平民老百姓、弱势群体呐喊。可我和大家一样，也是一个平凡的人，难道一个纪实摄影师，面对祖国的大好河山，他不应该有按下快门的理由？

2001 年，热心人为苏明娟送去了她盼望已久的电脑

解海龙　摄

坐在车窗前，好长一段时间我的思绪飘忽不定。天色暗了，我竭力往外看去，起伏的山影变得模糊，玻璃上清晰地映出我自己的面孔。十年前，是否正是这趟列车第一次将我带进大别山？

铁路、公路，最后是进入张湾村的水路。小船就要靠岸了，岸边草坡上两个翘首以待的身影，那是苏明娟和她爸爸，他们早早地等在那里。“解叔叔！”还隔着好几十米远，就听见苏明娟欢快的叫喊声，她恨不得像小鸟儿一般飞上船来。

两三年不见，站在我面前的苏明娟出落成了一个大姑娘。她看上去文

静稳重，又流露出自然而然的灵巧活泼。“解老师，你可来了！”我的脚还没落地，苏良友就一把握住我的手。“太辛苦你了！这么大老远给小梅子扛来电脑。我们该怎么感谢你哟！”他麻利地将船上的两只纸箱卸下，拿一条扁担一头担着电脑主机，一头担着显示器，乐呵呵地迈开大步带我们回家去。

现代化的电脑霎时给简陋的农舍增添了许多光彩。乳白色的主机和显示器在昏暗的房间里显得格外明亮，几双眼睛一眨不眨地盯着这个神奇的东西。电源接通了，开机画面出现的时候，“噢！”苏明娟情不自禁地惊呼一声。她拿起耳机，小心翼翼地戴好，几分兴奋、几分羞涩地望一望大家，然后坐在桌前，开始认真地研究起这位新朋友。

苏良友看着女儿开心的模样，眼角眉梢都布满了笑纹。“解老师，你给咱家小梅子、给咱们村带来的好，这辈子都报答不完！”他感激地对我说，“要不是托你的福，我们哪敢想孩子能拥有现在的一切？要不是你一句话，咱村的希望小学也不会来得这么快啊！”

“这功劳可不能算在我头上！”我忙拦住他的话，“要说谢，你还得谢希望工程！谢社会各界的爱心人士！”上次回访，我把苏良友的请求转达给青基会，他愿意无偿转让苏明娟的肖像权，只提出希望能将苏明娟那里破旧的小学修整修整。之后不久，宝洁（中国）公司捐款五百万元，在全国修建二十五所希望小学，苏明娟的母校有幸成为这二十五所希望小学之一。

我走到苏明娟背后，电脑屏幕上已经敲出几行字。苏明娟扭头朝我一笑，继续往下写：

宝洁（中国）公司的叔叔阿姨：

你们好！

我是希望工程受助生苏明娟，现就读于安徽省金寨县第一中学高二年级。

2001 年，第二次见到范明珠，和她在河南省新县高级中学门口合影

解海龙　供图

原金寨县三合中心学校——我的母校，它曾经破旧不堪，四面透风，连桌椅板凳都是东倒西歪的，同学们在这种环境下读书，其中的艰难可想而知。是你们慷慨解囊，捐资援建了今天这座美丽舒适的金寨县宝洁希望小学，如今弟弟妹妹们都坐在宽敞明亮的教室里学习了。你们的热情援助，同学和老师们永远不会忘记……

苏明娟把这一封信作为第一份文档保存在电脑里。随后，她又给《中国交通报》的社长写了一封充满真情的感谢信。

虽然苏明娟和她父母再三挽留，因为还得赶往河南和湖北，我还是告辞了。一家人依依不舍地把我送出很远很远。临分手的时候，苏明娟满怀信心地跟我说：“解叔叔，我一定不会辜负大家对我的爱和期望。我相信自己明年一定能够考上理想的大学！”

…… ……

王里河小学就在眼前。五年过去了，不知当年的孩子现在都已升入了哪所中学，我先去探访他们的小学老师。

推开老师办公室的门，几个脑袋同时抬起来。“啊！解记者！”一个男老师一下子从座位上跳起来，惊喜地冲到我面前。我一眼认出他就是胡善辉和范明珠的班主任汤老师。

“解记者，上次你走后没几天，孩子们就收到了北京寄来的钱，五千一百块！”汤老师首先向我讲述这件事情，“汇款单上写着《首都机场》报，我们赶紧回信表示感谢。后来才知道是你把十七个孩子的名单给了他们！”他眼里跳动着兴奋的火花，“走，你想见哪个孩子，我带你去！还记得范明珠吗？那个想当医生的女孩，她考上了我们这儿的重点高中！李秋鸾、范金奎考上了八里畈乡中学！”

“胡善辉呢？”我问，汤老师一个一个地给我介绍，怎么没有胡善辉的名字？

汤老师一愣神，刚才那股爽朗之情被一阵风扫过，说：“他上完初二就辍学了。”

他辍学了？我的心往下一沉。

“他家境不好，有一个哥哥今年正在读高三。家里支撑不起两个需要花钱读书的孩子，初二一念完，他主动跟爸爸提出不上学了。他说哥哥成绩优秀，就让哥哥读吧，他留在家里帮爸爸干活，挣钱供哥哥念书。”汤老师难掩心里的惋惜，“后来他学厨艺，这两年一直在县城的饭馆上班。”说着，汤老师又激动起来，“他挣钱的第一个月，就拿了十块钱回到这儿，说这钱用来帮助有困难的孩子，而他试用期的月工资总共也只有五十元！”

中午，汤老师带我去新县高中找范明珠。

“解叔叔！”范明珠一见到我，立刻惊喜地跑了过来。“您走的时候和我拉钩，说五年之后会再来看望我们。您果然来了，我真高兴！”她长高了，更清秀了，言行举止中透出自信和开朗，不再是五年前那个羞怯的小姑娘。

“你还想当医生吗？”我笑着问，当年她那张挂满泪珠的脸时常出现在

1998 年，胡善辉回到自己的母校，和小同学们合影

解海龙　摄

我眼前。

“嗯！”她点点头，“不过我现在又有一些新的想法！我从很多新闻中了解到，在西方发达国家，医疗服务很普及，家庭医生也很普遍，而我们国家医疗还不太发达，家庭保健意识不强。我想，以后我要当个社区医生，为社区家庭提供保健服务！”

上课铃响了，她微笑着和我挥手告别。“解叔叔，我们约定每五年见一次，好吗？下次见您的时候，我相信自己一定是一名大学生了！”

在新县幸城饭馆，我见到了胡善辉。当我俩面对面的时候，我都不敢相信自己的眼睛。他没想到我会跑到这里来找他，而我简直认不出这就是那个挂着两条鼻涕，扯着嗓子大声念书的小男孩了，当年的“大鼻涕”已经长成一米七几的大个头。

小伙子眼里闪过一丝慌乱，不安地叫一声“解叔叔”，便垂着头站在一旁不吭气了。在他内心里，一定是觉得自己令我失望了吧。

我怎么会失望呢？听汤老师说到他每月一发工资就给王里河小学送钱去的时候，我非常感动。他做到了自立，而且在并不宽裕的情况下，还惦记着和他小时候一样贫困的孩子，这是爱心的传承啊！

“来，让叔叔见识见识你的厨艺？”我热情地注视着他。

一阵忙活，七盘八碗摆满了一桌。

“解叔叔，您尝尝吧！”他把我带上楼，恭恭敬敬地先请我坐下，然后坐在我对面，他的脸上沾满油光和汗水。

夹一口菜放进嘴里，“手艺不错呀！”我赞赏道。听到我的夸奖，他不好意思地笑了。

“你以后会做一辈子厨师吗？”我问他。

他摇摇头。沉默了好一会儿，他说：“解叔叔，我小学时收到过署名‘一个士兵’的好心人的捐款，那时我就想，长大以后我也要当一名军人。我只读了初中二年级，以后如果有机会，我还想读书！”一丝略带苦涩又充满希

2001 年，10 年后与卢福新老师再相见，大家感慨万分

李全　摄

望的笑容浮现在他脸上，他的神色变得活泼起来，反过来倒像是宽慰我似的：“放心吧，解叔叔，就算那些都不成，我已经学会了一门手艺，以后我会走好自己的路！”

多懂事的孩子！我把两个杯子倒满茶水：“不管做什么，叔叔还是希望你能够抓紧学习，初中学的知识，以后你会觉得远远不够用。来，咱们以茶代酒，干一杯！”

两只杯子碰在一起，胡善辉的眼中骤然闪过一道亮光，我俩一饮而尽。

…… ……

这些年，我一直深藏着一个愿望，就是去看看卢福新老师。1993 年我应邀参观新建的周七家小学时，得知他因为自己差点一拳头打没了一所希望小学而抱愧，给周校长留下一封信，申请调到了更艰苦的学校，我心里很不是滋味。虽然曾被他误认为“不是好人”，可我怎么也不会想到，他会以这样决然的方式来对待自己并非有意的错误。

在七里坪镇方西河村小学，我终于见到了十年来一直惦记着的卢老师。

当年的小伙子如今已为人父，他的爱人和他在同一所学校，从事医务工作。“解老师……”或许是那幅照片的故事广为人知，他一开口就红了脸。

“卢老师是个好人！”我拉起他的手，对大家说：“他是为了保护孩子。我知道他怕我拍那些‘阴暗面’的东西做反面宣传，其实是误会了。1993 年 10 月学校建成，我来时，没有见到卢老师，但是见到了周校长和那个班的孩子。我往讲台前一站说，同学们还认识我吗？大家齐声说：认识，照相的……”

一番话打破了卢老师的窘态，他诚挚地说：“解老师，今天，我还是要对您再道一声‘对不起’！”

“说对不起的应该是我呢。我答应你不发表那些照片的，结果我没守信用！”我抢过话头，自己忍不住先笑起来。

如果没发表，也许就没有今天的周七家小学了……

第五部分

永远在路上

64. 今天，他们在首都喜相逢

夜深了，我依然兴奋得静不下来，眼前反复闪现着三个孩子的身影。从1991年4月第一次拍摄他们，到2005年，如今已时隔十四年。“大眼睛”“小光头”“大鼻涕”和我，今天终于在后圆恩寺胡同甲1号——中国青少年发展基金会办公的院子里首次相聚。

上次见到他们是四年前。那时准备高考的苏明娟，现在即将大学毕业。刚上大学不久，她来信告诉我，她在一本杂志上看到一封北京师范大学的学生写给青基会的信，那位大学生表示自己已经在大学里勤工俭学，能够养活自己，所以申请退出援助计划。这件事让她心里无法平静，想了许久，她也给青基会写了信。青基会将她的信转到安徽省青基会，安徽省希望工程办公室没有答应她的请求，他们仍为她提供捐助。他们只有一个要求，就是希望她将精力全部投入到学习中去，不要因为勤工俭学而影响了学业，学成后，将来一定有机会报答社会。就在前两天，我又收到她的来信，她很困惑地问：“解叔叔，我就要走上工作岗位了，已经有很多单位向我发出了邀请。是‘大眼睛’成就了我，是希望工程成就了我，我觉得自己应该去希望工程，为更多的孩子呼吁，可如果这样，我学了几年的金融专业怎么办呢？”今天，我一番开导的话令她豁然开朗，我告诉她，不一定把善事当成职业，重要的是要有一颗感恩的心，用行动说话。我当年在文化馆，后来到《中国青年报》当记者，不也做了许多善事吗？

张天义考入江苏盐城工学院机械系。高考前夕，我曾经给他打电话鼓励他，他非常有信心地说：“苏明娟姐姐考上了大学，我一定要像她一样，不辜负大家的期望！”他考上大学后，家里一时拿不出生活费，是《扬子晚报》的“利群阳光助学”活动资助他五千元，解了一家人的燃眉之急。今天是他第二次来北京，他迫不及待地向我汇报他各科的好成绩，只是说到英语时，脸上现出一点点沮丧。“解叔叔，我的基础是差一点儿，但我一定会努力赶上去的！”他急忙把右手高高地举过脑门向我表态，这副郑重其事的样子把在场的人都逗笑了。“三十年前，我是北京市阀门四厂的普通工人，咱俩有缘分啊！毕业以后好好工作，让解叔叔见识见识现代机械技术！”我亲切地对他说。小伙子长了一头浓密的黑发，他告诉我，六岁那年他是因为长疮才剃的光头，而那唯一的一次，就被我的镜头定格了下来。

胡善辉一身戎装，显得格外英姿飒爽，他如愿成为一名军人。当时，胡善辉给我写来一封信：“叔叔，我已经到部队整整一个月了。我没给您写信，没给您打电话，是因为我们部队有纪律。现在我们新兵连已经训练完毕，我被分配到原济南军区某导弹部队汽车连。谢谢您，我一定珍惜这个来之不易的机会，在部队好好学习，好好锻炼。”今天，意气风发的他在当年那幅流着鼻涕高声读书的照片面前，不好意思地笑了。

三个希望工程的形象代言人如今都已长大，虽然是第一次见面，孩子们却像一家人那样亲密。“踏进门的一瞬间，我感到特别激动，我们回家了！”胡善辉一手搂着苏明娟，一手搂着张天义，在那三幅标志性照片前，我为他们留下了第一幅合影。当我拥着他们一齐出现在众多媒体的镜头面前时，欢快的笑声和着热烈的掌声响彻整个青基会的办公大院。

“你看这个！”几天之后，我一迈进青基会的办公室，顾晓今就递给我一张纸条。拿过来一瞧，是一张汇款单，金额一千元，再看看汇款人名字，胡善辉？

“他捐款来了？”我疑惑地问。

“你说这孩子！”顾晓今嗔怪地摇摇头，“临走前，青基会赠给他们每人一千元钱，希望他们继续努力，好好学习，好好工作。哪想到他又给寄了回来！他打来电话说：‘我现在是一名士官了，每个月都有津贴，这钱可以帮助其他的孩子做更多的事情。其实我当时就想把钱退回去的，但是想到正在上大学的张天义家境仍然不好，担心退钱会导致连锁反应，所以就先把钱

带走了！’——你看看，这个孩子！心有多细呀！”

心里一阵感动。我眼前闪现出胡善辉给我敬军礼的样子，他的神情是那么严肃和神圣。

2005 年 5 月，中国青少年发展基金会院内，14 年后“大眼睛”“小光头”“大鼻涕”在北京首次相聚
解海龙　摄

65. 让我的心意飞向雪域高原

2006 年 11 月 23 日，一个特别的日子，华辰秋季拍卖会在北京的王府半岛酒店举行。今年的拍卖会除了传统的中国雕塑、中国书画、瓷器、玉器及珠宝首饰几大部分之外，首次推出影像艺术品拍卖专场。这不仅是中国第一次影像拍卖，在亚洲也前所未见。

展厅里摆放着七十四位摄影师的一百三十三幅摄影作品。徐肖冰、侯波夫妇的《战士 · 领袖 · 人》，翁乃强的《回放》，吴印咸的《毛泽东在延安》，吴鹏的《团结起来到明天》，罗小韵的《力挽狂澜》……与吴家林的《时光》

相邻的，是我的《希望工程——大眼睛》。

这幅照片能得以参拍，还缘于陈光俊和他的“百年印象”画廊。

最早认识陈光俊，大约是 1993 年他刚成立专业摄影器材公司的时候。2002 年，徐勇租下 798 几处包豪斯建筑老厂房，其中有一处两百多平方米的空间，他打算做成专业摄影画廊。摄影圈里有能力投资的人不多。他先找到在新文化街开绿影室的钟旭东，后找到在隆福寺东街开摄影器材公司的陈光俊，与后者一起开办了北京第一家摄影画廊——“百年印象”。

“百年印象”应该是中国第一个把影像跟市场对接的画廊。“为什么外国人的照片能卖，我们的就不能卖？中国并不缺乏像国外大师那样的经典之作，我们要让大家认识到中国影像艺术家的作用和历史地位！”在几乎跑遍了世界各地所有跟摄影有关的著名的画廊、博物馆之后，陈光俊开始着手中国影像市场的开发。他找到我，一番热情、诚恳而又专业的剖析让我心悦诚服。“摄影有复制性，要体现它的价值，就要把它的复制性减到最弱！”在我的记忆里，我第一次认识到摄影的价值，是当年徐勇那六幅胡同的照片卖到一千两百美元。而通过“百年印象”画廊，我自己的照片也走向了市场。

按照国际惯例每一幅作品，同一尺寸下的限量版复制数量不能超过三十幅，从而形成作品的稀缺性。今天参加华辰拍卖会的是“大眼睛”限量版的三十幅中的第二十四幅，估价二十四万至三十万人民币。

随着首拍作品袁毅平的《东方红》以四万元成交价敲下中国影像作品拍卖市场第一槌，我心里越发紧张。卖照片和拍卖照片是两码事。此前，我经历过一次失败的拍卖。

那年走访陕西，我遇见一个将“欢迎”的“迎”字写错的老师，回北京后，我跟青基会的人特别聊过这件事情。我们开展希望工程，帮助农村的孩子，如果老师的文化不够，学生怎么谈得上希望？青基会为提高山区民办教师素质，准备在浙江省嵊泗筹建一个教师培训基地。他们和上海青基会策划了一场拍卖会，将拍卖收入全部捐给这个基地。当时我提供了一台自己的相

语文
科学
科学

机参加拍卖，出乎意料的是，我的相机最后流拍了。

虽然后来在为山区老师们筹措路费举办的第二次拍卖中，这台底价两万元的相机被一名广告公司老板以五万元买下，并且他又把相机回赠给嵊泗教育基地，但第一次流拍的经历，在我心里始终是个阴影。这次华辰拍卖，主办方和代理方给出二十万元的全场最高起拍价，如果又流拍了，自己的面子挂不住是小事，若因此为希望工程留下遗憾，我想这是大家都不愿意看到的事情。

想到这里，我偷偷地摘下了领带。

因为是首次影像艺术拍卖专场，今天来的摄影人和记者比竞价者和观众还要多。身为记者的我，这次却猫着腰坐在后排最靠边的位置。“快点轮到我吧！老天保佑能如愿！”我焦急地等待着。下午五点半，编号为 0247 的《希望工程——大眼睛》正式亮相。

拍卖师首先介绍这幅作品，后来她又说了些什么，我几乎一个字都没听进去，只感觉周围人头攒动，耳边是嘈杂的嗡嗡声。我浑身冒汗，松了松衬衣领口，强迫自己将注意力集中到台上。

“二十万！”随着拍卖师一声报价，马上有人举牌响应。我从座椅上挺直身子，不由自主地捏紧塞在西服口袋里的领带。

“二十一万！” 有人接应，只见一位身材玲珑的女士高举竞价牌子左右展示一遍。

“二十二万！”几乎不给拍卖师说话的机会，又一个干净利落的声音。大厅里有人发出“哇——”的惊叹声。

报价一路追涨，大家屏息凝视着拍卖师手中的小木槌，激情就要点燃了。第六轮竞价之后，“二十八万！”全场屏住呼吸。

报价停在二十八万。大厅里响起一阵骚动声，扛着摄像机的记者们纷纷开始重新调整位置，寻找最佳拍摄角度。

“二十八万第一次！”拍卖师激动地提示大家，她也为这场动人心魄的竞价兴奋了。

2007 年 3 月，贵州省开阳县南江乡中心学校，孩子们非常开心地领到了免费的新书本 [左页上图]
解海龙　摄

2006 年 9 月，四川省凉山州昭觉县库依乡中心小学，孩子们盼望早一天在新建成的教室里上课 [左页下图]
解海龙　摄

1993年，西藏自治区定日县，渴望读书的孩子［右页图］

解海龙　摄

我紧紧地盯着前面，只觉得耳根发烧，怦怦跳动的心已经提到嗓子眼，身上的每一根汗毛都竖了起来。如果二十八万成交，加上10%的佣金，最后的总价将是三十万八千元。

“二十八万第二次！”拍卖师闪亮的眼睛掠过全场。

“二十八万第三次！”拍卖师一槌落定，热烈的欢呼声和掌声顿时响起。我缓缓地吐出憋着的一口长气。

等那股冲上来的热血回落下去，我赶紧掏出领带系上。十几架摄像机几乎同时转向我，华辰公司董事长甘学军挤过来，冲我高声喊道：“快，准备一下，接受中央电视台记者的采访！”

我捋一捋西服领带，稍稍平息一下激动的心情，脑子里迅速过了一遍事先准备的话。没等我组织好更多的词句，中央电视台的话筒已经伸到我面前。

“解海龙先生，您好，我们恭喜您，您的照片拍出全场最高价！此时，您是什么心情？有什么话想对现场嘉宾和电视机前的观众们说？”记者熟练地提问，语速飞快。

我清了清嗓子，又整了整领带，努力让自己静下心来，然后对着镜头说：“今天，我的这幅照片拍卖到二十八万元的高价，含佣金共三十万八千元，我非常激动！首先我要向所有看过我的照片、捐过款的人们表示感谢。有一位作家写道，如果把希望工程比作一顶军帽，‘大眼睛’就是它的帽徽；如果把希望工程看作一本画册，它就是封面。是你们、是整个社会把这幅照片推到今天的位置，对于一个摄影师来说，这是最大的荣耀。我一直对向希望工程捐款的人们心怀感激，向你们学习。你们给孩子资助，你们为孩子盖学校，可是我一直没有这么多钱，没有能力去干这么大的事情。今天我有钱了，我也要像你们一样，盖一所学校，圆一个梦想。我要代表‘百年印象’画廊和华辰拍卖公司将这次拍卖所得，全部捐给西藏，盖一所希望小学！”

“听到您的决定，我们感到非常意外，也非常惊喜、非常振奋！请问您

为什么要把希望小学选在西藏呢？”记者提出第二个问题。

“西藏是教育资源相对匮乏的地方，也是摄影人向往的天堂。如果他们去西藏时，能看到一所由摄影人自己捐建的希望小学，那该是一件多么高兴、多么自豪的事情！”

“您想好了这所学校的名字了吗？”记者接着问。

“就叫‘大眼睛希望小学’吧……”

这段采访在当天的《晚间新闻》中播出。接连好多天，我的手机就没有消停过，老同事、圈内朋友、不知名的热心群众……纷纷向我表示祝贺或感谢，其实早在拍卖之前，我就做好了将拍卖所得捐给西藏盖一所希望小学的决定。我和“百年印象”、华辰拍卖三方已经达成共识，无论最后拍卖到多少钱，所得款项都全部捐献出来，但是我要求事先不要将这个决定公布于众。拍卖会是要证明中国影像艺术在市场上的价值，如果事先宣布要将拍卖所得捐赠出去，意义就完全不一样了。现在《希望工程——大眼睛》以二十八万元的高价成交，完全证明了它的收藏价值。

“海龙，你有魄力，不简单！你为摄影界做贡献了，是咱文化馆的骄傲！”我尊敬的马馆长也给我打来电话。电话那头，这位老领导尤为兴奋。“现在看来，你这幅照片不仅仅推动了希望工程的发展，唤醒了广大中国人民的公益意识，而且今天，它又证明了中国纪实摄影作品的价值！它不仅仅受到全社会的关注，更受到市场的关注！”

莫非正如《参考消息》刊发的文章所说，中国影像市场的春天到了……

66. 落落长大了

自 2001 年调入中国摄影家协会以来，我从信息中心主任到现在的分党组成员、副秘书长，工作重心随职务变化几番转移，不过大致都是负责组织、联络、协调服务之类的工作。我也曾想，画了个大圆圈，仿佛又回到十多年前在文化馆的工作。不过现在我面对的是全国的摄影人，小到与每个会员、团体的联络，大到办展览、搞比赛、办培训班、建立信息中心，总之全是服务性的工作。在中国摄影家协会，我又找到了回家的感觉，只要是与摄影有关的事情，我都非常乐意做。

回想起来，其实我当初并不甘心离开《中国青年报》。经过五六年的实践，1998 年我已经找到了做记者的感觉：张北地震、阿尔山大火、抗洪救灾、解放军医疗队奔赴西藏……常常，今天我还在人民大会堂，明天就到了边远山区。然而之后几年里，报社摄影部陆续来了很多年轻人，他们不仅带来更新的观念，在使用电脑和外语上，和他们相比，我确实感到力不从心了。迎接新世纪的时候，我犹豫了。有一天，报社接到某电视台的电话，邀请我去做嘉宾，我随口问是哪个栏目，他们说是《夕阳红》。我的心瞬间往下一沉，然后赶紧收拾家伙，撤出了新闻战线。

但我和摄影是不能分开的，这些年来，希望工程及与之有关的工作从未脱离过我的生活：在美国旧金山参加以中国文联名义举办的中国希望工程摄影纪实展；参与出版的《大眼睛的希望》一书获得中宣部“五个一工程”奖；获中国扶贫基金会“中国消除贫困奖”（义工奖）；走访四川神秘的阿布洛哈村，拍摄那块闭塞的土地上上学依旧困难的孩子；希望工程摄影纪实作品入编《中国最具影响力的摄影家》大型系列画册……

除却那些职务，我更愿意将自己看作一名记者、一名摄影人。我是一个非常相信照片的人，同一个场景，被说出来、被写出来、被拍出来的感觉是不一样的。当语言在空中越飘越远，文字在记忆深处逐渐发黄时，照片以它沉默、固执的方式停留，供我一千遍、一万遍地默念、抚摸和怀想。如果说那些纳入我镜头下的主人公，他们的人生轨迹因为我的照片而改变，他们又何尝不是我一路前行的见证人？

生优生，幸福一

1998 年，湖北省监利县，受灾群众在转移家具 [左页上图、下图]

解海龙　摄

《艰辛的哺育》中，那位深深触动我、促使我改变摄影方向的戴红英老师，二十年后，我们在北京重逢。她应邀来北京领取希望工程“园丁奖”，当年她背上的婴儿已经长成一个文静的姑娘，上大学三年级了。当我再次举起相机，在天安门广场为母女俩拍照的时候，心中充满敬意和感激，同时也为她们、为自己感到自豪。

《雄壮的入场式》的主人公黄刚，自 1994 年我在远南运动会和他重逢后，我们再没断过联系。2005 年，他娶了一位贤惠善良的好媳妇，后来有了一个活泼可爱的女儿。那年秋天，我专程去四川看望他。虽然一家人的生活并不宽裕，但洋溢在他们脸上的笑容却是那么幸福。黄刚满怀憧憬地说：“只要我们努力，什么都会有的！”

因为一组《亦真亦幻难取舍》的照片而被评为全国十大扶贫助残劳模的王玉荣，她的事迹被报道出去之后，在当地政府的帮助下，他们搬进了新居，生活条件也得到很大的改善 。当年，她活泼调皮的小女儿迷上我的相机，一个劲儿地说：“长大了我也像叔叔一样当记者！”后来，这孩子真的考取了重庆大学新闻系。如今，她已在北京结婚生子，安家立业。

我一直对“骗”我走了十多里山路的段计存老师心存敬慕。2000 年我重返山西省静乐县，段老师已经在两层楼的新校舍里教课了。他告诉我，那个趴在碾盘磙子上的小女孩幸运地被选去新加坡护士学校，全县总共才选了三个人。他把孩子从国外寄来的照片拿给我看，满脸都是说不尽的欢喜和骄傲。2005 年底，我再一次见到段计存老师。段老师十三岁的儿子听我讲起十四年前我和他爸爸的故事，露出一脸新奇。

2008 年 1 月，应襄樊铁路局的贺瑞明和《襄樊日报》杨杰主任之邀，我第二次来到襄樊。

2006 年 9 月，四川省凉山州布拖县乌衣乡阿布洛哈村，家长们盼望着孩子们早日成才走出大山 [下页图]

解海龙　摄

8 年前，落落和美国前总统老布什的合影见报之后，他一下子成了名人。从北京一回到家，当地好几所小学都抢着要这个孩子，承诺给他提供各种优厚的条件，他们最终选择了襄樊铁路子弟学校。“这个学校实行九年制，还

语文
YUWEN

答应把我这个老太婆也一同接去。我正发愁孩子这么小，一个人去城里读书没人照顾怎么办呀，这可好了！谢谢你啊，他大伯，托你的福！”任老太太高兴得合不拢嘴，特意跑到村支部办公室给我打电话，告诉我这个好消息。此后，贺瑞明和杨杰就负责起跟踪报道小落落的工作，通过他们，我时常能听到祖孙俩的消息。

2008 年 1 月中旬，关于降温、雨雪的新闻充斥各大电视台和报纸。湖北全省高速公路和省际主干道已全部关闭，顶风冒雪几经辗转，我们一行人终于来到襄樊铁路子弟学校。

还没到放学时间，“咱们先去他们家吧！”杨杰建议。学校不远处有一排小平房，“任奶奶，您看谁来了？”杨杰叩响房门。

门一开，任老太太刚一抬头，“他大伯！”她欣喜地叫出声来，“真的是你？”布满皱纹的脸一下子舒展开来。

“任奶奶，是我呀！”我上前一步，握住老人家的手。

“哎，哎……”任老太太眼里骤然泛起泪花。她急忙撩起衣袖抹一把，使劲把我往里拽：“快进来，进屋里坐！”

几年不见，老人家看上去不如以往硬朗了，头发也白得更多，不过精神依旧。她拉着我的手久久不肯松开，兴奋地说个不停。她告诉我贺瑞明警官是如何关照落落，小床边的书架上摆放的好多辅导资料和课外书籍都是他送的，落落又是如何刻苦学习，墙上一排红艳艳的奖状都是落落得的。落落已经十五岁了，奶奶抬起胳膊比画着，“这么高，这么高！”乐得眼睛眯成一条缝。她说刚从乡下来到城里时，一天不下地干活就觉得浑身难受，于是在屋后辟出一块地，种了些蔬菜。“中午就在咱家吃饭，你们城里哪能吃到这样的新鲜菜呀！”说着，她站起身来就要去地里。

“奶奶，我回来了！”随着一声亲热的叫唤，一个大男孩跨进屋子。

“呀，解伯伯——”，他立刻认出了我，“解伯伯，您说过要来看我的，我等啊等啊，等到小学毕业了，等到现在上初中二年级了，您终于来了！”

落落一头乌黑茂密的头发，一张有棱有角的脸显出少年的青春活力。他的嘴唇经过第二次修补，几乎看不出来曾经动过手术的印痕，在这个神采飞扬的孩子身上完全找不到他小时候的畏缩和羞怯。如果不是《襄樊日报》的杨杰给我寄过照片，我真不敢保证时隔八年，还能认出面前这个大男孩。

欢乐的气氛充满了屋子。“走，跟奶奶去地里！”奶奶从门后拎出一只大竹篮，招呼落落。好眼熟的篮子，这不就是我第一次去他们家时，落落挎着去摘白菜的那一只吗？落落接过篮子，特意把它举到我面前：“解伯伯，小时候我就是躺在这个小篮筐里被奶奶带到田间地头的！”

上课前，我随落落一起去了学校。

落落的故事早已在同学们中间传开。当他们知道我就是落落常常提起的当年为他拍照的“解伯伯”时，一下子全跑过来，几十个孩子将我俩团团围住。他们七嘴八舌地向我汇报落落在学校的表现，大事小事一一道来。落落乐滋滋地挨在我旁边，脸上一副显而易见的自豪。看着这群和睦友爱的孩子，一股暖流从我心底淌过。虽然这些年，落落和奶奶的消息没有间断过，但今天我亲眼看见，才踏踏实实地放下心来。

“解伯伯，您的相机能留下来吗？”等我给孩子们拍完照片，落落瞅着我手中的相机，满眼期待地问。

我没明白他的意思，相机留下？

“我特别喜欢！”他连忙解释道，“我也想和您一样学照相，给大家拍照片！”

“落落，相机在我的工作中必不可少，要说喜欢，我可比你还喜欢它呢！相机不能给你，并不是因为它有多贵，而是你应该明白，你一定不可以张口向人家要东西。你要努力通过自己的劳动来得到你想要的，知道吗？”我微笑地看着他。

2008 年 3 月，湖北省襄樊市峡口镇，手术后的落落成了这个家的顶梁柱

解海龙　摄

“哦！”他红了脸，不好意思地低下脑袋，“那我怎么做呀？”他小声地问，眼睛的余光不时扫向相机。我看得出来，他是真的喜欢。

“咱俩写个协议书好不好？”我想到一个好主意，既不让孩子感到失望，还能给他鼓励。

“什么协议？”他抬起头来，眼睛一亮。

“甲方落落，乙方解海龙。我们约定三条：第一条，学习成绩优良，三门主科九十分以上；第二条，孝敬奶奶，成为家里的劳动主力，由奶奶证明；第三条，学会讲普通话，以一年为限。以上三条如果甲方全部做到，到 2009 年 4 月，由乙方给甲方提供一台相机作为奖励。怎么样？”

“真的啊？”他兴奋得跳起来，“我保证，这三条我一定做到！”

几个热心的孩子已经跑回教室拿来了笔和纸。抬头、正文、落款，我告诉他书写格式。几分钟工夫，他就按照我说的几条写好了简单的协议书。在甲方一栏，他工工整整地签上“任海波”三个字。

“协议书上还得按手印！”杨杰插上一句，“快去找红印油！”

这时上哪里找印油？我瞅见旁边有一个小卖部，对，就买一瓶红墨水！

小卖部里没有红墨水，那就用蓝墨水吧！落落学着我的样子，伸一根手指头蘸一蘸蓝墨水，郑重地在他的名字上按下一个手印。

上课时间快到了，我们也该返程了。虽然是十五岁的大孩子了，可这次落落还像八年前在北京和我告别时一样，把我的手拽得紧紧的。一股离别的愁绪赶走刚才的快乐，他扬起头，不让我看见他含泪的眼睛。

我们不是有约定吗？落落，相信我们不久还会再相见！

67. 另一个起点从退休开始

这里是我的办公室。

一间二十平方米的小屋被一张三人座沙发隔成两段，沙发前摆放着一个小茶几，这是小巧简单的会客厅。沙发后面一张书桌显得有几分陈旧，桌角已经磨损了，露出木头的原色，一把不大不小的靠背椅恰如其分地占据着书桌与书柜之间的空间。透明的书柜橱窗里，一副“优秀党支部”的奖状相框在灯光下闪耀着金属的质感，一幅“大眼睛”的照片为贴满工作计划的墙壁增添了一抹亮色。

刚调入中国摄影家协会时的情形我记忆犹新。那时的我多了一个“毛病”，没事就把所有的相机、镜头拿出来，一遍一遍地擦，把相机、电池、胶卷都准备好，好像手机随时会响起来，接到拍摄任务立刻就能出发。而最终的结果是我背着摄影包从里屋走到外屋，然后再走回去，把摄影包放下收好。摄影包里的胶卷在出差途中一次一次过安检，我不甘心地想，难道它们没有曝光的机会了？

2003 年春天，“非典”疫情袭击北京。我立刻感到不能再旁观了，这也许是我新闻摄影职业生涯的最后一次出击。当绝大多数摄影记者还没有深入“非典”病房一线采访的时候，我通过朋友找到北京佑安医院，要求进入病房拍摄并获得批准，我激动得几乎忘了传染这回事。我坚信，医生能去的地方我就能去。当我脱掉三层防护服时，我真的为我们的医护工作者自豪。虽然在病房里我只停留了四十分钟，可那是我摄影生涯中最难忘的经历之一。

当我已经不再是某个媒体的摄影记者时，我在佑安医院拍摄的照片又被各报刊陆续刊发出来。佑安医院感染科主任医师孟庆华的照片被《北京晨报》《北京青年报》用作了公益广告，看过报纸后有很多朋友说，解海龙又拍摄了一双“大眼睛”。我想，我的片子不应该仅仅满足于新闻报道。拍摄希望工程的经验让我意识到，我应该在自己现在的岗位上，将摄影的社会功能发挥得更好，为抗击“非典”激发更大的社会力量，随后我立即行动起来。由于事件的特殊性，不是所有的摄影记者都能深入到抢救“非典”病人的最前线，经过多方努力，我们以中国摄影家协会的名义向抗击“非典”的一线医护人员捐赠了十台数码相机及打印机，就是想如果有可能，让一线的医护人员将那些应该被载入史册的画面拍摄下来。同时，我也积极同广东、河北等媒体的摄影记者和团队取得联系，密切关注所有关于记录“非典”时期的影像，以便在我们战胜“非典”的那一天，举办一个意义非凡的展览。

…… ……

不知不觉中，我已经在这儿工作了十一年。我把桌子上的书籍和资料收拾整齐，将墙上的照片一一取下。我的目光再次扫过每一个角落，带着些许留恋，几分不舍，轻轻关上房门，转身走出中国摄影家协会的大楼。

我六十岁了，该退休了。

前两天，我也同时向中国摄影著作权协会递交了退休报告。2008 年，中国摄影著作权协会刚成立的时候，我被选举为总干事，按照有关政策，我仍可以再多干几年，不过我仍然选择了退休。我想放下工作，趁着还跑得动，多拍些片子，想重访当年走过的路，想一心一意做一些自己很久以来就想做的事情……

“解伯伯，上车吧！”有人招呼我。不远处那棵大树下停着我的车，车窗摇了下来，罗明冲我使劲地招手。

“你怎么来了？”我朝他走过去，他已经替我打开了车门。

“从我来北京的第一天起，我就跟在您身边，以后我还跟着您！”小伙子嘿嘿一笑，随手发动了汽车。

这小子！我感叹一声。瞅着他的侧面，他手握方向盘专注的样子一如他在工作中认真的状态。

两年前，我去山东的海军某部队慰问时，一行人沿海滨开车看风景，一不小心和一辆拐弯的车擦上了。好在双方都不是较劲的人，我们很快达成协议，各负其责。赶来处理交通事故的警察大概从没见过这么爽快的当事人，他例行公事地询问我们的工作单位和姓名。当他得知我在中国摄影家协会工作，名叫解海龙时，他一下丢下笔，喜出望外地说：“您就是解海龙啊！”原来，他不仅是交警大队的大队长，还是威海市摄影家协会副主席。听说我们准备去天鹅湖，他立刻表示愿意亲自带我们前往。拿宽胶带把撞坏的车门绑好，他就开着破车一路给我们当向导了。自那以后，我和这个豪爽的山东汉子成了好朋友。

没多久，他儿子罗明大学毕业了。正好中国摄影著作权协会刚成立需要人手，我便把他作为实习生安排进来。小伙子聪明能干肯吃苦，接待、约稿、写文章，交给他的事情我一百个放心。可最近在转正这个问题上，出现一点小麻烦。按规定，著作权协会正式员工至少需要硕士文凭，而他只是本科毕业。我即将退休，难道这孩子也待不住了？我可是希望他继续深造，争取留在那儿呀。

“伯伯，只要您看得上我，我想好了，您筹办龙影廊跑腿打杂的事儿，只管交给我来做！”他似乎看出我的心事。

“哎，那可不成！”一听他这话，我大吃一惊。辞掉著作权协会的工作，以后工资都没有了，还能去租房？

“搬我家去吧，小飞不住家里。他偶尔回来，你们兄弟俩挤挤也没问题！”我想了想，这样对他说。

陈光俊的“百年印象”画廊给了我启示，两年以来，我一直琢磨着筹办一间影廊。我计划中的这间影廊将致力于发掘青年摄影家，通过免费教育、展览、社会实践等多种方式，为青年摄影人提供广阔的发展空间。在条件许可的情况下，也组织一些艺术活动，为广大影友和图片收藏者提供交流和交易的平台。我深深地感谢刘加瑞老师，当年广角影会就是聚集了我们这样一批热爱摄影的年轻人。在学习实践中，刘加瑞老师不遗余力地为我们创造条件，给我们请来最优秀的老师；在摄影理念上，刘老师教我们将目光投向普通人平凡的生活。我常想，如果不是许喜占老师把我带进广角影会，如果在广角影会没有遇见刘加瑞老师，也许这三十多年来，我依然在浮光掠影中追逐；也许，在厌倦了那些之后，我早已放下了相机。

我已经相中了永外大街 64 号龙顺成文化园里的一个中式小院子。“龙影廊”这个名字，是我和志想商量了好久才定下来的。“百年印象”的名字多么大气，多么有魄力啊，我的影廊叫什么好呢？“永外大街 64 号”？听起来倒像一部电影的名字；“长征路上”？虽然有不畏艰难一路前行的意思，似乎又带有一点儿口号性；“明天的希望”？哎，希望工程的感觉如影随形！“你本来就是一个直来直去的人，做的也是一件直来直去的事儿，又不像人家有那么高的文化修养，何必为了一个名字煞费苦心？”志想看我冥思苦想的样子，忍不住打趣我，“简单明了最好！影廊就是影廊，不需要那么多花里胡哨，你说是不是？”她的话令我茅塞顿开。“龙影廊”不是挺好吗？这个文化园的名字中也有一个“龙”字，“龙影廊”与“龙顺成”契合得如此完美。

每月一万元的租金对于我来说并不轻松。能让我稍感踏实的是，接下来全国各地的报告会和讲座一直排到了几个月之后，世界各大品牌摄影器材代理商的试用邀请信也还有好几封，这些讲课收入暂且够租金和员工工资了吧？从现在起，这些钱都得志想帮我存着，不然，到了要用钱的关头，让她为难就实在说不过去了。这些年来，她对我工作上的支持真是做到了无可挑剔。

罗明送我到楼下，将车停好，把车钥匙交到我手中，一副要走不走欲言又止的样子。他还在想什么呢？他一定是担心他的决定给我添麻烦了。我拍拍他的肩膀，说：“去吧，先把单位的事情处理好，完了就到我家来报到！”

“伯伯，我……”他把手指关节掰得咔咔响。

“去吧，我需要你！”我笑着朝他挥挥手，转身走进楼道。

志想正在电脑前整理她的照片，听见开门的声音，她跟我打个招呼，忙得连回头的空暇都没有。小飞不在，家里就我和志想两人。小飞从北京电影学院毕业后，在一家广告公司工作了一年，后来去上海跟他四叔（他称崔新华“四叔”）学商业摄影。我调到《中国青年报》不久，崔新华便也去了上海三亚文化传播公司任摄影总监。小飞跟着他学了近两年，现在成为《北京青年周刊》一名专业记者。我流露过我的惋惜，我多么希望他能和我一样，在纪实摄影的道路上前行啊！不过他的理解也不错，孩子的眼界宽了，有自己的思想，虽然我的希望工程系列给他打下深刻的烙印，可是摄影的方向不止一个，而评判摄影价值的标准也并不唯一。他说：“难道六叔的体育摄影就没有价值吗？他在亚运会、韩日世界杯、德国世界杯上捕捉到那么多精彩瞬间，你能说没有意义？人家可是首届中国十大青年摄影家之一啊！而且还是目前中国唯一一位获得国际足联和中国足协批准，连续多届亲赴现场采访报道世界杯的摄影记者。还有朱恩光叔叔的风光摄影，都选入中学教科书了！他不是一样在关注社会、体验民情、记录时代、促进和谐吗？爸爸，你说在客厅里挂一幅怡人的风光照片是不是更让人赏心悦目呢？”六叔是刘占崑，是啊，我怎能不为我这位小兄弟感到自豪？他那幅《9 · 23 北京不眠之夜》，几乎囊括了 1993 年全国所有新闻摄影比赛的头等奖。朱恩光这个感性的风光摄影师，他在风光照片中融入了自己深刻的内心感受，并荣获 1999 年第四届中国摄影金像奖，还曾担任过全国摄影艺术展的评委。不久前，我们一同参加了“中国摄影家 2011 响沙湾迎春国际摄影周”，他还接受了美国著名风光摄影师鲍勃 · 科布瑞纳的亲自颁奖。

我们真的成了摄影之家！

倒在沙发里天马行空地乱想了一阵，我收拾好自己的心情走进浴室。温热细密的流水从头淋到脚，一种特别的轻快在身上、在心里蔓延开来。我闭上眼睛，尽情享受这一刻的惬意和满足。

68. 用我自己的方式帮你

“海龙，忙啥呢？”2011 年 6 月的一天，王文澜给我打来电话的时候，我正东奔西跑选装修材料、谈装修预算。

“找我啥事啊？”我急匆匆地问。他的慢性子在摄影圈是出了名的，“没有最慢，只有更慢”，我们常常拿这话和他开玩笑。

电话那头传来清朗的笑声，他说：“别光顾着忙自己的事情呀！第二届中国摄影家响沙湾国际摄影周，你参加吗？”

“第二届？咱们上次不是去过第一届的迎春国际摄影周吗？”春节前，《中国摄影家》杂志特意将登上他们“封面摄影家”的主角请到响沙湾，我在现场还给大家讲了封面照片上我做牧马人的故事。

“来，还是不来？”他不跟我饶舌，仍然用他那慢条斯理的语调，给我两个选择。

“最近事情真的挺多！”我有些犯难。龙顺城的小院子已经租了下来，一堆事情等着要办，可这些杂事又不像以往工作中的事情那样做起来得心应手，刚一开始，我就有焦头烂额的感觉了。

“那行，你可别后悔哟！”他话中带笑，准备挂电话了。可这笑声听起来怎么那么神秘呢？是诱惑还是要挟？“别挂，你快说有什么新鲜事儿？”我赶紧截住他的话。

“跟你透露一下吧，这次最大的亮点是‘中外摄影家大 PK’，这在中国摄影史上也是头一次呢！中方和外方各派四名摄影师，咱们这边，你是人选之一，你去，还是不去？”

“去，我当然去！”和国外摄影师 PK，太激动人心了！顾不上搞清楚我们四个人都是谁，我迫不及待地问他：“有哪四名外国摄影师啊？”

“全是马格南图片社的摄影大师！美国的埃里 · 里德、日本的久保田博二、英国的珀金斯和……”

做了十年摄影记者，马格南图片社的摄影师们一直是我羡慕、崇拜的对象，罗伯特 · 卡帕是我心中的英雄。他们工作认真、敬业，有思路、不苟同，这次难得的艺术交流机会怎么可以错过？

与王文澜熟识之后，我听他讲过他的一些陈年旧事，颇有意趣。当年他在部队做宣传科干事的时候，《中国日报》总编辑冯锡良独具慧眼地看中了他的作品，当场拍板要他，可是部队不放人。“不让按干部转业，转成战士复员也要走！”他横下一条心，开始了他的记者生涯。到《中国日报》之后，冯总编首先从思路上指导他，不是只有大事件才值得报道，日常生活中的小事情也可以上头版，要善于挖掘身边有价值的东西。他的影像温和、细腻，平静中自有深厚的寓意。他说，这与冯总编的影响是分不开的，冯总编不仅是伯乐，也放手给了他广阔的创作空间。

他的慢性子似乎又与一名新闻记者的身份是矛盾的，连他自己都说，他那性格不太适合在报纸干。和别的记者一起出去采访拍照，回来人家都发稿了，他还在不紧不慢地磨蹭着。但是他对事件的理解力和深刻的影像把控力，却能让他在众多记者中脱颖而出，拿出视角独特的照片来。“我在用相机智取，而不是强攻。”他从来都是一副泰然自若的样子。凭我与他数次同行的观察，他看上去总是不露声色，实际上他的眼睛在看、在搜索，脑子在判断、在选择。

2001 年，我调到中国摄影家协会不久，他被选举为中国摄影家协会副主席。此后，我们有了更多的交流和切磋。那几年，他的《京味》《名人透视》《流动的长城》《中国纪事》《自行车的日子》几本摄影集相继出版。虽然都是普通人的生活瞬间和常见的社会面貌，在他的镜头中却显得那么意味深长。

7 月的响沙湾流金溢彩，壮阔而神秘。响沙湾沙漠艺术宫宛如一颗巨大的珍珠，点缀在库布齐沙漠之中。7 月 11 日上午，代表国外的四位马格南摄影家埃里·里德、久保田博二、伊安·贝瑞、克里斯·斯蒂尔·珀金斯与代表中方的朱宪民、王文澜、张桐胜和我，一起登上舞台。在万众瞩目之下我们接过 PK 大旗，为期三天的 PK 赛正式开始。

大漠上腰鼓阵阵，十多位鼓手舞动大槌，红色的丝带随风飘舞，身着美丽的蒙古族服饰的青年男女沿着纯净的大漠款款而来，驼队在沙海中蜿蜒不绝……这次摄影周的主题是“摄影与非物质文化遗产保护”，涉及项目有敖包祭祀、安塞腰鼓、赛驼、蒙古族服饰展示、搏克、放飞风筝等。从一开始，我的注意力就集中在《黄河人家》纪实拍摄活动这项内容上。第二天下午，在拍摄完 PK 赛指定项目之后，没有惊动别人，我搭乘一辆便车出了响沙湾。

刚才还是碧空如洗，现在忽而风沙骤起，刹那间，大漠上升腾起灰蒙蒙的沙雾，和天空中低沉的乌云连成一片。“解老师，您去哪里？”开车的小伙子问我，他是要外出办事的。

“顺路经过哪个小村落，你放下我就行！”我说。车开得很小心，风沙打得车窗“砰砰”直响。朝窗外望去，我突然看见不远处的黑云之下，一大群羊被风吹得羊毛翻滚，像棉花团似的移动着。一个瘦瘦高高的女孩子挥着一杆牧鞭，费力地左拦右挡，边上时不时跑出一两只小羊。女孩扬起牧鞭“吆——”地高喝一声，将不听话的小羊赶回羊群中去。

“停下，就这儿吧！”我赶紧叫住他，跳下车去，跟他说让他回来的时候再捎上我。

风很大，我的头发肯定也吹得像那翻滚的羊毛一样乱成一团。顶着风，我抱着相机朝羊群走过去。

放羊的女孩身穿一件运动衣，虽然陈旧但显得很精神，看样子并不像地道的牧民，倒像一名学生。看到我走近，她迟疑地停下脚步，手里的牧鞭也垂下来。就像一群淘气的孩子突然失去管束一样，本来朝着一个方向前行的羊群出现一阵小小的骚动。

我急忙退后几步，连连向她摆手：“对不起，耽误你的事儿了！”

云层越来越厚，越来越低，沙地上狂风大作，一副山雨欲来风满楼的架势。女孩顾不上和我说话，匆忙把羊往羊圈里赶，我不失时机地拍摄下几个镜头。

入圈、点数、饮水、分栏，她终于将羊群安顿好。掸着沾在衣服上的草末，她从羊圈里走出来。她的脸上没有紧张忙碌之后的轻松，而是一种怅然若失的神情。

羊圈后面有两间小屋，应该是她的家吧。“你是住在那儿吗？”我问她。

她点点头。一阵疾风扫过，夹着雨点沙沙作响。她抬头望一望天空，犹豫了一会儿，说：“叔叔，上我家避避吧！”

低矮昏暗的两间房，一张床上躺着一个二十多岁的男青年，两眼无神。一个四五十岁的男子愁容满面地坐在床头，腿边竖着一根拐杖。看见女孩带一个陌生人进来，他既没有表现出热情，也没表现出惊讶。

“那是我哥哥，”女孩指一指床上的男青年，又用眼神示意我，“这是我爸！”听到声响，一位身形瘦小面色憔悴的妇女从隔壁房间里出来。这一

定是她的妈妈了，我笑着和她打了个招呼。

“惠媛，这位客人是？”她也冲我一笑，问她的女儿。

“我是来响沙湾参加摄影比赛的，路过这儿，刚好碰到下雨了！”我抢着解释。

“哦，您坐！”她客气地给我拿来一把椅子。

屋里片刻的沉默。女孩拿起桌子上的一本书，闷声不响地翻看着，我能感觉到她无法静下心来。

“你在上学吗？”我打破这片沉默。

“我在内蒙古科技大学，读大一，现在放暑假。”

果然是个读书人。她不作声了，拿一根手指头在书上画着圈。

“哎，是家里拖累了她！”她妈妈叹了一口气，“惠媛，你别惦记家里，你想去学校就去吧！”她的言语中，除了疼爱，还有一份歉意。

“妈！”女孩皱着眉头轻声打断妈妈的话。

2011年7月，内蒙古自治区达拉特旗昭君坟村，在校大学生高惠媛（21岁）为了偿还助学贷款暑假回家放羊

解海龙　摄

“能不能跟我说？”我真诚地问。看看屋里的这两个男人，再听听她俩的对话，我感觉到她们有说不出的苦衷。

孩子妈妈的目光也转向她的爱人和儿子，再回过头时，眼里泛起了点点泪花。

女孩名叫高惠媛，今年二十一岁。她哥哥二十五岁，两年前因为一场意外，变成了现在这个样子。孩子爸在外做工不慎摔断了腿，本来就捉襟见肘的家，现在更是雪上加霜。家里有两个需要照顾的男人，妈妈也不能离开，只能靠着这贷款买来的一百多只羊艰难地维持一家人的生活。高惠媛上大学一年四千四百元的学费无异于一笔巨款，她只得在学校申请了助学贷款。这笔贷款沉沉地压在妈妈身上，也压在孩子心头。

“他们学校暑假里安排了一些社会实践活动，我跟惠媛说了，能多些学习的机会，就不要回家了，跟同学们一起出去开开眼界。可是她不，她说她要回来。孩子的心思我哪能不明白啊，她想替我分担。其实我知道，她心里边记挂着学校呢，每天放羊回来，看她精神恍惚的样子，我就难受……”

“妈，您别说了！”高惠媛涨红着脸打断了妈妈的话，神色中有着明显的愧疚。

“假期里，你和同学们都有联系吗？”我问她。

“没有！”她摇摇头，说，“联系不上，我也没有电脑。”

汽车的喇叭声在屋外响起，小伙子已经办完事回来接我了。

乌云消散，那阵雨过去了。我匆匆和高惠媛一家人告别，带着一丝遗憾离开他们家。

没想到在当天晚上的 PK 作品交流会上，当我打出高惠媛放羊的照片，给大家讲述完她家的故事之后，响沙湾旅游有限公司董事长王文俊当即表示，以公司的名义资助这个孩子。他们准备为孩子配置一台电脑，并拿出两万元作为孩子四年的学费。这个温厚敦实的中年企业家看上去更像一位亲切的邻家大叔，他久久地注视着照片，眼里流露出的爱怜就像疼爱自己的孩子。他诚恳地说：“解老师，我们马上把电脑准备好，麻烦您明天再去一趟吧！”

第二天一早，昨天开车的小伙子就到楼下等我了。“电脑装好了，在后面呢！”他拍拍后备厢，兴奋地说，“解老师，您一幅照片可真管用！”

我们到达高惠媛家的时候，她正在和妈妈一起打扫羊圈。一见是我，她惊奇地睁大了眼睛：“叔叔，您咋又来了？”

“今天不放羊了？”我笑着问她。

“现在还不到点，过一会儿才放呢！”她擦干净手，跨过围栏走过来。见我手里抱着相机，她疑惑地问：“您还要拍照片吗？”

“对！昨天我拍了一组照片，但是结尾还没有，今天我来续上！”

“照片还有结尾？”她自言自语地说，不解地望着我们。

司机打开汽车后备厢，抱着一只大纸箱走过来，“搬进去吧！”我像主人似的指挥道。

“叔叔，这是什么啊？”高惠媛越发惊奇了，她快步跟上前，只见纸盒正面写着六个大字：知识改变命运。

“我拍了你的照片，回去讲给大家听，响沙湾旅游有限公司的王文俊董事长非常感动。这是他让我代表公司送给你的电脑，希望你好好学习！”说着，我掏出一个信封，递到她手上，“这是两万元钱，你四年的学费。王总表示，这笔钱公司帮你交，希望以后你专心读书，不要再为这事情分心！”

她妈妈也从羊圈里面出来了，她不敢相信眼前的一切。高惠媛捧着信封，两行泪水夺眶而出。她扑到妈妈怀里，意外、欢喜、感动，两人相拥在一起，泣不成声。

69. 初心依旧

2011 年 10 月，秋日，湛蓝的天空显得特别清透而高远。红灿灿的枫叶，黄亮亮的银杏，交织着把北京装扮得无比妩媚。从西往东，我的车正飞驰着穿越大半个京城，斜阳透过车窗洒在身上，温暖而舒适。

耳边的风呼呼作响，我还沉浸于两个小时前在钓鱼台国宾馆芳菲苑举行的那场隆重的颁奖仪式之中。在这次“关注贫困全球摄影大赛”上，一共有来自一百多个国家、三千多名摄影师投送的三万两千多幅作品，我非常荣幸地获得“消除贫困贡献者奖”。

这是一个全球性大赛，我参赛并不是奔着获奖而去的。教育、贫穷、儿童，原本就是我的希望工程组照关注的三个主题，我更愿意将自己的作品拿出来，在这样一个广阔的平台上与大家交流分享。“消除贫困贡献者奖”是此次大赛中独立于纪实类职业、非职业作品奖之外的一项特别大奖，八千美元奖金也是这场比赛的最高额奖金。“减贫是全世界应该共同承担的责任，作为摄影师，应该倡导关注人生、关注贫困，这样才能知道相机的分量有多重。这笔奖金，我全部捐献给希望工程！”这是我在获奖感言中说的话。跨出钓鱼台国宾馆，我一分钟也不耽误地赶往青基会。

兴奋的心情渐渐平静下来，我想起要给志想打个电话，把车停在路边。

“我得奖了！”拨通她的号码，我兴冲冲地脱口而出，“八千美元！”

“真的啊？”她惊喜地问。

“是的，你看这笔奖金……”八千美元就在我手里，看似在征询她的意见，其实我已经决定了它们的去处。

“这还用问我吗？”电话那头，她爽朗地笑了，“你就记住一句话，咱们的宗旨是可以挣钱，但是一定要离希望工程远一点儿！你没钱的时候，用你自己的方式帮助别人。你因为希望工程而得到的钱，一定捐出去！”

我摁了摁喇叭，说：“那我现在就去了！”

“快去吧，再晚人家该下班了！”她快言快语地说。刚准备挂电话，她又叫住我：“等等，让我听听美元的声音！”

“没问题！”我抓起这叠整整齐齐的钞票，对准手机麦克风，使劲地甩动几下，清脆的“啪啪啪”声传到她那一边。

“怎么这么响啊？哗啦哗啦的！”她问，声音里充满了抑制不住的兴奋。

“崭新的票子呢！”说着，我又甩了几下。

“行了，你快去吧！”她很干脆地挂断电话。

中国青少年发展基金会刚从后圆恩寺胡同甲 1 号的宅院迁到望京西路 51 号新大楼不久，这是我第二次来到这里。五楼办公室的大门敞开着，顾晓今正在房门口踱来踱去，她不像平日那般从容，而是显得有几分焦躁不安。她一眼瞅见我，急忙迎上前：“海龙，你来了！”

“嘿，大伙儿都在呢！”一进门，我发现除了秘书长、副秘书长外，还有负责财务的工作人员。从钓鱼台国宾馆出来，我给他们打电话的时候已经快五点钟了，现在早过了下班的时间。

“大家必须等你啊！”顾晓今微微发颤的声音里透着几分欣喜，眼中的泪光隐隐可见。

“我还生怕赶不上呢！抱歉耽误大家这么长时间！”我试图用愉快的声调打破屋里的凝重。说着，我从包里掏出那叠美元递到顾晓今手中。

“谢谢你，海龙！”她的眼泪终于落下来。王旭东走到我身旁，他没有说话，紧紧握住我的双手。

我明白他们此刻的心情。近几个月，中国公益事业一些负面事件集中爆发，公益机构遭到了多方质疑，青基会自然也遭受到前所未有的影响。

顾晓今平复了一下纷乱的心绪，一丝柔和的光彩重新回到脸上。她深深地叹一口气，不无感慨地说：“海龙，我永远都不会忘记那一天！在大家都不知道希望工程的时候，你就和我们认识了。从那一天开始，二十年来，我们一直风雨同舟，相扶相携地走过来。看到这二十年的变化，我们青基会的每一个人都感到自豪。你记不记得，1991 年，你的照片发表之后，当年的捐款一下子就超过了一亿元。可是，最近出现的一些问题，导致整个公益事业都没法往前走了。不瞒你说，这两个月我们一分钱捐款都没收到。前些天，记者采访一位中了巨奖的彩民，他表示他肯定会拿出一些钱来回报社会，可是不知道该把钱捐到哪里去。记者问他为什么，他说，因为现在慈善组织不透明啊，他们干的事情公众不清楚，他担心将钱捐给慈善组织后打了水漂……”她难过得哽住了，灼热而感激的目光紧紧地注视着我好久，才接着说：“在这个艰难的时刻，你的捐款太重要了，你以自己的行动影响大家，帮助我们重新唤起大家的信心！”

…… ……

每到周末，白岩松主持的《新闻周刊》是我不可错过的节目。这天我们照例将电视调到中央电视台的新闻频道。

屏幕上蹦出熟悉的“视点”两个字，白岩松低沉浑厚的声音随之响起：“本周一，10 月 17 号，是第十九个国际消除贫困日……” 10 月 17 日不正是我领奖的那一天吗？我和志想会心一笑，不约而同地坐直了身子。

“贫困是一个很奇怪的东西，当大家都穷、都贫困时，好像贫困还没那么刺眼，一样的贫困让众人的神经都开始麻木。可是，当一批又一批的人们开始飞快地富起来之后，剩下的贫困人群，即便比以往的贫困人群生活境遇已经改变了很多，可在越来越多富起来的人们的对照下，贫困就变得非常刺眼，甚至让人难以忍受。怎么办？伸手帮助吧，如何伸手？慈善这个词伴随着中国富起来的进程走进了生活，走进了社会，走进了越来越多人们的视线当中。今天的中国，慈善走到哪儿了？又该往哪走呢？《新闻周刊》本周视点在国际消除贫困日的背景下关注我们的慈善……”

镜头一转，切换到那天“关注贫困全球摄影大赛”颁奖仪式现场，“获得本次大赛最重要一个奖项‘消除贫困贡献者奖’的，是来自中国的著名摄

影家解海龙先生……”

“听，在说你呢！”志想盯着电视，脸上闪现着兴奋的光彩，“快看，那不是你吗？”

这时，“大眼睛”“大鼻涕”、落落……我的系列照片依次出现在屏幕上，伴随着这些照片的是一段深情旁白：同样在消除贫困日这天，以拍摄希望工程闻名的摄影家解海龙，获得了一项国际摄影大赛的最高荣誉——从 1991 年拍下著名的“大眼睛”照片起，解海龙的镜头始终关注着各式各样的贫困人群。解海龙照片中的主人公，“大眼睛”苏明娟现在已经大学毕业，进入安徽当地一家银行工作；“大鼻涕”胡善辉参了军，他们的命运都被希望工程改变；另一个唇腭裂的孤儿落落……在微笑列车公益行动中接受手术，展露健康笑容；还有大山深处的阿布洛哈村，由爱心人士资助，修起了一座村民梦寐以求的桥。解海龙的关注贫困之路，一直与公益慈善相伴！

画面再次切换到演播室，白岩松严肃的表情一如往常。他指出，前几天，解海龙将他在“关注贫困全球摄影大赛”中获得的八千美元奖金全部捐给了希望工程。在希望工程初期，他的照片起到了决定性作用，他用自己特殊的方式，推动了希望工程的发展。这次他为什么又去捐款？最近一段时间，担心中国人道德素养下降的声音很多，种种疑虑消解着人们的热情，阻塞了善心与求助者之间的通路。大家都似乎带着责任感在批评、指责。然而，众声喧哗的另一边，是等待改变处境的贫困人群或弱势群体因此而陷入更大的绝望之中，不过这一点，乐于批评这个批评那个的人们却很少愿意谈论。怎么办？有不满意的公益机构，就可以面对需要帮助的人群视而不见吗？还好，有些人在行动！解海龙的捐款不在于多少，他比不上企业家，一下能捐几十万上百万，但是他的这笔钱有着特别的意义……

志想笑着看向我，她的目光是那么自豪。她将摆在沙发前面小茶几上的奖杯拿过来，捧在手里仔细地端详着，奖杯在灯光下闪耀着迷人的光芒。“奖

2006 年 9 月，四川省凉山州昭觉县库依乡，孩子们小心翼翼地走过极其简陋的悬索桥去上学

解海龙　摄

杯是鼓励我自己的，奖金要捐给希望工程。我和希望工程一路同行！”不管是过去，现在，还是将来，这都是我坚定不变的信念。

70. 感恩之心

2012 年的一天，落落打来了电话。他竟然来北京了。

“伯伯，我这次是来北京上大学的。中华慈善总会筹办了一所特殊大学，在全国每个省招一名学生，但是必须满足三个条件。第一，应届高中毕业生；第二，学习成绩优良；第三，一定是孤儿。我幸运地成为湖北省唯一的一名。其实我早就想给您打电话，可是只要一给您打电话，您又该为我操心了，所以等现在全部安排妥当之后，我才……”

“好你个落落呀，你被录取怎么都不跟我说？”这真是个令人高兴的好消息，我笑着打断他的话，还是忍不住埋怨了他几句。

“伯伯，我就想给您一个惊喜！”他调皮地说，“现在我们白天上课，晚上在拉斐特城堡酒店实习，我做调酒师。这段时间我长了好多见识。”他绘声绘色地向我汇报：“伯伯，自从来到这儿，我都见过七个国家的首脑了！”“七个”被他说得特别响亮，隔着话筒，我都能感受到他那抑制不住的激动。

“你可比我见识多啊！”我被他快乐的情绪感染着，和他开玩笑说，“我还是那年和你一起才见过老布什呢！”

自 2008 年春节之前去过一次襄樊，眨眼间，已有四年没见到他了。

2009 年春节刚过，我接到他的电话。“伯伯，我是任海波！”他告诉我，他期末考试语数外两门 100 分，一门 98 分，又急忙把奶奶叫来。任老太太在电话中乐呵呵地夸她这个好孙子，说他近一年来变化真不小，学习更用功了，家里的大事小事抢着做。落落在旁边一个劲儿地喊：“伯伯，奶奶给我作证啊，您都听见了吧！您和我约定的三件事情我都做到了！”

说话算数，我得赶紧给孩子准备一台相机。“去年你答应人家了，那就买吧！”我跟志想商量这件事情，她不假思索地说。可巧没过两天，我应邀给中国人民大学新闻系硕士研究生毕业班的学生讲授纪实摄影课。在讲座上，我从 1968 年第一次摸相机开始，讲到希望工程，讲到黄刚、王玉荣，讲到落落、高惠媛……讲座还没有结束，有听众传纸条上来了。“解老师您好，我是人民大学的讲师，名叫童英，今年退休。今天我来旁听，落落的故事让我非常感动。我现在申请给落落买那台相机，您同意吗？”我当即激动地将纸条上的话念给大家听，台下顿时响起热烈的掌声。我请这位老师站起来，先幽默地说了一句：“您真听懂我讲这个故事的意思了！”然后向她深深地鞠了一躬。怀着一腔感激，我诚挚地跟大家说，提出问题是我们摄影人首先要做的事情，真正要解决问题，还是需要依靠社会的力量和爱心，一个人不可能有那么大的能力见到什么事就解决什么事。我坚信，在我身后有无数好人，是他们的爱与善凝聚在一起，让这个世界充满温情。

…… ……

走进那间弥散着浓郁法国风情的酒吧，落落一眼就看到了我。直到他从吧台后面跑到我跟前，我都不敢相信，眼前这个英俊的小伙子就是四年前抱着我的相机舍不得松手的乡村男孩。

熨烫得笔挺的白色衬衣和黑色西装裤，外加一件酒红色马甲，一只精致的黑丝绒领结衬得他格外帅气。穿上这套服装的他，身上完全找不到一丝农村孩子的痕迹。

落落真的长大了，他的言行举止都显得特别稳健持重。他告诉我，贺瑞明和杨杰叔叔常常去家里看望他和奶奶，有空的时候还指导他拍照片。他惦记着奶奶，奶奶年纪大了，不能再干农活，他现在不在家，虽然学校安排人照顾奶奶，可他还是放心不下，每周都要给奶奶打一两次电话。谈到现在的学习和工作，他心满意足的神情里又充满着对未来的无限憧憬。他说前些天在电视中看到了我捐款八千美元的新闻，往事一下子涌上心头。我们又聊到2000 年他和奶奶第一次来北京参加微笑列车影展时的点点滴滴，他那双黑漆漆的眼睛里写满深深的敬意和感激。

“伯伯，这个您拿着。”告别的时候，他递给我一个信封，诚恳地说：“这些年如果没有好心人帮我，我到不了今天。虽然我是个孤儿，但是我觉得自己一点儿都不孤单。这是一千块钱。钱不多，您不是要去大凉山吗？您看看谁家有孤儿的，特别困难需要帮助的，就把这钱给他吧！”

他的眼睛清澈而热情，一张洋溢着青春气息的笑脸是那么真挚。我手中的信封，分明是他那颗淳朴感恩的心。

71. 马贵家的幸福生活

从 2012 年 12 月开始，一场名为“文学与影像越界”的活动在宁夏回族自治区西吉县沙沟乡阳庄村上圈组展开。

阳庄村上圈组所在的西吉县属于西海固地区，西海固是宁夏回族自治区南部西吉、海原、固原、泾源、隆德、彭阳、同心七个国家级贫困县的统称。这里自然条件恶劣，20 世纪 70 年代，被联合国确定为不适宜人类生存的地区。自 1980 年国家开始在这里实施生态移民，截至 2012 年底，上圈组的搬迁工作已接近尾声，但仍有二十二户九十一人没有搬迁，这是最后一批守望着故土的人。新浪微博上，从上圈组发回的图文报道令我心动不已。在上圈组项目的实践中，村民不再仅仅是摄影家的拍摄对象，而是把相机交到他们手里，赋予他们与艺术家同样的话语权力，彼此平行表达。从五岁的孩子到六十多岁的老人，这些从未拿过相机的村民，他们的镜头中多是自家的房子、孩子、骡子、羊，他们记录下自己眼中日常生活该有的样子，是那么自然、朴素，那么具有灵性。

山岭逶迤，天色苍凉。从银川一路往南，举目望去，颜色逐渐加深的黄土地出现在眼前。远处肃静的山脉下，时不时出现巨大的沟壑，将田地割裂开来，刺骨的西北风刮过，暗黄色的尘土在眼前翻卷，这里就是西海固。吉普车载着第二批创作营的十来名成员从县城开往阳庄村。弯弯曲曲的上山路越来越狭窄，飞扬的尘土中，一片模糊的身影渐渐近了，那是早早地等在村口迎接我们的村民。一个多月前，第一批成员为他们带来了不一样的生活体验，留给他们太多美好的记忆，他们希望被了解，也希望了解外面的世界。

车还没停稳，二十多个孩子一下全围了上来，一张张黑而发红的小脸蛋贴在车窗上，闪亮的眼睛里尽是欢喜和兴奋。待我们下了车，孩子们迅速牵着手站成一排，有模有样地敬个礼，响亮地喊道："老——师——好！"然后争先恐后地涌上前，将我们的背包往他们自己身上挪，一时间热闹成一团。

"叔叔好！"一个七八岁的男孩子挤到我旁边，先鞠一个躬，接着，一只黑乎乎的小手伸到我面前，"叔叔，握握手吧！"他昂起头热情地望着我，眼睛一眨不眨。

体验创作营的成员们散住在全村二十多户村民家里，孩子们欢呼雀跃地来"抢人"。与其他孩子不一样，这个小男孩给我的第一感觉是特别懂礼节。"真不错呢，你懂得挺多啊！"我高兴地握住他的小手。

"我爸爸说，握握手我们就是好朋友！"孩子扑闪着一双亮晶晶的大眼睛，一本正经地说。他回头招呼一声，一大一小两个女孩子跑过来。"叔叔，上我们家吧！"三个孩子用带着西北黄沙味道的普通话齐声邀请，稍大的女孩已经准备接过我的背包了。

"这是我姐姐，她叫马小平，"他指指左边，"这是我妹妹，她叫马秀霞！”又指指右边。

“你呢？”我乐了，笑着问他。他忙着介绍他的姐妹，唯独忘了介绍他自己。

“我叫马乐风！”他不好意思地咧嘴笑了，拉着我的胳膊说，“叔叔，走吧！”

“行，就上你们家！”《民族画报》采编部主任袁冬平、中国摄影家协会展览中心主任许志强和我一起到他们家去。

山大沟深，农户散落在两座隔着沟壑的山上，隔山相望甚至可以喊话，走到跟前却要好长时间。可能是因为太偏远，第一批营员们没有入住他们家，看到孩子们带回客人，男主人马上和他爱人一起迎出来，热情地带我们进屋去。

夯土筑成的后墙，前脸加窗上砖，两间简陋的平房不大倒很整洁。小乐风帮我们放下大大小小的背包，拎一只小桶跑到屋外提来半桶水。女主人不言不语，脸上挂着微笑，麻利地拿出几颗土豆开始切菜做饭。姐妹俩跑前跑后，搬板凳、拿水杯，炉子上一只铝皮水壶“咕咕噜噜”响，一阵阵热气蒸腾而起，整个屋子里暖烘烘的。

“叔叔请坐！”“叔叔喝水！”三只杯子端到我们面前。水，这是每一个西海固人最揪心的字眼。此时，面对这几个好客的孩子恳切而不容推辞的眼神，我接过杯子，尝一口，一丝苦涩在嘴里漾开。

男主人一直站在一旁看着孩子们忙活，等他们忙完了，才笑眯眯地走到我们旁边坐下来。三个孩子亲昵地左一个右一个地攀着爸爸的胳膊，最小的秀霞被爸爸抱在怀里，享受老幺的特殊待遇。

“爸爸，我去给妈妈帮忙！”说着，马小平到灶台边去了，男主人拍拍马乐风的屁股，“你也去！”马乐风松开爸爸的胳膊，愉快地点点头，还不忘送给我们一个可爱的笑脸。

袁主任从包里拿出一盒糖果送给马秀霞，小姑娘欣喜地接过去，大声说

2012年12月，宁夏西吉县沙沟乡阳庄村上圈组的一所小学，第一次接触足球的孩子们玩得非常开心
解海龙　摄

一句：“谢谢叔叔！”抱着糖果盒从爸爸身上溜下来，喜滋滋地跑去找哥哥姐姐。

“你家孩子很不错，非常懂礼貌！”我由衷地夸道。男主人咧开嘴笑笑，和我们聊起来。

他叫马贵，今年四十一岁，祖祖辈辈都生活在这片贫瘠的土地上。马小平和马乐风都在上圈组的小学读书，现在已经放寒假了。以前农闲时他就去外面打工，不过自从有了小女儿之后，他再也没有出去过。“我还有一个大

2012 年 12 月，宁夏西吉县沙沟乡阳庄村上圈组，10 岁的马小平在学着化妆，爸爸告诉她化妆是对别人的尊重

解海龙　摄

女儿，十五岁了……”他说，正想往下讲，三个孩子一齐跑过来，“叔叔，开饭了！”

筷子和碗摆放得整整齐齐，桌上一大锅黄灿灿的土豆丝，还有一盘香喷喷的烙饼，大家围坐在一起，小小的屋里顿时有了一种宴会的气氛。

“叔叔，吃饭吧！”马乐风将筷子递到我们手上。“来，大家一起吃！”我感觉自己倒像主人似的，三个孩子却一个劲儿地摇头，他们坐得端端正正，抿着嘴笑。

“我爸爸说，客人先吃！”马小平解释道，乐风和小秀霞在一旁直点头。直到我们动了筷子，他们才端起自己的碗。

孩子们一下热闹起来，乐风和秀霞凑到爸爸身旁，夹起自己碗里的菜争着往马贵嘴里送，不一会儿，马贵的腮帮子就鼓了起来。“妈妈说，爸爸很辛苦，第一口一定给爸爸！”小秀霞歪着脑袋告诉我，她懂事乖巧的样子让人怜爱。

一顿简单的晚餐弥漫着浓浓的亲情。为了让我们睡得舒坦一些，马贵的爱人带着马小平去山下奶奶家住，将里屋的火炕留给我们，马贵带乐风和秀霞睡在外屋。他细心地给我们收拾好床铺，两个小家伙还想赖在炕上和我们多玩一会儿，一听爸爸说“叔叔一路辛苦了，要好好休息”，于是，他俩懂事地和我们挥手道了一声晚安。

我想，若干年后我都忘不了这一夜。热情的主人将火炕烧得暖烘烘的，我热得翻来覆去睡不着，后来索性坐起来。可坐一会儿又得赶紧挪动一下位置——屁股底下烫得难受。实在没办法了，干脆把被子摞起来垫在下面，一直折腾到后半夜。天快亮了，火炕的温度降下去一些，我才迷迷糊糊地眯了一会儿。

早上一推开门，我看见小平已经回来了，三个孩子一顺溜地站在门前等着我们起床。“叔叔早上好！”一见到我，他们亲热地打招呼。孩子妈妈在灶台边准备早饭，马贵在屋后用四齿耙搂着干草喂牲口，我转到屋前，只见马乐风站在屋前的小坡上，脑袋使劲地左摆右摆，我走过去一看，原来他正在刷牙。

他握着一把大牙刷在嘴里上上下下、左左右右来回刷着。见我抱着相机过来，他刷得更起劲了。

“你刷得好认真！”等他刷完了，我竖起大拇指夸他。

“我爸爸说，城里人都刷牙，我也要做文明人！”小家伙龇牙咧嘴地露出牙齿，“叔叔你看，白不白？”

又是我爸爸说！“叔叔，进屋去吧，外面冷！”马乐风拉着我往回走。一进门，只见马小平专注地对着一面缺了角的镜子照来照去。她脸上涂了一层白白的面霜，她用一根手指头小心地蘸蘸眼角，抹抹鼻翼，小秀霞踮着脚尖在一旁叫唤：“姐姐，我也要，我也要！”

“你们在干什么呀？”我问小平，这两个孩子的举动煞是有趣。

“姐姐在化妆！”秀霞抢着告诉我。她拉着姐姐的衣角央求道，“姐姐，你也给我涂漂亮一点吧！”

“干吗还要化妆呀？”我觉得有点意思。

“我爸爸说，打扮自己就是尊重别人！”小平放下镜子，认真地说。虽然她那张“化妆”过的脸并没有多少变化，却又似乎真的增添了一丝亮丽的色彩。

这个爸爸不一般！我暗自想道。

早餐过后，袁冬平挎上相机出去了，几个孩子欢天喜地地跟着他。我留在屋里，和马贵接着昨日的话题继续聊天。

“你们家孩子可信服你了，张口闭口都是‘我爸爸说’。”

“哪里呢！”他连连摆手，黑红的脸庞绽满了笑容，“我就想教孩子们讲礼貌，懂规矩！”

这个淳朴的男人一点都没把我当外人，围坐在小火炉边，他给我讲了好多事情。

他昨天说的“大女儿”，是他和第一个妻子的孩子。他二十多岁结婚有了孩子不久，就出去打工养家，可是打工一年回来，才知道他妻子忍受不住一个人持家的辛劳，把孩子留给奶奶，悄无声息地走了。他没法再出去，只能在家照顾孩子和老母亲。一个大男人，家里没有女人操持，日子过得一团糟。一年之后，他找到了现在的爱人，这个善良的女人愿意帮他照顾女儿，让他安心出去打工挣钱。马小平出生之后，因为他长年在外，爱人照顾两个孩子很吃力，他想把大女儿托付给他哥哥。他哥哥独身一人，在村里民办教学点带十几个学生，二话不说就答应了。

讲到马小平，我不禁笑了：“这孩子的名字起得有些随意呢！”

“您不知道，这孩子出生我都没来得及赶回来！”他面有愧色，“我媳妇一个人在家，连个帮忙照顾的人都没有，自己烧一盆热水，拿剪子消消毒，就把脐带绞了。我们商量着给孩子起名，她说，虽然你不在家，我和孩子都平平安安没出事儿，就叫小平吧！”

“一想到大女儿出生后，我出去打工回来，孩子妈跑了，所以这次我犹豫了，好长时间都没出去。后来还是她给我宽心，让我趁着年富力强在外面能多挣就多挣一点儿，家里就交给她。过了两年，老二快出生了，这次可不能再耽误！我早早做好回家的准备。等到日子差不多了赶回家，”说到这儿，他两手一拍，“可我又迟到了，孩子前一天就出生了！”

“我媳妇一点儿都不埋怨我，她高兴地把儿子抱给我看。小平开心地蹦来蹦去，一家人乐疯了！您知道他为什么叫‘乐风’了吧？哈哈，我们乐疯了！”

“等到后面又添了小闺女，我想我不能再出去了，我不能把这一堆孩子扔给我媳妇，不能在孩子最需要陪伴、最需要教育的时候，我这个做父亲的什么都没给他们。舍掉了教育，最后挣了钱管什么用？咱们有地，再多养几头羊和毛驴，勤勤恳恳地把地里的活干好。一家人在一起，其乐融融，多好！我自己读书不多，这几年，在外面见识了不少城里人的生活，我并不羡慕他

2012 年 12 月，宁夏西吉县沙沟乡阳庄村上圈组，村民和孩子们与营员们合影留念 [下页图]
解海龙　摄

们的富有，但我觉得应该让孩子们从小养成城里人那样讲文明、懂礼貌的习惯。可能我这辈子也不会走太远了，可孩子们不同，他们长大后一定会迈出这个穷山沟！”

正说着，孩子们嘻嘻哈哈地跑进来。马小平脖子上挂着袁冬平的相机，左手像模像样地托着机身，眯起一只眼睛，对准取景框左瞄右瞄。弟弟和妹妹瞪大眼睛在镜头前晃来晃去，随着快门“咔嚓咔嚓”几声连响，传来孩子们欢快的笑声。

我把马乐风叫到跟前，将我的相机挂在他脖子上，然后简单地教他，怎样取景，怎么按快门。我告诉他：“看到你喜欢的场景，你按一下这个按钮，它就能够被永远记录下来！”

他连连点头。也许他已经听袁冬平讲过一遍了，他兴奋地把相机抱在怀里，和姐姐两人屋里屋外到处寻找他们眼中的精彩画面。

秀霞没有分到相机，噘着嘴不高兴了。马贵伸手把她搂在怀里，轻言轻语地抚慰她。她瞅见我搁在桌子上的“娃哈哈”矿泉水，很稀奇地凑过去，小心地拿起来，瞧了又瞧，又小心地放回去。我招呼小姑娘：“来，这个给你！”我把瓶子塞到她手中。

她拧开瓶盖，仰头喝了一大口，长长地哈出一口气，拼命地朝马小平招手：“姐姐，你快来尝尝！这水，甜！”秀霞把瓶子举得高高的。马小平好奇地跑过来，喝一口，“真好喝！”她连连点头，然后一个大步跨到门外，“乐风，乐风——”她想叫弟弟也来尝尝，喊了半天都不见乐风的人影。只听见头顶上一阵急促的脚步声，这个顽皮的小家伙沿着屋脊爬上房顶拍照去了。

晚上，我们带着三个孩子和营员们一起放映照片。当幻灯片上出现乐风拍摄的照片时，他目不转睛地盯着屏幕，激动地捂着嘴巴。他的镜头中，有上圈组弯弯的山路，有山路上赶着毛驴去驮水的村民，有羊圈里吃草的小羊，有窗户上凝结的冰花，有盛着泉水的水窖，还有自家案板上的面盆和妈妈在灶台边忙碌的身影。孩子随心随性地拍摄出自己心中的所想所愿，他未经正规训练的视觉天性打破了我们固有的条条框框，展现在我们眼前的画面虽然青涩却又生机盎然！

两三天时间，马贵的孩子们和我们已亲密得就像一家人。他们缠着我讲故事，讲北京的天安门和长城，想要我把知道的东西全都讲给他们听，原来，山外的世界是这么精彩！小秀霞听入了迷，“我要跟叔叔去北京！”她郑重地宣布，她妈妈笑着把孩子搂在怀里，“你好好读书，长大以后想去哪儿都行！”

时间过得真快，活动就要结束了。分散在各家各户的营员们把村民集中起来，在村口一棵古老的大树下，我们和全村二十二户人家一起，留下一幅珍贵的大合影。也许，下次再来的时候，他们中有的人也迁居到了村外；也许，不久之后，这个村子就会变成一片真正的荒土，只留给历史一个曾经存在的背影。

72. 八十年代多余的底片

退休之前，我的期盼就是有自由的时间拍照和办影廊。记得刚退休那年，在一场摄影人齐聚一堂的活动上，每个人被要求用一句话说出新年的打算，我郑重其事地说：“好好学习，天天照相，拍照是硬道理！”全场闻言大笑，其实那就是我的真心话。从《中国青年报》调入中国摄影家协会之后的十年中，虽然我做的工作还是与摄影相关，但因为忙于各种组织协调事务，拍片越来越少。曾经有一段时间，我特别怀念做摄影记者的日子，那时我们一天到晚抱着相机，连睡觉也不例外，有一种随时出发的感觉。而这一年多时间，我渐渐找回了过去的感觉。在江西的一个村子里，我走家串户拍摄傩戏台上台下的情景，记录一代代人对古老文化手把手地传承；在天津街头，我边走

2012 年，农民工进城务工影像调查系列，一位农民工正在擦洗大厦的玻璃，大家形象地称他们为“蜘蛛人”

解海龙　摄

边拍摄穿着各色 T 恤的人，从年轻学生到农民工，记录城市与乡村、时尚与传统的交融；“7 · 21”暴雨袭京，我开车到积水严重的广渠门大桥拍摄城市内涝；我应邀赴新疆，为纪念新疆生产建设兵团成立六十周年拍摄兵团老兵，这些为边疆建设奉献一生的耄耋老人让我的崇敬之情油然而生；我也去湖北拍了恩施大峡谷，那百里绝壁、千丈瀑布的仰天长啸之势时常在我脑海中重现。

除此之外，我还有各种参加不完的活动，中国文艺志愿者协会副主席的新身份让我有更多机会到人民中去。青岛、古田、陇南、雅安、安顺、玉树、北大荒、防城港、红安……自中国文艺志愿者协会成立以来，我们的足迹遍及全国，为广大部队官兵和四十余万基层群众带去了内容丰富、形式多样的“送欢乐下基层”活动。

日历上画满了圈，想找到一处连续三天没有安排的空隙绝非易事。筹办龙影廊的诸多事情多亏了合作伙伴张小鹏、李建军夫妇和罗明这个得力助手，他们给我提出了很多建设性的意见。志想深深地理解这个影廊对我的意义，在我心底，一直有一个情结，那就是当年的广角影会。今天的龙影廊就要像三十几年前的那个摄影团体一样，为摄影人提供一个相互交流、相互学习的自由空间。

“影廊成立之后的第一件事，你准备做什么？”志想不止一次地问我。几个月前，我就和一帮老朋友们聚在一起商议过这个问题，我的龙影廊激发了他们共同的热情。三十多年过去了，曾经的我们走过不惑，步入花甲，而谈起各自的摄影路，每人又自有一番不同的感慨。

“大哥，我们先搞一个回顾展吧！”特意从上海赶回来的崔新华提出这个构想，立刻得到大家的一致赞同。是啊，从 20 世纪 70 年代走到今天，在我们这一代摄影人的内心深处，尘封了多少意味深长却未细心整理的珍贵记忆？贺延光、王文澜、闻丹青、徐勇、崔新华、张兆增、张左、鲍昆、刘占崑、李建军、那日松、郭广林……摄影圈的铁杆朋友们齐聚龙影廊，从讨论影展的题目、题材到具体细节，大家畅所欲言，群策群力。我们确定影展内容以 20 世纪 80 年代北京摄影人的面貌及作品为主，而为这个影展取名，着实费了一番脑筋。最终，我们采用了那日松的建议，将龙影廊的第一个影展定名为“八十年代多余的底片”。

用过胶片的人都知道，“多余”是指一个胶卷超过三十六张的部分。在我们初学摄影的时候，人均月收入不到四十元，而一个国产成品胶卷要花费两元五角到三元。为了不浪费每一段底片，我们想出了不少办法。我们会用一些作废的底片当作片头，减少因为上卷过片而浪费的部分，让一个胶卷能拍出三十八或三十九幅照片来。由于相机计数器通常只能显示到三十六，所以在这之后具体能拍出几幅其实是一件并不确定的事情。于是，我们开始用这段“多余底片”来记录彼此间拍摄时的状态。

“多余”还有另外一层更深的含义。当年我们这群有着共同理想的青年走到一起，开始尝试着用纪实的手法实现自我价值。我们拿起手中的相机，将镜头对准街巷中的芸芸众生。而这些影像在当时是被主流的艺术摄影思潮所排斥的，以至于被称为“多余的底片”。然而，我们始终认为，无论何时，贴近生活、把握时代脉动的影像，才具有永恒的价值。

影展的主题、内容一经确定，接下来的事情由崔新华总负责，开始影展的组织工作。他找出近两百位摄影家的电话号码，向他们一一发出邀请信，调取作品。这是一项极其费力费神的工作，几十年过去了，现在早已跨入数码时代，而要从那些年代久远的海量底片中，找出符合影展主题的作品不是一件容易的事情。鲍昆、贺延光、王文澜带头付诸行动，他们雷厉风行，找出自己的老照片发给我们。

两个月的时间里，一张张陈旧而又珍贵的底片从全国各地寄至龙影廊。鲍昆担任学术指导，崔新华和郭广林、张左一起负责重新扫描、输出。一幅照片记录一抹回忆，一抹回忆牵出一个故事，一个故事代表一段岁月：北京天安门等候拍照的游客、京郊农民赶着毛驴走上京城立交桥、米市胡同排队等候理发的市民、故宫角楼下的早市、许喜占老师在北海外给我们讲课、珠市口家具店待售的双开门大衣柜、北戴河的个体照相户站在水中招揽生意、老百姓蜂拥着挤在一起抢购大白菜、拉着小拖车在雪中等待换煤气的人们，还有一幅我在河北省遵化市农村创作时，被一群好奇的孩子团团围住的照片……几乎每一幅输出的作品，都会将我们带回过去那段时光。这些场景虽然已经远离了我们的现实生活，然而，它们又实实在在地存在于我们的生活记忆中。除了极具年代色彩的老照片，也不乏活泼趣味的作品。有一天，张左神神秘秘地拿来一幅照片，一屋子人顿时乐翻了天，这幅九十年代初摆拍的照片，瞬间将我们拉回在《中国青年报》时那段激情燃烧的日子。“瞧瞧你们这《中青报》的‘七匹狼’！”王文澜笑得眼睛眯成一条线。画面中，坐在沙发上的女孩是刚分配到我们摄影部的中国人民大学新闻系毕业生刘昕，她后面一字排开，从自左至右分别是李建泉、李庚伟、张左、实习生赵亚鸣、晋永权、贺延光、解海龙、刘占昆。

经过三个多月的忙碌，我们征集并整理出百余幅 20 世纪 80 年代成长起来的摄影家们三十几年前的花絮照片及作品。我们甚至找来当年一毛八分钱一本的摄影小丛书、用三个铝制饭盒自制的放大机、北京照相机厂生产的长城牌旧式相机，还有我们在永外文化站跟随许喜占老师学习摄影时的学员证。这些在经济困难、设备匮乏的条件下使用过的老物件，将那个年代摄影实践的第一现场又一次展现在我们面前，勾起大家久远而又清晰的记忆。

2013年9月10日，“八十年代多余的底片”在大家的共同努力下，终于和朋友们见面了。这是龙影廊的第一个展览。龙影廊为什么首先要搞这样内容的展览，其目的就是想要告诉摄影界的朋友们，龙影廊是你们的一个家。

作为在那个时代成长起来的摄影人，回顾三十几年我们走过的路，我们各自能有今天的一点成就，这与当时我们大家聚集在一起，时常相互帮助、相互交流、相互提携、相互促进不无关系。

当今，信息技术日新月异，摄影刚刚由胶片时代迈进数码时代，转瞬又进入了手机拍摄的时代。我们这一代人从青年到中年，如今渐渐走进了老年，但是绝不能吃老本，不能停滞不前、故步自封。我们还要在今天这个摄影的大时代里，再创新高、不断争上游。尽管网络时代交流便利，但是作为从那个时代走过来的人，我想不时聚集到龙影廊这里，重温过去的情景，交流时下的拍摄体会，或将自己的作品挂在这里，应该是大家共同的心愿。

我想说，龙影廊不仅是我们这代人的家，同时也是年轻摄影人的家。我们有我们的优势，年轻人有年轻人的优势。摄影不仅是现代主义的代言者，它更是一项极其民主的行为。所以，龙影廊积极倡导老中青摄影人能聚集在一起平等交流、相互学习、取长补短。我们鼓励知无不言、善意批评。

朋友们一定记住：龙影廊的主人不是我，而是每一位在场或不在场的喜欢摄影的人。大家把这里当成自己的家，就是我们创建龙影廊的目

1993 年，中国青年报社摄影部的伙伴们和刚刚分配到我们摄影部的女同事刘昕（前排）合影

解海龙　供图

的。“八十年代多余的底片”这个展览，从酝酿到策划，再到作品征集，及最后的输出、布展，这中间无不是通过集体的努力才在这里举办的。

最后，我代表“八十年代多余的底片”策展团队，感谢各位的光临！

开幕式上，我热情洋溢的致辞淹没在一阵高过一阵的热情欢呼声中。

为期一个月的影展吸引了数千名观众。一幅幅反映改革开放之初市井生活的纪实照片，让大家重回曾经熟悉的场景。在这些带着温度的照片中，大家似乎都找到了自己的身影，那是关于一个时代极其珍贵的记忆。

73. 最完整的生活，就是通往自身之路

半年之后，我带着王伟伟一同参加《光明日报》主办的“镜头中的中国乡村教育”活动。

龙影廊的第一场影展结束不久，“解海龙青年摄影家扶持计划”正式启动。我初步设想用五年时间，至少扶持推出十名三十五周岁以下具有较大发展潜力的摄影艺术新人。在我看来，摄影艺术并不只是一种艺术，更是一种人与人之间、人与社会之间、人与生命之间的交流。它应该关注所拍摄事物或事件深层的东西，而不仅流于表面的虚浮，它既有时代的烙印，也充满了人生路程的回味，每一幅优秀的摄影作品都应该能引起观者的思考和共鸣。

王伟伟是“解海龙青年摄影家扶持计划”的第一名学生。如同当年刘加瑞老师的“记录今天，告诉未来”，我为这个计划提出“关注纪实，扶持新锐”的理念。我们采取网上招生的方式，一周之内收到数千封简历。经过层层筛选，最后，王伟伟成为第一批的三名学生之一。这个就读于中国青年政

治学院外国哲学专业的小伙子成绩优异，英语水平拔尖，也爱好摄影，他的作品《柬埔寨小孩》参加过摄影展。也许和学哲学有关吧，年轻的他似乎有一种超出其年龄的理性和冷峻，他的照片客观、真实，不失温暖深邃的人文情怀。我承认，他的那组照片给我带来情绪上的冲击，而我也体会到镜头之外拍摄者的情感共鸣。

谈起他报名学习的初衷，我才知道他是在山里长大的孩子。他爸爸原是山西一名民办教师，我的希望工程系列照片发表之时，他只有几岁。慢慢长大后，他才明白原来他的爸爸和照片中那些老师一样，心甘情愿扎根于荒凉、贫瘠的山区，无怨无悔地奉献出自己的青春和激情。扛着十多米长的粗圆木进城为学生换回学习用品，翻山越岭一二十里就为了给山旮旯的几个孩子上课，类似的事情对于他们来说太平常了。“解老师，后来我知道了希望工程，知道了您。而此前，我从来没有意识到影像竟然会有如此巨大的力量。虽然我选择的是哲学专业，我仍然愿意跟随您走这条摄影路，也许这更有助于我用哲学的角度去观察、去理解形式和内容的关系。”面试时，他穿着一套不太合身的西服，脚蹬旅游鞋，斜挎一只土黄色的单肩包。他朴实的模样和这番诚恳的话令我记忆犹新。

…… ……

“镜头中的中国乡村教育”是由“寻找最美乡村老师”衍生而来的。“寻找最美乡村老师”大型公益活动自 2011 年开展以来，取得了巨大反响，在全社会掀起尊师重教、关注乡村教师与乡村教育的风潮。这次主办方邀请六位中国当代著名摄影家带队，分成六组，深入全国十所乡村学校，以影像的方式和志愿者、普通百姓、乡村师生一起，从不同的角度记录当下中国乡村教育现状。接到《光明日报》的邀请，我非常激动，这次所接受的选题与我筹划中的回访不谋而合，我选择了安徽和四川。

这是我第十四次走进大别山。我对金寨有一种特殊的感情，它是我当年拍摄希望工程的第一站，金寨县希望小学，也是希望工程的第一所希望小学。

沿着绵延起伏的盘山公路，穿过层层密布的栗子树和桑树丛，我们再次来到这所坐落于山坳中的学校。在原来那座两层砖瓦小楼的位置上，一幢气派的五层教学楼拔地而起，“爱心楼”几个大字闪耀着光彩。宣传墙上，“一粒种子，一棵大树”这句话格外醒目。在现任校长王宇的陪同下，我们走访了建校以来的六任校长。

孙学金是这个学校的首任校长。这位八十三岁的老人年老体弱，需要在家人的搀扶下才能行走，听说我们要来采访，执意让家人把自己扶到客厅。回忆当年的艰难，老人眼里泛起了泪光。他告诉我们，金寨县希望小学建成之前的南溪镇小学原是一所祠堂，最初建成的希望小学虽然只是一座两层小楼，但比起祠堂来，不知道好多少倍。“那年，中国青少年发展基金会考察组顶风冒雪来到这片深山中考察，最后决定全国第一所希望小学就建在我们这里，全镇人都沸腾了！考察组的领导说，希望工程不是锦上添花，而是雪中送炭，要用这炭火燃起老区孩子的希望！”讲到这里，老人激动地喘息着，“我们把一生献给了教育事业，我希望现在的年轻教师们也能像老一代的教育工作者一样，一心一意地为了孩子们！”

曾任金寨县希望小学校长长达十年的邵远新是第四任校长，而今他担任金寨县中心学校校长，还一直关注着希望小学每一个前进的步伐。那十年里，他见证了希望小学最红火的年代。刚落成的中国第一所希望小学占地不到五千平方米，砖瓦结构的两层小楼，十个教职工，五个年级，不足两百名学生；发展到现在占地超过一万四千平方米，两栋教学楼和一栋综合楼，八十多名教职工，包括学前班在内有近两千名在校学生，变化太大了。“希望小学是在千万颗爱心的累积下，经过‘三级跳’的大发展才建成今天的规模！”他不无感慨地说，“第一跳是 1996 年，新增了操场，第一次给学生腾出了活动空间。第二跳是 2003 年，在江苏省昆山市退休老师周火生的引荐下，获得社会捐助四十万元，建成现在这座两千五百平方米的五层主教学楼，大大改善了办学条件。第三跳是 2011 年，又新建了一

爱心楼

栋综合楼和科技实验楼，还有了新宿舍楼和新食堂。金寨县希望小学至今已经通过社会捐助救助了一千多名贫困学生，累计培养毕业生近四千人。曾经在这里受助的贫困生，有的跨入了高等学府的大门，有的已走上工作岗位，反哺社会。”

有发展也有牵制，有成就也有缺憾。说起当下面临的问题，他和王宇校长有着同样的忧虑，在和他们的交谈中，我理解了孙学金老校长最后说的那句话。

“虽然和同等级别的学校相比，我们学校的教学条件算不错的，但乡镇学校和县里、市里、省里的学校还是有相当大的差距，这也是很多年轻老师离开的原因吧。人往高处走，他们希望去工作、生活环境更好的城区教书，这也是无可厚非的事情。”作为一名管理者，王校长的分析理性、中肯，也流露出显而易见的无奈。“邵校长是我们的榜样！”他钦佩地说，“邵老师1997年就被评为六安市第一届语文教育教坛新星，但他放弃了前往大城市工作的机会，继续留在大山！”

邵校长说：“一所学校不是有好房子就是好学校，关键是师资力量强，才是真好。山区学校与外界学校的联系非常少，老师们缺少走出去接受现代教育理念和学习现代教育手段的机会。可又因为学校教师数量受限，如果哪位教师参加脱产学习和培训，就意味着别的教师必须分担他的工作，这都为教师脱岗培训增添了困难啊！”

2014年，金寨县希望小学，20多年来一批又一批的学生得到了社会各界的资助［左页上图］
解海龙　摄

2014年6月，安徽省金寨县希望小学新建的“爱心楼”［左页下图］
解海龙　摄

教学楼前的操场上，上体育课的孩子们有的跳绳，有的跑步，有的打篮球，一派生机勃勃的景象。“原来的操场只有一条六十米长的跑道，而且全是黄泥地，雨天一脚泥，晴天一脚土。现在可好了，孩子们最盼望的就是体育课！”看着这些活蹦乱跳的孩子，王校长露出笑脸。几个小男生乐呵呵地从篮球场上跑过来凑到镜头前，一握拳一抬肩，深吸一口气，顽皮地脱掉上衣，夸张地做出一个展示胸肌的动作，既兴奋又得意，可那几副精瘦的小身板实在惹人心疼！

2006 年 9 月，四川省布拖县，留守的孩子们在课余时间还要帮家里看孩子
解海龙　摄

我们的第二站是四川省宜宾市建设村小学。

相比起金寨县希望小学，这所同样处于深山中的学校显得寒碜得多。学校位于建设村的一个小山头，除了几间教室，没有像样的操场和体育设施。一块不太平整的泥地就是孩子们活动的乐园，课间休息时，跳皮筋、翻跟头成了他们最大的乐趣。

代课老师刘长容接受了我们的采访。他介绍说："由于地处山区，发展受限，当地青壮年都在外打工，学校里一百多个孩子大多是留守儿童，由爷爷奶奶抚养。老师们不仅要负责他们的学习，还要照顾他们的生活，有几个孩子由于离家较远，中午来不及回家，学校的几位青年教师每天都要帮他们做午饭。一些家长出去打工后，由于不堪忍受这里的贫困，有的抛家改嫁，有的杳无音讯，长年不给家里寄钱，孩子全靠政府补贴上学，真的挺可怜的！"谈到这里，刘老师一声叹息："但他们很懂事，我们只有尽自己所能，才能对得起孩子们的信任！"

一间空荡荡的教室里，一个瘦瘦小小的男孩子孤单地趴在桌子上玩一辆玩具小汽车。原来这是一个幼儿班，别的孩子都走了，他等着哥哥一起放学回家。他叫刘治，今年六岁，他哥哥叫刘政，在隔壁班上三年级。"这是过年的时候爸爸妈妈从上海给我带回来的礼物！”小汽车一直被他宝贝似的抓在手里，看得出来他有多喜欢这个玩具了。问到他的爸爸妈妈，孩子的眼中充满企盼。“爸爸妈妈一年只回来一次，每次都只待几天，要是每天都过年就好了，他们就能一直待在家里！”

“村里留守儿童太多了，没有父母的陪伴，爷爷奶奶也只能勉强保证他们的基本生活需求，几乎谈不上沟通交流，他们心里有委屈也无处倾诉。在这种环境中成长的孩子，大多数都少言寡语，不愿和人打交道。”一位老教师说，他叫李建华，已经在学校任教三十七年，“他们有事情老憋在心里，我们真的很担心！我想，应该加强对他们的心理辅导，这样才有利于他们的身心健康。不过说说容易，山里实在太缺老师了！”

从学校出来，一个扒着校门向里张望的小男孩引起我的注意。一见我们，他一溜烟跑了。我们跟着他来到一座破旧的瓦房前。原来，他也是一名留守儿童。他爸爸外出打工，三年没有回过家，妈妈离家出走了。他姐姐在建设村小学上学，他每天都要跑到学校来看看他向往的校园。奶奶独自一个人带着姐弟俩，不久前，奶奶在地里割草，一不留神，锋利的割草刀将她的手指头割掉了一个，她当场晕了过去。“我都没敢让他爸知道！”说起这件事，奶奶心有余悸。

一边要为了生活在外奔波，一边是需要陪伴的孩子和老人。年轻的一代不再甘心像自己的父辈那样，将自己的一生安放在这个闭塞、落后的山村里……我眼前闪过马贵的身影，不禁一阵感慨。

趁着这次活动的机会，我们还去了大凉山。

2007 年的教师节前夕，我在四川省参加一个艺术交流活动的时候，曾去过一次凉山州，在布拖县阿布洛哈村拍摄了走过悬桥去上学的孩子、为孩子们补习汉语及上体育课的志愿者、还有攀着溜索出山的村民。由于村里仅靠一台五百千瓦的发电机发电，油料不够用，晚上不能保证孩子们有灯光学习。一听到这个情况，我当即掏出三千元钱交给村主任，让他拿这钱去买柴油发电，供孩子们学习。回北京后，在我的一场个人影展上，这些照片唤起了一片爱心。展览结束后，有好多人要帮助阿布洛哈村建桥。对于大家赐予我的“爱心使者”这个称号，我受之有愧，我是一名摄影人，我只是通过照片让大家了解需要帮助的人的现状，使更多的人参与慈善事业中来，解决实际问题。

这一次，在凉山州普格县螺髻山镇德育村，我们偶然认识了周锡和老师。

周老师六十出头，当了一辈子山村教师。她两年前退休后不慎摔伤了腿，养伤期间，她常常坐着轮椅在屋前晒太阳。屋前山路上很多大货车风驰电掣地驶过，她两次眼睁睁地看着放学后在路边疯跑玩耍的孩子被车撞死，心里感到非常痛心。周老师决定把自己家的一块菜地整平，盖一间简易的房子，让孩子们放了学到她这里来，她的儿女也支持她的想法。于是，这间“教室”成了孩子们除学校之外最爱去的地方。他们可以在这里一起玩耍，一起写作业，孩子们周六、周日不上学也乐意聚在这个快乐的小屋里。温和慈爱的周老师不仅给他们辅导功课，还买来羽毛球拍，孩子们别提多开心了。

这是一位多么令人尊敬的好老师！临走前，我将一个信封交给周老师，里面装着一位名叫张家松的摄影爱好者寄给我的一千五百元钱和一张彩电提货券。这位摄影爱好者在贵阳听过我的讲座，后来我去拉萨讲课时，她又带着儿子一起去了。以前，他们拍片子讲究唯美，我的讲座让他们感触很深，从此开始调整思路，学习用镜头关注自己身边的人和事。在前不久的一次摄影比赛中，她和儿子分别获得一千五百元的奖金和一台四十五英寸的大彩电。她在信中写道：“是您给我们带来观念上的改变，我们衷心谢谢您。这是我们第一次获奖，就请您把它们送给最需要的人吧，也算我们的一份爱心！”

周老师含着感激的泪水接受了这份心意，她执意将一面精美的十字绣回赠给我。画面上是一幅栩栩如生的“八骏图”，她恳切地说：“没有什么能够表达我和孩子们的谢意，请你收下吧！这是我摔伤之后，在卧床一年的时间里一针一线绣出来的！”

2006 年 9 月，四川省凉山州布拖县乌依乡，阿布洛哈村建了学校后，全村不同年龄的孩子都从一年级课程学起

解海龙　摄

与周锡和老师告别之后，我们在普格县特补乡遇见极为困难的一户人家。三个孩子的名字分别是俄地小军、俄地小东和俄地小南。他们的爸爸去世了，妈妈改嫁了，孩子们只能与奶奶相依为命。家徒四壁，一贫如洗，目光所及之处，只有一片灰暗和愁苦。生活尚且艰难，还奢谈什么读书？怜惜、痛心、忧虑、无奈，我心里五味杂陈。落落的一千元钱我一直珍惜地装在信封里，现在，我郑重地将他这份心意交到奶奶手中。

从 1987 年我开始关注中国农村基础教育，经过多年的努力，希望工程给中国的基础教育带来了很大的变化。但我发现，变化的背后依然存在许多不容忽视、不容乐观的问题和困境。诸如山村留守儿童上学难、青少年关爱缺失、编制限制导致师资力量不足、青年教师流失……

路很漫长，也很艰难。我常常想，也许我来到这个世界上注定负有某种使命吧。儿童、教育、弱势群体，一路走来，它们是我镜头中永恒的主题。不忘初心，方得始终，每一次的抵达，只是下一个目标的起点。最完整的生活，就是通往自身之路。我恪守心中这一份信念。

2014 年 10 月，四川省凉山州普格县，高中毕业后的周锡和到螺髻山镇当小学老师，退休后依然义务给孩子们补习功课

解海龙 摄

74. 这些年，我们一起走过

2015 年，落落大学毕业了，他没有留在北京，而是回到了奶奶身边。“奶奶在哪里，我就在哪里！”这不仅仅是信守儿时的诺言，更是他发自心底的愿望。他依依不舍地和我告别：“解伯伯，我一定会好好工作，以后有机会，请您再去我们家。奶奶盼您来呢！”

2013 年 6 月，范明珠，这个勤奋好学的好苗子考上中国科学院植物研究所，获得发育生物学理学博士研究生学位。在她穿上博士服的那一天，我亲自为她拍摄了毕业照。一年后，她和同为博士的爱人双双申请到美国密歇根州立大学植物学系的博士后职位，如今两人一同在美国的大湖生物能源研究中心从事植物细胞壁多糖的生物合成等相关研究，范明珠博士后期满后归国并受聘于国内一所知名大学，我们一直保持着联系。“解叔叔，1996 年，那么关键的时候，如果不是您和好心人的帮助，也许就不会有我的今天！”每每忆起当年，明珠的感激之情溢于言表。

2014 年，高惠媛大学毕业那天给我打来电话，她激动得泣不成声。第二天在她去拜谢响沙湾旅游有限公司董事长王文俊的同时，我出其不意地从北京飞往包头，用我的镜头为三年前的这个故事续上了一个更为圆满的结局。而今的她已经有了一个幸福美满的家庭，一家三口其乐融融。

2015 年，王伟伟经我引荐考入了《工人日报》，成为一名优秀的摄影记者。他天生具备一名记者独特的眼光和敏锐的嗅觉，“北京 CBD 蜗居者”“燕郊趴活儿的农民工”“从留守儿童到京城小孩”“雄安一岁”……他的报道深刻而不乏新颖。那次他兴奋地告诉我，他为自己找到了一个可以一直拍下去的专题：中国产业工人。

…… ……

丰富的艺术交流和无拘的谈天说地是龙影廊最吸引大家的地方。承蒙朋

Preschool
Diploma
Xiuqi Fan

友们厚爱，刘占崑的“世界杯 · 影像的记忆”，李泛的“凉山彝家 · 原象十年”，李舸的“初心”，胡林庆的“棒棒人生”，张兆增的“80 · 北京”，贾勇的“南城碎影”，贺瑞明、袁徐庆、周汉、解海龙联展的“回眸”……他们的加入使龙影廊蓬荜生辉。

“解海龙青年摄影家扶持计划”课程持续开展，几年来，陆陆续续为新闻媒体输送了一些人才。肖琳是其中一名学员，这个历经三次手术、三十一次放化疗的坚强女子，她用爱心为贵州山区的留守儿童带去精神上的关怀，用摄影为孩子们开启光与影梦幻交织的视觉世界，她带着十六个山里娃的摄影梦走进龙影廊。

希望工程的三个形象代言人都已成家立业。胡善辉在部队的时候，在他的带动下，不少官兵加入他的行列，积极为希望工程捐款，他和战友们组成了一个“爱的团体”。几年前他转业分配到济南铁路局，他调皮的儿子像极了他小时候的模样。

2017 年 11 月，趁着去江苏省盐城市采风之便，我又见到了张天义。在一家科技公司担任部门经理的他，看起来仍像一名文质彬彬的大学生。虽然和父母、妻儿还居住着租赁房，但小伙子对今后的生活充满信心。听我无意中说到我正在参加“中国摄影家精准扶贫枣林”认领活动，帮助山西省永和县奇奇里村的六十五位贫困枣农脱贫致富的事，他立即表示也要尽自己的绵薄之力反哺社会。

在 2017 年 12 月共青团安徽省第十四届委员会第一次全体大会上，苏明娟当选为团省委副书记（兼职），这个不拿工资、没有行政级别的兼职副书记“官衔”，又一次将她推到风口浪尖上。与我通话时，她的声音充满感激和信心。她说：“解叔叔，我是公益的受益者，践行公益、帮助更多的人是我的使命与责任。作为希望工程的‘符号’，我会一直关注有困难的孩子，帮助他们改变自身的命运，健康成长。请您放心，我一定珍惜团委对我的信任和期待，在共青团这个新的平台上，发挥自己的特长和影响力，号召更多

2013 年 6 月，北京市海淀区，中国科学院植物研究所，范明珠经过 20 年寒窗苦读获得博士研究生学位 [左页上图]

解海龙　摄

2018 年，在美国密歇根州做学术交流的范明珠一家 [左页下图]

解海龙　供图

张保国
助人的

青年人投身公益事业！”2018 年 6 月底，在中国共产主义青年团第十八届一中全会上，苏明娟当选为中国共产主义青年团第十八届中央常务委员会委员。

出差一周回家，只见我的书桌上摆着一份报纸。头版正中，“跨越 27 年的牵挂”几个大字格外醒目，不用说，这是《鲁南商报》的记者梅鲁生寄来的。前些天，我终于见到当年不吃午餐也要读书的毛可凤。

这个孩子给我留下的印象太深刻了。她含泪的双眼、倔强的神情、鲜艳的红领巾，还有她父亲蹲在地上长吁短叹的情形……1992 年，她的照片在《人民日报》（海外版）刊登之后引起了不小的轰动，她也因此而复学。这个成绩优异的孩子后来继续读书了吗？现在生活得怎么样？我一直挂念着她。这些年来走南闯北，不管是在大马路上还是乡间小道，只要看到写着“平邑”二字的各种车辆，我就会向他们打听是否认识一个叫“毛可凤”的女孩。四年前，我应邀参加活动来到临沂，曾委托当地媒体寻找过她。可是，派出所的户籍记录上有好几个“毛可凤”，经逐一核查，却没有一个和她的年龄相符。梅鲁生为此专门采写了一篇题为《摄影家解海龙临沂寻故人：用午餐换书读的孩子，你在哪里》的报道。过了很长一段时间，梅记者欣喜地告诉我，毛可凤与他联系上了。原来，她的户籍登记名字是“毛可英”。

这幅头条题图上，我牵着毛可凤的小女儿，可爱的小姑娘拉着她的妈妈，题图旁边的内容提要写道：“2018 年 5 月 31 日，希望工程标志性照片‘大眼睛’拍摄者、著名摄影家解海龙来到平邑县保太镇孔家白壤村，看望了二十七年前采访过的跪地央求父母‘只要同意她上学，宁愿不吃午饭’的贫困女孩毛可凤。随后，解海龙又看望了毛可凤的父母，并送去一千元的慰问金。”

时隔二十七年，当初的小女孩如今已是两个孩子的母亲。人到中年的她开朗热情，回忆起当年照片发表之后的境况，她说一开始她并不记得是谁为她拍摄了那幅照片，后来才知道是一位名叫“解海龙”的叔叔。这些年来，虽然与解叔叔不曾谋面，但是内心深处，她对解叔叔、对希望工程、对社会各界的好心人感激不尽。在希望工程的帮助下，她顺利读完了小学。1992 年，

2019 年，北京市中心，竖起了胡善辉形象的大型公益广告［左页上图］
解海龙　摄

2019 年，张天义大学毕业后工作努力，成为企业的骨干［左页下图］
吕枫　摄

她以超出录取线三十六分的优异成绩考上保太中学。后来，是青岛的好心人帮她完成了初中和中专的学业。她中专读的是机电专业，现在和爱人一起开了一家铝合金装潢店铺——“爱心装饰”。她将一张名片递到我手中，“本店承诺，每单生意捐助希望工程五元”，店名和名片上的这行字让我对这个知恩图报的女孩报以赞赏的目光。

恰逢六一儿童节前夕，我为她的小女儿准备了一份节日礼物。活泼伶俐的小姑娘举起一张“好孩子”奖状，站在镜头面前，朝她妈妈自豪地笑着。可凤拿出她珍藏的报纸，告诉孩子报纸上的照片就是我多年前拍摄的，那个系着红领巾的女孩就是妈妈，那个破落的院子就是姥姥、姥爷的家。小姑娘睁大眼睛看了很久，半晌，她搂着可凤的胳膊，轻轻地说：“妈妈，看了这幅照片，我好想哭啊！”一句话，惹得可凤一下子红了眼眶。

在她家原来那间破旧的土坯房屋地基上，建起一座整洁宽敞的青砖房，如今，她的父母住在那里。我一眼认出可凤的父亲。老人家年近八十，身形佝偻，腰腿不大灵便，精神却还不错。可凤爸颤巍巍地拉着我的手，喃喃地说了许多感谢的话。可凤告诉我，政府资助他们三万三千五百元钱，加上深圳打工的小弟汇来的八千元盖了这房子，总算让爸妈老有所安。

两三个小时的回访，就如梅鲁生所写道：“得知毛可凤已成家立业，生活很好之后，解海龙很高兴，也了却了一个深藏多年的心愿。”

我拿着报纸出了神。不知道什么时候，志想过来了。“你想好了怎样庆祝吗？”

“庆祝什么？”我一时有些茫然。

“今年是你从‘影’五十周年啊！”她说，“瞧你心不在焉的，什么记性！”

噢，是的！出差之前她给我提起过，接连数日的忙碌，我完全忘了这桩事情。

五十周年！从 1968 年在北海舰队，十七岁的我第一次拿相机却闹了个笑话开始，至今整整五十年。悠悠岁月，时光荏苒，不经意间，当年那个意

2019 年，西藏自治区曲水县大眼睛希望小学，苏明娟助学基金为学校捐款 3 万元［右页上图］

解海龙　摄

2019 年，西藏自治区曲水县大眼睛希望小学的孩子们每天都有丰盛的午餐［右页下图］

解海龙　摄

苏明娟助学基金
捐赠
30000元

2019 年，山东省潍坊市博物馆，希望工程 30 年展览上，毛可凤应邀作为嘉宾带着 1 岁的孩子在照片前合影留念

解海龙　摄

气风发的青春少年如今已是年近古稀，不知不觉中，我感慨地低叹一声。志想安静地凝望着我，眼角眉梢仍然挂着微笑。恍惚间，这位和我相扶相携走过大半生的女人，在我眼前依旧是当年朴实秀丽的模样。

“怎样庆祝？”她再问。

微信提示音“滴滴”响起来，我点开信息，志想凑过来一起看，是戴红英老师。“解记者你好！一直忙吧？告诉你一件事情，再过几个月我就要退休了。时间过得真快，想想，你第一次来融水，一晃已是三十年，距上一次我们在北京相见也有十年了吧？我想，我退休之后的第一件事情，就是来北京看望你！”

啊，戴老师今年六十岁了！——对，就这样！我为自己这个突如其来的想法叫好。“我要再去一趟广西！”我兴致勃勃地对志想说，“三十年前，正是戴老师背着孩子上课的情景深深触动了我，让我从无意识到有意识地开始关注中国农村基础教育。现在，在戴红英老师光荣退休之际，我想专程回访她，就把这次回访当作对我从‘影’五十年的庆祝吧！”

志想没有说话，笑得有点无奈。我知道，对于我的决定，她是一贯地理解和支持。

初夏的晚风吹进窗子，带来阵阵清凉。轻风将挂在墙壁上的一幅字卷吹起，“咬定青山不放松，立根原在破岩中。千磨万击还坚劲，任尔东西南北风。”这首郑板桥的《竹石》，曾经给予我无比坚定的精神力量。

75. 我们，永远在路上

“我小时候的梦想，其实有一段时间是想当画家，因为我想用我的画笔，记录下我眼睛看到的美好。但是后来我发现，有一种另外的方式可以把这个美好更准确、更长久地留下来，那就是拍照。接下来我要请出的这位老师，他拍了几十年的照片，我相信现场的同学们，你们每一个人都看过他的作品。我们掌声欢迎解海龙老师！”

这里是 2018 年《开学第一课》录制现场，主持人何炅的话音未落，演播厅里响起热烈的掌声。我整一整衣领，万般激动地走上舞台。

今年《开学第一课》的主题是“创造向未来”，分为“梦想、奋斗、探索、未来”四个篇章。“和大家聊聊你的梦想故事吧，对孩子们来说，这是很好的引导和启发！”节目组找到我的时候，给我这样的建议。

灯光变得柔和，演播厅也渐渐安静下来。舞台下一张张天真无邪的小脸，一双双充满好奇的眼睛齐刷刷地转到我身上。我微笑着向大家鞠躬致意，稍稍稳定了一下情绪，以一句简单的自我介绍开始，与大家分享“我和梦想”的故事。

“是五十年前了，我是海军部队的一名海军战士。有一天，一个战友探亲回来，带来一台相机，我觉得特别新鲜。后来我到了工厂，那时候，正赶上改革开放的时期，我买了属于自己人生的第一台相机。我把镜头对准生活中一切美好的东西，然后拿了好多奖，奖杯奖牌摆了一屋子。但是我开始迷

2019 年 11 月，希望工程 30 周年大型庆典活动在共青团中央隆重举行

解海龙 摄

茫了，我摄影到底是为了什么呢……”

记忆一下子被拉回到我初学摄影之时，当年，正是摄影的爱好，带我走上了寻梦之路。长路迢迢，我经历过失败，遭受过质疑，得到过肯定，也赢得了赞誉。我深感幸运，自己能够用个人的爱好，去见证改革开放的大潮和时代的变迁。我也很自豪，因为我在追寻自己梦想的同时，也用镜头助力了孩子们的上学梦。

背景屏幕上依次出现“大眼睛”“小光头”“大鼻涕”的照片，此刻，我感觉到台下这群孩子们眼中的疑惑。是的，对于他们来说，照片中的场景陌生而遥远。

我给大家讲述了拍摄这些照片时的情景："大眼睛"每天往返二十四里山路上学；"小光头"把得到的捐助给了比他更拮据的同桌；"大鼻涕"的衣服和书包破烂不堪，而我们只感受到他那认真、忘我的样子。

"他们代表的是当时所有渴望知识的孩子。我在他们的眼睛里，看到的是他们的梦想，那就是：我要上学！"

掌声打断了我的演讲，观众席上一片闪烁的泪光，我也被自己激昂的情绪感染着。稍停片刻，屏幕上打出那幅"大眼睛""小光头""大鼻涕"在北京的合影。

"十四年后，这三个孩子都已经长大成人了。此刻的他们已经实现了上学的梦想，并且都通过知识改变了自己的命运。'我要上学'这样题材的照片已经完成了历史的使命，但是'大眼睛'的精神会一直薪火相传。'知识改变命运，梦想创造未来'，希望同学们都能够努力追求自己的梦想！"

热烈的掌声再次响起，经久不息。何炅走上舞台，热泪盈眶。他深深地向我鞠躬，然后伸出双臂，说："可以拥抱您吗？老师！"随后紧紧地和我抱在一起。

"有很多人说老师的镜头推动了社会的发展，甚至改变了很多孩子的命运。对这样的赞扬，您是怎么看的？"何炅向我提出这个问题。

"其实摄影就是记录。记录今天，告诉未来。我们就是拍出照片，让更多的人去感悟！"我不由自主地说出这句话。对，"记录今天，告诉未来"，这正是刘加瑞老师对我们的教导。

舞台下的面孔模糊成一片，朦胧中，仿佛有一个熟悉的身影穿过人群走到我面前。我敬爱的刘老师，光阴似箭，日月如梭，而今，您离开我们近三十年了。您曾经的学生们不负您的期望，虽不敢说为中国摄影事业做出了多大贡献，但长期以来，他们孜孜以求，不允许自己有一丝懈怠，尽其所能

2017 年 6 月，北京市海淀区五一小学，"大眼睛"精神薪火相传 [下页图]
解海龙　摄

给摄影史添上庄重的一笔。

沉稳持重的徐勇，一本《胡同壹佰零壹像》影响深远。这位善于发现和创造的中国影像市场拓荒者，不仅率先创办了中国的专业影廊，而且在思考中不断增加影像创作的灵感，提高自己创作的价值。今天，他将观念摄影推到了极致。

特立独行的贺延光，他的名字总是与新闻摄影联系在一起，“不为历史留下空白”始终是他坚定的信念。《两党一小步，民族一大步》《第三个是男孩》《矸石山上捡煤人》《面对生命》……这些作品都是他追求真实之路上的一个个醒目坐标。即使现在已经退休，他仍坚持“只要带着照相机，你的职业状态是最重要的”。

默默无闻的张左，专注于暗房工作，洗相片这件事一干就是三十多年，被摄影圈尊称为“左爷”。毫不夸张地说，他为中国摄影作品的暗房技术设置了一个收藏级标准。“喜爱的事情，会一直做下去！”这是他朴素而坚定的退休宣言。而我多年后得知，他一直默默资助“烤小手”的小女孩梁清华，一直到她高中毕业。

您和许喜占老师偏爱的“六友”，如今各有所成。刘天忠和肖彤彤成为商界佼佼者；刘占崑在《中国青年报》工作多年，值得骄傲的是，他成为国内唯一一名连续采访过五届足球世界杯的体育摄影记者；彭宏和张兆增，凭着勤奋和努力进入报社，现在他俩都是优秀的摄影记者；崔新华、张兆增、刘占崑和我，我们四人先后获得了中国摄影金像奖，这可是摄影人心目中的最高荣誉啊。

您还记得孙永诚吗？他也算是我的一个徒弟吧，这个特别能折腾的精明人退出与我的合作之后，开照相馆、做生意，几经商海沉浮，如今事业大成。他开照相馆的时候，还借走了当年我“卖血”换来的放大机呢！他说：“别看我以前跟你要版权，现在我也捐助了两所希望小学呀！”谈笑之间，感慨万千。

我的手无意中触摸到衣袋里的一张便签，《我们》！这是老朋友杨浪为龙影廊落户北京国际摄影文化苑后，为即将举办的第一次影展执笔的展前语，它已经被我读过无数遍，每一个字都深深地印在我心里：

我　们

“我们”是一帮相知相守几十年的老家伙。

不管“专业”还是“业余”的，我们挂着相机扛着“大炮”四处转，我们都吃一碗饭。

有不同意见，我们会相互“挤对”、调侃，最多斗两句，不过从不吵架。

我们不用吵架，我们靠片子说话。互相看了几十年，片子看顺眼了，人也看顺眼了。那个叫“价值观”的东西把大家聚在一块，而且人越聚越多。

一说“价值观”，大字眼儿太多，从江山社稷到时代人生，我们就是关注社会变迁、关注民生疾苦，崇尚善良美好，再努力担当一点责任。

还有幽默。

幽默不仅是逗乐。逗乐是快乐情绪的传递，而幽默是一种态度，一种智力上的自信，一种积极乐观的与环境的轻松互动。

在盛世，幽默是一种冷静；在治世，幽默是一种达观；在乱世，幽默可能是一种自我保护，或者是对异常情态的反讽。

在摄影里表达幽默是挺高级的事情。所谓“有趣”和“无趣”，我们反对“无趣”、平庸和虚伪，我们看世界，看自己和互相看的态度是相通的。

一个影展，目的和方法，也就这么多了。

一生二，二生三……

我的眼底一片湿热。是啊，这就是我们！我们从青春岁月到年逾花甲，一路艰辛，一路风景，充满希望又难免消沉失落，执着追求也曾经犹豫不前，历经坎坷却越挫越勇。在同行的路途中，我们用爱关注爱，用情温暖情，我们有着同样的坦荡和真诚。今天，我们收获了鲜花与掌声，我们又带着荣誉与责任，永远在路上。

写在后面的话

我家书柜最显眼的位置，摆放着一本一寸厚的乳白色封面大开本画册，那是解海龙老师亲笔签名的《我要上学——中国希望工程摄影纪实》画册。

说起这本画册的来历，已经是六年前的事情了。

2014 年夏天，一个偶然的机会，我接触到纪实摄影。9 月的一天，我的摄影老师黄启军告诉我，拍摄“希望工程”的解海龙老师将在武汉举办一场讲座，建议我去听一听。

9 月 18 日下午，武汉国际会展中心四楼晴川厅，《大眼睛背后的故事——纪实摄影的社会实践》讲座即将开始。当解老师背着一只大大的旅行包，风尘仆仆地出现在大家面前时，大厅里响起热烈的掌声。他首先给大家深深地鞠一个躬，抱歉地说从机场赶来，一路堵车，来晚了。其实离讲座开始还差五分钟，是早就挤满了大厅的观众让他误以为自己迟到了。而接下来他的第二句话，令全场观众爆发出更热烈的掌声，他说：“看到后排这么多没有座位的观众，今天的讲座，我站着讲，陪你们一起……”

三个半小时的讲座，解老师一口水都没喝，他的声音始终是那么热情而富有感染力。随着幻灯机放映一幅幅照片，他带我们重温当年的希望之路，给我们讲述照片背后一个又一个感人至深的故事。

当晚，怀着无比激动的心情，我写了一篇日志。几经辗转，这篇日志有幸让解老师看到。让我没想到的是，解老师毫不吝啬地对我极力赞赏，还特意发来短信表示感谢，委婉地指出文中一个小错误：“……望把‘大鼻涕’

张天义改成胡善辉……”

从那时起，不知不觉中，我总会留意各种媒体对解老师的报道，了解得越多，越觉得解老师是一位值得敬重的摄影家。为了学习摄影，他瞒着爱人“卖血”，换来一台朝思暮想的放大机；他曾经是“得奖专业户”，奖杯、奖牌装满一柜子；在拍摄希望工程的过程中，曾被人误认为“坏人”，被一拳打翻在泥水里；他的“大眼睛”照片首开中国影像拍卖之先河，拍出二十八万元的高价，而他毫不犹豫地将这笔钱为西藏援建了一所希望小学……有一天，当我无意中向同样爱好摄影的闵如意老师如数家珍地讲起解老师的这些故事时，他沉思片刻问我：“你有没有想过和解老师一起写一本书呢？”

写一本书？这对于我来说大概是个梦吧！尽管平日里我也喜欢写写画画，但那毕竟都是一些不登大雅之堂的小篇章；尽管我儿时的理想是当一名作家，现实却让我鬼使神差地选择了财务工作。

但是，闵老师的话点燃了我深藏在心底的那个遥远的梦。

经过两个月的深思熟虑，在我用手写的方式收集了满满一本关于解老师的资料之后，我怀着一颗忐忑的心再次联系了解海龙老师。

解老师很快回复了我。他说：“看来需要全方位向你提供素材，你辛苦了！我们通力合作，我也会全力配合。”

这一天是 2017 年 8 月 12 日。

解老师竟然认可了我的想法。激动和惊喜之余，我立刻投入到更细致的准备工作中去。

8 月 31 日，我如约来到北京。在和解老师见面之前，他打电话告诉我晚上正好与摄影圈的朋友们有个聚会。“你一起来吧，感受感受我的这帮朋友！”而其时，我只见过他一面，对于解老师来说，我应该就是一位陌生人，他却毫不介意地把我这样一个陌生人带进他的朋友圈！

再次见到解老师，他一如三年前那般亲切、热情。他为我一一介绍他的朋友。我见到了摄影界德高望重的老前辈朱宪民先生。“这位是我的摄影启蒙老师许老师！”当他向我介绍一位慈眉善目、温文儒雅的老先生时，我脱口而出：“许喜占老师，您好！”这一刻，我看见解老师眼神里惊讶而欣喜的光彩，他送给我一个赞赏的微笑，“你下功夫了！”他向我竖起大拇指。

这以后我去北京多次，从第一次开始，解老师就将创作地点安排在他家里。“家里更随意更轻松，烧水喝茶都方便！”他说。

解老师的记忆力好得惊人，几十年前的往事娓娓道来，时间、地点、人物一个不差，提起希望工程的各项数据，更是令我叹服。我们说到精彩处，他常常情不自禁地从沙发上跳起来，一个动作，一个表情，都是那么活灵活现。说到动情时，他的声音在不觉中就低沉下去，眼里泪光盈盈。从他的讲述中，我知道了许多鲜为人知的故事，解老师的形象在我心中愈发真实，愈发鲜活。

写作的过程是艰苦而愉悦的，我们力求展现出一个最生动、最真实、最全面的解海龙。

初稿完成之后，我们经历了一个漫长的精修过程。解老师是一个非常认真、严谨的人，他在百忙之余将文稿一个字一个字地看过好几遍并逐字逐句地修改。书中涉及人物众多，有师友，有他帮助过的人，有帮助过他的人。对他们的描写，解老师既要求生动真实，又不能对他们有一丝一毫的伤害，但凡出现可能引起歧义的语句，他都反复斟酌，然后做出最优化处理。此间，我们已经记不起“争论”了多少次，返工了多少次。最终，三十八万字的书稿，瘦身为三十万字左右。

经过几番考虑和选择，2019 年 11 月，我们最终决定将这本书交给山东画报出版社出版。感谢出版社的所有工作人员，他们特别组织了一支优秀的编辑团队，为这本书倾注了非同寻常的热情。说到出版合同，我不得不提及一件事情。我是武汉人，2020 年春，我身处中国战“疫”的中心地带，当时物流优先发运紧急医疗物资，所以姜辉编辑先将合同寄给了解海龙老师，解老师签完名之后寄回出版社，等武汉物流恢复正常状态了，出版社再将解老师签过名的合同寄给我。当我看到解老师签名的一瞬间，整个人都愣住了。

在“著作权人”一栏里，解老师把他的名字写在后面，而将前面的位置留给了我。我心里沉甸甸的，既愧疚又感动。后来和姜辉编辑聊到这件事，姜辉编辑说：“解老师总是和他说，疫情里的武汉人，王薇辛苦了……”

“咬定青山不放松，立根原在破岩中。千磨万击还坚劲，任尔东西南北风。”这是解海龙老师特别喜欢的一首诗。如果不是和解老师近距离接触，听他亲口讲述这些年的经历，我想，我不会那么深刻地理解为什么他会将这首诗当作他的精神力量之源，也不会真切体会到他那青松一样挺拔而高洁的人文情怀。

王 薇

解海龙年表

1951 年 5 月 26 日	出生于河北省衡水市景县隆兴乡小周庄村，现为西周庄村
1958 年 9 月	就读于北京市宣武区善果寺小学
1960 年 12 月	转校至北京市崇文区抽分厂小学，1964 年 7 月毕业
1964 年 9 月	就读于北京市第九十六中学
1968 年 2 月	入伍并成为海军北海舰队后勤部 638 库水雷检修所战士
1971 年 3 月	进入北京市阀门四厂
1979 年	开始有了自己的第一台相机
1980 年 10 月	调入北京市半导体器件十厂
1981 年 1 月 13 日	开始参加社会上的摄影培训班
1983 年 5 月	加入北京广角摄影学会，曾任副秘书长、副主席，秘书长、主席
1984 年 2 月	加入北京市摄影家协会，曾任第二、三、四届理事
1984 年 10 月	担任北京市崇文区文化馆宣传部主任
1986 年 2 月	加入中国摄影家协会
1987 年 4 月	开始拍摄教育主题
1991 年 4 月 4 日	“中国希望工程摄影纪实”专题正式开始了
1992 年	调入中国青年报社摄影部担任记者
1992 年	获中国摄影家协会“开拓杯”组织工作金像奖
1992 年	中国希望工程摄影纪实展在北京、台北、香港展出
1993 年	被选为中国青少年发展基金会理事
1994 年	中国希望工程摄影纪实展在北京人民大会堂展出

1995 年	个人摄影集《我要上学——中国希望工程摄影纪实》获第二届中国 " 国家图书奖 " 提名奖
1995 年	中国希望工程摄影纪实展在新加坡、马来西亚等国家展出
1996 年	中国希望工程摄影纪实展在美国旧金山、洛杉矶、波士顿等地展出
1996 年	获中国新闻摄影学会特殊贡献奖
1997 年	获中国摄影家协会特别荣誉奖
1998 年	获中国文联、中国摄影家协会“德艺双馨”优秀会员称号
1998 年	获全国十佳青年新闻摄影记者称号
1998 年	任中华慈善总会烛光工程常务理事
1998 年	入选中央电视台经济频道《改革开放 20 年 20 人》特别节目
1999 年	获全国十佳广告摄影师称号
1999 年	中国希望工程摄影纪实展在加拿大多伦多市展出
2001 年	任职于中国摄影家协会，担任信息中心主任、组联部负责人、副秘书长、分党组成员，中国摄影著作权协会总干事、副主席
2001 年	中国希望工程摄影纪实展在美国丹佛市展出
2002 年	中国希望工程摄影纪实展以中国文联的名义在美国旧金山展出
2002 年	第六届中国摄影金像奖评委
2002 年	第二十届全国摄影艺术展览评委
2004 年	参加紫禁城中外摄影师精品展
2004 年	第二十一届全国摄影艺术展览评委
2006 年	获中国扶贫基金会“中国消除贫困奖”（义工奖）
2007 年	“大眼睛”照片编入小学语文课本和高中美术课本
2007 年	第二十二届全国摄影艺术展览评委
2008 年	希望工程摄影纪实作品入编《中国最具影响力的摄影家》大型系列画册
2008 年	被推荐为第 29 届北京夏季奥运会火炬手
2008 年	“大眼睛”照片入编世界新闻摄影比赛（荷赛）出版的《回顾》杂志

2009 年	获希望工程 20 年特殊贡献奖
2009 年	被评为 2009 中国版权十大风云人物
2010 年	第二十三届全国摄影艺术展览评委
2011 年 5 月	退休
2011 年 5 月	创办龙影廊并担任艺术总监
2011 年	获新华社、联合国开发计划署联合举办的“关注贫困全球摄影大赛”“消除贫困贡献者奖”
2013 年	纪实摄影作品《全校师生》入编世界摄影史
2014 年	在香港第五届全国摄影艺术展览中获中国摄影金龙奖“终身摄影成就奖”
2015 年	获中国文联、中国摄影家协会摄影金像奖
2015 年	获第一届“镜美尊”国际十大摄影师称号
2016 年	获第一届十杰人民摄影家称号
2016 年	被推选为中国宋庆龄基金会第七届理事会理事
2018 年	受邀参加中央电视台《开学第一课》特别节目
2018 年	获 2018 全球华人十大年度摄影人物
2018 年	获 2018 十大“影响中国”摄影师称号
2019 年	被授予希望工程 30 年特殊贡献奖；“大眼睛”照片随天仪发射的火箭飞向太空
2019 年	入选由世界摄影联盟和法国达盖尔基金会主办的摄影术诞生“180 年 180 人”
2019 年	作品入选由世界摄影联盟和法国达盖尔基金会主办的“180 年 180 个影像”
2019 年	担任丝路国家青少年国际摄影竞赛评委
2020 年	希望工程系列“大眼睛”等 5 幅作品入选“以美扶智”中国美术馆脱贫攻坚美术作品展，并被中国美术馆永久收藏
2020 年	自传《捧起希望：解海龙自述》由山东画报出版社出版，并入选 2020 年主题出版重点出版物目录

图书在版编目（CIP）数据

捧起希望：解海龙自述 / 解海龙，王薇著. —济南：山东画报出版社，2020.10
ISBN 978-7-5474-3594-6

Ⅰ. ①捧… Ⅱ. ①解… ②王… Ⅲ. ①解海龙—自传 Ⅳ. ①K825.72

中国版本图书馆CIP数据核字(2020)第104615号

PENGQI XIWANG XIE HAILONG ZISHU
捧起希望：解海龙自述
解海龙 王薇 著

项目统筹 赵发国
项目经理 姜 辉
责任编辑 姜 辉 梁培培
装帧设计 蔡立国

特邀图片编辑 薛 为 吕 楠

出 版 人 李文波
主管单位 山东出版传媒股份有限公司
出版发行 山东画报出版社
社 址 济南市市中区英雄山路189号B座 邮编 250002
电 话 总编室（0531）82098472
市场部（0531）82098479 82098476（传真）
网 址 http：//www.hbcbs.com.cn
电子信箱 hbcb@sdpress.com.cn
印 刷 山东临沂新华印刷物流集团有限责任公司
规 格 185毫米 × 260毫米 16开
33.75印张 136幅图 500千字
版 次 2020年10月第1版
印 次 2020年10月第1次印刷
书 号 ISBN 978-7-5474-3594-6
定 价 98.00元